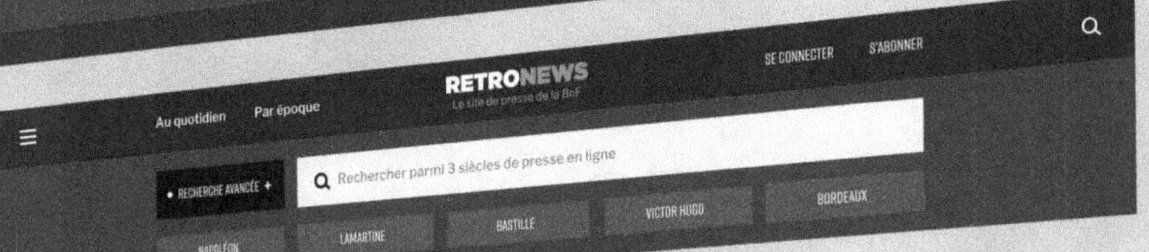
Découvrez l'histoire
par les archives
de presse

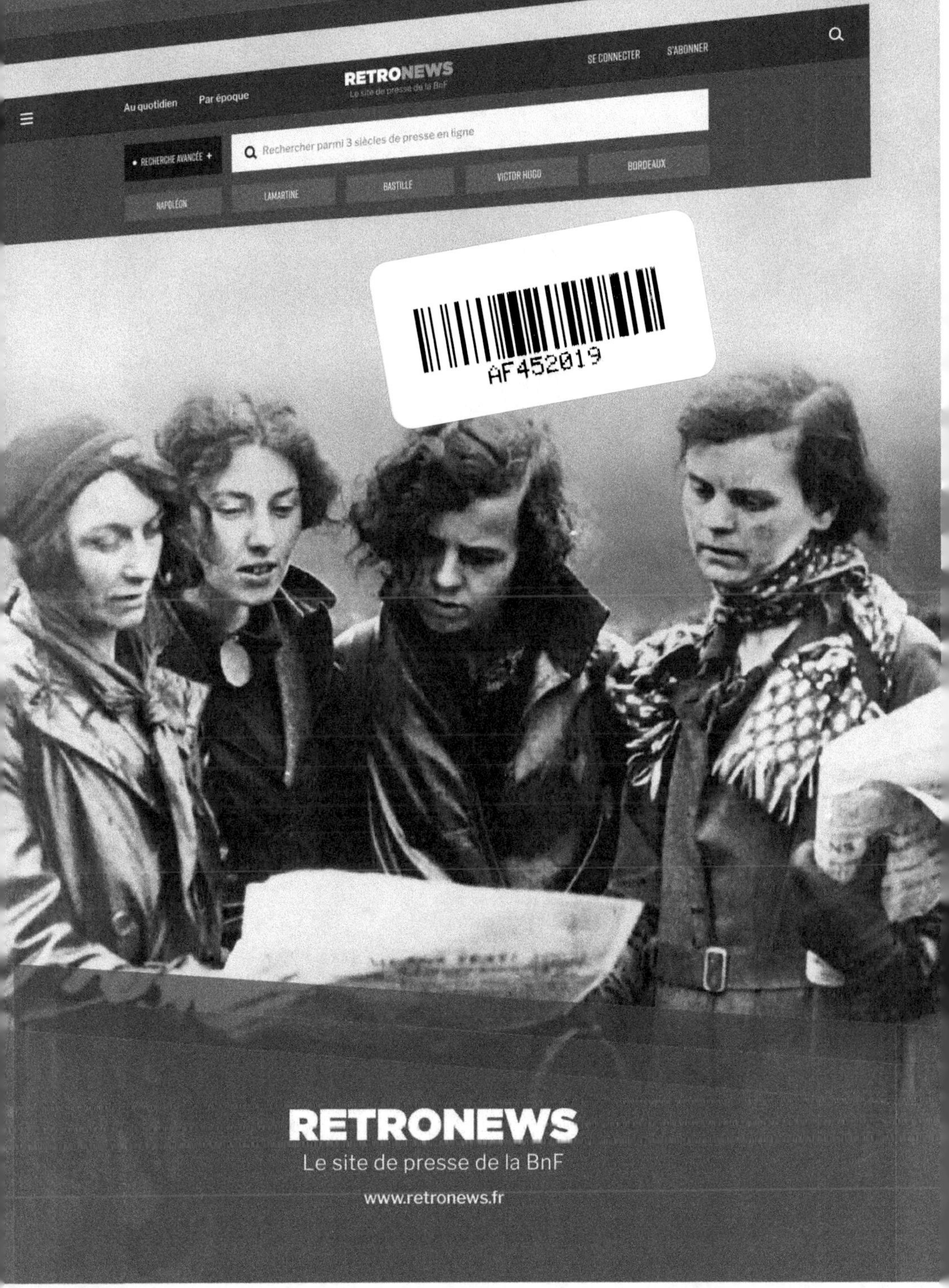

RETRONEWS
Le site de presse de la BnF

SE CONNECTER
S'ABONNER

Au quotidien
Par époque

RECHERCHE AVANCÉE +
Rechercher parmi 3 siècles de presse en ligne

NAPOLÉON
LAMARTINE
BASTILLE
VICTOR HUGO
BORDEAUX

AF452019

RETRONEWS
Le site de presse de la BnF
www.retronews.fr

CATALOGUE Illustré

BEAUX-ARTS

8ER 8°
13155

BIBLIOTHÈQUE NATIONALE · CENTRE DE PRÊT · PARIS ·

BOURGEOIS Aîné, 18, rue Croix-des-Petits-Champs, PARIS

TROIS USINES : 22, rue Claude-Tillier, PARIS
61, rue Armand-Carrel, À MONTREUIL-SOUS-BOIS (Seine), et à SENON (Meuse)

FABRIQUE DE COULEURS EXTRA FINES

POUR L'AQUARELLE, LA GOUACHE, LA MINIATURE, LA PEINTURE À L'HUILE,
LA PEINTURE SUR PORCELAINE, LA PHOTOGRAPHIE, ETC.

BOITES MÉTAL POUR AQUARELLE

BOITES GARNIES POUR L'HUILE

POCHETTES DE COULEURS MOITES

MINIATURE

MATÉRIEL D'ARTISTES
POUR LA CAMPAGNE ET L'ATELIER

DESSIN ET FUSAIN

ENCRE DE CHINE LIQUIDE

PASTELS SURFINS

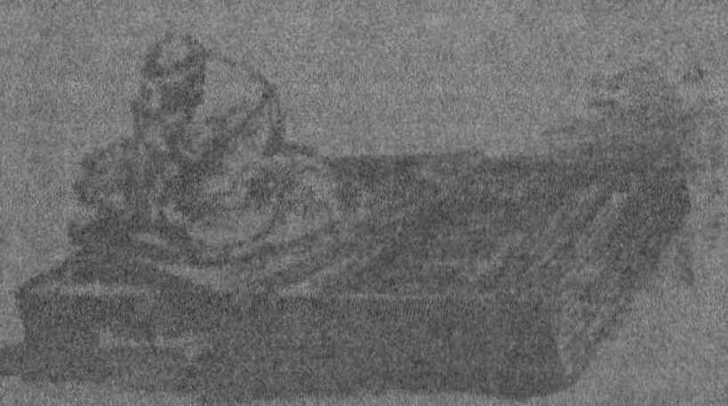

DESSIN
AU CRAYON INCANDESCENT

PEINTURE
SUR PORCELAINE

PETIT MATÉRIEL D'ARTISTE

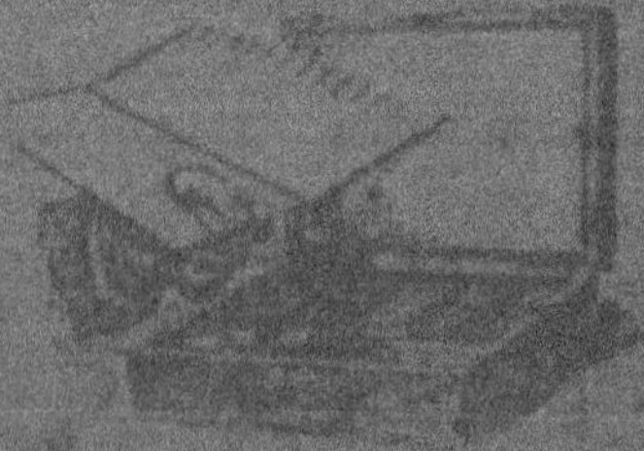

BOITES BELLES POUR MODELAGE

HOTEL DE CAMPAGNE POUR AQUARELLE

PATE-PLASTIQUE

BOITES DE TABLE ET D'ATELIER

Exposition Universelle, Paris, 1889 : Deux Médailles d'Or et une d'Argent

SOCIÉTÉ NATIONALE DES BEAUX-ARTS

Catalogue Illustré

DU

Salon de 1899

Dixième Année

LIBRAIRIE D'ART

Ludovic Baschet, éditeur

12, RUE DE L'ABBAYE, 12

PARIS

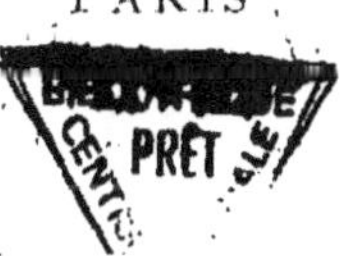

Pér. 8°
13155

EXTRAIT DU RÈGLEMENT

Art. 9. — L'Exposition sera ouverte tous les jours, de 8 heures du matin à 6 heures du soir, sauf les lundis non fériés, où les portes n'ouvriront qu'à 10 *heures*.

Le jour du vernissage, le prix d'entrée est fixé à 10 francs.

Le droit d'entrée est fixé à 1 franc toute la journée à partir de 8 heures. Toutefois, le lundi 1er mai, jour de l'ouverture, l'entrée sera de 2 fr. jusqu'à midi, et de 1 fr. de midi à 6 heures.

Les dimanches ordinaires, le droit d'entrée sera de 1 franc de 8 heures à midi, 0 fr. 50 de midi à 6 heures.

Art. 10. — Il sera délivré des cartes d'entrée nominatives et permanentes aux fondateurs, sociétaires, exposants, et aux membres de la presse, ainsi qu'aux membres d'honneur de la Société.

Des cartes d'abonnement pourront être délivrées au prix de 30 francs.

SIGNES ABRÉVIATIFS

F. — Fondateur de la Société nationale.

S. — Sociétaire.

A. — Associé.

D. — Décédé.

Salon de 1899

CATALOGUE ILLUSTRÉ

Société Nationale des Beaux-Arts

Plan de l'Exposition

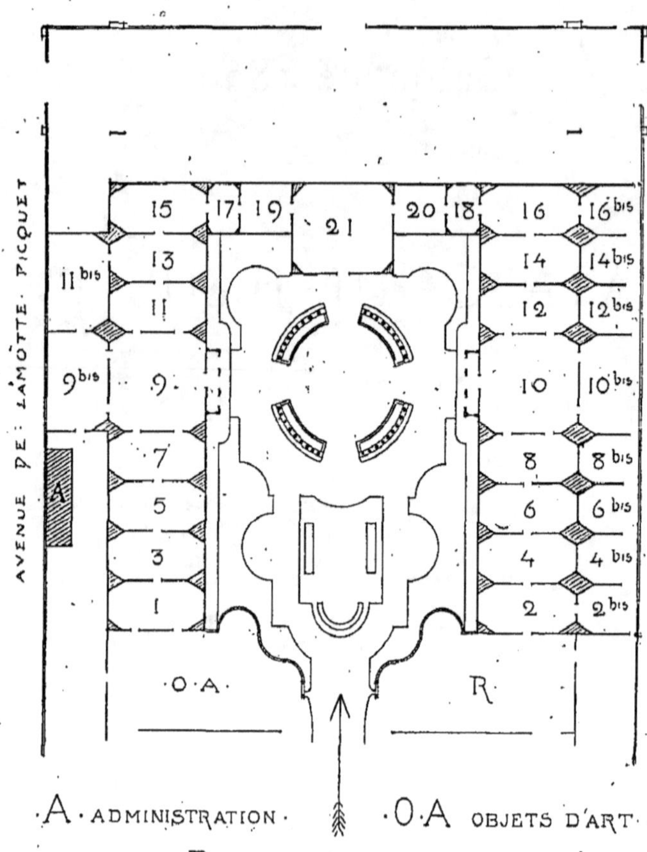

A · ADMINISTRATION   · O·A OBJETS D'ART

R · RESTAURANT

FABRIQUE GÉNÉRALE D'ENCADREMENTS

Spécialité pour Tableaux, Aquarelles,
Pastels, Émaux.

GRAND CHOIX POUR MM. LES ARTISTES

Vve *Hippolyte* LOGÉ

ATELIERS DE :

MENUISERIE	DORURE
PASSE-PARTOUT	FANTAISIES CUIVRE
GAINERIE	MIROITERIE

USINE A VAPEUR. — TÉLÉPHONE N° 904-80

Rue ÉMILE-LEPEU, 34, 36, 38, 40. — PARIS

(En face le n° 85 de la rue des Boulets)

MÉDAILLES D'OR ET DIPLOME D'HONNEUR AUX EXPOSITIONS
UNIVERSELLES

Sur demande, un représentant se rendra à domicile.

LITS, FAUTEUILS, VOITURES ET APPAREILS MÉCANIQUES

pour Malades et Blessés

DUPONT

FABRICANT BREVETÉ (S. G. D. G.)
Fournisseur des Hôpitaux

à PARIS, 10, Rue Hautefeuille

(PRÈS L'ÉCOLE DE MÉDECINE)

*Les plus hautes Récompenses aux Expositions
Françaises et Étrangères.*

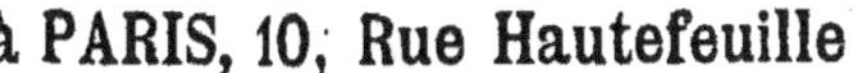

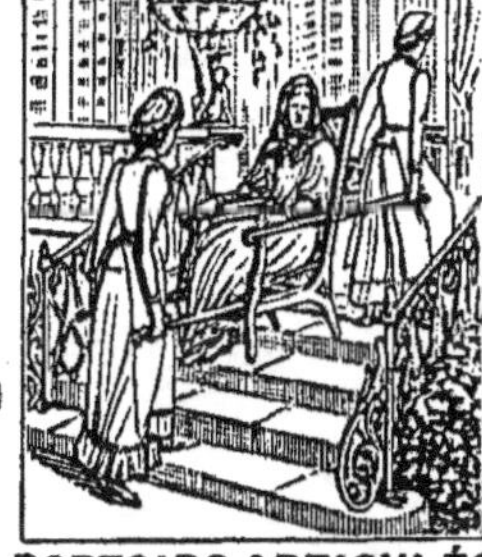

FAUTEUIL ROULANT
pour Jardins.

PORTOIRS ARTICULÉS
de tous Systèmes.

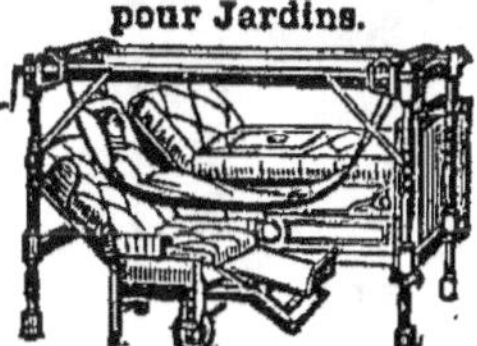

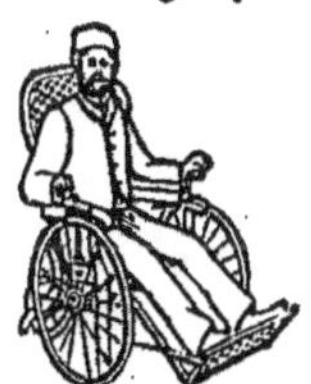

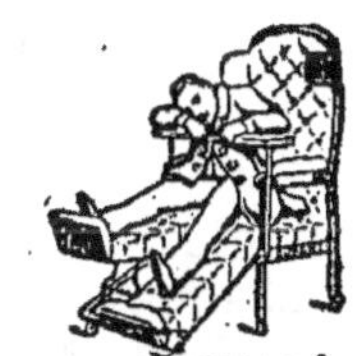

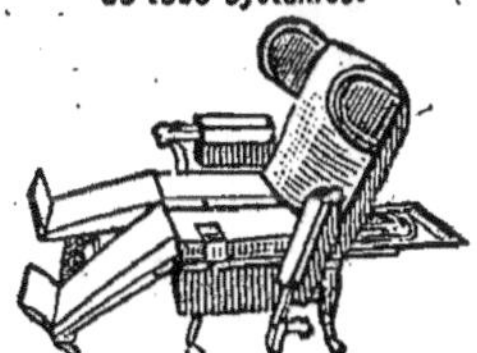

Transport du lit au fauteuil.

FAUTEUIL avec grandes
roues caoutchoutées mû
par 2 manivelles.

VOLTAIRE ARTICULÉ
avec tablette-appui
pour malade oppressé

AUTOMOTEUR avec Garde-Robe
Bouchon se retirant sous le siège.

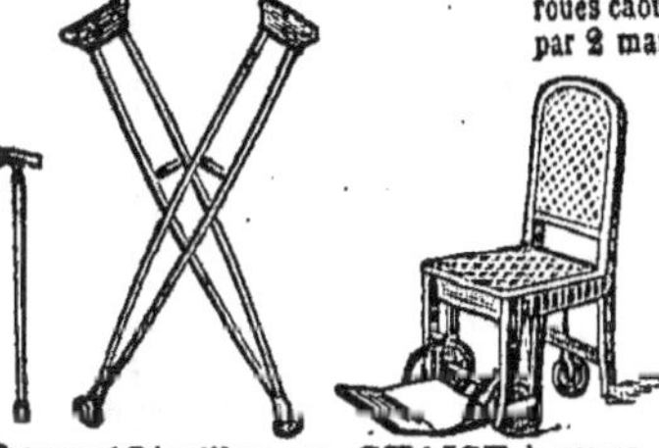

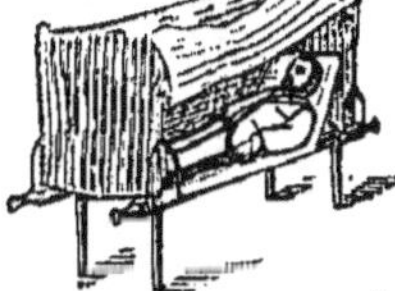

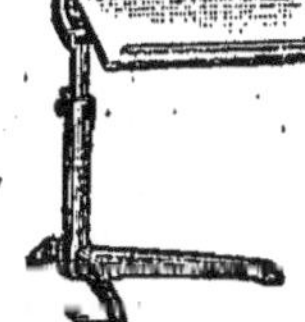

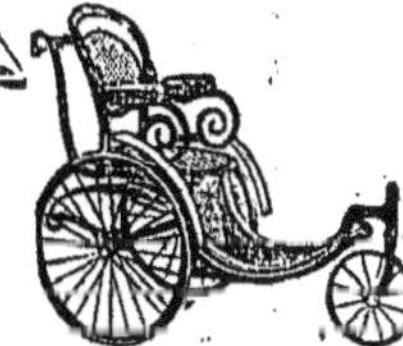

Cannes et Béquilles avec
sabots caoutchoutés.

CHAISE à roues
et porte-pieds.

BRANCARD ARTICULÉ
avec élévation pour la
tête et rideaux.

Table à panneau
s'obliquant.

VOITURE DE PROMENADE
roues caoutchoutées

Sur demande, envoi franco du Catalogue illustré avec prix, contenant 330 figures. — *TÉLÉPHONE*

Marque de Fabrique

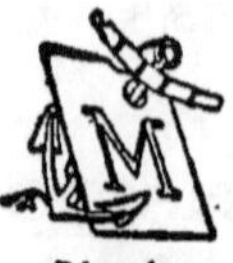

Déposée

Ex MARY & FILS

26, Rue Chaptal — PARIS

Géo. MARY, Succ^r

Médailles aux Expositions Universelles de :

Paris 1889, du Livre 1894, Internationale de Bruxelles 1897

ARTICLES ANGLAIS

DE LA

Maison Ch. ROBERSON & Cie

DE LONDRES

CARTE-AQUARELLE, PINCEAUX, BLOCS, MEDIUM, PANNEAUX, BROSSES, etc.

ENVOI FRANCO DE TOUS LES TARIFS

TOILE BINANT

PARIS — 70, Rue Rochechouart, 70 — PARIS

EXPOSITION   INTERNATIONAL

DES ARTS INDUSTRIELS   EXHIBITION

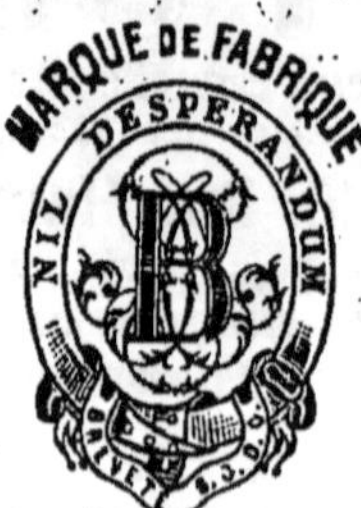

Paris, 1861   Londres, 1862.

TISSAGE SPÉCIAL A THIBOUVILLE (EURE)

MÉDAILLES AUX EXPOSITIONS UNIVERSELLES

Paris 1867, 1878, 1889

MÉDAILLE D'OR, EXPOSITION INTERNATIONALE BRUXELLES 1897

TOILE PRÉPARÉE

Pour Tableaux, Plafonds, Décorations

ET PEINTURE EN IMITATION DE TAPISSERIES

MAROUFLAGE DE PEINTURES

Dans tous les Monuments publics, Châteaux, Hôtels, Casinos, etc.

COMPTOIR NATIONAL D'ESCOMPTE DE PARIS
Capital 100 millions de francs.

SIÈGE SOCIAL : 14, rue Bergère. — SUCCURSALE : 2, place de l'Opéra, PARIS.

Président : **DENORMANDIE,** ✾, ANCIEN GOUVERNEUR DE LA BANQUE DE FRANCE
VICE-PRÉSIDENT DE LA COMPAGNIE DES CHEMINS DE FER PARIS-LYON-MÉDITERRANÉE
Directeur général : M. ALEXIS ROSTAND, O. ✾.

**19 bureaux de quartier dans Paris, 2 bureaux de banlieue
80 agences en province, 18 agences à l'étranger.**

OPÉRATIONS DU COMPTOIR :
Bons à échéance fixe. Escompte et Recouvrements. Comptes de Chèques. Lettres de Crédit. Ordres de Bourse. Avances sur Titres. Chèques. Traites. Paiements de Coupons. Envois de fonds en Province et à l'Étranger. Garde de Titres. Prêts hypothécaires maritimes. Garantie contres les risques de remboursement au pair, etc.

BONS A ÉCHÉANCE FIXE (Intérêts payés sur les sommes déposées).

A 4 ans 3 1/2 0/0	A 2 ans 2 1/2 0/0	A 6 mois. 1 1/2 0/0
A 3 ans 3 0/0	A 1 an. 2 0/0	A vue 1/2 0/0

Les Bons délivrés par le **COMPTOIR NATIONAL** aux taux d'intérêts ci-dessus, sont à ordre ou au porteur, au choix du Déposant. Les intérêts sont représentés par des *Bons d'intérêts* également à ordre ou au porteur, payables semestriellement ou annuellement, suivant les convenances du Déposant. Les *Bons de capital et d'intérêt* peuvent être endossés et sont par conséquent négociables.

LOCATION DE COFFRES-FORTS
Le Comptoir tient un service de coffres-forts à la disposition du public : *14, rue Bergère*, *2, place de l'Opéra* et dans les principales Agences.

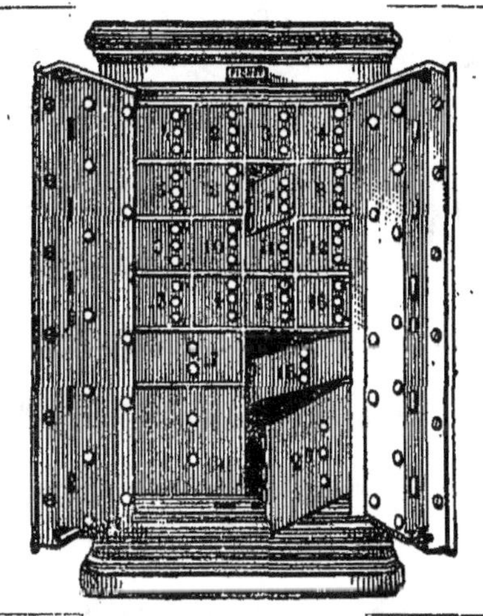

Une clef spéciale unique est remise à chaque locataire. — La combinaison est faite et changée à son gré par le locataire. — Le locataire peut seul ouvrir son coffre.

VILLES D'EAUX, STATIONS BALNÉAIRES
Le **COMPTOIR NATIONAL** a des Agences dans les principales **Villes d'Eaux :** Nice, Cannes, Vichy, Dieppe, Trouville-Deauville, Dax, Luxeuil, Royat, Le Havre, La Bourboule, le Mont-Dore, Bagnères-de-Luchon, etc. ; ces Agences traitent toutes les opérations, comme le siège social et les autres Agences, de sorte que les Étrangers, les Touristes, les Baigneurs peuvent continuer à s'occuper d'affaires pendant leur villégiature.

LETTRES DE CRÉDIT POUR VOYAGES
Le **COMPTOIR NATIONAL D'ESCOMPTE** délivre des *Lettres de Crédit* circulaires payables dans le monde entier auprès de ses Agences et correspondants; ces *Lettres de Crédit* sont accompagnées d'un Carnet d'identité et d'indications et offrent aux voyageurs les plus grandes commodités, en même temps qu'une sécurité incontestable.

SALONS DES ACCRÉDITÉS, BRANCH OFFICE, 2, PLACE DE L'OPÉRA
Spécial department for travellers and letters of crédit. Luggages stored. Letters of credit cashed and delivred throughout the world. — Exchange office.
The **COMPTOIR NATIONAL** receive and send on parcels addressed to them in the name of their clients or bearers of credit.

LEFRANC & CIE

18, Rue de Valois, 18
PARIS

COULEURS FINES

pour la peinture à l'huile et l'aquarelle

LA GOUACHE

LE PASTEL

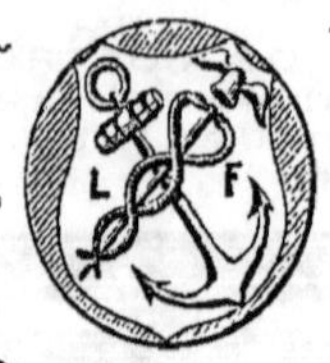

LA MINIATURE

LE DESSIN

Exiger la Marque de Fabrique

SPÉCIALITÉ DE PASTELS FIXES

TOILES, COULEURS & VERNIS
préparés d'après les procédés de **J.-G. VIBERT**

SICCATIF FLAMAND, pour la Peinture à l'huile

FIXATIF pour PASTELS, Arn. FERRAGUTI

COULEURS A L'ŒUF

EXPOSITION UNIVERSELLE DE 1889
DEUX GRANDS PRIX

FRANCE — *Chez tous les Marchands de couleurs* — ÉTRANGER

PEINTURE

ABRAMS (L.). 9, rue des Fourneaux.

  1. — Effet de soir (paysage).

AGACHE (A.-P.), S. 14, rue Weber.

  2. — Étude décorative.

AGARD (C.-J.). 6, rue Aumont-Thiéville.

  3. — L'écluse de Lavenaud.

ALARCON (F.). 2, villa Michel-Ange (Auteuil).

  4. — A la porte d'une église.

ALAUX (G.), S. 31, boulevard Berthier.

  5. — Portrait. Baronne A. de G...
  6. — Portrait. M. G. B..., sénateur.
  7. — Antibes.
  8. — Un grain (golfe Jouan).
  9. — Sardiniers à terre (cap Ferret).
  10. — Marchand de lapins.
  11. — A Piquey (cap Ferret).
  12. — Tête d'enfant.
  13. — Au cap d'Antibes.
  14. — Une vague (golfe Jouan).

ALBERT (G.), A. Tous-Vents, par Gouvieux (Oise).

  15. — Nuit sur la côte (Normandie).
  16. — Village sous la lune (Normandie),
  17. — Première neige (Gouvieux, Oise).

ALEXANDER (J.-W.), S. 31, boulevard Berthier.

  18. — Le rayon de soleil.

ALTAMURA (A.). 18, rue Brunel.

  19. — Portrait.

AMAN-JEAN (E.-F.), S. 9, rue Poulletier (île Saint-Louis).

  20. — Vénitiennes.
  21. — Portrait de Mme S. de Potemkine.
  22. — Portrait de Mlle de Potemkine.
  23. — Souvenir.
  24. — Petite tête à la rose.
  25. — Portrait de Mme M...

AMÉEN (Mme M.).

  26. — Le haras d'un régiment près Stockholm.

ANGLADA (H.). 10, rue de Buci.

  27. — Lever de soleil en Orient.

ANQUETIN (L.), S. 10, rue Clauzel.

  28. — Bataille.

ANTHONISSEN (L.-J.), A. 25, bd Pasteur.

  29. — Une fleur du désert.
  30. — Jeunes filles des tentes allant puiser de l'eau.
  31. — Lit d'une rivière (l'oued Biskra).
  32. — Un paysage saharéen.
  33. — Fin d'une journée dans le Sahara.

ARCOS. 60, avenue d'Iéna.

  34. — Portrait.

ARGENCE (E. d'). 8, Chaussée-du-Pont (Boulogne-sur-Seine).

  35. — Après-midi de Décembre à Ajaccio.
  36. — La vieille citadelle de Corté vue de Tavignano.
  37. — Les eucalyptus près Ajaccio.
  38. — La Restonica près Corté.
  39. — Vallé de Tavignano.

ARMBRUSTER (R.-H.), A. 13, r. Ravignan.

  40. — Teinturerie de la Forêt Noire (intérieur).
  41. — Portrait.

ARNESEN (B.). 8, via Martelli, Florence.

  42. — Effet de lumière.

ARSENIUS (G.). Vineuil, par Chantilly (Oise).

  43. — Bill.
  44. — Le bain.
  45. — Verdure de printemps.

AUBÉ (J.-P.), S. 33, rue Bayen.

  46. — Maisons abandonnées à Villerville.

AUBIN (P.). *A.* 45, quai de Bourbon.

47. — Rentrée de barques.
48. — Terre de Provence (panneaux décoratifs).
49. — Au bord de l'étang de Berre.
50. — Le puits aux pigeons.

AUBLET (A.), *S.* 75, boulevard Bineau (Neuilly-Paris).

51. — Ecce Homo.
52. — Portrait de Mme A...
53. — Portrait de Mlle M... A...
54. — Portrait de M. Moreau.
55. — Au désert.
56. — Paysage (étude).
57. — Torrent du Grimsel.
58. — Rue de Péra.

AUBURTIN (J.-F.), *A.* 41, rue Madame.

59. — Pêche au gangui dans le golfe de Marseille (panneau décoratif).
60. — La forêt et la mer.

AULT (C.-H.). Cleveland.

61. — Marine.

AUSTEN (A.-J.). 5, rue Paul-Féval.

62. — Un petit fort de la Méditerranée.
63. — Un voilier au port.
64. — Le jour du calme au port.

AUSTEN-BROWN (T.). 8, Primrose Hill Studios, Fitzroy Road, N. W., Londres.

65. — At the gate.

AVELOT (H.). 130, boulevard de Clichy.

66. — Enfant berrichon.
67. — Ville morte (Hollande).
68. — A Vollendam (Hollande).

AYMER DE LA CHEVALERIE (J.). 5, rue Monsieur.

69. — Sainte Radegonde.

AYRTON (Mme A.), *A.* 47, rue de Passy.

70. — Étude de fruit.
71. — Roses et pêches.
72. — Giroflées.
73. — Coin de table.

AZAR DU MAREST (L.). 12, rue Notre-Dame-des-Champs.

74. — Harmonie du soir.

BACHET.

75. — Femme couchée.

BAHUET (A.-L.). 61, r. Monsieur-le-Prince.

76. — Le pont de Grey (octobre).

BAIGNÈRES (P.-L.). 2, square Caulaincourt.

77. — Jeunes filles.

BAIL (J.-A.). Nesle-la-Vallée (Seine-et-Oise).

78. — Jeune servante moulant du café.
79. — Causerie entre voisines.

BAILLET (E.). 32, rue de Saint-Pétersbourg.

80. — Matinée en Seine.
81. — Lever de lune en Seine.
82. — Effet de soleil.

BAIXERAS (D.). 37, ronda San Pedro. Barcelone.

83. — Pêcheurs.

BALLOT (G.-H.). 19, rue Guénégaud.

84. — Le billard.
85. — Intérieur au château de Senan.
86. — Appartement de Mme de Maintenon (château de Fontainebleau).

BARAU (E.), *S.* 68, boulevard Bineau (Parc de Neuilly).

87. — Au village.
88. — La rivière.
89. — L'automne.
90. — Route de Champagne.
91. — Soleil d'automne.

BARON (M.-J.). 9, place des Vosges.

92. — Rue de Paris (soleil couchant).
93. — Rue de Paris (crépuscule).

BARRAU (L.), *A.* 40, rue de la Barre.

94. — Aux courses de taureaux : une pique.
95. — Faïencerie à Séville ; atelier de décor.
96. — Marchande de figues de Barbarie.
97. — La Chartreuse de Grenade.

BARRIOT (C.). 11, quai de la Pêcherie, Lyon.

98. — ... amudi, plan-plan, sus li ricalendan III Mistral [sent,
... en silence, doucement sur
[les flots capoteux.

BARTLETT (C.-W.), 11, Holland park road, Londres-W.

99. — Les vieux.
100. — Le roman du Gange.

BARTLETT (F.). 38, rue Boileau (Auteuil).

101. — Le soir.

BARTLETT (Mlle J.-H.). 50, rue du Docteur-Blanche (Auteuil).

102. — Marine.

BATTAGLIA (M.). 30, rue du Cherche-Midi.

103. — Roses du Bengale.
104. — Étude de fleurs.

BAUDOUIN (P.-A.), *S.* 83, rue Notre-Dame-des-Champs.
105. — Portrait de Mlle E. L...
106. — Portrait de Charles B...
107. — Portrait de C. H...
108. — La traite.
109. — Pâtis le soir.

BELLERY-DESFONTAINES (H.-J.-F.). 19, quai Saint-Michel.
110. — Jeunesse.
111. — Intérieur.
112. — Coin d'abbaye.
113. — Panneau décoratif.
114. — Panneau décoratif.

BÉNARD (H.). 77, rue Denfert-Rochereau.
115. — Portrait de Mme ***.

BÉRAUD (J.), *F.* 5, rue Clément-Marot.
116. — Le cours de Comédie au Conservatoire.
117. — Portrait de sir C. C...
118. — Portrait de Mrs C...
119. — Étude.
120. — La Porte Saint-Denis.
121. — Le Conservatoire.
122. — Étude.

BERG (J.), *S.* 25, rue Humboldt.
123. — Le Simple.
124. — Charité.

BERTEAUX (H.-D.). 141, boulevard Montparnasse.
125. — Portrait de M. L. U... dans son usine.
126. — Portrait du Dr Meige.
127. — Portrait de M. Raoul Pugno.

BERTHON (A.). 15, villa Chaptal, Levallois-Perret.
128. — Portrait de l'auteur.

BERTON (A.), *S.* 9, rue de Bagneux.
129. — Intermède.
130. — Matin.
131. — Volupté.
132. — Paresse.
133. — Le lever.

BERTRAND (G.), *S.* 48, avenue de Villeneuve-l'Étang, Versailles.
134. — Portrait de M. P. V..., lieutenant de vaisseau.

BESNARD (P.-A.), *F.* 17, rue Guillaume-Tell.
135. — Les idées (plafond).
136. — La rêverie (dessus de porte).
137. — La pensée (dessus de porte).
138. — Le jour (panneau décoratif).
139. — Les fruits (panneau décoratif).
140. — Les fleurs (panneau décoratif).

BESNARD (R.): 17, rue Guillaume-Tell.
141. — Portrait de Mlle L. H.

BESNUS (G.). 87, rue d'Assas.
142. — Route de Bourgogne (Veneux-Nadon).
143. — Mon jardin des Sablons.
144. — Chantier de bois en forêt.

BIÉLER (E.). 138, avenue Wagram.
145. — Les feuilles mortes (panneau décoratif).
146. — Porte décorée.

BIESSY (G.), *S.* 14, boulevard Émile-Augier (Passy).
147. — Retour du Marché.
148. — Intérieur picard.
149. — La Tapisserie.
150. — Portrait du Dr Despagnet.
151. — Les colliers de perles (intérieur).
152. — Le Rocher de la Vierge (Biarritz).
153. — Départ pour la plage (Biarritz).
154. — Les ruches (Picardie).
155. — Temps gris.

BILLON (C.). 7, rue La Condamine.
156 — Atelier de graveurs.
157. — Tête d'étude.

BILLOTTE (R.), *F.* 29, boulevard Berthier.
158. — Brumes en Hollande.
159. — Château-Gaillard au soleil couchant.
160. — Dans la campagne (Argenteuil).
161. — Crépuscule à la Folie (Nanterre).
162. — Village de Prey. (Eure).
163. — La neige au port d'Aubervilliers.
164. — Au canal Saint-Denis.
165. — Le pont de Rueil.

BIN (P.-E.). 55, rue Caulaincourt.
166. — Cuisinière endormie.

BINET (V.-J.-B.-B.), *S.* 63, avenue de Breteuil.
167. — Temps gris.
168. — Lever de lune (peinture à l'essence rehaussée de pastel).
169. — Matinée de septembre.
170. — La petite servante.
171. — Les cheminots.
172. — Le matin.
173. — Portrait.
174. — Paysage normand.
175. — Soleil couchant.
176. — Étude.

BINET (Mme **M.**). 5, rue Herschell.
177. — Portrait de Mme P...

BLANCHE (J.-E.), *S.* 19, rue du Docteur-Blanche.
178. — Jules Chéret.
179. — M. et Mme Gauthier-Villars (Willy).
180. — Mlle Y. J. L.
181. — Lucie (étude de tête).
182. — Lucie lisant (étude de face).
184. — Lucie lisant (profil).
185. — Pois de senteur.
186. — André Mevil (étude).

BOCQUET (P.), *A.* 3, rue du Couchant,
187. — Hiver en Champagne.
188. — Effet de neige le matin (Togny-aux-Bœufs, Marne).
189. — Les Goulettes, petit ruisseau de la Marne.

BONNENCONTRE (E.-C.), *A.* 100, rue d'Assas.
190. — L'été prodigue les fleurs.
191. — Prairie normande.

BORGEX (L.). 10, rue Méchain.
192. — Intérieur de cuisine.
193. — Intérieur de paysans.

BORÜTH (A.). 12 *bis*, rue Pergolèse.
194. — Portrait de Mlle B...

BOTKINE (T.), *A.* 4, rue Aumont-Thiéville.
195. — Nu.
196. — Tête.
197. — Profil.

BOTTINI (G.). 39, rue de la Tour-d'Auvergne.
198. — Rosalba.

BOUILLON (L.), *A.* 40, rue Lemercier.
199. — Étudiante.
200. — Plage.
201. — Portrait du commandant B...

BOULARD (É.-A.), *S.* 13, quai d'Anjou.
202. — Antoinette.
203. — Intérieur.
204. — Intérieur.
205. — Portrait de M. Edm. Char.
206. — Effet d'automne.
207. — Effet de printemps.
208. — Le chemin de sable.
209. — Cabanes à Merlimont.
210. — La garenne de Cucq.
211. — Portrait.

BOULICAUT (P.). 13, rue Ravignan.
212. — Portrait de Madame.

BOURDELLE (É.), *S.* 16, impasse du Maine.
213. — Le Saphir. Portrait de Madame F. B...
214. — Portrait de Mme de ***.
215. — Portrait de M. R. P... (en manteau espagnol).
216. — Portrait de Mlle Chouanard (la guirlande de roses).
217. — Nymphes jouant.
218. — Regina Sandri.
219. — Portrait de Mme Alberte D...
220. — Suzanne.

BOUTET DE MONVEL (M.), *S.* 6, rue du Val-de-Grâce.
221. — Jeanne d'Arc à Chinon.

BOUTIGNY (J.-L.-X.). 246, avenue du Mont-Riboudet, Rouen.
222. — Plein soleil (environs de Rouen).
223. — La rue de l'Epicerie à Rouen.

BOUVET (H.-M.-C.), *S.* 20, rue Galvani.
224. — Portrait de Mme A. B...
225. — Portrait de Mme H. B...
226. — La nuit à Sauzon (Belle-Ile).
227. — Crépuscule (Belle-Ile).
228. — La grotte (Belle-Ile).
229. — Octobre (Belle-Ile).
230. — Derniers rayons (Belle-Ile).
231. — La plage (Manche).

BOUY (G.). 16, avenue Frochot.
232. — Le père Jean.
233. — Intérieur de l'église d'Angicourt.

BOYER (P.-E.). Coat-Mer en Lézardrieux (Côtes-du-Nord) et, 36, rue George-Sand.
234. — Paysage du soir.
235. — Rivière de Lézardrieux (temps gris).
236. — Rivière de Lézardrieux (coucher de soleil).

BOZNAUSKA (Mlle O. de). 9, rue Campagne-Première.
237. — Famille.
238. — Portrait.
239. — Portrait de M. Georges Thomas.

BRACQUEMOND (P.-J.). 140, faubourg Saint-Honoré.
240. — Une famille.

BRAQUAVAL (L.). Saint-Valery-sur-Somme.
241. — Environs de Dunkerque.
242. —   Id.

243. — Soir d'octobre (Saint-Valéry-sur-Somme).
244. — Soir d'hiver (Saint-Valéry-sur-Somme).
245. — Marché à Bergues.

BRAUN (L.). 33, rue Bayen.
246. — Portrait du Dʳ M. de F...

BRAUT (A.). 24, rue de Buci.
247. — Coin de rue à Montmartre.
248. — La Seine au Pont-Royal.
249. — Une rue à Rueil.

BRESLAU (L.-C.), S. 40, avenue des Ternes.
250. — Chanson enfantine.
251. — La modiste.
252. — Le miroir.
253. — Petite fille avec tasse de thé.
254. — Petite fille jouant de la cithare.
255. — Couveuse.
256. — Tête songeuse (détrempe).
257. — Hyacinthes.
258. — Anémones.
259. — Petite fille à la cheminée.

BRIANDEAU (P.-C.-J.). 6, rue Vercingétorix.
260. — Déclin du jour (paysage).
261. — Femme en rose.
262. — Paysage.
263. — Étude.

BRINDEAU DE JARNY (L.-É.), A. 9, rue Duperré.
264. — Portrait de Séverin.
265. — Portrait de Mᵐᵉ L. B...
266. — Portrait de M. Maurice Pral.
267. — Entrée de la baie de Rothémerf.

BROWN (A.-K.). West George Street, 105, Glasgow.
268. — La nuit.

BROWN (Mˡˡᵉ E.-I.). 65, boulevard Arago.
269. — Portrait « EBB ».
270. — Portrait « LLS ».
271. — Portrait « Rosalie ».
272. — Adam recevant l'archange Raphaël.

BROWN (H. H.). 15, avenue Fulham Road-South Kensington, Londres.
273. — Un tableau.

BRULL (J.). 185, avenue de Neuilly.
274. — Idylle.

BURGERS (H.-J.), A. 123, boulevard Saint-Michel.
275. — Une corderie.

BURI (M.). Langnaü (Suisse).
276. — Étude.

BURNAND (E.), S. 4, rue Legendre, et Bressonaz, près Moudon (Suisse).
277. — L'homme de douleur.
278. — Repos sous les pins.
279. — Solitude.
280. — Portrait de Mˡˡᵉ M...
281. — Portrait d'enfant.
282. — Portrait du jeune M...

BÜTTNER (H.). 12, rue de la Grande-Chaumière.
283. — Dans les montagnes.

CABRIT (J.). 77, rue de la Rousselle, Bordeaux.
284. — Les Trembles.
285. — Les Chênes de Captieux.

CAILLAUD (A.). 3, rue Plumet.
286. — Fromages (nature morte).

CAILLIOT (R.), A. 9, rue Chaptal.
287. — Sur la grève au soleil.
288. — L'eau bleue.
289. — Ajoncs en fleurs.
290. — Paysage du matin.
291. — Marine du soir.
292. — Crépuscule.
293. — Derniers rayons.

CALLOT (G.), S. 28, rue Gaudot-de-Mauroi.
294. — Sommeil de Cigale.

CANALS (R.). 130 *ter*, boulevard de Clichy.
295. — Cigarières.
296. — Pobres en Espagne.

CAPELLE (L.-E.). 5, rue Montparnasse.
297. — Portrait de Mˡˡᵉ M. de V...
298. — Portrait de Mˡˡᵉ A. M...

CARL-ROSA (M.). 40, rue du Bac.
299. — Le Petit-Andely et les ruines du Château-Gaillard (novembre 1898).

CARME (F.). 70, rue Fondaudège, Bordeaux.
300. — Coin de parc Louis XVI.

CAROLUS-DURAN (E.-A.), F. 11, passage Stanislas (60, rue N.-D.-des-Champs).
301. — Le Christ mort sur la croix (esquisse).
302. — Portrait de Mᵐᵉ ***.
303. — Portrait de M. le général baron baron de ***.

CARRIÈRE (E.), S. 15, r. Hégésippe-Moreau.
304. — L'étude.
305. — Le réveil.

CARRIÈRE (L.). 15, r. Hégésippe-Moreau.
306. — Verre de Venise.
307. — Anémones et azalées.
308. — Anémones.
309. — Anémones.

CASAS (R.), *A.* 6, Pasco de Gracia, Barcelone (Espagne).
310. — Au bain.

CASSARD (L.), *A.* 7, rue Descombes.
311. — La route.
312. — Vieilles maisons.
313. — Le vallon vert.

CAZIN (J.-C.), *F.* 6, rue du Regard.
314. — Le sentier.
315. — Ferme isolée.
316. — Les vignes.
317. — Matinée brumeuse (Angleterre).
318. — Temps couvert (Hollande).
319. — Lever de lune.
320. — Cultures (Seine-et-Marne).
321. — Souvenir d'Écosse.
323. — Septembre.
325. — Maraîcherie (Vincennes).

CHAFFANEL (E.). 10, rue Hélène.
326. — Portrait de V. Binet.

CHANALEILLES (G.). 233, rue du Faubourg-Saint-Honoré.
327. — Portrait de M. Louis Giry, premier violon à l'Opéra.
328. — Un coin de l'île de Sark (Angleterre).

CHAPMAN (M.-J.) Chez M. Chauvin, 37, rue du Dragon.
329. — Portrait de Mme S...
330. — Un coin de notre atelier.

CHARLES (J.), *A.* East Ashling House Chichester (Angleterre).
331. — Souvenir de Watteau.
332. — The old chalk pit.

CHARLET (F.). 81, rue de la Vallée (aven. Louise), Bruxelles.
333. — Le pêcheur (triptyque).

CHERART (M.). 3, rue du Regard.
334. — Portrait de Paola.

CHEVALIER (E.-J.), *A.* 151, rue de Grenelle.
335. — L'Épave, effet de brume (marine).
336. — Les chantiers de la Rochelle (effet de neige).
337. — Un coin de port la nuit.
338. — Crépuscule dans le port de la Rochelle.

339. — Le port de Saint-Trojan (île d'Oléron).
340. — La route en forêt (crépuscule).
341. — La bande (lever de lune).

CHUDANT (A.-J.), *S.* 58, avenue de Clichy
342. — Le port d'Alger (crépuscule d'hiver).
343. — La vieille barrière.
344. — Forêt de pins sous la lune.
345. — L'oignon à Cirey-les-Bellevaux (crépuscule du matin).
346. — La Buthiers (soir d'été).
347. — L'oignon à Voray.

Études Franc-Comtoises.

CIMINO (É.). 22, rue Monsieur-le-Prince.
348. — Portrait de l'artiste.
349. — Jeune garçon.

CLARY (E.), *A.* 11, place Pigalle.
350. — La Seine à Vernon.
351. — Le château Gaillard (Les Andelys).
352. — Les nénuphars.
353. — La Seine à Giverny (Eure).
354. — Vernonnet (Eure). Le moulin.

CLAUS (E.), *S.* Astène (Belgique).
355. — La berge.
356. — Brumes du soir.
357. — Sapinière.
358. — Taches de soleil.
359. — Coin de ferme.

CLÉMENT (Mlle M.-L.-A.). 48, rue du Parc (Fontenay-sous-Bois).
360. — Œillets.

CLESS (E.). 136, rue Saint-Martin.
361. — Cerisiers (paysage).

COHEN (Mlle A.). 18, Tregunter Road, The Boltons. Londres, S. W.
362. — Un tableau.

COLIN (G.), *S.* 17, rue Victor-Massé.
363. — Entrée du port de Pasages.
364. — Montagnes (Navarre).
365. — Jeune fille (étude).
366. — Portrait de M. Hermann Paul (1889).
367. — Le Gave (Pyrénées).

CONTENCIN (I.). 45, avenue de la Gare, Rennes.
368. — Basse-cour.

COOPER (C.-C.). Laren (North Holland), et 7, quai Malaquais, à la Palette de Rubens.
369. — Matin d'hiver (Holland).

CORNELIUS (Mᵐᵉ M.). 158, rue Saint-Jacques.

370. — Chardons.

CORNILLAC (M.). 7, rue Chaptal, et à Lyon, 4, place Saint-Claire.

371. — Hommage à la Vierge.

COSTEAU (G.), S. 17 *bis*, boulevard de la Saussaye (Neuilly-sur-Seine).

372. — En forêt.
373. — Le vieux saule.
374. — Effet de nuit.
375. — La chute du jour.
376. — Etude.
377. — Dernier quartier.
378. — Genêts en fleurs.
379. — La neige.

COTTET (C.), S. 86, rue Notre-Dame-des-Champs.

380. — Gens d'Ouessant veillant un enfant mort.
381. — Deuil.
382. — Deuil.
383. — Deuil.
384. — Deuil.
385. — Soir orageux dans le port.
386. — Soleil d'hiver dans le port.
387. — Soleil levant dans le port.
388. — Nuages dans la montagne (jaunes).
389. — Nuages dans la montagne (gris).

Au pays de la Mer (ile d'Ouessant).

COURANT (M.-F.-A.), S. Clos de l'Abbaye, Poissy (Seine-et-Oise), et 5 *bis*, rue Jadin.

390. — La rivière d'Isigny au soleil couchant.
391. — Barfleur.
392. — La baie de Cancale.
393. — L'arrivée de la marée à Grandcamp.
394. — Port d'Isigny le matin.
395. — Le rocher de Cancale.
396. — Plage de Grandcamp.
397. — Retour de Terre-Neuve.
398. — La Manche.

COURTENS (F.), S. 28, rue du Cadran, Bruxelles.

399. — La drève des Tilleuls.

COURTOIS (G.), S. 73, boulevard Bineau.

400. — Jeune fille à la source.
401. — Portrait de M. le baron de M...
402. — Portrait de M. F. B...
403. — Une vénitienne.

COUSE (E.). 939, Eiglith Avenue, New-York.

404. — Le poney de guerre.

COUSSEDIÈRE (C.-J.). 50, rue de Château-Landon.

405. — Rue de l'Abreuvoir (Montmartre).
406. — Rue Saint-Vincent (Montmartre).
407. — Matinée d'hiver (rue du Mont-Cenis, Montmartre).

COUTURIER (L.), S. 31, boulevard Berthier.

408. — L'escadre française venue de Cherbourg à la rencontre du Tzar escorte et salue les yachts impériaux russes (5 octobre 1896).
409. — Tal-Ifern (Finistère).
410. — A Penmarck (Finistère).
411. — Pêcheur de Penmarck.
412. — Maison de vigneron en Bourgogne.

CRAMFORD (C.-S.), 6, passage Stanislas.

413. — Portrait de Mˡˡᵉ B...

DAGNAN-BOUVERET (P.-A.-J.), *F.* 73, boulevard Bineau (Neuilly-sur-Seine).

414. — Portrait de Mᵐᵉ L. C...

DAGNAUX (A.), S. 50, rue Saint-Didier.

415. — La route (Loches).
416. — La Samaritaine (Paris).
417. — Notre-Dame (Paris).
418. — L'Institut, soleil couché (Paris).
419. — Le pont des Arts (Paris).
420. — Le pont de Neuilly.
421. — Crépuscule (Loches).
422. — La sortie du port (Dahouet).
423. — Portrait d'Yvonne d'U...
424. — Portrait d'Albert S...

DAHLEN (N.), 2, rue Léopold-Robert.

425. — Biches dans la neige.

DAMOYE (P.-E.). S. 10, rue Alfred-Stevens.

426. — La neige.
427. — Pommiers en fleurs.
428. — Le verger.
429. — Le printemps dans l'ile fleurie.
430. — A Nanterre.
431. — A Nanterre.
432. — Ajoncs en fleurs.
433. — Etang de Villiers (Sologne).
434. — L'Hiver 99.
435. — La maison de la nourrice.

DARAS (H.), A. 23, rue d'Iéna. Angoulème (Charente).

436. — Le lac.
437. — Rochers et chênes verts.
438. — L'étang.

439. — Blés mûrissants.
440. — La vieille digue (Poitou).

DARLING (W.), Laren. N. (Hollande).

441. — La tasse de l'après-midi.
442. — La marchande de tableaux.
443. — Le vieux d'un vieux garçon.
444. — Aidant la mère.

DARVIOT (E.). Beaune (Côte-d'Or).

445. — Portrait de M. E. D...
446. — Mauvais temps.

DAUCHEZ (A.), S. 147, boulevard du Montparnasse.

447. — Le marécage.
448. — Les barques.
449. — Les récifs.
450. — Les chaumières.
451. — La rivière.
452. — La lande.

DAUPHIN (E.), S. 63, rue Jouffroy.

453. — Le cap Sicié (Méditerranée).
454. — Le sentier du Mourillon.
455. — Bain à la plage d'Hyères.
456. — Sanary.
457. — Sous la batterie du cap Brun.
458. — Devant le moulin Grassard (Saône).
459. — Drou (Saône).
460. — Coin de Marne à Chelles.
461. — Ruisseau en Loiret.

DAVIS (H.-W.-B.), S. Saint-Etienne (Pas-de-Calais) et Londres.

462. — Les bords du Wye (pays de Galles).
463. — En avril (environs de Boulogne-sur-Mer.)

DAVIS (Mme M.). 13, Lansdowne Road (Londres W.)

464. — Printemps.

DEAN (S.). 180, West Regent Street (Glasgow).

465. — Pensive.

DEBUIRE (A.-P.). 72, rue Notre-Dame-des-Champs.

466. — Portrait.

DECISY (E.), S. 2, rue de Steinkerque.

467. — Un bon conseil.

DECONCHY (F.). 31, rue de Berlin.

468. — Un coin de Cagnes.

DECOPREZ (F.), Brolles, par Bois-le-Roi (Seine-et-Marne).

469. — Le chemin du calvaire.

DÉJARDIN (J.). 1, quai de Montebello.

470. — Portrait de M. Le Sidaner.

DELACHAUX (L.), A. 20, rue Durantin.

471. — Suzanne (tête).
472. — Pauline et Isabelle (intérieur).
473. — Portrait de Mlle M. B...
474. — Au bord de la mer.
475. — Portrait de M. F...

DELANCE (P.-L.), S. 240, rue de Vaugirard.

476. — Le mariage de la Vierge.

DELÉCLUSE (A.), A. 84, rue N.-D.-des-Champs).

477. — La dentellière.
477 bis. — Moulin à eau (Angleterre).

DENIS (M.), A. Villa Montrouge, Saint-Germain-en-Laye.

478. — Fragments de la décoration de la chapelle du collège Sainte-Croix du Vésinet (esquisse).

DENISSE (J.). 18, boulevard Edgar-Quinet.

479. — Crépuscule d'automne (Luxembourg).
480. — Bords de la Marne.

DESBOUTIN (M.-G.), S. Villa Mossa, route du Var, Nice (Alpes-Maritimes).

481. — L'homme orchestre.

DESGENÉTAIS (Mme M.). 166, avenue Victor-Hugo).

482. — Passante.

DESLIENS (Mlle M.). 7, rue de Vaugirard.

483. — Portrait du baron Gilbert Stenger.

DESPARMET FITZ-GÉRALD (X.). 9, rue de Condé, Bordeaux.

484. — Intérieur arabe à Constantine.

DEZAUNAY (É.). 53, rue Perronet, Neuilly-sur-Seine.

485. — Le patron Auffret et trois marins du bateau de sauvetage de Saint-Guénolé-Penmarck.
486. — Jeune garçon gardant sa sœur (Penmarck).

DINET (A.-É.), S. 6, rue de Furstenberg.

487. — Chansons de jeunes filles (crépuscule).
488. — Tempête de sable.
489. — La vengeance des enfants d'Ant'ar.

DORSNER (S. DE). 54, rue Notre-Dame-des-Champs, chez MM. Foinet fils et Lefebvre.

490. — Le musicien.

DROGUE (J.-J.). 59, rue Lepic.

491. — Harmonie du soir (paysage).

DROUIN- (Mlle C). 21, rue de l'Écureuil, Rouen.

492. — Portrait.

DRUY (T.). 17, rue Civiale.

493. — Le camp de Chassay (Santenay).

494. — Santenay vu de la tope château.

DUBOSQ (A.). 71, boulevard de Courcelles.

495. — Port de pêcheurs le soir (paysage).

DUBUFE (G.), S. 43, avenue de Villiers.

496. — « A Puvis de Chavannes. »

497. — Foi, Espérance, Charité.

498. — Portrait de Mme G. de O...

DUCHEMIN (J.), 61, avenue Parmentier.

499. — Dimanche d'automne.

500. — La Seine à Conflans (crépuscule).

DUHEM (H.-A.), S. 10, rue d'Arras, Douai, (Nord).

501. — Le Salut.

502. — Petite place.

503. — L'entrée du Vieux Jardin public (le soir).

504. — L'entrée du Vieux Jardin public (la nuit).

505. — Maisons closes.

506. — La barrière.

DUHEM (Mme M.), A. 10, r. d'Arras, Douai (Nord).

507. — Soir de Pâques.

508. — L'école des sœurs,

509. — Les pivoines.

510. — La grand'route.

511. — Le 14 juillet à la campagne.

DUMONT (H.). 71, boul. de Clichy.

512. — Des phlox.

513. — Des roses.

514. — Des chrysanthèmes.

515. — Des coquelicots.

516. — Des roses.

517. — Des orchidées.

518. — Tulipes et giroflées.

DURST (A.), S. 49, avenue de la Défense, à Puteaux (Seine).

519. — Dans le jardin.

520. — Les oies (soleil couchant).

521. — Troupeau de dindons dans les champs.

522. — Temps de pluie, route de Dieppe Saint-Waast.

523. — Veaux et poules dans la cour de ferme.

524. — Cerisiers en fleurs (étude).

DUVAL-GOZLAN (L.). 41, rue de la Tour-d'Auvergne.

525. — Une rue à Gagnac.

DVORAK (F.). 80, rue Charles - Laffitte (Neuilly-sur-Seine).

526. — Une paysanne de Bohême.

527. — Une jeune fille de Bohême.

528. — Deux paysannes de Bohême.

ECKERMANS (A.-M.-T.). 153, chaussée de Malines (Anvers).

529. — Avé Maria. — Rosa Mystica.

EDELFELT (A.), S. 197, av. de Villiers.

530. — Pêcheurs finlandais.

531. — La ville de Borga (Finlande).

532. — Portrait de Mlle E. L...

533. — Paysage.

534. — Portrait de M. Julien Leclercq.

ELIOT (M.), S. 21, boulevard de Clichy.

535. — La maison dans la baie.

536. — Rochers rouges.

537. — Route d'Agay.

538. — Au bord de la mer (temps nuageux).

539. — Les pins.

ESTÉ (Mlle F.). 28, avenue de l'Observatoire.

540. — Une mare à mer basse.

541. — Sables bretons.

ESTERLE (M.). 41, rue Bayen.

542. — Portrait.

EVENEPOEL (H.-J.-É.), A. 21 *bis*, avenue de la Motte-Picquet.

543. — Fête aux Invalides.

544. — Au Moulin-Rouge.

545. — Aux Folies-Bergère.

546. — Le marchand de volailles.

547. — Charles.

548. — Portrait de M. F. L...

549. — Portrait du peintre Charles Milcendeau.

550. — Portrait du peintre Simon Bussy.

FABRE (G.-L.-G.). 1, rue Eugène-Flachat.

551. — Paysage.

FAHRENKROG.

552. — Ecce homo.

FERRY (J.-J.), A. 26, rue de la Tuilerie, Suresnes (Seine).

553. — Coteaux de Longchamps.

554. — A travers un buisson (Normandie).

FIELD (H.-E.). Concarneau (Finistère).

555. — Après l'orage.

556. — La baie de Saint-Jean.
557. — Soir de printemps.
558. — Les rochers aux Sables-Blancs.

FIRMIN-GIRARD (M.-F.), S. 7, boulevard de Clichy.

559. — Pointe de l'Aiguillon (Arcachon).
560. — Les meules.
561. — Cour de ferme (Picardie).
562. — Les liens.
563. — Soir d'été.
564. — Le poulain.
565. — Jour d'été.
566. — Ferme Gignon.
567. — L'église.

FALCH (C.). 49, boul. Rochechouart.

568. — Paysage (effet de soleil).
569. — Type Farm.

FLANDRIN (J.), S. 9, rue Campagne-Première.

570. — Dans le jardin.
571. — Tête de femme.
572. — Le déjeuner.
573. — Fleurs.
574. — Soleil du matin.
575. — L'allée fleurie.
576. — Soleil couchant.
577. — Femme à sa toilette.
578. — Portrait dans un intérieur.
579. — Portrait du peintre Ch. G...

FLEURY (Mme F.), A. 43, rue Victor-Massé.

580. — Yvonne et Bobette.

FLEURY (M.). 71, av. de La Bourdonnais.

581. — Marine (Saint-Malo).

FORNIER (K.). 111, rue de la Tour.

582. — Étude.

FORTUNY (M.). Chez M. Stewart, 36, rue Copernic.

583. — Filles fleurs (Parsifal).
584. — Sans nom.
585. — Le réveil.

FOURIÉ (A.), S. 30, rue Eugène-Flachat.

586. — Fille d'Ève.

FRAPPA (J.), S. 153, avenue Malakoff, 18, villa du Redan.

587. — Le président de la République visitant l'atelier d'un ouvrier rubannier. — Saint-Étienne, 30 mai 1898.
588. — Le prisonnier de Fontainebleau (Pie VII, 1809-1813).
589. — Les derniers moments du général Gordon, à Karthoum.

590. — Portrait de M. L. V...
591. —   Id.   de Mme A...
592. —   Id.   de M. C...
593. —   Id.   de Mme V...

FRECHON (C.). 7, rue Coquerel, Mont-aux-Malades, près Rouen.

594. — Coucher de soleil.
595. — Neige.
596. — Chemin de l'école.

FRÉDÉRIC (L.-H.-M.), S. 60, rue de Lausanne, Saint-Gilles, à Bruxelles.

597. — Le clair de lune (polyptyque).

FRIANT (É.). 11, boulevard de Clichy.

598. — Au pays des Nuées.
599. — Chagrins d'enfant.
600. — Fin du jour.
601. — Portrait de Mme F...
602. — Portrait de Mme T...
603. — Portrait de Mlle P...
604. — Portrait de M. Coquelin dans le rôle de Crispin.
605. — Portrait de M. B...

FROB (J.-L.). 12, rue Boissonade.

606. — Soir d'été.

FROMENT (P.), D.

607. — Un coin de parc (Graville-Sainte-Honorine).
608. — Dans le pré (Graville-Sainte-Honorine).

FRONT (F.). 16, rue de Belleville.

609. — Le voyageur.
610. — Portrait de Félicien Fagus.

GABRIEL (J.-J.), A. 16, rue de la Grange-Batelière.

611. — Venise. — Le « Hohenzollern » devant le palais ducal attendant l'Empereur d'Allemagne pour son voyage en Orient.
612. — Venise. — Saint-Georges.
613. — Venise.

GANDARA (A.), S. 22, rue Monsieur-le-Prince.

614. — Portrait de M. H. Fouquier.
615. — Portrait de la princesse Caraman-Chimay.
616. — Portrait de Mme R... S...
617. — Etude de vieille femme.
618. — Etude de vieillard.
619. — La colonne du Luxembourg.
620. — Nature morte.

GARNOT (G.-S.-F.), A. 11, rue Constance.

621. — Lever de lune dans l'avant-port de Saint-Malo.
622. — Roses le soir.
623. — Un parterre au grand Trianon.

624. — Un bassin à Trianon.
625. — Les roses de Trianon.

GARRIDO (L.-R.). 59, avenue de Saxe.
626. — Soirée d'été.
627. — Le Réveil.
628. — En été.
629. — Communiante.

GAUBEY (R.-D.). Boston. Massachussetts (Etats-Unis).
630. — Étude.

GAY (W.). 73, rue Ampère,
631. — Intérieur du poète Longfellow-Cambridge (Etats-Unis).
632. — Le Fairbanks House, Dedham (Etats-Unis).
633. — La console.
634. — La potiche.
635. — Le cabaret.
636. — Le déjeuner.
637. — Les dessins.
638. — La tapisserie.
639. — Le pont.
640. — L'atelier d'un sculpteur.

GÉRARD (A.-F.). 18, rue de Chabrol.
641. — La lutte.
642. — Bretonne.
643. — Sérénade à la Muse.

GERHARDI (I.). Lüdenscheid, Westphalie.
644. — Père et fille (portrait).
645. — Portrait.

GERVEX (H.), F. 107, boul. Malesherbes.
646. — Yachting dans l'archipel.
647. — Portrait de Mme G...
648. — Portrait de S. M. l'Empereur Nicolas II.
649. — Portrait de M. G. L...
650. — Portrait de Mme N...
651. — Etude de l'église de l'Assomption.
652. — Etude de l'intérieur d'une étable.
653. — Eglise de la Trinité.

GIBERSON (A.). 91, rue de Vaugirard.
654. — Le petit bonhomme.

GIERYMSKI (A.). 9, rue des Fourneaux.
655. — Intérieur du baptistère Saint-Marc à Venise.

GIHON (A.). 70 bis, r. N.-D.-des-Champs.
656. — Portrait de Miss Helen C...
657. — Soir rose (Montreuil-sur-Mer).

GILLOT (E.-L.), A. Osmoy par Septeuil (Seine-et-Oise).
658. — Le genévrier aux Graviers (Seine-et-Oise).

GILSOUL (V.), 78. rue de la Consolation.
659. — Étang en Brabant (Automne).
660. — Vieux pignons (Hollande).

GIRALDON (A.). 69, boulevard Saint-Jacques.
661. — Rivière de Morlaix (le soir).
662. — Rivière de Morlaix (pluie).

GIRAN (G.-É), A. 1, rue Clapat.
663. — Première prière.
664. — Scène d'intérieur.

GIRARDET (E.), A. 4, rue Legendre.
665. — Samedi Saint à Jérusalem. — Le feu sacré au Saint-Sépulcre.
666. — Les tombeaux des Mameloucks au Caire.
667. — Le sphinx au coucher du soleil.
668. — En charrette ; retour du cimetière des Califes dans la plaine des tombeaux,
669. — Bras du Nil au vieux Caire.
670. — Le pont du marché à Bou-Saada.

GIRARDOT (L.-A.), S. 68, rue d'Assas.
671. — L'Annonciation.
672. — Nuit d'été.
673. — Tanger au clair de lune.
674. — Une terrasse à Tanger.
675. — Jeune mauresque.
676. — Portrait de Mme Francine H...
677. — Mauresque.
678. — Portrait de Mlle A. J...

GLEHN (W.-G. DE), A. 58, Glebe place Chelsea, Londres.
679. — Le soir (triptyque).
680. — La vague.

GODIEN (A.) 3. rue Bara.
681. — Théâtre.

GOEPP (A.). 43, rue Perronet (Neuilly-sur-Seine).
682. — L'Aveu.

GOTTLOB (F.-L.). 45, rue de Belleville.
683. — Cours du soir.

GOUNOD (J.-C.), A. 10. rue Daubigny.
684. — Portrait.

GRIVEAU (G.), S. 38, rue de l'Université.
685. — Le déjeuner.
686. — Intérieur breton.
687. — Hameau du Runigou.
688. — Anse de Kérellec.
689. — Chemin creux à Kerhélen.
690. — Maison abandonnée au Hour-Huellan.
691. — Chemin creux à Larmor.

692. — La pâtée des cochons.
693. — Temps calme au Runigou.
694. — La maison rouge.

GRIVEAU (L.), A. 22, rue Monsieur-le-
Prince.
695. — La lune sur les récifs.
696. — Le clocher (à Grèz-s.-Loing).
697. — Le vieux pont (bords du Loing).
698. — Un chemin (la nuit).

GRIX (M.-L.). 28, rue Mozart.
699. — L'aube.

GROS (L.), S. Poissy (Seine-et-Oise).
700. — La mère, la grand'mère et
l'enfant (Bretagne).
701. — Bretonne à l'église.
702. — La lande au bord de la mer.
703. — Le pont de la ville close (Concarneau).
704. — Sardinières attendant les barques.
705. — Portrait.
706. — Allée de parc.
707. — Paysage aux environs de
Poissy.

GROUX (H. DE), A. 31, boulevard de Port-
Royal.
708. — La veillée de Waterloo.
709. — Austerlitz.

GSELL (H.), 67, rue Lepic.
710. — Sœurs.

GUDDEN (R.), A. Francfort-sur-Mein et
chez MM. Foinet fils et Lefebvre, 54,
rue Notre-Dame-des-Champs.
711. — Une corderie.
712. — Un pêcheur.
713. — Un mendiant.
714. — Mes enfants.

GUÉRIN (C.), A. 15, rue Boissonade.
715. — Promeneurs dans un jardin.
716. — Portrait de M. V. L...
717. — Nature morte (citrons).
718. — Figure nue au miroir.

GUIDI (J.). 79, route de Clamart, Vanves.
719. — Ancienne route de Frascati à
Rome.

GUIGNARD (G.), S. 25, boulevard Berthier.
720. — La nuit dans la Lande.
721. — Avant le coup de temps.
722. — La mare dans la dune.
723. — Soleil couchant sur la lande.
724. — Le matin en septembre.
725. — Soleil couchant en Sologne.

726. — Lever de lune dans le verger.
727. — Sortie de la bergerie.
728. — Chevaux dans la neige.
729. — Intérieur de bergerie.

GUIGNEBAULT (P.-A.). 29, rue Saint-
Louis.
730. — En Bretagne (temps gris).
731. — En Basse-Bretagne (temps
gris).
732. — Noël.

GUIGUET (F.), S. 13, rue Ravignan.
733. — Menuisiers.
734. — Femme lisant (intérieur).
735. — Femme cousant (intérieur).
736. — Tête d'enfant.

GUILLAUME (A.), A. 3, rue Jean-Bart.
737. — Frise destinée à la décoration
du théâtre des Bonshommes
Guillaume pour l'Exposition Universelle de 1900.

GUTHRIE (J.), S. Woodside Place Glas-
cow et West House. Glebe Place
Chelsea, Londres.
738. — Miss Jessie Martin.

HAGBORG (A.), S. 5 bis, rue Jadin.
739. — Portrait.
740. — Echo.
741. — Jalousie.
742. — Les bateaux.
743. — L'attente.
744. — Nymphe des bois.

HAMILTON (J. M .L.). 6, Gowe End
Road, Londres, N. W.
745. — Portrait du professeur John
Tyndall.
746. — Portrait de M. Ridley Corbel.

HANICOTTE (A.). 33, rue Victor-Massé.
747. — Solitude.

HAUMONT (E.-R.). Chez MM. Parvillé frè-
res et Cie, 29, rue Gauthey.
748. — Portrait de Mme la marquise
de Torcy.
749. — Coin de jardin au soleil.
750. — Portrait d'enfant.

HAVET (H.), A. 22, rue Saint-Ferdinand.
751. — Les ruines du temple de Vé-
nus.
752. — Le village de Médan vu à travers les arbres.
753. — La berge à Médan.

HAWKINS (L.-W.), A. 4, rue Aumont-
Thiéville.
754. — Le foyer.

755. — Une sainte.
756. — Sa demeure.
757. — Portrait de Mme Bruyère.

HAWLEY (B.). Boulevard Arago.

758. — Portrait d'une enfant.

HENRI (R.). boulevard Montparnasse.

759. — Femme au manteau.
760. — Un p'tit.
761. — L'écharpe rouge.
762. — La neige.

HENRY-BAUDOT (E.-L.). 19, boulevard Berthier.

763. — Soir.
764. — Femme nue.

HERKOMER (H.). Lululaund-Bushey, Herts.

765. — « Madonna » (portrait).

HERMANN (B.). 10, rue Boissonade.

766. — Portrait de Mlle K. K...
767. — Femme de Bretagne.

HILLERMANN (A.). 54, rue Notre-Dame-des-Champs, chez MM. Foinet fils et Lefebvre.

768. — L'octogénaire.

HITZ (Mme D.), A. 12, Lutzowplatz, Berlin.

769. — Portrait d'enfant.

HOCHARD (G.). Rue de Courcelles.

770. — Les blanchisseuses parisiennes (figure).
771. — La repasseuse (étude de figure).

HOUYOUX (L.), A. 55, rue de Bordeaux.

772. — Baigneuse.
773. — Étude.
774. — Portrait de Mlle V...

HUBERT-SAUZEAU (J.-G.). 8, r. Méchain.

775. — Lutte foraine.

HUDSON (A.-H.). 38, rue Beaujon.

776. — Bord de Seine à St-Mammès.

HUET (G.). Villa Montmorency, 15, avenue des Peupliers.

777. — Paysage du matin en janvier (Provence).

HUKLENBROK (H.-J.-H.). 90, boulevard Léopold II, Bruxelles.

778. — Une visite automnale (intérieur).
779. — Vue de Versailles, en mars.
780. — La mare aux canards (Hollande).

HUOT (Mme M.). 49, rue de la Victoire.

781. — Boules de neige (fleurs).

IWILL (M.-J.), S. 11, quai Voltaire.

782. — Golfe de Salerne. — Amalfi.
783. — Avril à Venise. — La Giudecca.
784. — Rome. — Via Appia.
785. — La route blanche. — Les Martigues.
786. — Venise. — Le matin.
787. — Capri.
788. — Sotto Marina (Venise).
789. — Lever de lune (Venise).
790. — Dunes de Flandre.
791. — La nuit.

JACOBSON (J.). Cernay-la-Ville (S.-et-O.).

792. — Lac de Vallenstadt.
793. — Lac de Vallenstadt.

JAMIESON (A.). 14, rue Boissonade.

794. — Mlle Alice Mumford (portrait).
795. — Petite danseuse.

JEIDELS (C.-H.), A. 85, rue Ampère.

796. — Ferveur.
797. — Carrière d'Avranches.
798. — Paysage d'été.
799. — La maison du père Viène.
800. — Fin d'octobre.

JOHNSTON (I.-E.). 84, rue Notre-Dame-des-Champs.

801. — Portrait.

JOTTRAND (L.-G.). 211, rue Royale, Bruxelles.

802. — Calme lourd (marine).
803. — Brume d'automne (marine).

JOURDAIN (R.), S. Paris, 22, rue Eugène-Flachat.

804. — Le pâqueret.
805. — L'étang de Cucufa.
806. — Amandiers en fleurs.
807. — Bougival.

KARBOWSKI (A.), S. 13, rue d'Armaillé.

808. — Quatre panneaux.

KATE-CARL (Mlle). 50 ter, rue Perronet (Neuilly-sur-Seine).

809. — Portrait de Mme C...

KAULA (W.-J.). 7. rue de Bagneux.

810. — Effet de soir.

KENDALL (K.-P.). 10, rue Boissonade.

811. — Portrait.

KINKEAD (A.-S.). Pomona Studios, 111 New Kings Road, S. W. Londres.

812. — Jeune femme lisant.

KŒNIG (J.-R.). 16, rue du Luxembourg.

813. — Sommeil.

KŒNIG (L., baron DE). 15, rue Brey.

814. — Portrait de M. S. de S...
815. — Des saltimbanques.

KOLLMANN (J. DE). 30, rue Fontaine.

816. — Portrait.
817. — Danse.

KOOPMAN (A.-B.). 59, avenue de Saxe.

818. — La rose.
819. — Mauvais temps.
820. — Retour à la maison.

KORNÉA (O.). 18, avenue de Mac-Mahon.

821. — Portrait de ma mère.

KOROCHANSKY (M.). Montigny-sur-Loing (Seine-et-Marne).

822. — Le printemps.
823. — Rêverie.

KOUZNITSOV (D.). 6, rue Aumont-Thiéville.

824. — Portrait de Mme L...
825. — Autour du baquet.
826. — Portrait de M. Pavlovsky.

KRUSEMAN VAN ELTEN (E.-F.). 100, rue d'Assas.

827. — Portrait de ma mère.

KULLMAN (Mlle H.). 141, faubourg Saint-Honoré, chez M. Dupré.

828. — Pêcheurs en observation.

KUNFY (L.). 149, avenue de Villiers.

829. — Devant l'église.

KUPKA (F.). 84, boulevard Rochechouart.

830. — Le bibliomane.

LA BARRE-DUPARCQ (L.-C. DE). 67, rue de Rochechouart.

831. — A Larrec (ile de Bréhat, Côtes-du-Nord).
832. — Roch Losquet (ile de Bréhat, Côtes-du-Nord).

LAFERRIÈRE (R.). 2, rue Aumont-Thiéville.

833. — La Moselle devant Messein.

LAFON (F.). 28, avenue Casimir, Asnières (Seine).

834. — Bacchante.

LAGARDE (P.), S. 5, rue Pelouze.

835. — L'eau.
836. — Le feu.
837. — Le cavalier.
838. — La chaumière.

839. — Les glaçons.
840. — La plaine.

LAIGNEAU (G.-H.). 3, rue Vercingétorix.

841. — Lecture à grand'mère (Pont-Aven).

LAING (F.). Jay port (Écosse).

842. — Roses (fleurs).

LAMBERT (G.). 93, rue de Courcelles.

843. — Printemps (forêt de Fontainebleau).

LANGRAND (J.-A.), Caudebec-en-Caux (Seine-Inférieure).

844. — Portrait du R^ssime P. Dom Joseph Pothier, moine bénédictin, abbé de Saint-Wandrille (Seine-Inférieure).

LAPERCHE BOYER (H. DE). 87, r. Mozart.

845. — Portrait de Mme ***.
846. — Portrait de Mme ***.

LAPRADE (P.). 23, boul. Montparnasse.

847. — Jardin (paysage).
848. — Jardin (paysage).

LARRUE (G.). 11, rue Jacques-Boyceau. Versailles.

849. — Le parc (Versailles).
850. — La terrasse (Versailles).

LATENAY (G. DE), S. 147, avenue de Villiers.

851. — L'église de la grève (Bretagne).
852. — Anvers.
853. — Les blés (pays de Penmarck).
854. — Côte de Penmarck.
855. — Calme du soir (Bretagne).
856. — Etude de mer (Bretagne).

LA TOUCHE (G.), S. 31, rue Dailly, à Saint-Cloud (Seine-et-Oise).

857. — Les sonneurs.
858. — Souvenir de Versailles.
859. — Printemps.
860. — La barque.
861. — Etudes dans le parc et dans le château de Versailles.

LAUNAY (F.). 16, rue Tholozé.

862. — Portrait de Mme V...

LAUVRAY (A.). 42, rue Fontaine.

863. — Bords de la Seine à Vétheuil.
864. — Vétheuil et la vallée de la Seine.

LEBASQUE (H.), A. 10, rue Lafontaine.

865. — Maternité.
866. — Baigneuses.

867. — Femme et enfant en bateau.
868. — Tigeaux (Oise).
869. — Petite fille dans l'herbe.
870. — Portrait.
871. — Coin du jardin.

LEBOURG (A.), S. 60, rue de Clichy.

872. — Le sentier (matinée d'été).
873. — Le Pont-Neuf et la Cité (le matin).
874. — Bords de Seine (soirée d'été).
875. — Bords de Seine (soirée d'automne).
876. — Bords de Seine (automne).
877. — Bords de Seine (matinée d'automne).
878. — Soleil d'hiver.
879. — Le chemin.
880. — Le givre.
881. — Gelée blanche (le matin).

LE CAMUS (L.). 18, r. de l'Abreuvoir.

882. — Lever de lune.
883. — Pins au bord de la mer.
884. — Crépuscule.
885. — Le chemin de Saint-Jean à Beaulieu.
886. — Amandiers en fleurs.
887. — La rade de Villefranche.
888. — Automne dans la forêt de Marly.
889. — Versailles.

LECHAT (A.). 51, rue Scheffer.

890. — Moissons dans le Nord.
891. — Fleurs de prés.

LEEMPOELS (J.), S. 8, rue Van-Moer, (Bruxelles).

892. — Au printemps.
893. — Ouvriers revenant du travail.
894. — Un ergoteur.

LEE-ROBBINS (Mme L.), A. 7, r. Boccador.

895. — Femme nue.
896. — Jeune fille en noir.
897. — Portrait de Renée.
898. — Jeune femme lisant.

LE FOURNIS (J.). 2, place du Château, Le Mans.

899. — Les deux phares.
900. — Lever de lune en mer.

LE GOUT-GÉRARD (F.-M.-E.). 32, rue de la Victoire, et galerie des Artistes modernes, 19, rue Caumartin,

901. — Derrière la ville close (Concarneau, temps gris).
902. — Dans le vieux bassin.
903. — Nuit tombante.

904. — Sur les quais (Concarneau).
905. — Lever de lune dans l'avant-port (Concarneau).

LEGRAND (L.). 9, quai Voltaire.

906. — Sieste (étude).
907. — Portrait de Mme X...
908. — Femme et enfant.
909. — Mon fils.

LEGRAND (R.). 35 rue Laffitte (chez M. Thubœuf).

910. — Singe tailleur.
911. — Poussins.

LEGUAY (H.). 29, rue de Turin.

912. — Chevaux en liberté.

LEHMANN (G.-L.). 136, Thensienstr., Munich.

913. — Dernier soleil (Belle-Isle).

LEIGH (B.). 216, boulevard Raspail.

914. — Repos.

LEIGH (R.-J.). 42, rue de la Loi, Anvers (Belgique).

915. — Automne.
916. — Été (sous bois).

LE LIEPVRE (J.). 59, avenue de Saxe.

917. — La Loire (soleil couchant).
918. — Loire blanche (septembre).
919. — Impressions d'octobre.

LEMAIRE (Mme M.), S. 31, r. de Monceau.

920. — Sainte-Roseline (le miracle des roses).
921. — Étude de femme en robe verte.
922. — Harmonie bleue (fleurs).

LEONARD (G.-N.). 106, boulevard Montparnasse, chez M. Moreaux.

923. — Fin d'hiver (paysage d'Amérique).

LEONARDI (P. DE). 33, rue de la Montagne-Sainte-Geneviève.

924. — Méditation.
925. — Premier bain.

LE PAN DE LIGNY (J.), A. 130 bis, boul. de Clichy.

926. — Les couturières.
927. — Gorges du Gouessant (marée basse).
928. — Gorges du Gouessant (temps gris).
929. — Chantiers au quai d'Orsay (soir).

LE RICHE (H.). 8, rue de l'arme.

930. — Orphée.

LEROLLE (H.), *S.* 20, avenue Duquesne.

931. — Portrait.
932. — Id.
933. — Id.
934. — Au coin du feu.

LE ROY D'ÉTIOLLES (Mme H.). 24, rue Alphonse-de-Neuville.

935. — Le Souvenir.
936. — La lecture.

LEROY-SAINT-AUBERT (C.), *A.* 55, rue du Cherche-Midi.

937. — Le Lavandou (sur la mer).
938. — Le Lavandou (la montagne).
939. — Etude de toits (sur la mer).
940. — Lever de lune (le Lavandou).

LE SIDANER (H.-E.), *A.* 5, rue Emile-Allez.

941. — Le quai (Bruges).
942. — Maison sur le canal.
943. — Soir léger.
944. — Tendresse.

LESREL (A.-A.), *A.* 85, rue Ampère.

945. — La répétition avant la fête.

LEVY-DHURMER (L.). 3 *bis*, r. La Bruyère.

946. — L'Eden (triptyque) : 1º Emoi;
2º Passion; 3º Regrets.

LEWISOHN (R.), *A.* 65, rue Lepic.

947. — Terrassiers à Pantin.
948. — Cuisinière (effet de lumière, étude).

LHERMITTE (L.-A.). *S.* 15, rue Pierre-Ginet.

949. — Le réveil du faucheur.
950. — Les lavandières.
951. — Un ouvroir de béguinage à Gand (Belgique).
952. — L'heureuse famille.

LIGNIER (J.), *A.* 11, square de Messine.

953. — Portrait de maître Bouchez.
954. — Portrait du Dr Serrand.
955. — Portrait du peintre Saint-Germier.
956. — Portrait de M. V...
957. — Portrait de l'auteur.

LINDNER (M.). 57, Bedford Gardens, Kensington, Londres.

958. — Avant l'orage.

LINET (O.). 5, Cité Fénelon.

959. — Poissons (rougets) (nature morte).

LOBRE (M.), *S.* 2, rue de la Paroisse, Versailles (Seine-et-Oise).

960. — Salon de Mme Adélaïde, fille de Louis XV.
961. — Salon intime de la reine Marie-Antoinette.
962. — Façade du château de Versailles.
963. — Figures.
964. — L'évêché de Chartres.
965. — Chartres.

LOMONT (E.), *S.* 7 *bis*, boul. Rochechouart.

966. — Portrait de ma mère.

LOTTIN (F.-A.). Villa Jules Sandeau, 20, rue des Binelles, Bellevue.

967. — Maréchale Niel.

LOTUS. 30, rue Copernic.

968. — La vie.

LUCAS (A.-P.). *A.* 224, boulev. Raspail.

969. — Harmonie.
970. — Fleur du Japon.
971. — Joueur d'accordéon.

MAC-CAUSLAND (Mlle). 6, square du Croisic.

972. — Le chat noir.

MAC-CHESNEY (C.-F.). 8, r. Boissonade.

973. — Portrait de M. Moncure-Conway.

MAC CREA (C.-S.-H.). 219, boul. Raspail.

974. — Souvenir de Hollande.

MAC-MONNIES (Mme M.-F.), *A.* 44, rue de Sèvres.

975. — L'arbre de Noël.
976. — Dans la Nursery.
977. — C'est la fête à bébé.
978. — Portrait de Mme F...
979. — Portrait de M. F...

MACPHERSON (Mlle C.). 50, rue du Docteur-Blanche, Auteuil.

980. — Premiers rêves.
981. — Dans le verger.

MANDARD (M.). 29, rue de Rome.

982. — Rinalda.

MANGEANT (P.-E.), *A.* 104, avenue de Paris, Versailles.

983. — A la mémoire de Puvis de Chavannes.
984. — Le Thé. Portrait de Lucy M...

MANSUY (R.). 51, boul. St-Jacques.

985. — Portrait.

MARCETTE (A.), *A*. 193, rue de la Loi, Bruxelles.
986. — Lever de lune au Mœrdyck.
987. — Canal en Flandre (effet de lune).
988. — L'Escaut en Hollande (effet de lune).

MAREST (Mlle J.), *A*. 72, av. de Villiers.
989. — Portrait de Mme P...

MARQUET (P.-L.-A.). 38, rue Monge.
990. — Saint-Étienne-du-Mont (paysage).

MARSH (F.-D.). 216, boul. Raspail.
991. — Portrait.
992. — Portrait.

MARTIN (R.), *A*. 104, boul. de Clichy.
993. — L'éveil.
994. — Dans la rue.
995. — Pâturages de montagnes (moutons).
996. — A l'échouage (Concarneau).
997. — Départ pour le mouillage de nuit.

MARTY (H.). 11, impasse Ronsin.
998. — La fillette.
999. — La rivière et la ville.

MASRIERAS-ROSES (L.). 35, rue Fernando (Barcelone).
1000. — Chercheurs d'antiquités.

MATHEY (P.), *S*. 159, rue de Rome.
1001. — Portrait de Mme L. B...
1002. — Portrait de M. L. D...

MATHEW (A.-F.). 243, boul. Raspail.
1003. — La première douleur.

MATISSE (H.), *A*. 19, quai St-Michel.
1004. — Nature morte.
1005. — Nature morte.
1006. — Nature morte.
1007. — Nature morte.

MAUFRA (M.), *A*. 7, boul. de Clichy.
1008. — Ciel d'automne.
1009. — Passage de la barre.
1010. — Vague échevelée.
1011. — Marée montante.
1012. — Les brisants.
1013. — Retour de la pêche.

}

La mer à Penmarck

MAYNARD (G.). 7, rue Tourlaque.
1014. — Portrait.

MEIXMORON (C. DE), *A*. 19, rue de Strasbourg, Nancy.
1015. — Derniers rayons.

1016. — Allée de tilleuls.
1017. — Après la pluie.
1018. — La rue Verrerie à Dijon.
1019. — Feuilles tombantes.

MELCHERS (G.), *S*. 47, rue Laugier.
1020. — Portrait de Lord Robert D...
1021. — Jeune mère.
1022. — Le port.

MELNIK (C.). 32, rue Guyot.
1023. — Portrait du prince des poètes : Léon Dierx.

MELVILLE (A.). 13, Melbury Road Kensington, Londres.
1024. — Portrait de Madame.

MEMBRÉE (M.). 4, rue Duperré...
1025. — Portrait de Mme M...

MÉNARD (É.-R.), *S*. 3, place de la Sorbonne.
1026. — Harmonie du soir.
1027. — Terre antique (Agrigente).
1028. — Nu sur la mer.
1029. — Lever de lune.
1030. — Causse Méjean.
1031. — Mer calme.

MENU (V.). 13, rue d'Armaillé.
1032. — Panneau de concours de la salle des fêtes de la mairie de Vincennes.

MESDAG (H.-W.) *S*. 9, Laan Meerdervoort (La Haye).
1033. — Un temps tranquille.
1034. — Pour la pêche des crevettes (effet de soir).
1035. — Sous voile.

MESLÉ (J.-P.), *S*. Champigny, par la Ferté-s.-Jouarre (S.-et-M.).
1036. — Portrait de Mme X...
1037. — Portrait de Mme X...
1038. — Portrait de X...
1039. — Entre chien et loup.
1040. — Avant l'orage.
1041. — Une rue de Chamigny (la nuit au clair de lune).
1042. — Giboulée.
1043. — La tournelle (lever de lune).
1044. — Lever de lune (la nuit).
1045. — Les meules (lever de lune).

MIGNON (L.-R.). 61, quai de la Tournelle.
1046. — La becquée...

MILNER-KITE (J.). 17, rue Campagne-Première.
1047. — Pour leurs morts.
1048. — Étude.

MINARTZ (A.-G). 75, avenue Wagram.

1049. — Vieux fêtard.

MONCOURT (A. DE), *A.* 110, boulevard Malesherbes.

1050. — Les affaires. — Un franc-marché.

1051. — La charité. — L'hospice des vieillards.

1052. — L'élevage. — La foire aux poulains.

1053. — Petite place.

1054. — Les commères.

1055. — L'heure du salut.

MONOD (L.-H.), *A.* 2, rue Fortuny.

1056. — Morgane.

1057. — Les deux pins.

1958. — Sir Galahad.

1059. — Lilith (fragment).

MONTENARD (F.), *F.* 7, rue Ampère.

1060. — Les vendanges.

1061. — La route de l'Estaque (rade de Marseille).

1062. — Sur les aires (Provence).

1063. — Le battage du blé (Provence).

1064. — Paysage dans le Var (Provence).

1065. — Le vieux port de Toulon.

MONTZAIGLE (E. DE), *A.* 97, r. de Rome.

1066. — Portrait de M. le comte de Chaumeils.

1067. — Le Tanagra. — Portrait de Mme Émile Derbier.

MOREAU-NÉLATON (É.), *S.* 73 *bis*, faubourg Saint-Honoré.

1068. — Coincy l'Abbaye.

1069. — Le moulin d'Enfer.

1070. — La route de la Tournelle.

1071. — Coupe en lisière de forêt.

1072. — Le ru de la Grange-au-Bois.

1073. — La place de Fère-en-Tardenois.

MOREL (J.-H.). 59, avenue de Saxe.

1074. — L'Ain à Champagnole.

MORISSET (F.-H.), *A.* 15, r. Lemercier.

1075. — Musique.

1076. — Portrait de M. G. C...

1077. — Étude de nu.

1078. — Étude.

MORRICE (J.-W.). 41, rue Saint-Georges.

1079. — La communiante.

1080. — La place.

1081. — Effet de neige.

1082. — Paysage.

MOTHE-BORGLUM (J.-G.), *A.* Harlestone, villa Mortimer Road, St-John's Wood, Londres.

1083. — Portrait de M. Clarence Lucas.

1084. — Portrait de Miss Kathlen Purcell.

MOULLÉ (A.). 21, rue de Constantinople.

1085. — Une femme en Picardie.

1086. — La place de Samois à Moret (effet de nuit).

1087. — La rue du quai Lasnier, à Moret.

1088. — La route de Montigny, à Moret.

1089. — La maison de Sisley, à Moret.

1090. — Le donjon de Moret, vue du canal.

MOUTTE (A.), *S.* École des Beaux-Arts de Marseille.

1091. — Vieille auprès de son feu.

MUENIER (J.-A.), *S.* 147, av. de Villiers.

1092. — La halte.

1093. — Le creux des saules.

1094. — Pêcheurs.

1095. — La mare.

1096. — Le vieux pont (fin d'hiver).

1097. — La neige.

MULLER (M.-T.). 62, rue Legendre.

1098. — En famille (portraits).

MUMFORD (A.). 49, bd Montparnasse.

1099. — Étude de blanc (portrait).

1100. — Portrait de Miss Hovey.

1101. — Au soleil (paysage).

1102. — Femme souriante (portrait).

MUNK (E.). 7, rue d'Armaillé.

1103. — Portrait de ma mère.

MURET (A.). 19 *bis*, bd Port-Royal.

1104. — La vallée du Rhône à Louèche (Suisse).

MYCHO (A.), *A.* 5, boulevard Berthier.

1105. — Innocence.

MYRTON-MICHALSKI (S.-V.). 23, rue des Martyrs.

1106. — Portrait de Charles Chincholle.

NAVROCKI (B.). 21, avenue du Maine.

1107. — Portrait de M. K. N...

NEVEN DU MONT (H.). Branksome Manor, Branksome Park, Bournemouth (Angleterre).

1108. — Portrait.

NÉZIERE (J. DE LA). 38, rue Nollet.

1109. — Repas de paysans (Berry).
1110. — Cour de ferme (Berry).
1111. — Soir en Normandie.

NOCHAR (L.). 81, boul. Montparnasse.

1112. — Bords de l'Allier (soir de novembre).

NOURSE (M^{llo} E.), A. 80, rue d'Assas.

1113. — La veillée.
1114. — Plein été.

NYS (F.). 132, boul. Léopold, Anvers.

1115. — La digue ensoleillée.

OFFICER (É.-C.). Étaples (Pas-de-Calais).

1116. — Au bord des sapins.

OLSSON (J.). Saint-Yves, Cornwall (Angleterre).

1117. — Brise.
1118. — Crépuscule.
1119. — Hiver.

OSBERT (A.), A. 7, rue Alain-Chartier.

1120. — L'Énigme des soirs.
1121. — Dans le rêve.
1122. — Invocation de l'aurore.
1123. — Crépuscule d'or.
1124. — Douceur du soir.

OSTERLIND (A.), A. 145, av. de Villiers.

1125. — La rentrée.
1126. — La petite Creuse.

PECCATTE (M.-C.). 16, rue Chappe.

1127. — Côtes de Vendée.
1128. — Les v'lat qu'arrivote (Sables-d'Olonne).

PELLECIER (M.-C.), A. 15, rue Bourgeois.

1129. — Le Christ chez Marthe et Marie.
1130. — Intérieur de ferme (Bretagne).
1131. — Sollicitude.
1132. — Le Chapelet.
1133. — Intérieur breton.

PERCHE (G.). 136, rue de la Tour.

1134. — Portrait.

PERRANDEAU (C.), S. 15, aven. de Montsouris.

1135. — « ... On croit à un suicide. »
1136. — Haleur.
1137. — Pont des Saints-Pères.
1138. — Coucher de soleil dans la baie de Saint-Malo.

PERRET (A.), A. 20, cité Malesherbes.

1139. — L'Heure de l'Angelus.

1140. — L'aïeule.
1141. — Baratteuse.
1142. — Tambour du village.

PICARD (L.), S. 14, rue Frochot.

1143. — Les étoiles.
1144. — Femme qui passe.
1145. — Jeune fille au chien noir.
1146. — Le baiser.
1147. — Marchande de Tanagras.
1148. — Blondine.
1149. — L'éclair (marine).
1150. — Portrait.
1151. — Portrait.
1152. — Portrait (esquisse).

PICQUEFEU (R.-F.), A. 13, rue de l'Ouest (Neuilly-sur-Seine).

1153. — Les pommes de terre.
1154. — Lever de lune.
1155. — Intérieur de forge.

PIET (F.), A. 38, rue Rochechouart.

1156. — Marché à Mildeburg (Zélande).
1157. — Marché à Goes (Zélande).
1158. — Marché de Brest.
1159. — Ouessantine au marché (Brest).
1160. — Marché à Anvers (Belgique).
1161. — Marché de Saint-Nicolas (Belgique).

PINCHON (J.-P.). 24, av. de Saint-Ouen.

1162. — « Five o'clock. »
1163. — Sauve marquis.
1164. — Vent arrière.

PIOT (R.). 3, rue de l'Abbaye.

1165. — Cartons pour tapisserie (chute de Phaéton).
1166. — Panneau décoratif (Eden).
1167. — Grisaille pour un portrait.

POLACK (F.). 1, rue Saint-Georges.

1168. — Jardins de l'Alhambra. Grenade (panneau décoratif).

PRANISHNIKOFF (I.), S. 26, rue de la Faisanderie.

1169. — Une halte (dragons russes).
1170. — Chevaux.   )
1171. — Taureaux de course.) Camargue.

PRINET (R.-X.), S. 5, rue Boccador.

1172. — La partie de trictrac.
1173. — L'alcôve.
1174. — Femme à la rose.
1175. — Soleil d'avril.
1176. — Sur la plage.
1177. — Marine.

PRINS (P.), *A*. 35, rue Rousselet.

1178. — Sous la futaie à Orsay.
1179. — Après les grandes eaux le soir.
1180. — La nuée qui monte.
1181. — Meules au soleil le matin.
1182. — Le pont Marie, la nuit, lever de lune.

PROUVÉ (V.). 15, rue Boissonade.

1183. — Vision d'automne.
1184. — Portraits.
1185. — M. le professeur Molk.
1186. — Jacques Turbin.

PUVIS DE CHAVANNES (P.), *F.-D.*

1187. — Portrait de Mme Puvis de Chavannes, née princesse Cantacuzène.

QUICKE (É.-P.). Providence Cottage, Bushey Health. Bushey Herts.

1188. — Bracken-Gatherers.

RACHOU (H.), S. 49, rue Lemercier.

1189. — Portrait.
1190. — Les tombeaux.
1191. — Le cloître.
1192. — Vision de saint Hubert.
1193. — Clocher.
1194. — Soir.

RAFFAELE (A.). 1, rue Eugène-Flachat.

1195. — Etude figure.
1196. — Paysage.

RAFFAËLLI (J.-F.), S. 202, rue de Courcelles.

1197. — Notre-Dame de Paris.
1198. — La place de la Trinité.
1199. — Aux Champs-Elysées.
1200. — La jeune fille aux bleuets.
1201. — Fleurs.
1202. — Fleurs.

RAME (J.-L.). Ouézy.

1203. — Eglise de Canon (Calvados).

RANFT (R.). 1, chemin du Halage (aval), Bry-sur-Marne (Seine).

1204. — Le prunier en fleurs.
1205. — Le jardin campagnard.
1206. — La chaumière d'autrefois.
1207. — Le lavoir de la Brière.
1208. — Les murs du village.

REA (C.). 53, Beaufort-Street, Chelsea, Londres.

1209. — Narcissus et Echo.

RECKNAGEL (J.-H.), villa Cambourg, Concarneau (Finistère).

1210. — Jeune femme (étude d'un effet de lumière).

RENAUDOT (J.-F.-P.), 70 *bis*, rue Notre-Dame-des-Champs.

1211. — Portrait de Mme G. P...

RENOUARD (A.-E). Vendôme (L.-et-C.).

1212. — Derniers moments du capitaine Timoléon d'Epinay Saint-Luc.

RENOUARD (P.), *S*. 46, rue de l'Arbre-Sec·

1213. — Leçon de vacances.
1214. — Prix d'excellence.
1215. — Mendiant de Sologne.
1216. — Sortie de la messe aux Invalides.
1217. — Chambre des députés.
1218. — Fin du jour (Morvan).

RENOUX (E.). 50, rue Saint-Didier.

1219. — Retour du marché.
1220. — Recurage.

REYNIER (G.). 26, rue Marbeuf.

1221. — Lac d'Annecy.

RICHON-BRUNET, *S*. 23, rue de la Ferme, Neuilly-sur-Seine.

1222. — Un mendiant à Séville.
1223. — Paysan andalou.
1224. — Rue de Triana (Séville).

RIGGALL (L.-B.). 7, rue Léopold-Robert.

1225. — Portrait de Miss H...

RIPPL-RONAI (J.), *A*. 65, rue de Villiers (Neuilly-sur-Seine).

1226. — Mlle R...

RIVEY (A.), *S*. 12, rue de Navarin.

1227. — Jeune fille aux hortensias.
1228. — La fille du pêcheur.
1229. — Jeune bonne normande.
1230. — Etude de jeune fille.

RIXENS (A.), *F*. 5, rue Boccador.

1231. — Portrait de Mlle M. B...
1232. — Trois sœurs (impressions).
1233. — Portrait de Mme B...
1234. — Fillette à la veillée.
1235. — Portrait de Mlle J. R...
1236. — Communiante.
1237. — Le ruisseau du Plan à Saint-Bertrand de Comminges.
1238. — Portrait de Mme R. T...

ROBERT (P.), *A.* 64, rue de La Rochefoucauld.

1239. — Portrait du prince Henri d'Orléans.

ROBINSON (B.-M.). 21, quai Bourbon.

1240. — Portrait.

ROBINSON (D.), *A.* Vétheuil (Seine-et-Oise).

1241. — Le chapeau bleu.
1242. — Femme nue.
1243. — Clair de lune à Vétheuil.
1244. — La chiesa della Trinita dei Monti.
1245. — Femme à la draperie rose.
1246. — Femme à la draperie blanche.

ROEDERSTEIN (O.-W.), *A.* 5, rue Bara.

1247. — Une discussion.
1248. — Deux sœurs.
1249. — Une baigneuse.
1250. — Portrait de Mlle J. S...
1251. — Portrait de l'auteur.
1252. — Une femme lisant.
1253. — Une étude femme.

ROGER (G.-G.), *A.* 9, rue Daubigny.

1254. — La fin d'une Bretonne.
1255. — Eglise de Saint-Jean-du-Doigt (Bretagne).
1256. — Tricoteuse.
1257. — Intérieur breton (triptyque).
1258. — Pendant la messe en Bretagne (étude).
1259. — Dans l'escalier (étude).

ROLL (A.-P.), *F.* 41, rue Alphonse-de-Neuville.

1260. — Souvenir commémoratif de la pose de la première pierre du pont Alexandre III.
1261. — Portrait de M.***.
1262. — Le peintre Alfred Smith.

ROLSHOVEN (J.), *A.* 76, Fulcham Road, S. W., Londres.

1263. — Great Grand mother's finery.

RONDEL (H.), *S.* 43, rue du Rocher.

1264. — Prière à la Vierge (vision de Fra-Angelico) (triptyque).

ROQUES (Mlle G.). Boulevard Doumerc, à Montauban (Tarn-et-Garonne).

1265. — Portrait.

ROSEN (E.-T.). 18, avenue de Friedland.

1266. — Portrait du comte de S. W...

ROSSET-GRANGER (E.), *S.* 78, r. Dulong.

1267. — Portrait de Mlle L. G...
1268. — Portrait de Mlles A. B...
1269. — Etude en gris.
1270. — Etude en rouge.
1271. — Etude de dos.
1272. — Tête d'étude.
1273. — Portrait de l'auteur.

ROTH (Mme C.), *A.* 19, avenue Gourgaud.

1274. — Portrait de Mlles V...
1275. — Etude.
1276. — Paysanne de l'île d'Ars (Morbihan).

ROUART (E.-H.), 42, rue Fontaine.

1277. — Le chapeau rouge.

ROUSSEAU (J.-J), *S.* 2, rue Aumont-Thiéville.

1278. — Taureau race normande.
1279. — Rentrée à la ferme.
1280. — Vache au pré.
1281. — Crépuscule.
1282. — Vaches à l'abreuvoir.
1283. — Vache laitière.
1284. — Vache noire.
1285. — Le sentier Damoye.
1286. — Etude.

Ste-Marg.-s.-Mer (S.-I.)

ROUSSEL-MAZURE (H.-F.). 6, r. Poussin.

1287. — Bord de la Bièvre.

SAGLIO (É.). 24, rue du Sommerard.

1288. — Intérieur.
1289. — Sur la terrasse.

SAIN (É.), *S.* 80, rue Taitbout.

1290. — Vendangeuse (Capri).
1291. — Portrait de Mme M...
1292. — Douce ivresse (Capri).
1293. — Portrait de Mlle E. S...
1294. — La Cigale.
1295. — Portrait de la marquise de la J...
1296. — Portrait d'enfant.
1297. — En prière.
1298. — Portrait du jeune E. L...
1299. — Portrait de Mlle N. L...

SAIN (Mlle É.-É.). 80, rue Taitbout.

1300. — Coucher de soleil (Anacapri).
1301. — Près des ruines de Tibère (Capri).

SAINTIN (H.), *S.* 155, rue Nationale.

1302. — Carrière aux environs de Paris (le soir).

1303. — Le vieux chêne de l'étang de Cernay. Premiers jours de printemps.
1304. — Avant l'orage.
1305. — Bateaux de pêche à Chioggia.
1306. — Dans la lagune.

SALA (J.), *A.* 9, boulevard Saint-Marcel.

1307. — Mater Amorosa.
1308. — Soir d'automne.
1309. — Paysage.

SALZEDO (P.), *A.* 39, rue Grangeneuve (Bordeaux).

1310. — La manille.

SANCHEZ-PERRIER (É.), *A.* 19, rue Caumartin, à la Galerie des artistes modernes.

1311. — Bords de rivière à Guillena.

SANCTIS (G. DE). 7, Palazzo Luperano al Cavone, Naples.

1312. — Un antiquaire à Venise.

SANDS (Mlle **E.).** 38, rue Beaujon.

1313. — Portrait.
1314. — Nature morte.

SCHLICHTING (M.). 6, Magdeburger-strasse, Berlin W.

1315. — Au bord de la mer.

SCHLIPPEUBACH (P.). 9, rue Bréa.

1316. — Partie de toits du quartier Montparnasse (matin).

SCHÖNHEYDER-MÖLLER (W.-C.). 4, impasse des Orties, Fontainebleau.

1317. — Le soleil.

SCHOTT (M.). 23, rue Oudinot.

1318. — Fabrique de serrures en Picardie (coin des polisseurs).

SCHRADER J.-D.-F.), *A.* 75, rue Madame.

1319. — Cirque de Gavarnie.

SEARS (T.). 110 East 23 dr Street, New-York.

1320. — Old Dutch Gossips.
1321. — Below a Holland Dike.

SERRUYS (Y.). Rue d'Ypres, Menin.

1322. — Intérieur pauvre.

SIENKIEWICZ (M.). 33, r. de Tocqueville.

1323. — Maternité.

SIMAS (E.-M.), *A.* 9, rue Cauneron.

1324. — Le parc.
1325. — La grand'rue.

SIMON (L.), *S.* 147, b. du Montparnasse.

1326. — Luttes (Finistère).
1327. — Portraits.

SINET (A.). 112, boul. Malesherbes.

1328. — Portrait de M**lle** Diéterle.

SMITH (A.), *S.* 36, rue de Pessac, Bordeaux.

1329. — Le port de Bordeaux.
1330. — La maison du docteur à Sotomarina, près Chioggia.
1331. — La lagune de Chioggia (Italie).
1332. — La maison d'Orphée à Pompéï.
1333. — La maison d'Adonis à Pompéï.
1334. — Le golfe de Naples.
1335. — Un coin de Chioggia.
1336. — Un traghetto à Chioggia.
1337. — Dans le canal de Chioggia.
1338. — Paysans de Sotomarina, près Chioggia.

SMITH (E.-B.). Anvers-sur-Oise.

1339. — Portrait.
1340. — Les premiers beaux jours.

SOHN-RÉTHEL (A.). 67 *bis*, boulevard Bineau, Neuilly-sur-Seine.

1341. — Portrait.
1342. — La dernière neige.

SONNIER (L.), *A.* 68, rue d'Assas.

1343. — Soir du mois de Marie.
1344. — Sur la Marne.
1345. — A l'ombre.

SOUILLET (G.-F.). 23, rue Humboldt.

1346. — Pont des Invalides et Trocadéro.
1347. — Pont-Neuf (effet du matin).
1348. — Arsenal de Brest.
1349. — Bateaux à Auteuil.

SPARRE (Mme **E. DE).** 4, rue Boccador.

1350. — L'espion du ménage.

SPEEKAERT (L.). 114, avenue de la Toison-d'Or. Bruxelles.

1351. — La femme au chien (figure nue).

STENGELIN (A.), *A.* 153, av. Malakoff.

1352. — Soir d'automne.
1353. — Dunes en Hollande.
1354. — Vieille chaumière.

STEVENS (G.-M.). 11, rue des 12-Apôtres (Bruxelles).

1355. — Portrait de Mlle Mariette B...

STEWART (J.-L.), A. 36, rue Copernic.

1356. — Chasseresses.
1357. — Nymphes de Nysa.
1358. — Salmacis.
1359. — Bacchante aux pavots.
1360. — Le matin.
1361. — Harmonies de la nuit.
1362. — Étude.

STIBBÉ (E.-H.). 27, bd. de Courcelles.

1363. — Paysage breton.

STOTT OF OLDHAM (W.), A. 66, Adelaïde Road, Londres.

1364. — They Happy Valley.

SUTRO (Mme E.-S.). 95, rue Ampère.

1365. — Un coin ensoleillé.

SVABINSKY (M.). 41, rue Lamarck.

1366. — Mademoiselle en rouge.

SWETT (W.-O.). 65, boulevard Arago.

1367. — Sur le Loing.

SYMONS. 219, boulevard Raspail.

1368. — Paysage.
1369. — La mer.

TARDIEU (D.). Bordeaux.

1370. — Herbages.

TAYLOR (E.-E.). Garfield Chambers-Belfast (Irlande).

1371. — Beyond Redemption.

TCHIQUINE-DESBOUTIN (J.). Villa Mossa, route du Var, Nice (A.-M.).

1372. — La baie de Beaulieu (Alpes-Maritimes).
1373. — Vallée du Var, près Nice.
1374. — Cagnes, près Nice.

TEXIDOR Y TORRES (M.). Regomir, 3, Barcelone.

1375. — Étude.
1376. — Étude.

THAULOW (F.), S. 21, bd. Berthier.

1377. — Les ombres portées (nuit en Normandie).

THIRY (R.). 12, rue de Bagneux.

1378. — Convalescence (dessus de porte).
1379. — Vieille fileuse.

TOURNÈS (E.), S. 114, rue de Vaugirard.

1380. — Après le bain.
1381. — La malade.
1382. — Toilette.
1383. — Nature morte (melon et pêches).
1384. — Nature morte (pêches et prunes).

TRAGARDH (C.-L.), A. Gothembourg.

1385. — Sous les oliviers.

TRETELYAN (Mlle H.). 38, rue Beaujon.

1386. — Étude (paysage Moret).

TROTTER (M.-K.). 11, rue Boissonade.

1387. — Enfants à la grenade.
1388. — Jeune fille au collier.

TUDOR-HART (P.). 13, avenue Frochot.

1389. — The Love Doll (figure nue).
1390. — Nuage d'automne (paysage).
1391. — Étude (paysage).

ULMANN (R.-A.), A. 27, rue Bouffon.

1392. — Soirée d'octobre (l'île Saint-Louis).
1393. — Le Pont-Neuf.
1394. — Notre-Dame (le quai aux fleurs).
1395. — Mariniers du pont d'Austerlitz.
1396. — Fumées sur le fleuve. *(Paris.)*
1397. — Mouillage sous la côte (Finistère).

URTIN (P.-F.-M). 33 *bis*, bd. de Clichy.

1398. — Derniers jours d'hiver en Dauphiné (paysage).

VAIL (E.-L.), A. 89, rue Ampère.

1399. — Chemin de fer.
1400. — Pays morne).
1401. — Soir de Bretagne.
1402. — Heure de prière.
1403. — Marine.
1404. — Fin de jour.

VALÈRE-BERNARD. 85, rue Cherchell, Marseille.

1405. — « Eucharis. »

VALLÉE (L.). 126, rue d'Assas

1406. — Étude.

VAN CAUWELAERT (J.-É.). 11, boulev. du Fort, Gand.

1407. — Le retour à la ferme, en Flandre.

VAN HOVE (E.). 26, rue Albert Grisar, Anvers (Belgique).

1408. — Les deux sœurs (portraits).

VAN ROY (D.). 68, rue Rochechouart.

1409. — Accalmie.
1410. — L'arrière-boutique au musée Plantin (Anvers).

VAŸSSE (M. L.), A. 26, rue de Staël.

1411. — Paysage de Champagne.
1412. — Chemin des murs à Chauvigny.
1413. — La cité féodale à Chauvigny.

VEBER (J.). 149, boulevard Pereire.

1414. — Lutte de femmes dans le Devonshire.
1415. — Les maisons sont des visages.
1416. — Mariage de raison.
1417. — Le cœur inquiet.
1418. — L'âme de l'automne.
1419. — Danger fleuri.

VERBOECKHOVEN (M.). 41, rue Vifquin, Bruxelles.

1420. Dieppe, nº 3.

VERHEYDEN (I.), 47, rue de l'Abbaye, Bruxelles.

1421. — Dimanche matin.

VERNE (H. DU). 9, rue d'Odessa.

1422. — Le repas du midi (Finistère).

VERSTRAETE (T.), S. 42, rue de la Loi, Anvers.

1423. — Matinée d'août (Blankenberghe).

VEZZANI (F.). 61, rue Caulaincourt.

1424. — Salle de l'Achille Borghèse (Louvre) (perspective).

VIDAL (E.), A. 235, faub. Saint-Honoré.

1425. — Portrait de Mᵐᵉ H...
1426. — Portrait de M. H...
1427. — Étude.

VIEILLARD (M.-É.). 72, r. Caulaincourt.

1428. — Les côtiers (Vieux chevaux au bas d'une rue).

VIERGE URRALIETA (D.), S. 29, rue Guttenberg, Boulogne-sur-Seine.

1429. — Tête de vieillard.

VILLAIN (G.). 77, rue d'Amsterdam.

1430. — Le petit Val, à Étretat.

VILLEDIEU (M.). 18, avenue Jules-Janin, Passy.

1431. — Portrait de Mᵐᵉ Second-Weber (dans le rôle de Daniclo, de la *Reine Fiametta*.

1432. — Tête de jeune femme en noir.
1433. — Suzette (portrait).

VILLÉON (E. DE LA). 30, r. Guillaume-Tell.

1434. — Inondations (paysage).
1435. — Février   (id.).
1436. — Mars   (id.).
1437. — Lac de Neuchâtel (Suisse) (paysage).

VISCONTI (É.), 9, rue des Fourneaux.

1438. — Mélancolie.
1439. — Tendresse.

VON EICKEN (É.). 238, Kurfurstendamn (Berlin W.).

1440. — Au village.

WAGNER-ROBIER (P.-F.). 58, boulevard de Clichy.

1441. — Le fond du port (Cancale).

WAIDMANN (P.), A. 103, av. de Neuilly, Neuilly-sur-Seine.

1442. — Coucher de soleil.
1443. — Port d'Ouchy.
1444. — Lever de soleil sur le Jura.
1445. — Depuis la côte de Savoie.
1446. — Plage de sable.
1447. — Coucher de soleil.
1448. — Effet de nuages.
1449. — Barques.
1450. — Effet de neige. } Lac Léman.

WATTERS (I. P. M.). 9, r. des Fourneaux.

1451. — Étude.

WEERTS (J.-J.), S. 77, r. d'Amsterdam.

1452. — Madame et Mademoiselle P...
1453. — Madame M...
1454. — Madame G. de R...
1455. — Monsieur G. de R.
1456. — Monsieur X...
1457. — Madame X...
1458. — Monsieur A...
1459. — Monsieur V..., député.
1460. — Mademoiselle W...
1461. — Monsieur R...

WENDT (W.). 16, impasse du Maine.

1462. — La rivière des roches.
1463. — Mélodie d'automne.

WENGEL (J.), *A*. La Cantereine-Attin, par Montreuil-sur-Mer (Pas-de-Calais).

1464. — Coucher de soleil.

WENZ (F.). Sainte-Aulde, par la Ferté-sous-Jouarre (Seine-et-Marne).

1465. — Coin de jardin.

WEYDEN (H., VAN DER). 33, rue Bayen.

1466. — Rêverie.
1467. — Au soir.
1468. — Marée basse.

WHEELHOUSE (M.-V.). 3, Pomona Studios III New Kings R^d, Londres. S. W.

1469. — « Catherine » (figure).

WHITVELL (M.-H.). 65, boulevard Arago.

1470. — Portrait de Mlle E. T...

WIENER (A.). 50, r. Juste-Lipse, Bruxelles.

1471. — La toilette (nu).

WILLAERT (F.), *A*. 7, rue aux Draps, Gand.

1472. — La Lys au bois (soleil).
1473. — Vieux canal (pêcheur) (temps gris).
1474. — La Lys à Gand.
1475. — La Lième à Gand (soir).
1476. — Avant l'averse (canal flamand).
1477. — Canal à Gand.
1478. — Marchande de fruits (quai flamand).

WILLIAMS (M.-A.). 8, boulevard Edgar-Quinet.

1479. — Portrait de Mlle R. W...

WISLIN (C.). 28, rue Ballu.

1480. — A Honfleur (marine).
1481. — Ciel sur Montmartre.

WITTMANN (E.). 15, r. du Bastion, Nancy.

1482. — La partie de cartes.
1483. — Un vieux philosophe.

WYTSMAN (Mme J.). 26, rue du Berceau, Bruxelles.

1484. — Les Tournesols.
1485. — Les lys (cour d'hospice de Bruges).

WYTSMAN (R.). 26, rue du Berceau, Bruxelles.

1486. — Le béguinage à Bruges.
1487. — Vieilles maisons (impasse à Bruges).

ZAKARIAN (Z.), S. 91, rue Jouffroy.

1488. — Les pastèques.
1489. — Verre d'eau, figues et raisins.
1490. — Le jambon.
1491. — Panier de pêches.

ZULOAGA (I.). 29, rue de Londres.

1492. — Portraits.

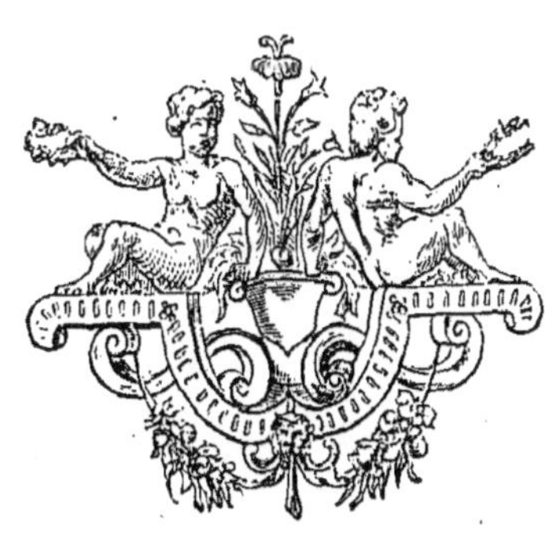

DESSINS

AQUARELLES, PASTELS, MINIATURES

ADRIEN (Mlle M.). 71, avenue Kléber.
1493. — Fleurs de printemps (aquarelle).

ALAUX (G.), *S.* 31, boulevard Berthier.
1494. — La fin du jour.
1495. — A la grand'côte.
1496. — Joyeux compère.
1497. — Pilote à la barre.

ALAUX (Mme L.-D.), 23, rue Saint-Fort, Bordeaux.
1498. — Œillets (aquarelle).
1499. — Mimosa et violettes (aquarelle).

AMBRUSSER (R.-H.), *A.* 13, r. Ravignan.
1500. — Intérieur de forge.
1501. — Foyer de la forge.

ARCOS (S.). 60, avenue d'Iéna.
1502. — Le chemineau.

ARMAND-DELILLE (H.-E.). 1, place Victor-Hugo.
1503. — Portrait de Mlle Cécile S...

ART (Mlle B.), *A.* 28, r. Blanche, Bruxelles.
1504. — Cinéraires (pastel).
1505. — Gibier et accessoires (pastel).
1506. — Œillets roses (pastel).

AUBURTIN (J.-F.), *A.* 41, rue Madame.
1507. — Lac du Bourget, vu de la Chambotte.
1508. — La plage d'Etretat (pluie).
1509. — La plage d'Etretat — Les voiles sèchent.
1510. — Soir d'orage (port de Porquerolles).
1511. — Une calanque (Porquerolles).
1512. — Silhouettes de pins sur la mer.
1513. — Crépuscule.
1514. — Navires dans le Port-Vieux (Marseille).

AVELOT (H.). 130, boulev. de Clichy.
1515. — Processions au bord de la mer.

AZAR DU MAREST (L.). 12, rue Notre-Dame-des-Champs.
1516. — Esquisse.

BADINELLI (Mlle H.). 7, avenue Lakanal, Bourg-la-Reine (Seine).
1517. — Erminia (pastel).
1518. — Mélancolie (pastel).

BAFFIER (J.); *S.* 6 *bis*, rue Lebouis.
1519. — La mère Baffier (fusain). — 16 janvier 1899.

BAIGNÈRES (P.). 2, square Caulaincourt,
1520. — Portrait d'enfant.
1521. — Portrait d'enfant.
1522. — Portrait d'enfant.
1523. — Portrait d'enfant.

BARRAU (L.), *A.* 40, r. de la Barre (Montmartre).
1524. — La femme aux castagnettes (aquarelle).
1525. — Tête de jeune fille (aquarelle).

BARTHOLOMÉ (L.), *A.* 21, rue Fossé-aux-Loups, Bruxelles.
1526. — Intérieur de pêcheurs.
1527. — Intérieur de pêcheurs.

B SEILHAC (J.). 3, quai Voltaire.
1528. — Chanteurs des rues (dessin).
1529. — Mendiants (dessin).
1530. — Marchand d'habits (dessin).

BASTA DE CAMBERNON (H.). 50, rue Malakoff.
1531. — Une vitrine : 1. Mme J... (miniature); — 2. Mme B... (miniature); — 3. Louis B. de C... (miniature); — 4. M. de S..., pair de France (miniature); — 5. M. B. de C... (miniature); — 6. Lady V... (miniature).

BAUMANN (I.). 1, rue Demours.
1532. — Etude de portrait.
1533. — 1. Portrait de Mrs Wyats ; — 2. Etude ; — 3. Etude.

BEAUFORT (Mlle DE). 103, r. de Vaugirard.
1534. — Portrait de M. le baron de X... (miniature sur ivoire).

BÉJOT (E.), A. 12, boul. St-Michel.
1535. — Javel (Paris).
1536. — Le pont Marie (Paris).
1537. — L'écluse du bassin de l'arsenal (Paris).
1538. — Rue de la Petite-Truanderie (Paris).

BELLE (Mlle A.). A, 25, rue Vaneau.
1539. — Calme du soir.

BELLE (M.). 53, rue de Varennes.
1540. — Page d'album (paysage, pastel).
1541. — Page d'album (paysage, pastel).
1542. — Page d'album (paysage, pastel).
1543. — Page d'album (paysage, pastel).
1544. — Page d'album (paysage, pastel).

BELLERY-DESFONTAINES (H.-J.-F.). 19, quai Saint-Michel.
1545. — Portrait de Mr. F...
1546. — Portrait.
1547. — Portrait.
1548. — Dessin d'une couverture pour l'Image.
1549. — Composition sur Sigurd.
1550. — Composition sur Sigurd.

BENOIS (A.). 22, rue Delambre.
1551. — Mascarade sous Louis XIV (pastel).
1552. — Agonie (pastel).

BERMOND (Mlle M.). 27, boulevard Montparnasse.
1553. — Jeunes femmes (pastel).
1554. — Femme au nœud vert (pastel).
1555. — Femme au nœud rose (pastel).
1556. — Portrait de Mr. O. E...
1557. — Portrait.

BERTEAUX (H.). 141, boul. Montparnasse.
1558. — Etude pour plafond.
1559. — Etude pour plafond.
1560. — Etude pour plafond.
1561. — Etude pour diplôme.

1562. — Etude pour plafond (théâtre Graslin).
1563. — Etude château Chenonceaux.
1564. — Etude château Chenonceaux.
1565. — Etude pour diplôme.
1566. — Etude pour plafond (théâtre Graslin).
1567. — Etude pour plafond (Moscou).

BERTHON (P.-L.-J.). 37, quai d'Anjou.
1568. — Le violon (panneau décoratif).

BERTON (A.), S. 9, rue de Bagneux.
1569. — Portrait de jeune fille.

BERTRAND (L.). 5, rue Campagne-Première.
1570. — Eglise de Lucy (aquarelle).

BESNARD (R.). 17, rue Guillaume-Tell.
1571. — Portrait de Mr. de T...

BIETTE (J.-F.). 94, rue de Sèvres.
1572. — Étude.
1573. — Etude.
1574. — Etude.
1575. — Etude.

BLOOMFIELD (E.). 63, rue Saint-Didier.
1576. — Le chapeau.
1577. — Le peignoir.
1578. — Le journal.

BLOUET (G.). 99, rue Caulaincourt.
1579. — Portrait de femme (pastel).

BONNAL (Mme O.). 32, bd Bineau, Levallois.
1580. — Pastel.

BONNENCONTRE (E.-C. DE). 100, rue d'Assas.
1581. — Dessin à la sanguine faisant partie d'une série intitulée : *Le Cauchemar d'une nuit d'été.*

1582.
1583.
1584.
1585. } Dessins à la sanguine faisant
1586.   partie d'une série intitu-
1587.   lée : *le Cauchemar d'une*
1588.   *nuit d'été.*
1589.
1590.

BORUTH (A.). 12 *bis*, rue Pergolèse.
1591. — Portrait de Miss J. B...

BOTTINI (G.). 39, rue de la Tour-d'Auvergne.
1592. — Au bar.
1593. — Reposoir.

1594. — Couloir de théâtre.
1595. — Bar anglais.
1596. — Bar.

BOUVET (H.), S. 20, rue Galvani.
1597. — Soleil couchant.
1598. — Avant la nuit.
1599. — Marée basse.
1600. — Les brumes.

> A la mer, le soir.

BOYD (J.-A.). Moor House, Leamside, R. S. O. County Durham.
1601. — Une vitrine, trois miniatures.

BRAUN (L.). 33, rue Bayen.
1602. — La coiffure à la mode (dessin).
1603. — Le petit modèle (dessin).

BRESLAU (L.-C.), S. 40, av. des Ternes.
1604. — Portrait de Mme S. R .. en costume de chasse.
1605. — Portraits de Mlles Toto et Janot.
1606. — Glycines (détrempe).
1607. — Portrait de Mlle Anne-Marie.
1608. — La toilette.
1609. — Modistes.
1610. — Tête blonde.
1611. — Tête rousse.
1612. — Tête.
1613. — Dessin rehaussé, portrait de Mr F. O...

BRIÈS (Mme F.), 121, av. de Villiers.
1614. — Liseuse (aquarelle).

BROUILLOT (J.). 6, r. Aumont-Thiéville.
1615. — Étude de vallée.

BROWN (É.). 9, rue des Fourneaux.
1616. — L'Atlantique (matinée brumeuse).

BROWN (Mlle É.-I.). 65, bd Arago.
1617. — Portrait. H. G. B.

BRUNOT (Mlle J.). 9, rue Quatrefages.
1618. — 1. L'Arlésienne (miniature); — 2. Portrait de Mlle Marie B... (miniature).

BUTTNER (H.). 12, rue de la Grande-Chaumière.
1619. — Portrait d'un taureau hongrois.
1620. — Etude de cheval (pastel).

CARRIER-BELLEUSE (P.), S. 31, boulevard Berthier.
1621. — Portrait de Mme L...

1622. — Portrait de Mme D...
1623. — Portrait de Mme A. W...
1624. — Portrait de Mlle N. D...
1625. — Portrait de petite Marguerite B...
1626. — Portrait de petite Naïr B...
1627. — Portraits des cinq petits-fils du sculpteur Salmson.
1628. — Étude de nu (sur le sable).
1629. — Pierrot vainqueur.
1630. — Le port de bras (classe de danse).

CASIMACKER (A.-A.-J. DE). 14 bis, rue Friant.
1631. — Portrait.
1632. — Portrait.

CATULLE (J.). 23, rue Vaugirard.
1633. — M. Albert Guillaume (miniature).

CAZALS (F.-A.). 10, r. des Feuillantines.
1634. — Portrait de Paul Verlaine (crayon teinté).
1635. — Verlaine endormi (aquar.).

CAZIN (J.-C.), F. 6, rue du Regard.
1636. — Suite de dessins.

CAZIN (Me M.), S. 40, r. du Luxembourg.
1637. — La petite bonne (pastel).

CHANALEILLES (G.). 233, faubourg Saint-Honoré.
1638. — Portrait de Mme Louis Tardieu (pastel).

CHARON (L.-A.). 69, rue du Bac.
1639. — Bas-Meudon (aquarelle).

CHEVALIER (E.-J.), A. 151, rue de Grenelle.
1640. — Crépuscule (environs de Vernon) (pastel).

CHOISELAT (J.). St-Pierre-les-Nemours (Seine-et-Marne).
1641. — Le Loing à Nemours (bois brûlé).

CLERVILLE (M. DE). 9, r. de Bréa, Nantes.
1642. — Petites boutiques à Vichy.
1643. — Chantenay.

CONTAL (J.). 77, rue de Prony.
1644. — Fleurs (pastel).

CORNÉLIUS (J.-G.). 158, r. Saint-Jacques.
1645. — Illustration (dess. au crayon).
1646. — Illustration (dess. au crayon).

CUROENNE (J.-X.). Nice (Saint-Maurice).
1647. — Étude de nu (sanguine).
1648. — Volupté (sanguine).

COTTET (C.), S. 86, r. N.-D.-des-Champs.
1649. — Étude d'enfant mort à Ouessant.
1650. — Femme et homme d'Ouessant veillant un enfant mort.
1651. — Femmes d'Ouessant veillant un enfant mort.

CRAMPEL (Mme P.). 13, rue Vauquelin.
1652. — Chevaux boulonnais.
1653. — Illustration.
1654. — Illustration.
1655. — Illustration.
1656. — Illustration.

CRÉBASSOL (P.). 11, quai de Lyon, Tulle.
1657. — Béziers.

CUROT-BARBAREL (Mme M.), A. 22, route d'Aubervilliers.
1658. — Vitrine : 1. Portrait de Me C. B... (miniature); — 2. Portrait de Me B... (miniature).

DAMPT (Mlle A.). 41, bd de Clichy.
1659. — Œillets (aquarelle).
1660. — Chardons (aquarelle éventail).

DARMESTETER (Mme H.-H.). 46, r. N.-D.-des-Champs.
1661. — Portrait de Mme F. L... (pastel).

DAVIDSON (A.-W.). 8, rue de Villejust.
1662. — Avenue Kléber (Paris).
1663. — Boulevard Sébastopol (Paris).
1664. — Étaples, le soir.

DEBUIRE (A.-P.). 72, r. N.-D.-des-Champs.
1665. — Portrait (miniature).

DECUGIS (M.). 12, rue Laurent-Pichat.
1666. — Violettes.

DEGOMMIER (R.). 15, rue des Écoles.
1667. — Le pont Sully (aquarelle).
1668. — Le pont Marie (id.)
1669. — L'île Saint-Louis (id.)
1670. — Bas-Meudon (id.)

DÉJARDIN (J.). 1, quai Montebello.
1671. — Panthères (étude).

DELACHAUX (L.), A. 20, rue Durantin.
1672. — Isabelle (craie noire).

1673. — Tête (craie noire rehaussée de sanguine).
1674. — Dessin pour le tableau Pauline et Isabelle.
1675. — Adèle (craie noire).
1676. — Au bord de la mer.
1677. — Intérieur (craie noire).
1678. — Tête d'homme (dessin).
1679. — Femme debout, dessin (craie noire rehaussée).
1680. — Enfant endormi (mine de plomb).
1681. — Enfant endormi (craie noire).

DELEPOUVE (H.). 22, rue Turgot.
1682. — Marchandes de fleurs.
1683. — Marché aux étoffes.

DENISSE (J.). 18, boul. Edgard-Quinet.
1684. — Crépuscule d'hiver au Luxembourg (pastel).

DENNÉ-CEYRAS (J.-P.). 21, rue Vignon.
1685. — 1. Mlles Gabrielle d'Estrées d'Arras; d'après Bailly (miniature. — 2. Psyché, d'après Curzon (miniature). — 3. Portrait (miniature).

DESCHLY (I.). 27, rue de Fleurus.
1686. — Mater afflictorum.

DESMOULIN (F.), S. 13, rue Washington.
1687. — Portrait de Mlle S. Bruneau.
1688. — Portrait de M. M. B...
1689. — Musique de chambre : Portraits de MM. Hayot, Guidé, Dressen, Berget, L. Doyen.

DEVINA (Mlle J.). 50, rue Saint-Didier.
1690. — Prêtresse d'Isis (ivoire).
1691. — Deux portraits miniature : Mme la marquise d'A..., Mlle Suzanne C...

DINET (A.-E.), S. 6, rue de Furstenberg.
1692. — Dessin pour l'illustration du poème d' « Antar » (pour l'édition d'art).
1693.
1694.
1695.
1696.
1697.   Dessins pour l'illustration
1698.   du poème d'« Antar » (pour
1699.   l'édition d'art).
1700.
1701.

DORSEY (M.). 39, avenue Kléber.

1702. — Une vitrine, trois portraits.

DROGUE (J.-J.). 59, rue Lepic.

1703. — Priscilla (pastel).

DUBUFE (Mlle J.). 43, av. de Villiers.

1704. — La Brune.
1705. — La Blonde.
1706. — Étude.

DUHEM (H.), S. 10, rue d'Arras, Douai.

1707. — La grèle (aquarelle).
1708. — Étang (aquarelle).
1709. — La Scarpe (aquarelle).
1710. — Le champ (aquarelle).

DUHEM (Mme M.), A. 10, r. d'Arras, Douai.

1711. — Lever de lune (pastel).

DUMAS (H.). 32, rue Eugène-Flachat.

1712. — Portrait de M. Raoul Pugno.

EDELFELT (A.), S. 147, av. de Villiers.

1713. — Vue de Goslar dans le Harz.

ELIOT (J.). 13, rue Mansart.

1714. — Le clos fleuri (pastel).
1715. — Coin abandonné (pastel).
1716. — Ombelles (pastel).

ERTZ (É.). 3, rue Dutot.

1717. — Le nourrisson.
1718. — Paysage.
1719. — Vieille masure.
1720. — Paysage.
1721. — La Ferre (dessin original).
1722. — Hélène (dessin original).

FEYDEAU (D.). 3, rue Nitot.

1723. — Anémones.

FLANDRIN (J,), S. 9, rue Campagne-Pre-mière.

1724. — Cheveux blonds (pastel).
1725. — Après-midi d'automne, Ar-cueil (pastel).
1726. — Le viaduc d'Arcueil (soir) (pastel).
1727. — Prairie au soleil (pastel).
1728. — La maison de campagne (pastel).
1729. — Effet du matin en Dauphiné (pastel).
1730. — Coin de parc (aquarelle).
1731. — La route au soleil (aquarelle).

1732. — Coteau en Dauphiné (aquarelle).

FNESEKE (F.-C.). Étaples (Pas-de-Calais).

1733. — Le lion de Belfort.
1734. — Le soir (Katwyk).
1735. — L'automne (Hollande).

FOLEY (H.-H.). 22, boul. Edgar-Quinet.

1736. — La robe blanche...
1737. — La robe bleue.
1738. — Tête de jeune femme.

FORGES (J.). 30, avenue du Maine.

1739. — Rue de St-Goustan (Auray).

FRAPPA (J.), S. 153, avenue Malakoff, 18, villa du Redan.

1740. — Portrait de Mme R...

FROMUTH (C.), A. Concarneau (Finistère).

1741. — Bateaux au port : un décor (pastel).
1742. — Dans le port : brume du matin (pastel).

FRONT (F.), 16, rue de Belleville.

1743. — Études pour le portrait d'A. Rodin.
1744. — Études pour le portrait d'A. Rodin.
1745. — Études pour le portrait d'A. Rodin.

FUCHS (L.). 1, r. de Bourbon-le-Château.

1746. — Portrait d'homme (pastel)

FUCHS (Mlle N.). 45, rue de Courcelles.

1747. — Œillets.
1748. — Étude de chardons.

GACHONS (A. DES). Étampes.

1749. — La maison forestière.

GALLAY (N.). 28, rue Guersant.

1750. — Intérieur de l'église Saint-Pierre-de-Melle (pastel).
1751. — Étude d'église (pastel).
1752. — Intérieur (pastel).
1753. — Étude (pastel).

GALTON (Mme L.). 219, boul. Raspail.

1754. — Pois de senteur (aquarelle).
1755. — Œillets (aquarelle).
1756. — Roses (aquarelle).

GANDARA (A. DE), *S.* 22, rue Monsieur-le-Prince.

1757. — Portrait de Jean Moréas.
1758. — Etude.
1759. — Etude.
1760. — Etude.
1761. — Etude.
1762. — Etude.

GEKANNE (H.). 11, rue des Petites-Écuries, chez M. Lœffler.

1763. — Paysanne de la Creuse (pastel).

GÉRARD (Mlle L.). 24, r. du Moulin-Vert.

1764. — Miniature d'après Paul Baudry.

GERDERÈS-FREYSSENGE (Mme J). 56, rue du Rocher.

1765. — Fleurs des champs (aquarelle).
1766. — Un églantier (pastel).

GILLES-FONTENAILLES (J.). 70, rue de la Tour.

1767. — Genoveffe.

GILLOT (E.-L.), *A.* Osmoy, par Septeuil (Seine-et-Oise).

1768. — Oliviers à Cimiez. Environs de Nice (pastel).
1769. — Champ de roses et amandiers en fleurs. Nice (pastel).

GIRALDON (A.). 69, boul. Saint-Jacques.

1770. — Aquarelles destinées à l'illustration d'*Aspasie - Cléopâtre* et *Théodora*, par Henry Houssaye.

GIRARDET (E.), *A.* 4, rue Legendre.

1771. — Mosquée de la rue du Mouski (aquarelle).
1772. — Environs du Caire (aquarelle).
1773. — Village d'Indis (Algérie) (aquarelle).

GIRARDOT (L.-A.), *S.* 68, rue d'Assas.

1774. — Carton de mon tableau « Nuit d'Eté ».
1775. — Un coin de porte (aquarelle).
1776. — Dans la montagne (aquarelle).
1777. — La terrasse d'une voisine à Tanger (aquarelle).
1778. — Mauresque, le soir, dans le patio (aquarelle).

GIROUST (R. - C.). Chaintrauville, près Nemours (Seine-et-Marne).

1779. — Toulon vu de la Seyne (pastel).
1780. — Roches Sanary, près Toulon (pastel).
1781. — Maison des champs (Provence) (pastel).

GLEHM (W.-G? DE), *A.* 58, Glebe place Chelsea, Londres.

1782. — Étude pour tableau (pastel).
1783. — Etude (pastel).

GLORGET (P.-É.). 9, faub. Poissonnière.

1784. — Hortensias (aquarelle).
1785. — Pétunias (aquarelle).

GLORI (M. DE). 7, boul. Delessert.

1786. — Une Bretonne (tête d'étude).
1787. — Eventail (algues et crabes).
1788. — Eventail (fusain et santasera).

GODIEN (A.). 3, rue Bara.

1789. — Théâtre Antoine « Entr'acte » (dessin).
1790. — Théâtre Antoine « Avant le spectacle » (dessin).

GŒPP (A.). 43, r. Perronet, Neuilly-s.-Seine.

1791. — Côte de Jersey (pastel).
1792. — Temps gris (pastel).
1793. — Coucher de soleil en mer (pastel).

GOTTLOB (F.-L.). 45, rue de Belleville.

1794. — Le haleur (aquarelle).
1795. — L'homme des champs (aquarelle).

GOUNOD (J.), *A.* 10, rue d'Aubigny.

1796. — Portrait.

GRIGNAN (H.). 279, rue de Vaugirard.

1797. — Une vitrine portraits (miniatures ivoire).

GRISON (T.). 17, avenue d'Orléans.

1798. — Deux portraits miniatures.

GROUX (H. DE), *A.* 31, boul. Port-Royal.

1799. — La retraite de Russie.
1800. — Le retour de l'île d'Elbe.
1801. — Sainte-Hélène.

GUIGUET (F.), *S.* 13, rue Ravignan.

1802. — Portraits de Mlles Renée et Hélène P... (pastel).

1803. — Portrait de Mlle Marie-Thé-
rèse C... (pastel).
1804. — Jeune fille faisant du crochet
(dessin).
1805. — Femme lisant (dessin).
1806. — Tête de jeune fille (sanguine).
1807. — Menuisier (dessin).
1808. — Menuisier (dessin).
1809. — Femme reprisant (dessin).
1810. — Enfant dessinant (dessin).
1811. — Jeune fille (sanguine).
1812. — Trois croquis (sanguine).
1813. — Deux croquis (sanguine).

GUILLAUME (A.), *A.* 3, rue Jean-Bart.

1814.
1815.
1816.   Aquarelles extraites
1817.   de l'album: *Mes 28 jours.*
1818.
1819.

HALLOWELL (Mlle H.). 9, r. Brey (Étoile).

1820. — Une vitrine miniatures sur
ivoire : 1. Portrait de Mme P. P...;
— 2. Portrait de Mme H...; —
3. Portrait de Mlle P...; — 4. Portrait de Mlle C...

HARTMANN (Mme L.-H.). 4, place Malesherbes.

1821. — Albine (pastel).
1822. — Portrait d'enfant (pastel).
1823. — Portrait de femme (id.).
1824. — Fillette aux iris   (id.).

HEIDBRINCK (O.). 13, rue Spontini.

1825. — Dessins en noir.
1826. — Femmes nues (6 dessins sanguine).
1827. — Rêverie (dessin noir rehaussé
de sanguine).
1828. — Le repos (étude sanguine).
1829. — Farniente (dessin sanguine).

HERSCHER (E.-M.). 20, rue Soufflot.

1830. — Le pont Marie (dessin en
couleurs).
1831. — Le pont Marie (dessin en
couleurs).
1832. — Bords de la Seine (dessin en
couleurs).
1833. — Rue de la Bûcherie (dessin
en couleurs).
1834. — Le vieil Hôtel-Dieu (dessin
en couleurs).
1835. — Quartier Saint-Séverin (dessin en couleurs).
1836. — Saint-Séverin (dessin en couleurs)

HIDEUX (R.-E.). 4, rue Meyerbeer.

1837. — Une vitrine (trois émaux).

HOUDRON (F.). 3, rue de Bretonvilliers.

1838. — Paris, quai de la Tournelle
(peinture à l'eau).
1839. — Paris, place de la République (peinture à l'eau).
1840. — Paris, boulevard Saint-Martin (peinture à l'eau).
1841. — Route de Pontoise à Eragny
(peinture à l'eau).
1842. — La Frette-Montigny (peinture à l'eau).
1843. — Pontoise (peinture à l'eau).
1844. — La Cour de cassation (aquarelle).
1845. — Saint-Etienne du Mont (aquarelle).
1846. — Clermont-sur-Oise (aquarelle).

HUET (G.). Villa Montmorency, 15, avenue
des Peupliers.

1847. — Une route en Picardie.
1848. — Vieille chaumière.
1849. — Meules.

HUET (Mlle M.). 112, boul. Malesherbes.

1850. — Portrait de Mme Fix-Masseau.

HUMBLOT (L.-L.). 95, rue de Monceau.

1851. — Croquis.
1852. — Croquis.
1853. — Croquis.

HURST (M.-D.). 7, rue Léopold-Robert.

1854. — The Coast of Mull.

ISDERT (Mme C.). 15, rue Labruyère.

1855. — Six miniatures : 1. Cher-
cheur de rimes; — 2. Portrait
de Mlle Renée H...; — 3. Portrait
de M. T...; — 4. Portrait de
Mlle V...; — 5. Portrait de M. G.
C...; — 6. Portrait de Mme L. M...,

IWILL (M.-J.), *S.* 14, quai Voltaire.

1856. — La mer en octobre (Etaples).
1857. — Orvieto (Italie) (fin de journée).
1858. — Novembre (derniers rayons).
1859. — Octobre (les bords de la
Marne).
1860. — Soleil de novembre (Saint-
Vaast la Hougue).
1861. — La nuit.

1862. — Soir sur l'Etang (Cernay).
1863. — Les monts des Maures.

JACQUIN (G.-A.). 25, rue Bertrand.

1864. — Dans la prairie, paysage (aquarelle).

JOURDAIN (F.). 71, rue Caulaincourt.

1865. — Bords de la Loire (dessin).
1866. — Solitude (dessin).

JOURDAIN (H.), A. 25, rue d'Erlanger.

1867. — Brumes d'hiver.
1868. — Automne.
1869. — Crépuscule (Versailles).

JUNGER (M.-L.). Chez M. Laborde, encadreur, 39, rue de Sèvres.

1870. — Une vitrine, deux miniatures : 1. Portrait du général J...; — 2. Portrait de Mme H. B...

KAPLAN (J.). 13, rue Ravignan.

1871. — Etude.
1872. — Etude.
1873. — Etude.
1874. — Etude.

KATE-CARL (Mlle). A. 50 *bis*, rue Perronet, Neuilly-sur-Seine.

1875. — Portrait du comte L. C...

KAZAK (Mlle M.), A. 59, av. de Saxe.

1876. — Portrait de M. Maurice Réalier-Dumas.

KINKEAD. Pomona Studio. III New Kings, Road, Londres, S. W.

1877. — Portrait de Mme L. L...

KLAMROTH (A.), A. Petersteinweg, Leipzig.

1878. — Portrait de J.-J. Paderewski, pianiste (pastel).

KŒNIG (J.-R). 16, r. du Luxembourg.

1879. — Ile de Bréhat (pastel).
1880. — Ile de Bréhat (id.).
1881. — Dans l'ombre (dessin fusain).
1882. — Bretonne   (id.).
1883. — Bretonne   (id.).

KOOPMAN (A.-K.). 59, avenue de Saxe.

1884. — Katuyk-Binnen (aquarelle).
1885. — La jeune mère (sanguine).
1886. — Mère et enfant (sanguine).

KOOS (V.), A. 14, rue Borromée.

1887. — Esquisse (pastel).

KROEPELIEN (Mlle D.). 9, rue Ste-Beuve.

1888. — Une miniature portrait.

KUPKA (F.). 84, boulev. Rochechouart.

1889. — Les copistes (fusain).
1890. — La pompe funèbre (fusain).

LABARTHE DU TILLOY (A.). 25, rue de Trévise, chez Mme Stal.

1891. — Portrait de Mlle L... (miniature).

LACHAUD (Mlle G.). 18, rue Labruyère.

1892. — Une vitrine miniature sur ivoire : 1. Portrait de ma mère; — 2. Portrait de Mme A. H...; — 3. Portrait de Mme G.-B. V...; — 4. Portrait de Mme M. C...; — 5. Portrait de Mlle J. F...; — 6. Portrait de bébé, Lya.

LALOU (Mme M.). 6, bd Saint-Michel.

1893. — Miniature : Ariane, d'après A. Laurens.

LASCELLES (E.). 7, r. Léopold-Robert.

1894. — Jeune fille hollandaise au rouet.

LATENAY (G. DE), S. 147, av. de Villiers.

1895. — Aquarelles pour une illustration de Nausikaa.
1896. — Aquarelle pour une illustration de Nausikaa.

LEA (A.-W.). 272, boul. Raspail.

1897. — Une vitrine, trois miniatures.

LEE-ROBBINS (Mme L.), A. 7, r. Boccador.

1898. — Le pavot rouge.
1899. — Jeune femme en blanc.

LE GOUT-GÉRARD (F.-M.-E.), A. 32, rue de la Victoire.

1900. — La rentrée.
1901. — Fin de l'office du soir.
1902. — Repos du soir.
1903. — Les dernières acheteuses.
1904. — Les tricoteuses.
1905. — La « ville close » à marée basse.

LEGRAND (L.). 9, quai Voltaire.

1906. — Les amants (étude pour une eau-forte).

1907. — La première leçon.
1908. — Une danseuse.
1909. — Deux danseuses.
1910. — Notre-Dame de Recouvrance (étude pour une eau-forte).
1911. — Vannées.
1912. — La femme de trente ans (étude pour une eau-forte).
1913. — Toilette.
1914. — A la barre.
1915. — Bicycliste (étude pour une eau-forte).

LEIGH (B.). 216, bd Raspail.

1916. — Effet de lampe (miniature).

LE LIEPVRE (J.). 59, avenue de Saxe.

1917. — Chaumont-sur-Loire.

LEMAIRE (Mme M.), S. 31, r. de Monceau.

1918. — Dahlias.
1919. — Violettes et fleurs de pommier.
1920. — Pêches.
1921. — Fraises.

LE SIDANER (H.), A. 5, r. Emile-Allez.

1922. — Portrait de M. Charles-Henry Hirsh (dessin).

LEWISOHN (R.). 65, rue Lepic (pavillon B), Montmartre.

1923. — Italienne (pastel).
1924. — Terrassier (étude) (aquarelle)
1925. — Terrassier (id.)   (id.)
1926. — Terrassier (id.)   (id.)
1927. — Terrassier (id.)   (id.)

LICHTENAUER (J.-M.). 16, impasse du Maine.

1928. — Filles bretonnes.

LOUP (E.), A. 25, rue Vaneau.

1929. — Rêverie (pastel).
1930. — Repos (pastel).
1931. — Etude (id.).

LUX (L.-F. DE TOURS). 6, rue Aumont-Thiéville.

1932. — Le vitrarius J.-A. Ponsin (auteur du palais lumineux pour l'exposition de 1900).

MAC CHESNEY (C.-T.). 8, r. Boissonade.

1933. — Etude en rouge.

MANCEAU (P.-G.). 72, rue des Prés, Nogent-le-Rotrou (E.-et-L.).

1934. — Portrait du lieutenant M... (miniature).

MARIE (G.-L.-H.). 21, quai Montebello.

1935. — Portrait de ma mère.

MARLEF (Mme C.), A. 5, rue de Rouvray, parc de Neuilly (Seine).

1936. — La rousse aux lilas (pastel).
1937. — Tatiana (pastel).

MARSH (A.-R.). 219, bd Raspail.

1938. — Portrait (miniature).

MARTIN (L.). 8, rue de Milan.

1939. — La cour du Commerce (vieux Paris) (dessin).
1940. — Au grand Trianon (dessin).

MARTIN (R.), A. 104, bd de Clichy.

1941. — Femme aux pavots (pastel).
1942. — Contre-jour — nu — (pastel).

MASON (É.-M.). 15, Vaweett Saint-Radcliffe gardens, Londres S. W.

1943. — Miniature.

MASON (J.). Barbizon (Seine-et-Marne).

1944. — Une vitrine contenant sept miniatures.

MATHAN (R. DE). 10, rue d'Orchampt.

1945. — Paysan (pastel).

MATISSE (H.), A. 19, quai Saint-Michel.

1946. — Vieux jardin (environs d'Ajaccio).

MELCHERS (G.). S. 47, rue Laugier.

1947. — La neige.

MELNICK (C.). 32, rue Guyot.

1948. — Portrait des enfants du comte de B...

MESTRAL COMBREMONT (V. DE). 5, av. de Philippe-Leboucher (Neuilly).

1949. — Sommeil (pastel).

MILCENDEAU (C.-T.), A. 16, rue de Fleurus.

1950. — Femmes de l'île d'Ouessant allant à la messe.
1951. — Marins au cabaret (Belle-Ile)
1952. — Femmes d'Ouessant.
1953. — Vierge d'Ouessant (pastel).

1954. — Filles de l'île d'Hœdic (au bord de la mer).
1955. — Fillettes de Vannes.
1956. — Fileuse d'Ouessant.
1957. — La Possédée (livre de Pays d'ouest de Gustave Geffroy).
1958. — Boisselotte (livre de pays d'ouest de Gustave Geffroy).
1959. — Manon, Fanchon et Janneton les trois vieilles filles.
1960. — Le vieux malade.
1961. — Marin pochard au cabaret (pastel).
1962. — Le sous-sol.

MOISSET (M.). 59, rue de Prony.
1963. — Portrait de Mme B... (pastel).

MOLLIET (Mlle C.), A. 52, boulevard des Batignolles.
1964. — A travers champs.
1965. — Le lis.

MORAND (A.), A. 66, rue Lemercier.
1966. — Vieilles femmes de la Salpêtrière.

MOREAU (P.-L.). 10, rue Perceval.
1967. — Quai d'Anjou; — Rue Galande; — Devant le pont des Invalides; — Saint-Gervais (fusains).
1968. — Pont d'Austerlitz; — Passage Saint-Antoine (fusains).
1969. — La cloche, — Intérieur de Saint-Séverin; — Coin de porte (fusains).

MUHRMAN (H.). 76, rue Blanche, chez MM. N. Guinchard et Fournier.
1970. — Tamise à Greenwich (pastel).
1971. — Greenwich (pastel).
1972. — Charrettes (pastel).

NAY DE MEZENCE. 5, rue Émile-Allez.
1973. — Tête de vieillard (pastel). — Étude.

NOURSE (Mlle É.). 80, rue d'Assas.
1974. — Dessin du tableau *la Veillée*.

OFFICER (É.-C.). Étaples (Pas-de-Calais).
1975. — Une pastorale.
1976. — Retour des moutons.

PAILLARD (H.), S. 13, rue Duperré.
1977. — Porte Sarrazine, Saint-Tropez (pastel).

1978. — Bateau carré, Saint-Tropez (pastel).
1979. — Les roches, Saint-Tropez (pastel).
1980. — Tartanes au soleil, Saint-Tropez (pastel).
1981. — Soleil après l'orage, Saint-Tropez (pastel).
1982. — Vent d'est, Saint-Tropez (pastel).
1983. — Coin de port, Saint-Tropez (pastel).
1984. — Tour Sarrazine, Saint-Tropez (pastel).
1985. — Temps d'orage, Saint-Tropez (pastel).
1986. — Tartane, St-Tropez (pastel).

PAILLET (F.). 6, boulevard de Clichy.
1987. — Une vitrine contenant six miniatures : 1. Portrait de Mme E. B.,.; — 2. Pas de menuet; — 3. Portrait de Mme A. P...; — 4. Portrait de Mlle H. R...; — 5. Portrait de Mlle O.-C. B...; — 6. Mlle Coquelicot.

PALLADY (T.). 16, rue La Fontaine.
1988. — Marion.
1989. — Mlle B. de P...

PARABÈRE (É.-F.), A. 10, rue Hermel prolongée.
1990. — Études d'enfants.
1991. — Étude de jeune fille (sanguine).
1992. — Étude de jeune fille (sanguine).
1993. — Étude de femme (sanguine).
1994. — Étude de femme (sanguine).
1995. — Tête de jeune homme.
1996. — Jeune fille couchée.
1997. — Jeune fille couchée.
1998. — Jeune fille couchée.
1999. — Jeune fille assise.

PARGUEZ (Mlle A.). 10, rue Crevaux.
2000. — Une vitrine contenant cinq miniatures : 1. Portrait de Mlle Lavinia R...; 2. Portrait de Mme la vicomtesse de F...; — 3. Portrait de Mlle Claire A...; — 4. Portrait de Mme Victor H...; — 5. Portraits d'enfants.

PELLEGRINI (C.). 17, rue Lepic, chez M. Schwartz.
2001. — Dessin aux trois crayons.

PELLETIER-MARCEL (Mlle C.-J.). 41, rue Gabrielle (Montmartre).

2002. — Le soir (Épinay) (pastel).
2003. — Montmartre en hiver (rue Norvins) (pastel).

PENET (L.-F.). 13 *bis*, rue Campagne-Première.

2004. — Une vitrine : 1. Portrait de Mme P... (miniature sur ivoire) : — 2. Portrait de Mlle M. K... (émail).

PERRICHON (J.-L.), *A.* 40, rue Dutot.

2005. — Masque d'homme (sanguine).
2006. — Masque de femme (sanguine).
2007. — Profil de femme (sanguine).
2008. — L'étude (fusain).

PHELPS (K.-É.). 4, rue de Chevreuse.

2009. — Portrait (miniature).

PICHOT (R.). 21, rue Moncada.

2010. — Juerga.
2011. — Chulas.
2012. — Dans l'église.

PIOT (R.). Rue de l'Abbaye.

2013. — Étude pour un portrait (pastel).
2014. — Étude pour un portrait (pastel).

POTTER (J.-B.). 92, Pinkney St. Boston (États-Unis).

2015. — Portrait de Mlle E.-I. B...
2016. — Portrait de Mlle E.-B. B...

POWER (P.).

2017. — Une vitrine, deux miniatures sur ivoire : 1. Portrait du Dr G... (Melbourne) ; — 2. Jeanne d'Arc (étude).

PRINS (P.), *A.* 35, rue Rousselet.

2018. — Vue de Fécamp, le soir.
2019. — Les meules, lever de lune.
2020. — Les feuilles tombent, temps gris.
2021. — L'auberge, effet de lune.
2022. — Vieille maison normande à Fécamp.
2023. — La Seine à Thomery, soleil couchant.
2024. — Chemin pavé à Thomery, soleil couchant.

2025. — Sous la tour au Champ de Mars.

PRUNIER (G.-É.). 24, rue Dombasle.

2026. — Le boulevard Bonne-Nouvelle (aquarelle).
2027. — Bateaux de plâtre sur le canal.
2028. — Terrains de remblai (Vanves) (aquarelle).
2029. — Les débardeurs (La Villette) (aquarelle).
2030. — La pointe de Ploumanach (Bretagne).

REHM (V.). 3, rue du Regard.

2031. — Une vitrine contenant trois miniatures : 1. Portrait de Mme G. M... ; — 2. Portrait de M. E. G... ; — 3. Portrait de Mlle V. R...

REILLY (N. P.). 7, r. Lemaître, Puteaux.

2032. — Chrysanthèmes jaunes (aquarelle).
2033. — Anémones (aquarelle).

REYNOLD (Mme V.), *A.* Chez M. Havard, 123, boulevard Montparnasse.

2034. — Une vitrine contenant quatre portraits.

RHÉA (L.). 75 *bis*, avenue Wagram.

2035. — Portrait de Mme D...

RIQUET (G.). 42, avenue d'Édimbourg, Amiens.

2036. — L'Étoile du berger (aquarelle).

ROBINSON (A.-C.). Braunton Devon (Angleterre).

2037. — Débarquement La Algue (aquarelle).

ROGIER (G.). 12, rue Barye.

2038. — Soir dans la Lande à Saint-Briac (Ille-et-Vilaine).
2039. — La *Ville Brunet* à Saint-Briac (Ille-et-Vilaine).

RONIN (Mlle J.), 48. r. du Cherche-Midi.

2040. — Une vitrine, contenant trois portraits miniatures : 1. M. de V... ; — 2. M. de C... ; — 3. Mme D...

ROSSERT (P.), *A.* 11, rue de Bagneux.

2041. — La Pelouse.
2042. — La Pelouse.
2043. — Automne.
2044. — La Rivière.

ROSSERT (Mme M.), *A.* 11, r. de Bagneux.

2045. — Une vitrine contenant quatre portraits miniatures.

ROUSSEAU (J.-J), *S.* 2, rue Aumont-Thiéville.

2046. — Westminster abbaye (Londres).
2047. — Chelsea (Londres).
2048. — Tour du Parlement (crépuscule (Londres).
2049. — Tower Bridge (Londres).
2050. — Lambeth (docks) (Londres).
2051. — London bridge (dock) (Londres).
2052. — Lambeth Pier (Londres).

ROUVEYRE (A.). 22, rue Saint-Sulpice.

2053. — Paysage.

ROUX-CHAMPION (V.-J.). 3, rue Clotaire.

2054. — Marine. — Saint-Guénolé.
2055. — Notre-Dame de Paris (le matin).
2056. — Maisons flamandes.

SANFORD (J.). 13, rue Boissonade.

2057. — Portrait (miniature).

SCHWOB.

2058. — Tête blonde (pastel).
2059. — Tête brune (pastel).

SIMON (Mme J.-L.), *A.* 147, boulevard Montparnasse.

2060. — Portrait de Mme T...

SIMON (L.), *S.* 147, bd Montparnasse.

2061. — Femmes de Pont - l'Abbé (aquarelle).
2062. — Femmes de Pont - l'Abbé (aquarelle).
2063. — Fillette de Pont - l'Abbé (aquarelle).
2064. — Marchande de Pommes (aquarelle).
2065. — Femmes de Pont - l'Abbé (aquarelle).

SIMPSON (T.). Chez MM. Foinet et Lefebvre, 54, rue N.-D.-des-Champs.

2066. — « Holland » Cambridge.

2067. — An Essex Estuary.
2068. — Marohland.

SMITH (I.-E.). 9, rue des Fourneaux.

2069. — Une vitrine contenant cinq miniatures : 1. La reine de Hollande ; — 2. La Turquoise ; — 3. Le bon verre ; — 4. Mme Maud Andrews Ahl; — 5. Mlle Wheeler.

SOHN-RÉTHEL (A.). 67 *bis*, boulevard Bineau, Neuilly-sur-Seine.

2070. — Portrait.
2071. — Bébé.

SONNIER (L.), *A.* 68, rue d'Assas.

2072. — Portrait de Mme V...

SOULE (M.). 11, v. Dupont, r. Pergolèse.

2073. — Une vitrine de quatre miniatures.

SPENCE (R.). South Preston Lodge.

2074. — Légende de saint Nil.
2075. — Légende de saint Nil.

SUNYER (J.). 30, rue Ravignan.

2076. — Portrait d'acteur comique (dessin).
2077. — Miséreux.

SVABINSKY (M.). 41, rue Lamarck.

2078. — Portrait (dessin à la plume).
2079. — Etude (dessin à la plume).

TEASDEL (M.). 8 *bis*, rue Campagne-Première.

2080. — Une vitrine de trois miniatures.

THAULOW (F.), *S. V.* des Orchidées, Dieppe.

2081. — Pastel.

THIÉRAT (Mlle M.), *S.* 29, quai des Grands-Augustins.

2082. — Deux miniatures (étude).

TROTTER (M.-K.). 11, rue Boissonade.

2083. — Portrait.

TUDOR-HART (P.). 13, avenue Frochot.

2084. — Miniature : portrait de Mme la comtesse K...

ULMANN (R.-A.), *A.* 27, rue Buffon.

2085. — L'estacade.
2086. — Le quai Bourbon.
2087. — Le Pont-Neuf.

VALENTINO (Mlle A.). 112, boulevard Malesberbes.

2088. — Portrait de Mme M. B... (pastel).

2089. — Heures tristes (pastel).

VAN RYSSEL (E.). 289 *bis*, rue de Solférino, Lille.

2090. — Illustrations pour *Histoires d'autrefois*, de Marc Donaur,

VIDAL (E.), *A*. 235. faub. Saint-Honoré.

2091. — Portrait de Mlle Claire G... (pastel).

2092. — Portrait de Mlle Simone G... (pastel).

VIEILLARD (M. E.). 72, rue Caulaincourt.

2093. — L'omnibus (dessin).

VIERGE URRALIETA (D.), *S*. 29, rue Gutemberg, Boulogne-sur-Seine.

2094. — Coin de Meudon (aquarelle).

2095. — Paysage Gelafé (Espagne) (aquarelle).

2096. — Ruine d'une église Salamanque (aquarelle).

2097. — Paysage (environs de Meudon) (aquarelle).

VILLAIN (G.). 77, rue d'Amsterdam.

2098. — Géraniums (aquarelle).

2099. — Roses blanches (aquarelle).

VILLARD (M.). 3, rue Roche-d'Argent, Poitiers (Vienne).

2100. — Le R. P. R... (miniature).

2101. — Jean de B... (miniature).

VON VELTHEIM (Mme M.). 6, villa Michon, rue Boissière.

2102. — Portrait de Mlle Balantine (miniature).

VOYOT-DÉPLANTÉ (Mme). 187, avenue de Clichy.

2103. — Portraits de MM. D. P... et R... dans le Soleil de Minuit (miniature sur porcelaine).

WEBBER (A.-H.). The Studio. 59A High. St-Tunbridge Wells. Kent. Angleterre.

2104. — Miss Ella Maude Webber (miniature).

WILLIAMS (M.-R.). 6, rue Boissonade.

2105. — Nuages (paysage).

2106. — Un jour gris (paysage).

2107. — Un pâturage. Nouvelle-Angleterre (paysage).

WORMS (R.). 103, rue Miromesnil.

2108. — Etude.

2109. — Etude.

2110. — Etude.

2111. — Etude.

2112. — Etude.

2113. — Etude.

2114. — Etude.

GRAVURE

BAHUET (A.-L.). 64, r. Monsieur-le-Prince.

2115. — Etude d'après nature (lithographie originale).

2116. — Nieuwandam (lithographie originale).

2117. — Environs de Harlem (lithographie originale).

2118. — La Meuse à Dordrecht (lithographie originale).

2119. — Portrait de Rembrandt âgé, d'après Rembrandt (Musée du Louvre).

BAUD (M.). Les Arpilières, grange Canal, près Genève.

2120. — Gravures sur bois pour l'album de vingt œuvres de Baud-Bovy (préface de Roger Marx) : La montagne dans les nuées ; — Sérénité ; — Couchant.

BÉJOT (E.), A. 12, boul. Saint-Michel.

2121. — Couverture pour *Entr'actes* de Pierres.

BELLENGER (C.).

2122. — Gravures sur bois. Procession des Persans (d'après Daniel Vierge) ; — Le tisserand (d'après un fusain de Lhermitte) ; — Le labourage (d'après un fusain de Lhermitte).

BELLERY-DESFONTAINES (J.-F.), 19, quai Saint-Michel.

2123. — Wotan (lithographie), épreuve ordinaire.

BELTRAND (J.). 3, impasse Camus, Plaisance.

2124.
2125.
2126.
2127. Gravure sur bois pour les
2128. *Minutes parisiennes* (illus-
2129. trations de A. Lepère).
2130.
2131.

2132. — L'été (gravure sur bois originale).

2133. — Le printemps (gravure sur bois originale).

BERTRAND (A.). 16, rue Mazagran.

2134. — L'embarquement pour Cythère (gravure en couleurs d'après Watteau).

2135. — Assemblée dans un parc (gravure en couleurs, d'après Watteau).

BÉTOUT (C.-C.). 14, rue Germain-Pilon.

2136. — Enfant endormi (gravure en couleurs).

2137. — Sur les fortifs (gravure en couleurs).

BOIZOT (É.). 10, rue Chanoinesse.

2138. — La finette d'après Watteau (gravure sur bois).

BORGEX (L.). 10, rue Méchain.

2139. — Pêcheuses hollandaises (lithographie).

BORREL (F.-M.). 35, boul. Rochechouart.

2140. — Les disciples d'Emmaüs (eau-forte originale).

CALDAIN (J. DE). 26, avenue de Saxe.

2141. — Christ (lithographie).

CHAHINE (E.). 100, rue d'Amsterdam.

2142. — Une pointe sèche.

2143. — Trois eaux-fortes coloriées.

COROËNNE (J.-F.). Nice, Saint-Maurice.

2144. — Les bohémiens (eau-forte originale).

2145. — Effet de soir (eau-forte originale).

2146. — Souvenir de Juan-les-Pins (eau-forte originale).

2147. — Lit de torrent (Villefranche) (eau-forte originale).

DECISY (E.), S. 2, rue de Steinkerque.

2148. — Illustration pour *Fromont jeune* d'après dessin de A.-P. Laurens.

2149. — Illustration pour *Fromont jeune* d'après dessin de A.-P. Laurens).

2150. — Illustration pour *les Rois en exil*, d'après les dessins de A.-P. Laurens.

2151. — Illustration pour *les Rois en exil*, d'après les dessins de A.-P. Laurens.

2152. — Illustration pour *les Rois en exil*, d'après les dessins de A.-P. Laurens.

2153. — Eau-forte d'après mon tableau : *Un bon conseil.*

DELCOURT (M.). Genainville-en-Vexin (Seine-et-Oise).

2154. — La coiffure (gravure sur bois au canif, en couleurs).

2155. — Rue des Saules (gravure sur bois au canif, en couleurs).

DELFOSSE (L.). 29, rue Lepic.

2156. — La légende de saint Nicolas.

2157. — La légende de saint Nicolas.

2158. — La légende de saint Nicolas.

DESAILLE (Mlle L.-A.). Chez M. Hessèle, 13, rue Laffitte.

2159. — Le souper.

2160. — Le matin.

2161. — L'escalier.

2162. — Femme dans l'escalier.

2163. — La voilette.

2164. — Pierrot.

DESBOUTIN (M.), S. Villa Mossa, Pont-Magnan. Nice (A.-M.).

2165. — Portrait du Dr B... (pointe sèche).

DESMOULIN (F.), S. 13, rue Washington.

2166. — L'Opération (M. le Dr Doyen démontrant son procédé de craniectomie au congrès de médecine de Moscou).

FROMENT (É.-A.), A. 26, avenue de Montsouris.

2167. — Dr Faust (gravure sur bois d'après Vogel).

2168. — Faust et Wagner (gravure sur bois d'après Vogel).

GABRIEL (J.-J.), A. 16, rue de la Grange-Batelière.

2169. — Venise (eau-forte).

GODIN (G.). Chez M. Hessèle, 13, r. Laffitte.

2170. — La pointe du Raz de Sein (2° aspect).

2171. — Souvenir d'Anvers.

GOTTLOB (F.-L.). 45, rue de Belleville.

2172. — Solitude (lithographie originale).

2173. — Boul' Exter' (lithographie originale).

2174. — Les derniers Camisards (lithographie originale (mars 1705).

GRENIER (E.), A. Sèvres (Seine-et-Oise).

2175. — Lithographie originale (Mademoiselle Madeleine).

GUIBÉ (É.). 18, rue de l'Odéon.

2176. — Les voix de la mer (Ary-Renan) (burin).

HEIDBRINCK (O.). 13, rue Spontini.

2177. — Baigneuse (deux gravures eau-forte).

2178. — Bal parisien (eau-forte).

2179. — Le livre défendu (lithographie).

2180. — Portrait d'artiste (lithographie).

2181. — Portrait d'Heidbrinck (lithographie).

2182. — Le café-concert au faubourg (lithographie).

HESELTINE (A.), A. Marlotte (S.-et-M.).

2183. — Les Corbeaux.

2184. — La dernière étape.

HOURRIEZ (G.). 62, rue Saint-Charles.

2185. — Femme assise au bord de l'eau (d'après Heilbuth).

JASINSKI (F.), S. 7, rue Chomel.

2186. — L'Amour sur les ruines (d'après Burne-Jones).

JOURDAIN (F.). 13, rue Laffitte, chez M. Hessèle.

2187. — Village aux environs de Blois (eau-forte).

2188. — Environs de Blois (eau-forte).

2189. — Environs de Blois (id.).

2190. — Bords de la Seine, près Rouen (eau-forte).

2191. — Maisons à Saint-Pierre-de-Manneville (eau-forte).

2192. — Un coq noir (eau-forte).

JOYAU (A.). 6, rue Édouard-Detaille.

2193. — Rentrée des sardiniers (estampe sur bois en couleurs).

2194. — Crépuscule à Ergny (estampe sur bois en couleurs).

2195. — Le soir (estampe sur bois en couleurs).

KOEPPING (K.), *S*. 22, rue de Provence.

2196. — Hommage à un artiste (eau-forte, composition originale).

KOOPMAN (A.-B.). 59, avenue de Saxe.

2197. — L'heure de jouer (pointe sèche).

LABOUREUR (E.). 20, rue Contrescarpe, (Nantes).

2198. — Jeune enfant et sa bonne (bois au canif en deux tons).

2199. — Cimetière (bois au canif).

2200. — Les souliers (eau-forte).

LAFOND (P.), *A*. 2, rue Deveria (Pau), et 2, rue Balzac.

2201. — Le bain de Diane, d'après Corot (eau-forte).

LAING (F.). Chez M. Hessèle, 13, r. Laffitte.

2202. — Vue générale de Saint-Andrews (Ecosse) (eau-forte).

LEFORT DES YLOUSES (H.-A.), *A*. 13, avenue de Madrid, à Neuilly-sur-Seine.

2203. — La laitière flamande (gravure à l'eau-forte avec gaufrage).

LEGRAND (L.). 9, quai Voltaire.

2204. — Le fils du charpentier.

2205. — La divine parole.

2206. — Le Christ.

2207. — Mater inviolata.

2208. — L'ami des danseuses.

2209. — Les amants.

2210. — L'heure de la chauve-souris.

2211. — Spleen.

2212. — La première leçon.

2213. — Rosa mystica.

LEHEUTRE (G.), *A*. 41, rue de la Tour-d'Auvergne.

2214. — L'Ecluse du Tréport (pointe sèche).

2215. — Montargis (pointe sèche).

2216. — La chaumière au bord de l'eau (pointe sèche).

2217. — Les bords de la Bresle (pointe sèche).

2218. — Le canal d'Eu, effet de soir (eau-forte).

2219. — La rue de l'Isle à Troyes (lithographie en couleurs).

LEPÈRE (A.), *S*. 203, rue de Vaugirard.

2220. — Le boulevard en janvier (bois en couleurs).

2221. — Le coin de la rue des Boulangers.

2222. — Place Jussieu.

2223. — Place de la Concorde.

Extrait du Pavé. Texte de Jean Richepin.

2224. — La Saint-Floxel (eau-forte).

2225. — La montreuse de singes.

2226. — La kermesse.

2227. — Le marché aux poissons, à Port-en-Bessin.

Planche extraite des Foires et Marchés normands.

2228. — Ève (bois en deux tons, d'après la statue de Rodin).

2229. — Le bassin des Tuileries (bois en plusieurs couleurs).

LETOULA (J.), *A*. 97, b. Saint-Germain.

2230. — Théophile Gauthier (petit portrait pour édition, lithographie).

2231. — Intérieur Ossalais (lithographie d'après Hédouin).

PANNEMAKER (S.), *S*. 3, rue Leclerc.

2232. — Portrait de M. F. Perier.

2233. — Portraits de Mme et Mlle F. Perier.

2234. — Types espagnols, d'après G. Doré.

PERRICHON (J.-L.), *A*. 40, rue Dutot.

2235. — Adoration des bergers (bois), d'après une peinture de l'école flamande (musée de Bordeaux).

2236. — Bois d'après un portrait de Ribot par lui-même.

2237. — La villa des Brillants à Meudon (bois original.

PIET (F.), *A*. 13, rue Laffitte.

2238. — Bébé debout (eau-forte en couleurs).

2239. — Bébé et nounou (eau-forte en couleurs).

RAFFAËLLI (J.-F.), *S*. 202, rue de Courcelles.

2240. — Au bord de l'eau (pointe sèche originale en couleurs).

2241. — L'actrice en scène (pointe sèche originale en couleurs).

2242. — A sa toilette (pointe sèche originale en couleurs).

2243. — L'arbre jaune (pointe sèche originale en couleurs).

2244. — L'actrice en voyage (pointe sèche originale en couleurs).

2245. — La lettre (pointe sèche originale en couleurs).
2246. — Les deux amis (pointe sèche originale en couleurs).
2247. — La petite rue (pointe sèche originale en couleurs).
2248. — A Gennevilliers (pointe sèche originale en couleurs).
2249. — La promenade du dimanche (pointe sèche originale en couleurs).

ROBBE (M.). 14, rue Girardon.

2250. — La vieille (pointe sèche).
2251. — La balançoire (eau-forte en couleurs).
2252. — L'amateur d'estampes (eau-forte en couleurs).

SCHMUTZER (F.). 136, rue Montmartre.

2253. — Jeune fille hollandaise (eau-forte originale).
2254. — Femme avec vache (eau-forte originale).
2255. — Etude femme nue (eau-forte originale).
2256. — Jeune fille cousant (eau-forte originale).
2257. — Portrait du peintre Rudolf Alt (eau-forte originale).

SPENCE (R.). South Preston Lodge.

2258. — George Fox and his Leather Britches.

STENGELIN (A.), A. 153, av. Malakoff.

2259. — Coin de Meuse (lithographie).
2260. — Vaches au pâturage (lithographie).

SUNYER (J.). 30, rue Ravignan.

2261. — Mendiant.

VALÈRE-BERNARD. 85, rue Cherchell, Marseille.

2262. — La mort à la barque.
2263. — La roulotte.
2264. — Eve.

VIBERT (P.-E.). 25, rue de la Sablière.

2265. — Paysage tourmenté (bois original en deux tons).
2266. — Satyre (bois original en deux tons).

VIÉJO (G.), 4 *bis*, impasse du Maine.

2267. — Le cercueil (gravure sur bois).
2268. — Pœuf en prison (gravure sur bois).
2269. — Pœuf jouant la clarinette (gravure sur bois).
2270. — La fessée.
2271. — Crépuscule (gravure sur bois).
2272. — Les soldats (gravure sur bois).
2273. — L'apparition (gravure sur bois).
2274. — Petite fille et garçon (gravure sur bois).

VIEILLARD (M.-É.). 72, r. Caulaincourt.

2275. — Les côtiers (lithographie).
2276. — Le tombereau des boueux.
2277. — Le fiacre découvert.
2278. — Les pierres de taille.

WALTNER (C.-A.), F. Chaville (S.-et-Oise).

2279. — Une liseuse (eau-forte originale).
2280. — Victor Hugo offre sa Lyre à la Ville de Paris (d'après Puvis de Chavannes).
2281. — Une Bretonne (d'après Dagnan-Bouveret).

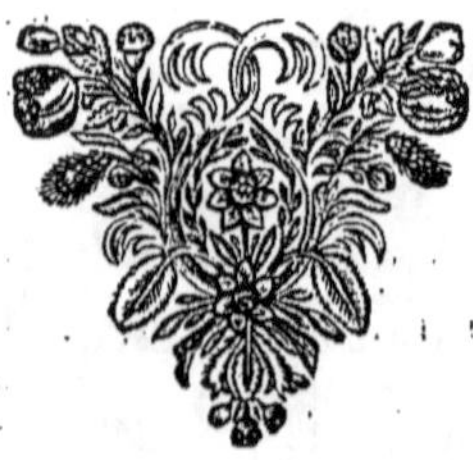

SCULPTURE

ARANSON (N.), *A.* 82 rue de la Tombe-Issoire.

1. — Aveugle (statue) (plâtre).
2. — Berceau d'amour (groupe marbre).
3. — Buste de Mlle A. K...

BALLAND (J.-L.). 51, av. du Maine.

4. — Buste pierre lithographique (paysan, étude).

BESNARD (Mme C.-G.), *S.* 17, rue Guillaume-Tell.

5. — Saint François d'Assise.

BIDERAN (Baron DE). 96, rue N.-D.-des-Champs.

6. — Bacchus joyeux.

BOULANGER (R.-C.). 65, r. Caulaincourt.

7. — Les aveugles (plâtre).

BOURDELLE (É.), *S.* 16. imp. du Maine.

8. — Trois grâces (groupe en marbre taillé directement dans le bloc).
9. — Portrait de Mme Jules Michelet (marbre taillé directement).
10. — Pensée active. Grande tête de femme (plâtre).
11. — Visage d'amour (marbre).
12. — La guerre. Grand groupe de têtes (plâtre).
13. — La Défense, figure à moitié grandeur d'exécution (plâtre).

BRIFFAULT (F.). 69, rue de Vanves.

14. — Moutté (bas-reliefs plâtre).
15. — Bramarde (bas-relief plâtre).
16. — Médor   id.   id.
17. — Bichette..   id.   id.

CARL (J.-A.), *A.* 77, rue Denfert-Rochereau.

18. — Ligier Richier, sculpteur lorrain (buste marbre).

19. — Madame A. Brunot (médaillon marbre).

CAZIN (Mme M.), *S.* 40, rue du Luxembourg.

20. — Jeune fille (bronze).

CHARLIER (G.), *S.* 33, av. de Cortenberg, Bruxelles.

21. — Douleur maternelle (groupe plâtre).
22. — La Croix (groupe bronze).

CHARMOY (J. DE). 47, rue Blomet.

23. — Demos (buste plâtre).

CHARPENTIER (A.), *S.* 99. bd Murat.

24. — Un cadre de médailles et plaquettes : 1. Trois portraits de Mme Séverine ; — 2. Deux portraits de E. Zola ; — 3. Deux portraits de Puvis de Chavannes ; — 4. Deux portraits de Mlle Henriot ; — 5. Revers de la médaille de la Société des Amis des Livres ; — 6. Deux portraits de Constantin Meunier.
25. — Un cadre de médailles et plaquettes : 1. Les trois Parques ; — 2. — Deux portraits de Albert Carré ; — 3. Deux portraits de Mlle Ohnet ; — 4. La fuite de l'heure, petit groupe en bronze doré.

CLAUDEL (Mlle C.), *S.* 19, quai Bourbon.

26. — Portrait de M. le comte de M... (costume Henri II, buste marbre).
27. — Clotho (la Parque qui répand le fil de la vie, statuette marbre).
28. — L'âge mûr (groupe fantastique, plâtre).
29. — Maquette de la statue de Persée (plâtre grandeur nature).

CLÉMENT-CARPEAUX (Mme L.). 25, bd
Exelmans.

30. — Le Petit Poucet (plâtre).
31. — Portrait de Miss Corser (buste
plâtre).

CONYERS-HERRING (Mme M.). 9, r. des
Fourneaux.

32. — Portrait de M. C. (statuette en
plâtre).

CORDIER (H.), S. 17, quai d'Anjou.

33. — La lutte pour la vie. Un groupe
de lions (plâtre).
34. — Taureau et bouvier. Un groupe
bronze (cire perdue).

CORNU (A.). 11, rue Lourmel.

35. — Tête marbre (étude).

DEJEAN (L.). 9, rue Alain-Chartier.

36. — Statuette (terre cuite).
37. — Statuette (terre cuite).
38. — Statuette (terre cuite).

DEVREESE (G.), A. 11, rue Quinaux.
Schaerbeck.

39. — Une vieille (statue plâtre), grandeur nature.
40. — Buste de femme (plâtre).

DUFRESNE (C.-G.). 3, rue des Coutures-
Saint-Gervais.

41. — Vieille Arlésienne.

DUROUSSEAU (P.). 125, quai de la Gare.

42. — Gueux.
43. — Plaquette.
44. — Charretier.

ESCOULA (J.), S. 195, rue de Vaugirard.

45. — Vers l'amour (groupe plâtre).

FERRIÈRES (F.-G. DE). 44, rue Fabert.

46. — Groupe de chiens (bronze
doré).

FIX-MASSEAU. 255, bd Raspail.

47. — La Parabole du Faune (groupe
plâtre patiné).
48. — Le Lunghino (buste bronze).
49. — Femme à la collerette (buste
plâtre patiné).
50. — Jouissance intime (buste plâtre
patiné).

FRAPPA (J.), S. 153, av. Malakoff.

51. — La Fureur (plâtre).
52. — L'Epouvante (plâtre).
53. — Joyeux devis (grès flambé de
la maison Gilardoni et Broult).

FROMENT-MEURICE (J.). 15, rue Hégésippe-Moreau.

54. — « Chevauchée de la vie » (haut-
relief bronze et pierre).

FRUMERIE (Mme A. DE), née KJELLBERG.
86, bd du Montparnasse.

55. — Buste bronze d'Auguste Strind-
berg.
56. — Immaculata (buste marbre).

GENTHE (Mlle J.). 36, rue Philippe-de-
Champagne, Bruxelles.

57. — Tête d'homme (étude) (buste
plâtre).

GODIEN (A.). 3, rue Bara.

58. — Fauve (brique décorative).

GOLOUBKINE (A.). 117, r. Notre-Dame-des-
Champs.

59. — Vieillesse (statue plâtre patiné).
60. — Portrait de M. B... (buste).
61. — Tête d'enfant (plâtre patiné).

GRANET (P.), S. 46, rue Perronet, Neuilly-sur-Seine.

62. — Statue bronze du capitaine
de Géréaux tué à Sidi-Brahim.
63. — Esquisse d'une statue d'Alexandre III (terre cuite).
64. — Buste d'enfant (plâtre).
65. — Buste de M. Dancy, ancien
maire de Bordeaux.

GRÉGOIRE (E.). 34, r. de Vouillé.

66. — La vague et le rocher (plâtre).

GRÉGOIRE (R.). 21, avenue du Maine.

67. — Mademoiselle B... (buste plâtre).

HAHN (H.), A. 45, Dashauerstz, Munich.

68. — Judith.

HAMILTON (J.-L.). 6, Gowe End Road,
Londres, N. W.

69. — Portrait de ma mère (buste).

HANSEN-JACOBSEN (N.), A. 65, bd Arago.

70. — Le militarisme (statue en plâtre).

HARLEY (C.). 51, bd Saint-Jacques.

71. — Mater Dolorosa.

INJALBERT (J.-A.), S. 18, rue du Val-
de-Grâce.

72. — Terre cuite (buste femme).
73. — Terre cuite (docteur X...).
74. — Double gaine (Pierre).

JACQUES (M.), A. 3, cité Talma.

75. — Buste de jeune fille.

JOLY (C.-M.). 3, r. Vercingétorix.

76. — Fragment décoratif pour la mise à l'étude d'une colonnade pour tombeau.

LACOMBE (G.). L'Hermitage, par Alençon (Orne).

77. — Christ en bois sculpté.
78. — Marie-Magdeleine (bois sculpté).

LAMBEAUX (J.), *S.* Hollestraet, Bruxelles.

79. — Remords (groupe plâtre).
80. — Imperia (buste plâtre).
81. — Portrait plâtre de M. P...
82. — Belluaire (groupe bronze).

LAPLANCHE (A.). Château-Thierry (Aisne).

83. — Le steeple-chaser « Lara » franchissant un obstacle, monté par M. Magnaud (statuette cire).

LE DUC (A.-J.), *S.* 72. rue Laugier. (*Voir* NOEL.)

84. — Portrait de M. F. Demagny (buste terre cuite).
85. — Tigre royal (grès cérame).

LEFEBVRE (C.), *S.* 55, rue du Cherche-Midi.

86. — Portrait de M. de M... (buste plâtre).

LENOIR (A.), *S.* 38. r. Boileau (Auteuil).

87. — Buste d'Edmond de Goncourt (marbre).

LÉONARD (A.). 77, r. Denfert-Rochereau.

88. — Le lys (buste marbre, inachevé).
89. — M. F. D..., médaillon (marbre).
90. — La vierge au pied de la Croix.
91. — Buste marbre (inachevé).

LERCHE (H.-S.). 5, cité Pigalle.

92. — Tête de Silène (buste bronze).

LUCAS (A.-P.), *A.* 221, boulev. Raspail.

93. — Sambo (buste bronze).

MAIGNAN (M.). 27, rue Orfila.

94. — Le peintre Baron (croquis plâtre).
95. — Duo d'amour (petit groupe plâtre).

MARQUE (A.). 30, rue Dutot.

96. — Sommeil (bas-relief en marbre).
97. — Petit espiègle (fragment pierre)

MARQUET DE VASSELOT (A.), *A.* 7, rue Talma, Passy.

98. — Quatre stations d'un chemin de Croix (style du xiie siècle) pour l'église de Saint-Pierre et Saint-Paul à Epernay.

MEUNIER (C.), *S.* 22, rue de Provence.

99. — Débardeur (statue plâtre).

MOTHE-BORGLUM (J.-G.), *A.* 16, rue Boissonade.

100. — Tête marbre.

MULOT (A.), *A.* 183, av. Victor-Hugo.

101. — Les Danaïdes (projet de fontaine aux 2/5 de l'exécution).
102. — Sommeil de Léda (statue pierre).

NIEDERHAUSERN-RODO (A. DE), *S.* 26, rue Dutot.

103. — Maquette pour le monument à Paul Verlaine.
104. — Buste de Verlaine (bronze).
105. — Tête d'homme.

NOEL (E.-T.), *S.* 147, avenue de Villiers. (*Voir* LE DUC.)

106. — Alain Chartier (statue plâtre pour la ville de Bayeux).
107. — Le duc d'Aumale (projet de statue équestre).

ORLÉANS (P.-J.), *A.* 41, avenue Pierre-Larousse, Malakoff (Seine).

108. — Jeau (buste plâtre).

PERRAT (E.-M.). 30, av. Eugène-Sue.

109. — Taureau (cire).
110. — Chien de Sibérie (cire).
111. — Cerf (cire).
112. — Dromadaire (cire).

POTTER (L.). 49, boulevard Montparnasse

113. — Portrait de M. B.-B. de Monvel (buste).

QUINQUAUD (Mme C.-E.-T.). 6, rue des Écoles, Arcueil (Seine).

114. — Buste en marbre.

REYMOND DE BROUTELLES (M.). 87, bd Saint-Michel.

115. — Mademoiselle D... (du Vaudeville) (buste marbre).

ROCHE (P.), *S.* 25, rue Vancau.

116. — La femme de Loth (haut-relief, plomb).
117. — La Loïe Füller (marbre).
118. — Buste d'enfant (plâtre).

RODIN (A.), *F.* 182, rue de l'Université.

  119. — Ève (bronze).

  120. — Un buste de Falguière.

  121. — Un buste.

  122. — Groupe (marbre).

ROLL (A.-P), *F.* 41, rue Alphonse-de-Neu-ville.

  123. — Portrait de Monsieur.

  124. — Étude.

ROUSAUD (A.-C.-L.). 63, boulevard de Vaugirard.

  125. — Projet de fontaine en pierre.

SAINT-GAUDENS (A.), *A.* 3 *bis*, rue de Bagneux.

  126. — Statue équestre du général Sherman.

  127. — Modèle de statue équestre du général Sherman avec figure de victoire.

  128. — Médaillon en bronze de Mildred et William Dean-Howells.

  129. — Médaillon en bronze de C. C. Beaman.

SAINT-MARCEAUX (R. DE), *S.* 23, avenue de Villiers.

  130. — Vierge (statue marbre) pour l'église de Bougival. (Don de Mᵐᵉ Monrival).

  131. — La Passion (motif de décoration pour l'autel principal de l'église de Bougival. Don de Mᵐᵉ Monrival).

SCHNEGG (G.), *S.* 40, rue Dutot.

  132. — Maternité (plâtre).

SCHNEGG (L.), *S.* 40, rue Dutot.

  133. — Buste de jeune femme (plâtre).

134. — Buste de fillette (plâtre).

135. — Buste d'enfant (plâtre).

136. — Masque de feu Jules Steeg, docteur de l'École Normale de Fontenay-aux-Roses (Don du musée pédagogique) (plâtre).

137. — Buste de Mᵐᵉ D... (plâtre).

138. — Buste de Mˡˡᵉ Gabrielita O. E... (marbre).

TOUSSAINT (G.). 46, impasse du Maine.

  139. — Enfant riant.

VALLGREN (V.), *S.* 233 *bis*, faubourg St-Honoré.

  140. — Tête de femme (en pierre).

VALLGREN (Mᵐᵉ A.), *A.* 233 *bis*, faubourg Saint-Honoré.

  141. — « Lolotte » (tête d'enfant bronze).

VERGNE (S. DE LA). 55, rue du Cherche-Midi, chez M. Hardy-Alan.

  142. — Vasque décorative.

VERNHES (H.-E.), *A.* 2, rue Aumont-Thiéville.

  143. — Dans les champs (statuette cire).

VOULOT (F.). 51, boul. Saint-Jacques.

  144. — Ève (statue plâtre).

  145. — La danse (figurine étain).

WADE (G.-E.). The avenue, 76, Fulham Road. Londres S. W.

  146. — Portrait de S. A. (buste en plâtre).

  147. — Statuette en bronze.

OBJETS D'ART

ABOUT (Mlle S.). 11, rue Mansard.

148. — Un panneau, fruits (pyrogravure).

149. — Un panneau, feuillages (pyrogravure).

AUBÉ (J.-P.), S. 33, rue Bayen.

150. — « Le Sommeil de la Source » (encrier bronze doré et cristal de roche).

AUBERT (F.), S. 41 *bis*, rue de Chezy, Neuilly-sur-Seine.

151. — Eventail (volubilis), dentelles polychromes.

152. — Eventail (clématite), dentelles polychromes.

153. — Galon (rose), dentelles polychromes.

154. — Galon (iris), dentelles polychromes.

155. — Bateaux (frises faïence éditées par Utzschneider et Cie).

156. — Pommes (frises faïence éditées par Utzschneider et Cie).

157. — Rosiers (frise soie brochée, éditée par Pilon à Paris).

BACARD (R.-A.). 30, rue du Départ, Enghien-les-Bains.

158. — Dessus de porte exécuté au pochoir.

159. — Dessus de porte exécuté au pochoir.

160. — Frise décorative (fragment), exécution au pochoir.

BAFFIER (J.), S. 6 *bis*, rue Lebouis.

161. — Piété filiale, à Mme Sauvineau (buste et meuble pour une salle familiale dans une maison de ville, projet).

162. — Hommage fraternel à ma sœur Rose (buste et meuble pour une salle familiale dans une maison de campagne, projet).

163. — Maitre ferronnier étudiant un plan (statuette pour le bronze).

164. — Service à vin : Epreuves d'auteur (étain ciselé par MM. Orléans et Briffault).

BALLE (O.). 128, boulevard Haussmann. (*Voir* KASTOR.)

BASTARD (M.-A.). 16, place Vendôme.

165. — Cadre de dessins pour tentures.

BEAUDOUIN (Mlle M.), 27, boulevard Montparnasse.

166. — Une vitrine contenant six émaux : 1. Saint Philippe (émail de Limoges) ; — 2. Cendrier au clou (d'après Louis Deschamps) (émail de Limoges) ; — 3. Cendrier plantes d'eau (émail de Limoges) ; — 4. Bonbonnière (émail de Limoges) ; — 5. Broche, tête (émail de Limoges) ; — 6. Broche, cerises (émail de Limoges).

BAUMANN (L. et G.). 96 *bis*, r. de la Tour.

167. — Lit, bois teint décoré à la pyrogravure.

BEAUDOUIN (A.-P.-A.). 253, rue Saint-Honoré.

168. — Une vitrine contenant : 1. Pendant amulette gui ; — 2. Pendant paon ; — 3. Peigne orchidées « la coiffure » ; — 4. Pendant de cou « la parure » ; — 5. Bague « le Baiser de l'ondine » ;

— 6. Coulant cravate « Collier d'amour »; — 7. Sautoir paon; — 8. Pendant de cou « le printemps ».

BEETZ (Mme E.). 48, rue de Livourne, Bruxelles.

169. — Une vitrine contenant cinq objets : 1. Peigne fraises en or et rubis; — 2. Agrafe, calme et agitation, en or et émaux; — 3. Esquisse en plâtre pour ceinture et dessin de la ceinture enluminé; — 4. Peigne en ivoire, incrustations d'or et d'opale; — 5. Breloque miroir or et émaux.

BELLAMY-STORER (Mme). Légation des États-Unis, Bruxelles.

170. — Un grand vase à têtes d'éléphants.

171. — Un vase monté par Asano Lotus.

BELLERY - DESFONTAINES (H.). 19, quai Saint-Michel.

172. — Un lit.

BELVILLE (E.). 40, boulev. Montparnasse.

173. — Table.

BERGMANN (Mlle A.). Villa Andrée, Suresnes.

174. — Papier de tenture décorative.

BOCQUET (G.-F.). 3, rue Campagne-Première.

175. — Maquette en argent ciselé d'une coupe.

176. — Modèle vase cuivre ciselé.

BONVALLET (L.-P.-H.). 4, rue Cail.

177. — Soir de juillet. Les dernières fusées.

178. — Cyne et Iris (panneaux décoratifs, broderie d'application).

179. — Les paons (écran bois de poirier, broderie d'or et d'application).

180. — Un cadre contenant deux dessins : 1. Projet pour un tapis de pieds; — 2. Projet pour une tapisserie.

BOUCHER (L.). 30, avenue de la République, Issy (Seine).

181. — Une vitrine, contenant trois objets : 1. Pichet (étain) chrysanthème et compagnon blanc; — 2. Deux chandeliers (étain). Bourgeon de marronnier.

BOULAN (J.-M.). 147, boulevard Saint-Michel.

182. — Paravent à deux feuilles. L'âme du soir; lueur d'aube (velours aquarellé).

BOURGEOT (G.). 52, rue Vaneau.

183. — « Jeune fille aux pavots » (vitrail).

BRANGWYN (F.), S. Chez M. Bing, 22, rue de Provence.

184. — Carpette.

185. — Tapis de foyer.

186. — Tapis de foyer.

BRATEAU (J.-P.), S. 66, rue de Rochechouart.

187. — Une vitrine : 1. Gobelet; fleurs des champs, bleuets, marguerites, coquelicots (étain); — 2. Porte pour un habitacle (étain et or); — 3. Deux salières (étain); — 4. Plateau : « Vescia des haies (étain). »

(*Voir* GRANDHOMME.)

BRISSET (E.), A. 25, rue d'Alésia.

188. — « Le coq aux fuchsias » (soie peinte).

189. — « Roses d'octobre », sur un thème d'Armand Silvestre (éventail soie peinte).

BIGOT (A.), A. 13, r. des Petites-Écuries.

190. — Une vitrine, contenant seize pièces en grès.

CACAUT (F.). 68, rue Saint-Sabin.

191. — La grève.

CARABIN (F.-R.). 16, rue Richomme.

192. — Table de travail pour chimiste.

193. — Une vitrine contenant : Cinq danseuses ballerines en bronze; — une broche argent sur or.

194. — Une danseuse serpentine (Loïe Füller), esquisse en cire.

195. — Une danseuse espagnole (Otero) (esquisse en cire).

CARLO (G.). 36, rue du Parc, Fontainebleau (Seine-et-Marne).

196. — Études pour reliures.

CAROT (H.-A.), S. 16, rue Boissonade.

197. — Le blé (vitrail).

CARRIÈRE (E.), S. 197, r. de Vaugirard.

198. — Ravier, poisson (métal argenté).

199. — L'aile (modèle de vase, plâtre).
200. — Canards (groupe plâtre).

CAZIN (M.), *S.* 40, r. du Luxembourg.

201. — Série de médailles.
202. — Une vitrine grès cérames (pièces uniques).
203. — Une vitrine grès cérames (pièces uniques).

CAZIN (Mme M.), *S.* 40, r. du Luxembourg.

204. — Animaux (grès et terres cuites).

CHAILLEY-BERT (Mlle H.-I.). 5, rue Chantepinot, Auxerre (Yonne).

205. — Une reliure cuir repoussé coloré.
206. — Deux porte-lorgnettes cuir repoussé coloré.
207. — Une armoire cuir repoussé coloré.

CHANTEAU (MM. A. et G.). 6, r. de l'Arrivée.

208. — Motif de frise exécutée par M. le Dr B..., à Précigné (Sarthe).
209. — Projet de tenture d'ameublement (portière).

CHUDANT (A.), *S.* 58, av. de Clichy.

210. — Affiche pour la sixième exposition des peintres orientalistes français (assemblage de décors polychromes).
211. — Etude d'iris bruns (panneau soie de Chine peinte à la main).
212. — Etude de pavots noirs (panneau soie de Chine peinte à la main).

CORNÉLIZ DE MOOR (P.). 9, r. Boccador.

213. — Projet de tapisserie (Gobelins).
214. — Projet de tapisserie (Gobelins).

COX (R.-J.-M.). 4, rue Antoine-Dubois.

215. — Du Byzantin au moyen âge.
216. — Du moyen âge à la Renaissance.
217. — De la Renaissance à Louis XIII.
218. — Louis XIV.
219. — Louis XV.
220. — Louis XVI.
221. — Consulat-Empire.

Maquettes pour l'Art de décorer les Tissus.

CRESPEL (Mme B.-M.-H.), *A.* Château de Duisans, par Mareuil (Pas-de-Calais).

222. — L'allée des ifs (panneau décoratif).

223. — Le château des dames (Gosnay).

DAGNAUX (A.), *S.* 50, r. Saint-Didier.

224. — Sommeil (panneau décoratif pour un lit exécuté par MM. Kriéger).

DALPAYRAT (A.) et LESBROS, *A.* 7, Grande-Rue, à Bourg-la-Reine (Seine).

225. — Une vitrine (quinze grès flammés).
226. — Vasque sur socle (grès flammés).

DAMMOUSE (A.-L.), *S.* 12 *bis*, rue des Fontaines.

227. — Une vitrine (grès, porcelaines, émaux).

DELAHERCHE (A.), *S.* 1, rue Halévy.

228. — Vases et plat.

DIDRON (Mlle M.). 6, boulev. Raspail.

229. — Portrait de Mme P. H...
230. — Vision de saint Antoine de Padoue (de Murillo).

DIXON (H.). Shoreham Kent, Angleterre.

231. — Groupe de jeunes lions (argent).

ÉTIENNE (A.). Remiremont (Vosges), et chez M. Waidmann, 103, avenue de Neuilly-sur-Seine.

232. — La tempête.

ÉVENEPOEL (H.-J.-E.). 21 *bis*, avenue de Lamotte-Picquet, et **VAN MATTEMBURGH (L.-G.).** 84, rue Saint-Dominique.

233. — Le thé (tapisserie décorative en laine).

FAURE-DUJARRIC (Mlle C.). 3, quai Malaquais.

234. — La vocation.
235. — Le rêve.

FIX-MASSEAU, A. 255, boulev. Raspail.

236. — Un plat poisson (grès).

FUCHS (Mlle N.). 45, rue de Courcelles.

237. — Chardons.

GARNIER (A.), *S.* 19, rue Couesnon.

238. — Une vitrine contenant : 1. Un baguier « les lotus » (émail) ; — 2. Un baguier « boutons d'or » (émail) ; — 3. Un baguier « églantines » (émail) ; — 4. Sapho

(plaqué émail) ; — 5. Coupe trè-
fles (monture bronze) ; —
6. Coupe bleuets (pied bronze) ;
— 7. Coupe pandoré (pied argent) ; — 8. Coffret sculpté
dans un tronc de pommier, décoration (émaux et bronze).

GEORGES-JEAN, *A.* Les Essarts-le-Roi
(Seine-et-Oise).

239. — Myrien (émail de Limoges).

GILLET (H.), 5, rue Boccador.

240. — Algues (modèle de tenture).
241. — Stylisation (modèle de tenture).
242. — Œillets (impression sur velours).
243. — Lis (modèle de tenture, fragment).
244. — Olives (modèle de tenture).

GODIEN (A.). 3, rue Bara.

245. — Paons (tapisserie).

GOLAUBKINE (Mme A.). 117, rue Notre-
Dame-des-Champs.

246. — Petit vase (plâtre patiné
fer).

GRANDHOMME (P.). 44, avenue du Maine.

247. — Portrait de Mlle G...
248. — Nymphéa.
249. — Margate.
250. — Gobelet en or fin.
251. — Coupe en ors de divers tons.
252. — Bague or et émail.

GRELLET (F.-J.-G.). 35 *bis*, rue de
Fleurus.

253. — Maquette de frise pour papier
peint.

GSELL (J.-J.-A.), *A.* 83, rue de la Tombe-
Issoire.

254. — Nymphe (vitrail).

GUÉRIN (C.), *A.* 15, rue Boissonade.

255. — Salomé (vitrail).

HALOU (A.-J.). 10, passage Saint-Pierre.

256. — Une vitrine : 1. Groupe de
chauffeurs (grès de Bigot) (pièce
unique) ; — 2. La veuve (grès de
Bigot) (pièce unique) ; — 3. Dé-
sespoir (grès de Bigot) (pièce
unique) ; — 4. Sonnette de table
(bronze de cloche argenté) ; —
5. Fille lisant et garçon écrivant
(deux bobèches étain argenté).

HANSEN-JACOBSEN (N.), *A.* 65, boulevard Arago.

257. — Une vitrine : seize objets en
grès.

HARLEY (C.-R.). 51, bd. Saint-Jacques.

258. — Une vitrine contenant : 1.
Une tasse ; — 2. Une cloche ; —
3. Une sonnette électrique ; —
4. Deux maquettes.

HÉATON (C.). 22, rue de Provence, chez
M. Bing.

259. — Vasque en émaux cloisonnés
avec piédestal en fer forgé.
260. — Jardinière en bronze à lam-
brequins en émaux cloisonnés.
261. — Plat en émaux cloisonnés
(décor de cascade).
262. — Plat en émaux cloisonnés
(décor d'arabesques).

HÉRISSON (Mlle N.-L.). 171, bd. Pereire.

263. — Projet de tenture.

HESTAUX (L.). 130, r. du Montet, Nancy.

264. — Une vitrine contenant : 1. La
nuit (bois sculpté avec incrustations) ; — 2. Adoration du soleil
(bois sculpté avec incrustations) ;
— 3. Libellule et nénuphars (bois
sculpté avec incrustations) ; —
4. Les papillons blancs (bois
sculpté avec incrustations).

HIRTZ (L.), *S.* 47, avenue Trudaine.

265. — Émaux translucides sur cuivre (reflets de pierres précieu-
ses).

JACQUIN (G.-A.). 25, rue Bertrand.

266. — Une vitrine contenant : 1. Un
miroir (terre flammée) ; — 2. Un
miroir (argent) ; — 3. Un miroir
(argent et pierres fines) ; — 4.
Un miroir (bronze et pierres
fines) ; — 5. Un miroir (argent
et ivoire) ; — 6. Un miroir (argent et terre flammée).

JONNART (Mme M.-J.), *A.* Villa Picolette,
Juan-les-Pins (Alpes-Maritimes).

267. — Danseuse (plateau pyrogravure).
268. — Danseuse (plateau pyrogravure).
269. — Papillons noirs (plateau pyrogravure).

KALT (A.). 80, rue Taitbout.

270. — Panneau paysage (pyrogravure bois).

KARAGEORGEVITCH (Prince B.). 64, avenue du Bois-de-Boulogne.

271. — Une vitrine : douze cuirs patinés et deux broderies

KASTOR (R.). 2, square du Roule.

272. — L'art dans la décoration extérieure des livres (reliure).

273. — Mme Chrysantème (reliure).

274. — La cathédrale (reliure).

KNŒPLIN (É.). 28, av. de Juillet. Limoges.

275. — Aux vendanges (grès et porcelaine, grand feu de porcelaine dure).

KOEPPING (K.), S. chez M. Bing. 22, rue de Provence.

276. — Flacons en verre soufflé.

277. — Verres à liqueur soufflés.

LACHENAL (E.), A. Châtillon, près Paris.

278. — Une vitrine : 1. Les iris, vase émail mat velouté ; — 2. Cruchette, vert des rêves ; — 3. Cruchette brumée.

279. — Une vitrine : 1. Deux courges, porcelaine flammée, gris de fer ; — 2. Courge grès flammé ; — 3. Bouteille grès flammé ; — 4. Boule, grès flammé ; — 5. 4 petits grès flammés.

LE DUC (A.-J.), S. 72, rue Laugier.

280. — Boucle de ceinturon de chasse (argent et vermeil).

LORANT-HEILBRONN (V.). 13, rue des Orties, Bois-Colombes. — (Voir BEAUDOUIN.)

LEFÈVRE (G.), S. 55, r. du Cherche-Midi.

281. — 1 panneau céramique frise (d'Émile Muller).

LERCHE (H.-S.). 5, cité Pigalle.

282. — Une vitrine contenant trente-quatre objets.

LEROY (T.-E.). 7, rue des Solitaires.

283. — « Castor et Pollux » (d'après Rubens).

LEROY (J.). 17, rue N.-D.-des-Champs.

284. — Décors (Fleurs et feuillages).

LOCLE (Mme C. DU). 22, rue de Tocqueville.

285. — Eucalyptus (boite cuir ciselé).

286. — Algues (plateau pyrogravure).

MAIGNAN (M.). 27, rue Orfila.

287. — Projet d'un autel à la musique (maquette plâtre).

MAILLOL (A.). A. 23, rue de Crosne, Villeneuve-Saint-Georges (S.-et-O.).

288. — Le jardin (tapisserie).

MALLEVAL (F.). Montigny-sur-Loing (Seine-et-Marne).

289. — Vitrine de 4 éventails peints sculptés et brodés et une liseuse en maroquin et parchemin peint.

290. — Ecran de cheminée peint, sculpté et brodé.

MANDRE (É.-A. DE). 16, rue Chappe.

291. — Une vitrine contenant : Idylle (émail).

MANGENT (P.-É.), A. 104, avenue de Paris, Versailles.

292. — Boucle à griffes argent repoussé, or et ivoire (ex. unique).

293. — Plaque, passant argent repoussé et ceinture cuir pyrogravé et teinté (exemplaire unique).

294. — Plaque, passant argent repoussé et martelé, ceinture cuir pyrogravé (exemplaire unique).

MARQUET DE VASSELOT (A.), A. 7, rue Talma, Passy.

295. — Epée d'honneur du général Dodds (modèle en bronze).

296. — Epée d'honneur offerte au commandant Marchand.

MELCHERS (F.-M.). 9, rue Roccador.

297. — Projet de panneau décoratif.

298. — « L'An », livre d'images pour enfants.

MÉNAGER (É.). 9, rue Mathis.

299. — Chardons jaunes (tapis).

MEUNIER (C.). 75, boulev. Malesherbes.

300. — Edgar Poë (1 vol. cuir incisé).

301. — Edgar Poë (1 vol. cuir incisé).

302. — L'effort (mosaïque sans or).

303. — Contes drôlatiques (mosaïque sans or).

MEUNIÉ (P.-H.). 15, rue Alphonse-de-Neuville.

304. — Dessus de porte (panneau en bois peint et pyrogravé. Le Marronnier).

MEYER (A.), S. 16, rue Chappe.

305. — Une vitrine, contenant : 1. Les quatre saisons (émaux, genre Limoges) ; — 2. La vérité sur l'art décoratif moderne ; — 3. Le revenant, émail (les soliloques du pauvre de Jehan Rictus) ; —

4. Flacon, émail : — 5. Costume suisse du xv1e siècle (tête d'étude), émail,

MORAX (J.). 6, rue Cernuschi.

306. — Projet de décoration à fresque.
307. — Projet de décoration à fresque.

MOREAU-NÉLATON (E.), *S.* 73 *bis*, faubourg Saint-Honoré.

308. — Une vitrine, contenant dix-sept pièces de poterie décorée : 1. Les olives ; — 2. Les primevères ; — 3. Les anémones ; — 4. Les cyclamens ; — 5. Le lierre terrestre ; — 6. Les pommes de pin ; — 7. Le raisin ; — 8. Les jonquilles ; — 9. Les coucous ; — 10. Les fleurs de néflier ; — 11. Les fleurs de néflier ; — 12. Les écrevisses ; — 13. L'azalée ; — 14. Les fleurs de frusia ; — 15. Les passiflores ; — 16. Les houx en graine ; — 17. Les violettes.

MORISSET (Mmes **B. et H.).** 15, rue Lemercier.

309.
310.
311. } Modèle pour papier ou étoffe
312. de tenture.
313.

MURET (A.). 19 *bis*, boulevard du Port-Royal.

314. — Vitraux extraits de la série des cauchemars et des beaux rêves : 1º la Chute ; — 2º l'Amour.

NOCQ (H.), *S.* 29, quai Bourbon.

315. — Deux esquisses en bronze. Miss Loïe Füller.
316. — Une médaille, Diane, pour la Société *le Fusil de chasse.*
317. — Un petit vase d'argent.
318. — Bagues, broches, peigne, agrafes, plaquettes, etc.

NOUFFLARD (A.). 8, boulevard Flandrin.

319. — Une vitrine contenant : 1. Une ceinture émail fond blanc et grenat ; — 2. Collier, feuilles de lierre et perles ; — 3. Pendant de cou ; — 4. Agrafe de manteau (dauphin) ; — 5. Boucle de ceinture.

ORY-ROBIN (Mme **B.).** 17, avenue de Villiers.

320. — Éventail satin jaune épis.
321. — Éventail satin vert.

PECKRE (G.). 23, rue Vandamme.

322. — Fleurs (panneau décoratif).

PEUREUX (F.), *A.* 72, rue de Turenne.

323. — Les groseilles (sucrier en argent, avec son plateau et cuiller, ciselés et émaillés).

PIERRE (C.). 36, rue Perronet (Neuilly-sur-Seine), chez M. Jean Laronge.

324. — Libellules, papillons, etc. (pour étoffes de tentures).

POPINEAU (L.). 51, boulevard Saint-Michel.

325. — Quatre dessins de tapis.

PREAUBERT (L.). 27, rue du Calvaire, Nantes.

326. — Tapisserie toile fond vieil or, décor irisé.
327. — Tapisserie toile décor mauve.
328. — Tapisserie toile décor vert.
329. — Bordure tapisserie sur toile fond rouge.
330. — Bordure montant tapisserie sur toile vieil or.
331. — Bordure tapisserie sur toile.
332. — Bordure tapisserie sur toile fond vieil or, décor.
333. — Un paravent, quatre feuilles panneaux, tapisserie sur toile, monture noyer.

PROUVÉ (V.), *S.* 45, rue Boissonade.

334. — Une vitrine contenant : 1. Hérodias (Flaubert) (couverture ornée de cuir ciselé et mosaïque de maroquin) ; — 2. Un cœur simple (Flaubert) (couverture ornée de cuir ciselé et mosaïque de maroquin) ; — 3. Saint Julien l'Hospitalier (Flaubert) (couverture ornée de cuir ciselé et mosaïque de maroquin) ; — 4. Mireille-Mistral (couverture ornée de mosaïque de maroquin) ; — 5. La force (coupe de championnat en argent) ; — 6. La famille (médaille argent) ; — 7. Le souvenir (plaquette argent montée en collier or avec perles) ; — 8. La nuit (broche or, argent et diamants) ; — 9. Œillet (motif or et émail) ; — 10. Floréal (broche or et pierres fines, adaptation à un collier) ; — 11. Nénuphar (collier or, émail opales, diamants et ivoire) ; — 12. Dague or et cabochons de saphirs ; — 13. Fille-fleur (bronze porte-fleurs).

RANSON (P.-É.), *A*. 175, boul. Pereire, et 23, boul. Gouvion-Saint-Cyr.

335. — Broderie pour un manteau de cheminée.

REYEN (A.-G.), *S*. 13, rue de Mulhouse.

336. — Une vitrine émaux superposés gravés à la roue : 1. Grand vase (gravé ombré) iris, bleuets en relief sur fond vert émeraude ; — 2. Vase, oiseau sur branche (fond crannelé) gravé en relief ; — 3. Vase, pensée, papillons, sur fond améthyste, gravé en relief ; — 4. Petit vase, feuillage et insecte sur fond vermicellé (agate) gravé en relief ; — 5. Petit vase, stalactites, sur fond sardoine.

RICHARD (F.), 38, r. Fontaine-St-Georges.

337. — Psyché pour un atelier de peintre.

RICHARD (V.-L.). 10, rue de l'Héronnière, Nantes.

338. — Une bordure tapisserie sur toile fond or.

RINGEL D'ILLZACH (J.), *A*. 57, rue Chardon-Lagache.

339. — Une vitrine : huit pièces émaux agglomérés.

RIPPL RONAI (J.), *A*. 65, avenue de Villiers, Neuilly-sur-Seine.

340. — Des grandes fleurs (tapisserie).

ROBERT (É.). 37, rue Dautancourt.

341. — Petite grille en fer forgé, porte ascenseur.
342. — Applique à gaz en fer forgé.
343. — Lampe en fer forgé.
344. — Bougeoir en fer forgé.

ROLL (A.), *F*. 41, r. Alphonse-de-Neuville.

345. — Entourage décoratif (fragment en étain).

SCHNEGG (G.), *S*. 40, Dutot.

346. — Maternité (bois).
347. — Moine (bronze).
348. — Le chant (terre cuite).

SPICER-SIMSON (T.-F.). 24, rue Bonaparte.

349. — Un encrier en argent (le mystère de la vie).
350. — Un cadre contenant : 1. Un miroir à main en argent ; — 2. Projet de derrière de brosse ; — 3. Un petit panneau : l'*Aurore*.

TIFFANY (L.-C.), *A*. Chez M. Bing. 22, rue de Provence.

351. — Une vitrine contenant une collection de 35 vases en verre.

TOISON (P.). 32, rue Poussin.

352. — Femme au livre (cire polychrome).

TOURNEL (L.) et ses Fils Ém. et Ch., *A*. 14, rue des Volontaires.

353. — La mise au tombeau (vitrail pour l'église Saint-Antoine de Compiègne).
354. — Vitrail d'appartement (d'après une composition de M. F. Aubert).

VALLGREN (A.), *A*. 233 *bis*, faubourg Saint-Honoré.

355. — Couverture pour *Saint-Julien l'Hospitalier* de Flaubert.
356. — Couverture pour *Sensations et Souvenirs* de Jean Lorrain.

VALLGREN (V.), **S**. 233 *bis*, faubourg Saint-Honoré.

357. — Une vitrine comprenant : 1. Pied de lampe (bronze) ; — 2. Danse de fleurs (bronze) ; — 3. Consolation (bronze) ; — 4. Curieuse (pot bronze) ; — 5. Fleur de sommeil (bronze).
358. — Fierté (statuette bronze).

WIENEKE (J.). 43, avenue de Soquet.

359. — Un cadre (vitrine) : Un médaillon (bijou en souvenir des fêtes du couronnement de la reine des Pays-Bas).

ZUMBO (D.). Aux Arènes de Fréjus (Var).

360. — Un pot à reflets métalliques.

ARCHITECTURE

BEETZ (Mme É.). 48. rue de Livourne, Bruxelles.

361. — Un panneau : 1. Entrée de serrure : iris (bronze) ; — 2. Entrée de serrure : myosotis (bronze) ; — 3. Poignée de porte de rue : tulipe ; — 4. Un bouton de sonnette électrique, chrysanthème (cuivre rouge) ; — 5. Un bouton de sonnette électrique, chrysanthème (bronze).

BENOUVILLE (L.), S. 5. rue des Beaux-Arts.

362. — Construction du Vieux-Paris, à l'Exposition universelle de 1900 (photographies de chantiers).
363. — Crèche des Boulonneries de Boguy (Meuse) (maquette).
364. — Plafond de salon avec éclairage électrique (modèle).
365. — Maisons boulevard Pasteur (photographies et plans).
366. — Détails divers exécutés (dessins et photographies).

BESNARD (J.-A.). 54. rue des Abbesses.

367. — Propriété de M. R... à Paris (plans).
368. — Propriété de M. R... à Paris (façade et détails).

BRANGWYN (F.), S. Chez M. Bing. 22, rue de Provence.

369. — Carton pour un vitrail d'église.
370. — Carton pour un vitrail d'appartement.

BUTZ (M.-P.-A.). 10. rue de Montyon.

371. — Restaurant à Billancourt.
372. — Aquarelle de voyage.
373. — Aquarelle de voyage.

DELON (M.). 95, rue de Vaugirard.

374. — Vitrail.

DROGUE (J.-J.). 59. rue Lepic.

375. — Fragment de décoration de salle à manger comprenant une frise au pochoir, une boiserie acajou avec application de cuivre découpé et marquetterie.

FAGNEN (L.). 10, rue Camon.

376. — Banquette d'antichambre (porte-manteaux).
377. — Carton au dixième d'exécution.

GARAS (F.-J.-M.), A. 70. bis, rue Notre-Dame-des-Champs.

378. — Temples pour les religions futures : à l'activité humaine, à l'industrie (quatre châssis).
379. — Étude pour un Palais d'exposition (façade).

GARDELLE (C.-R.-A.), A. 83, r. Demours.

380. — Château du Haut-Bourbay-Nançay (Cher), propriété de M. le Comte de Suffren, salle à manger.

GAUDIN (F.). 6, r. de la Grande-Chaumière.

381. — Réception faite à Jean-Bart par les autorités de Dunkerque après la victoire du Texel. Vitrail destiné au nouvel Hôtel de Ville de Dunkerque.

GÉRARD (P.). 17, faub. Saint-Antoine.

382. — Fouilles d'Antinoé (aquarelles). Restauration des dessins retrouvés sur les costumes dans la Nécropole d'Antinoé.

GOUBERT (A.-M.). 105, rue de Flandre.

383. — Villa exécutée à Neuilly-Plaisance (Seine-et-Oise) pour M. B... (décorations peintes de M. V... Clabaut), ensemble et détails.

GUILLEMONAT (G.-M.-G.), *S.* 18, avenue de l'Opéra.

384. — Monument à la Paix (Palais des Congrès internationaux), façade.

385. — Monument à la Paix (coupe et plans).

386. — Monument à Puvis de Chavannes (premier projet adossé au mur du Panthéon).

387. — Monument à Puvis de Chavannes (deuxième projet sur une place publique).

388. — Vision d'architecture (composition).

HEATON (C.). Chez M. Bing, 22, rue de Provence.

389. — Panneau.

JANIN et GUÉRINEAU. 172, avenue de Choisy.

390. — Junon, panneau décoratif (faïence).

JOURDAIN (F.). 71, rue Caulaincourt.

391. — Carreaux (motif nuit de fête).

KLENKA DE VLASTIMIL (R.). Chez M. Benouville, 5, rue des Beaux-Arts.

392. — Aquarelle (architecture tchèque).

393. — Aquarelle (architecture tchèque).

394. — Aquarelle (architecture tchèque).

395. — Aquarelle (architecture tchèque).

LAMBERT (T.), *A.* 7, rue Bonaparte.

396. — Une vitrine : 1. Plaque de protection double (cuivre jaune et cuivre rouge), crevettes avec boite serrure et bouton ; — 2. Plaque de protection double (cuivre doré et étoffe) papillons et chrysanthèmes avec bouton ; — 3. Plaque de protection simple (cuivre rouge et cuivre jaune), chrysanthèmes ; — 5. Plaque de protection simple (fer noirci sur cuivre rouge).

MARNEZ et SONNIER (associé). 161, rue de Rennes.

397. — Intérieur de restaurant à Paris.

MONCEAU (G.). 51, boulevard du Montparnasse.

398. — Projet d'une cheminée monumentale pour l'Exposition de 1900.

PLUMET (C.), *S.* 1, place Boïeldieu.

399. — Salle à manger en chêne ciré (mobilier composé de buffet, dressoir, table et chaises.)

400. — Hôtel particulier de M. S***, avenue du Bois-de-Boulogne, 39, à Paris (cinq façades, coupes, plans). (Détail d'appareil des façades, cinq châssis.)

POLTI (J.), *A.* 108, rue de Vaugirard.

401. — Une crédence.

PROVENSAL (H.), *S.* 17, rue Brey, près de l'Arc de Triomphe.

402. — Monument à Puvis de Chavannes (maquette au dixième de l'exécution).

SAUVAGE (H.), *A.* 1, cité Pigalle.

403. — Table à thé exécutée par MM. Damon et Colin.

404. — Mobilier pour un musicien comprenant : 1. Deux casiers à musique ; — 2. Un pupitre à musique ; — 3. Chaises ; — 4. Tenture imprimée au pochoir ; — 5 Bougeoir ; — 6. Crémone en cuivre.

SELMERSHEIM (P.), *A.* 16, rue La Fontaine, Auteuil.

405. — Lit de milieu.

406. — Table à thé.

407. — Table rectangulaire.

408. — Table ronde.

409. — Petite vitrine.

410. — Frise au pochoir.

SELMERSHEIM (T.), *S.* 1, place Boïeldieu. (*Voir* Plumet.)

411. — Table à coiffer en bois de padouck.

SELVAIS DE PALMA (J.-C.). 2, avenue de Labourdonnais.

412. — Projet de construction de la façade principale (porte Rohan) de la cathédrale de Saint-André de Bordeaux.

413. — Projet de construction d'un grand hôtel sur le prolongement du boulevard Haussmann au coin de la rue Drouot et de la rue Chauchat.

414. — Façade d'une habitation de plaisance projetée à Strasbourg par un membre du gouvernement.

SERRURIER (G.), *A.* 54, rue de Tocqueville.

415. — Une salle à manger (architecture, mobilier et décoration).

SIMAS (E.-M.), *A.* 9, rue Ganneron.

416. — Vue d'ensemble. }
417. — Piscine (mosaïque). } Une salle de bains.
418. — Toilette. }

419. — Revêtement céramique. }
420. — Plancher (mosaïque). } Une salle de bains.
421. — Vitrail. }
422. — Lambris. }

SOCARD (E.). 22, rue Chanoinesse.

423. — Ombellifères (vitrail d'appartement).

TOURNEL (L.-D.), *A.* 14, rue des Volontaires.

424. — La mise au tombeau (vitrail destiné à l'église Saint-Antoine de Compiègne)..

VINAY (G.), *A.* 10, place Saint-François-Xavier.

425. — Fauteuil de bureau.
426. — Chaise de bureau

ÉVREUX, IMPRIMERIE DE CHARLES HÉRISSEY

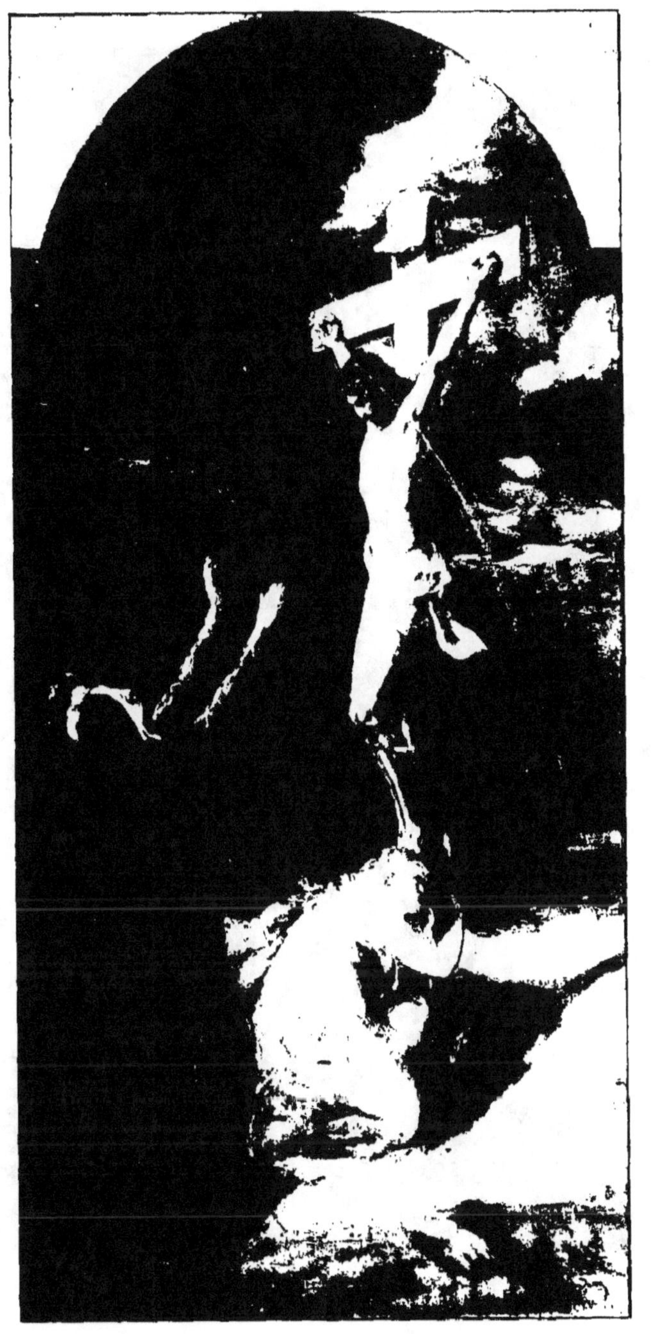

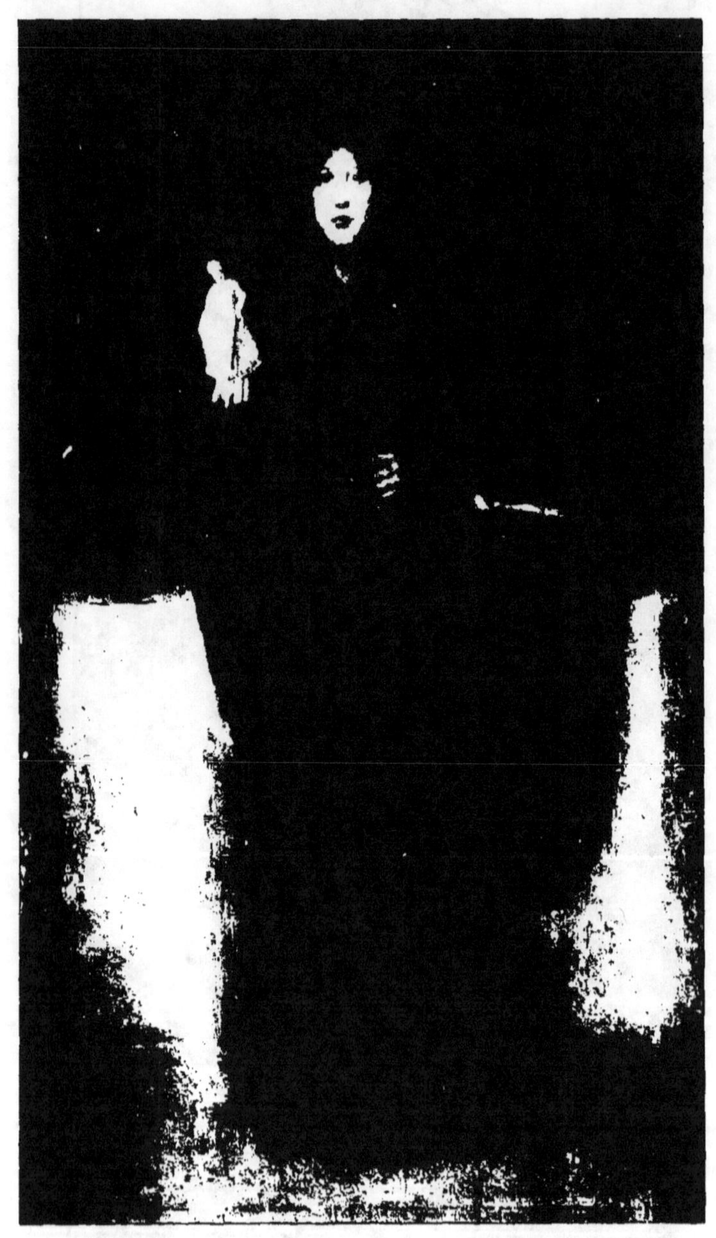

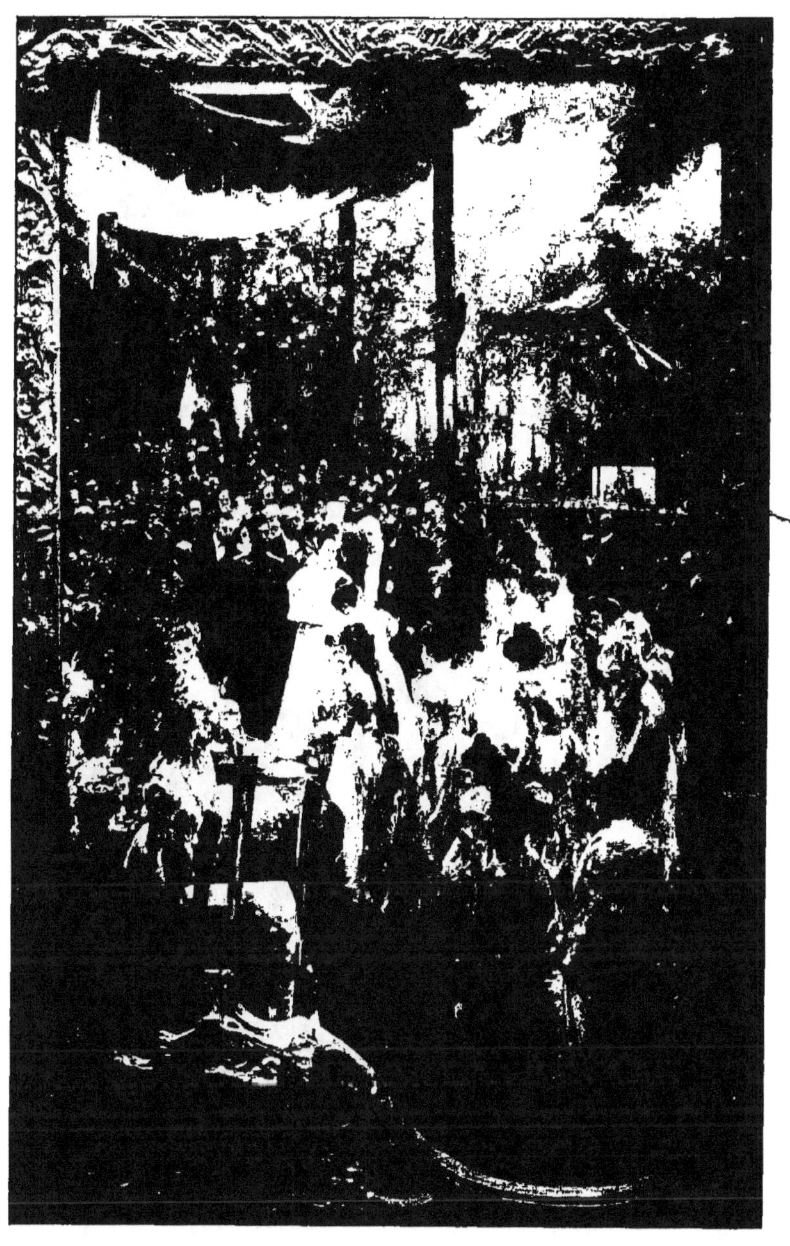

Roll (A.-P.). — *Souvenir commémoratif de la pose de la première pierre
du Pont Alexandre III*
First stone of the new bridge Alexander III.

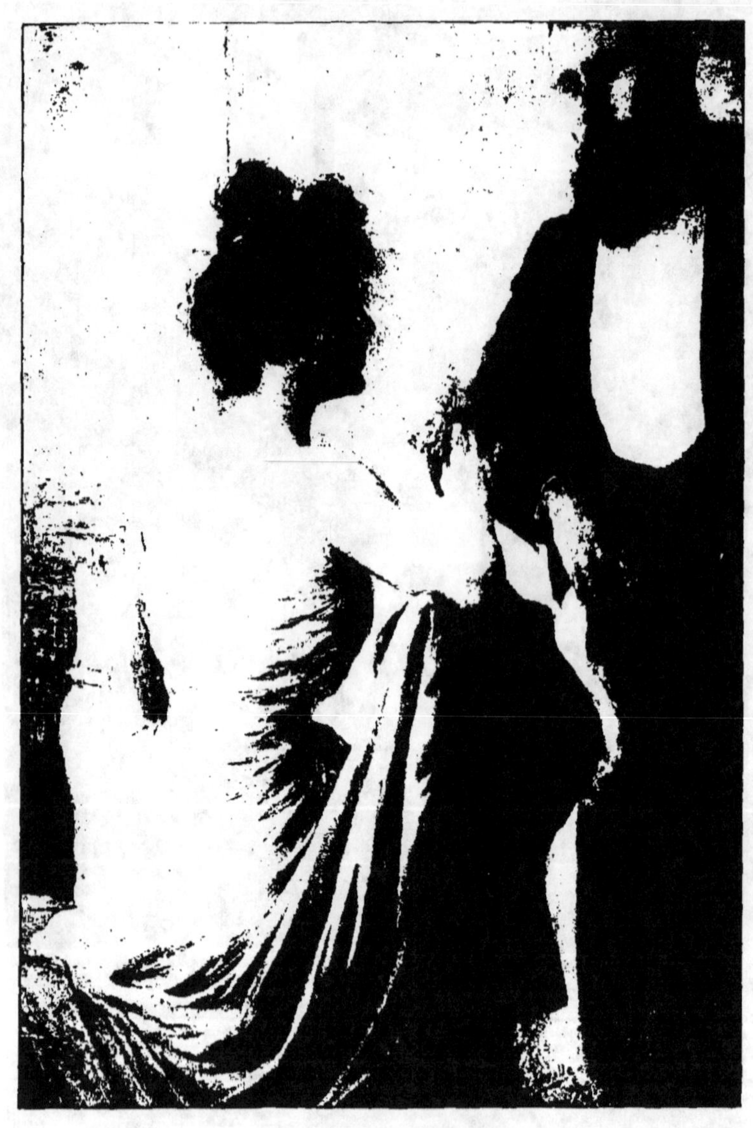

LEBOURG H. . Au coin du feu. — Near the fire.

4

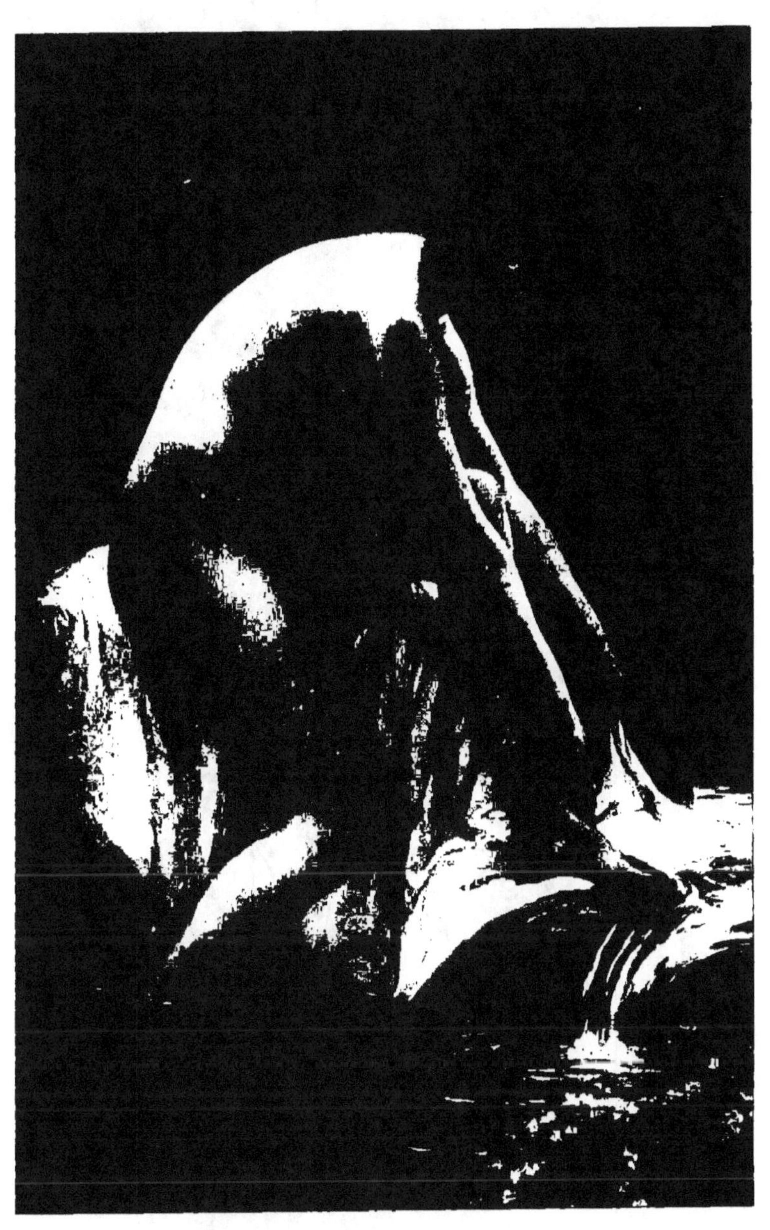

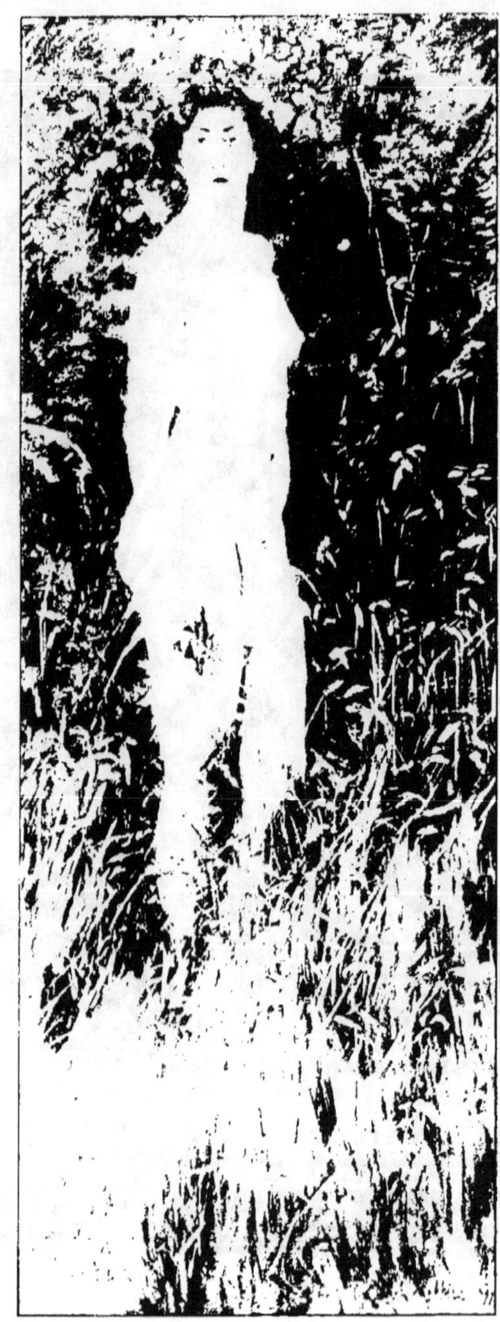

Les Robes   M. E.   Zamacoïs   Nu Study.

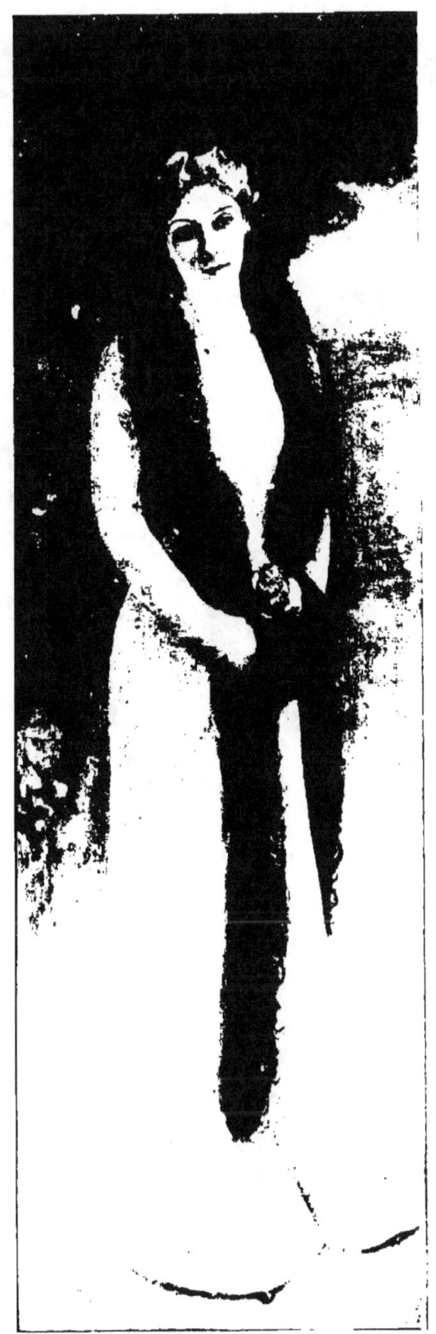

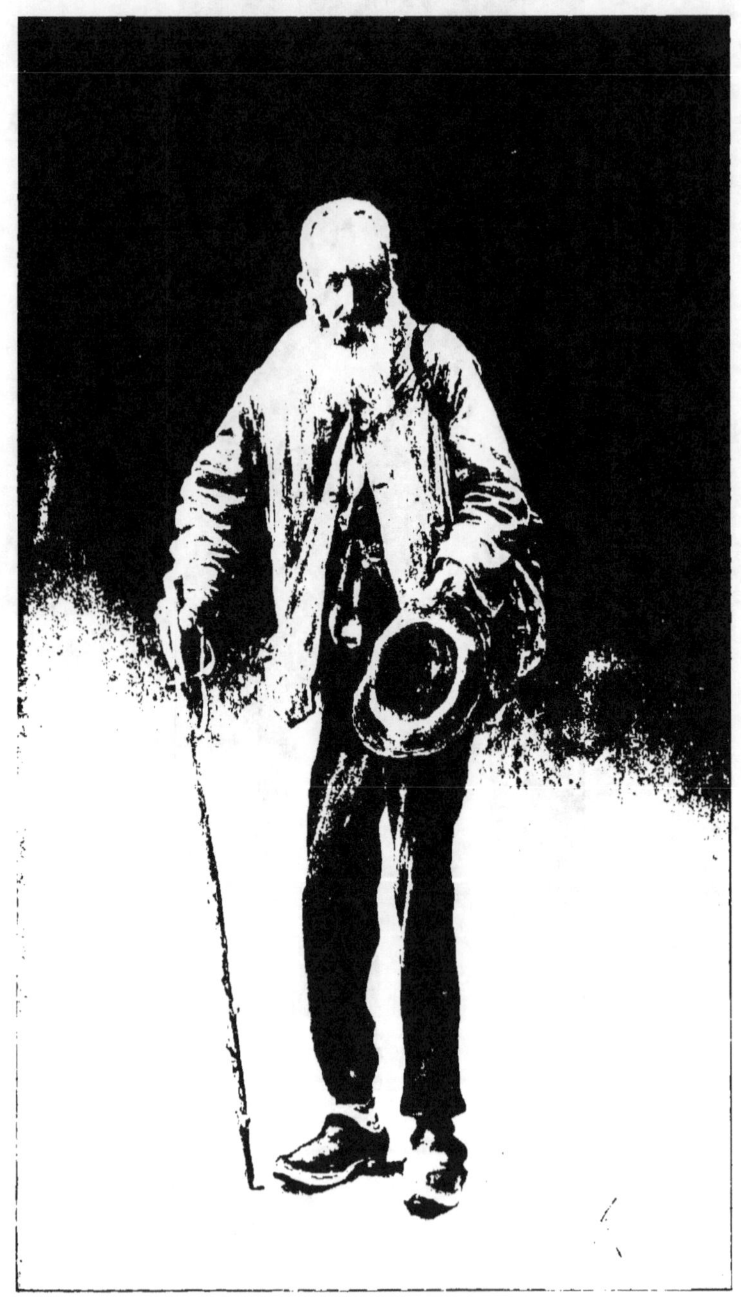

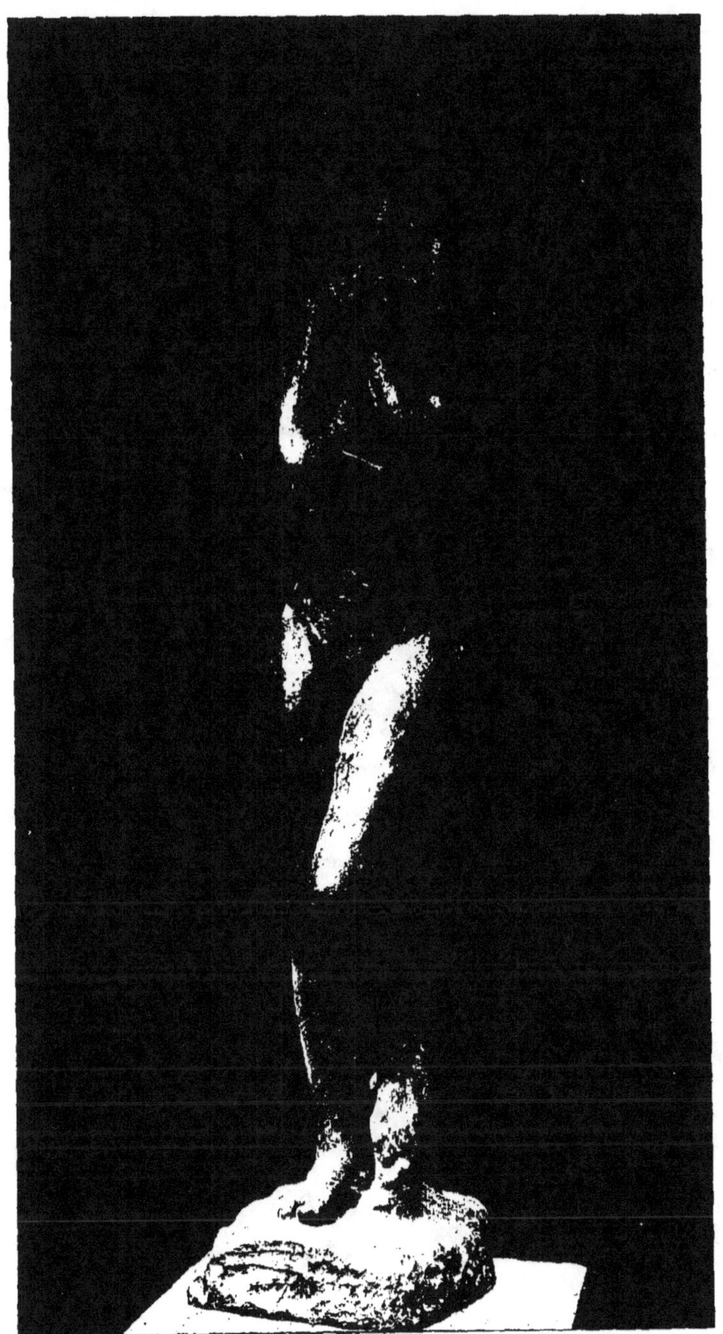

Rodin A. — Eve (bronze).

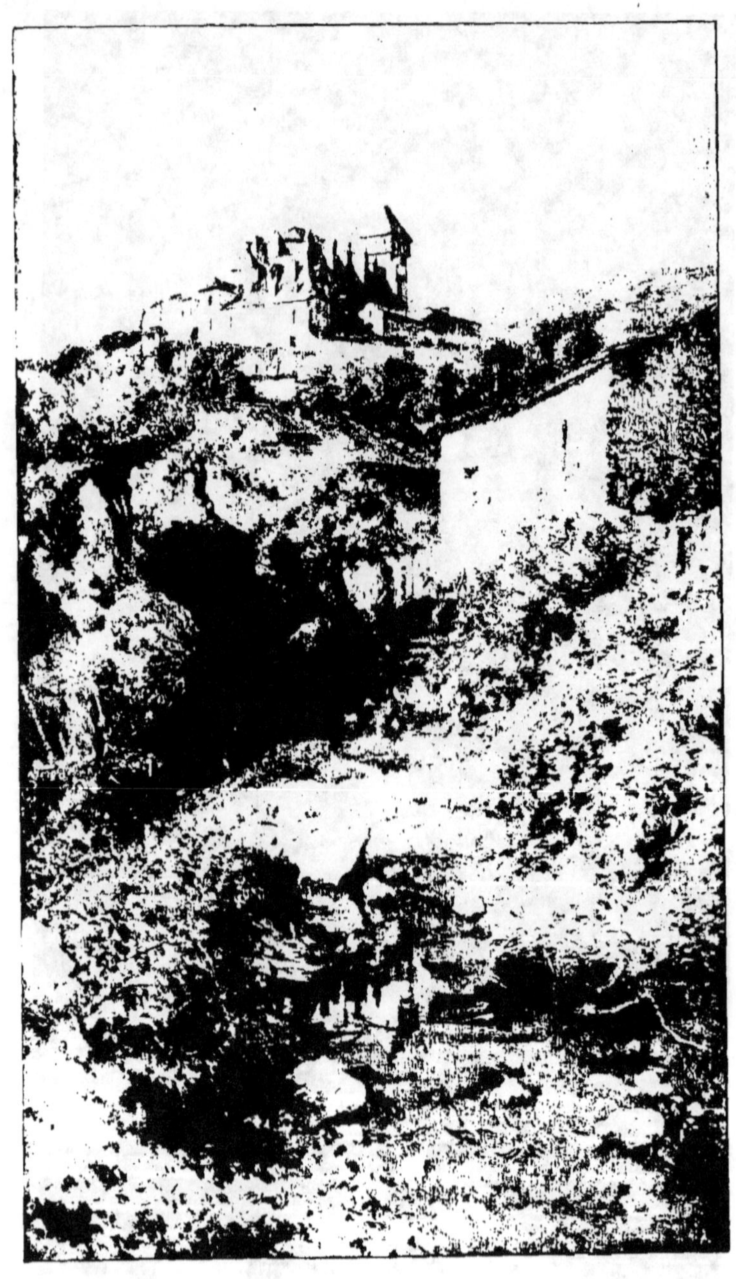

RIVENS X. — Le ruisseau du Plan à Saint-Bertrand de Comminges.
« Plan » Bruoc.

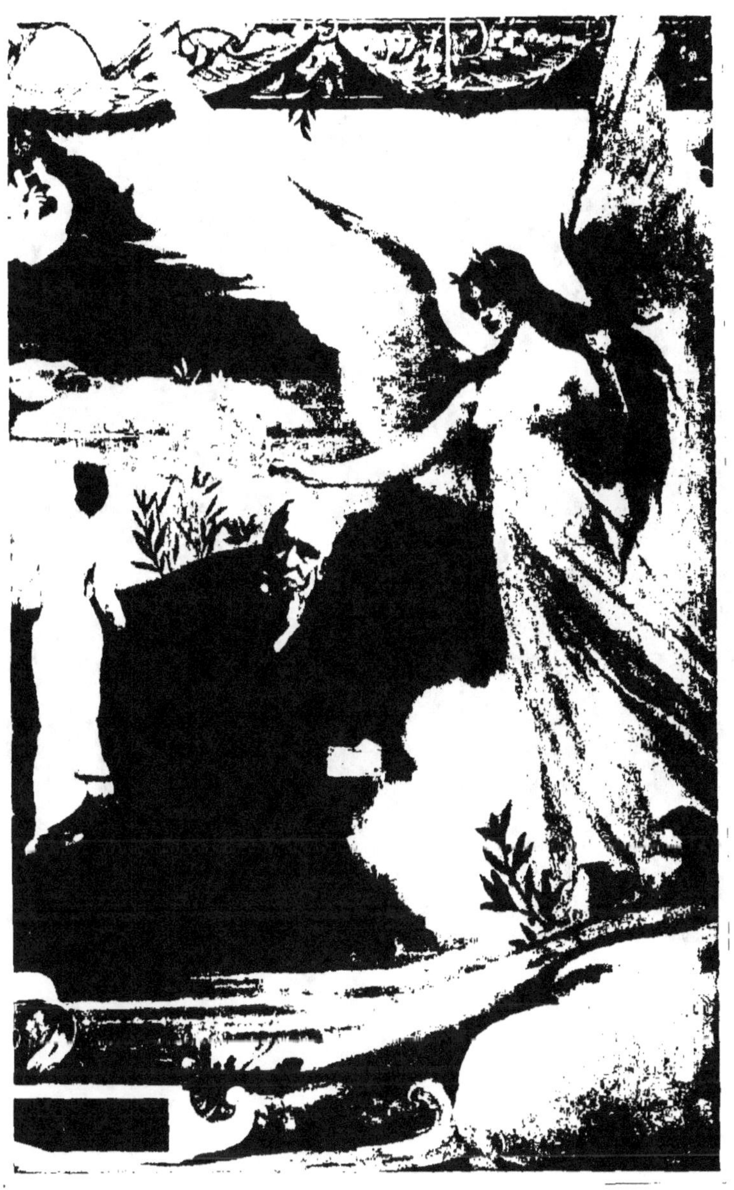

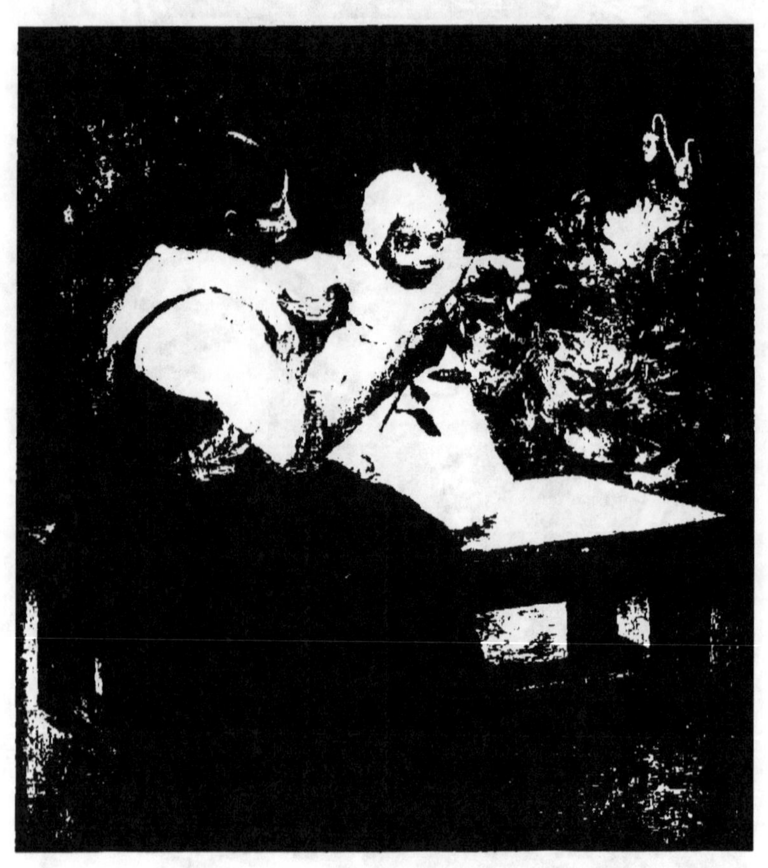

Chez M. M... La petite bonne (pastel) — The nurse girl.

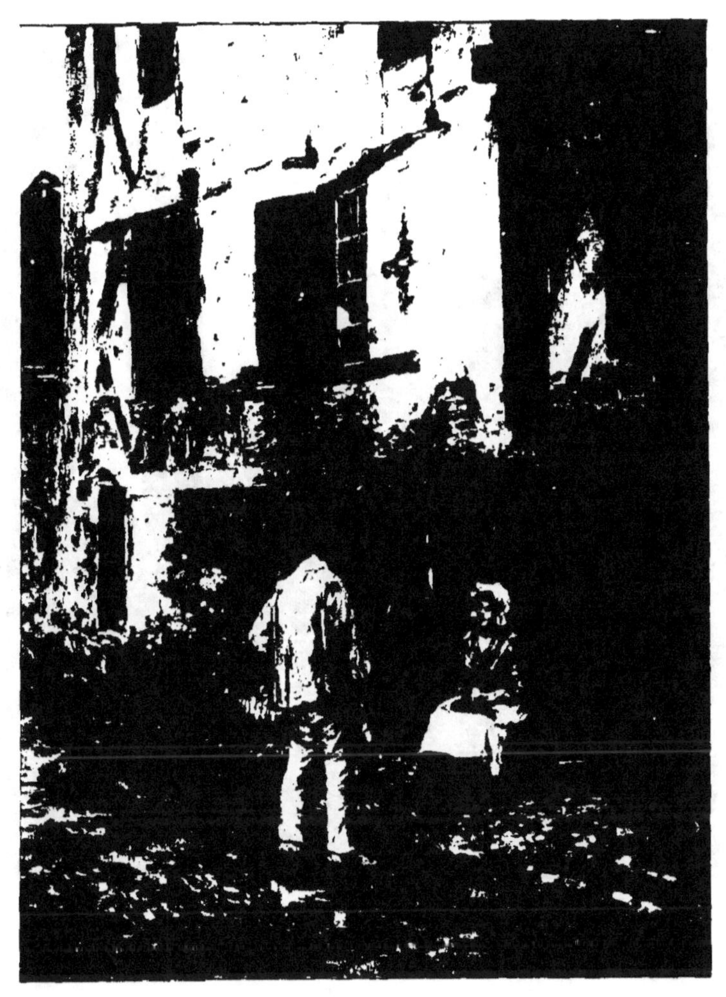

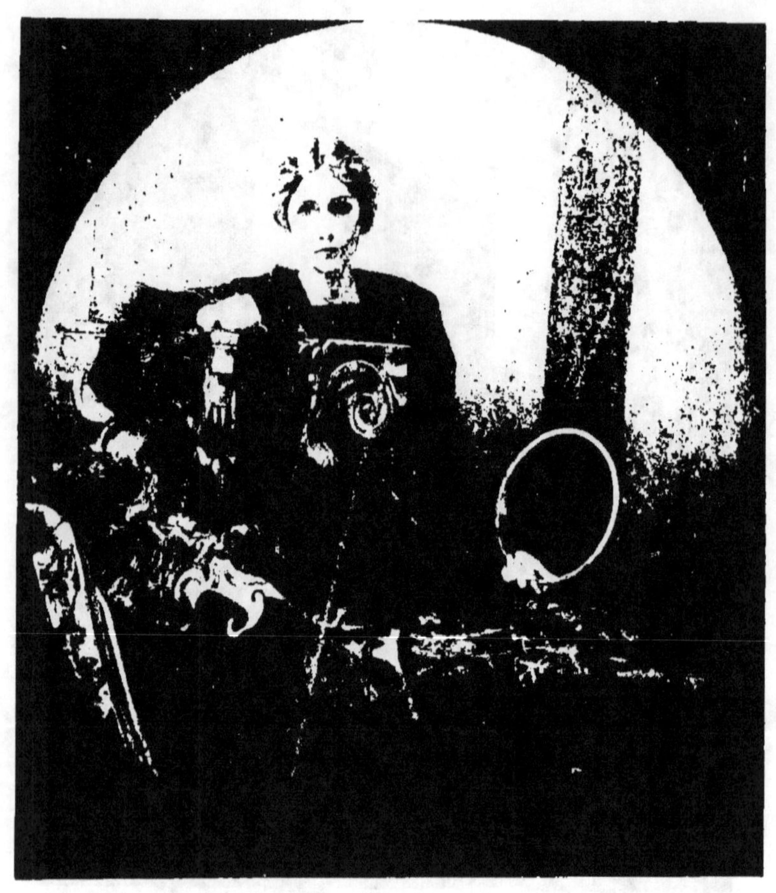

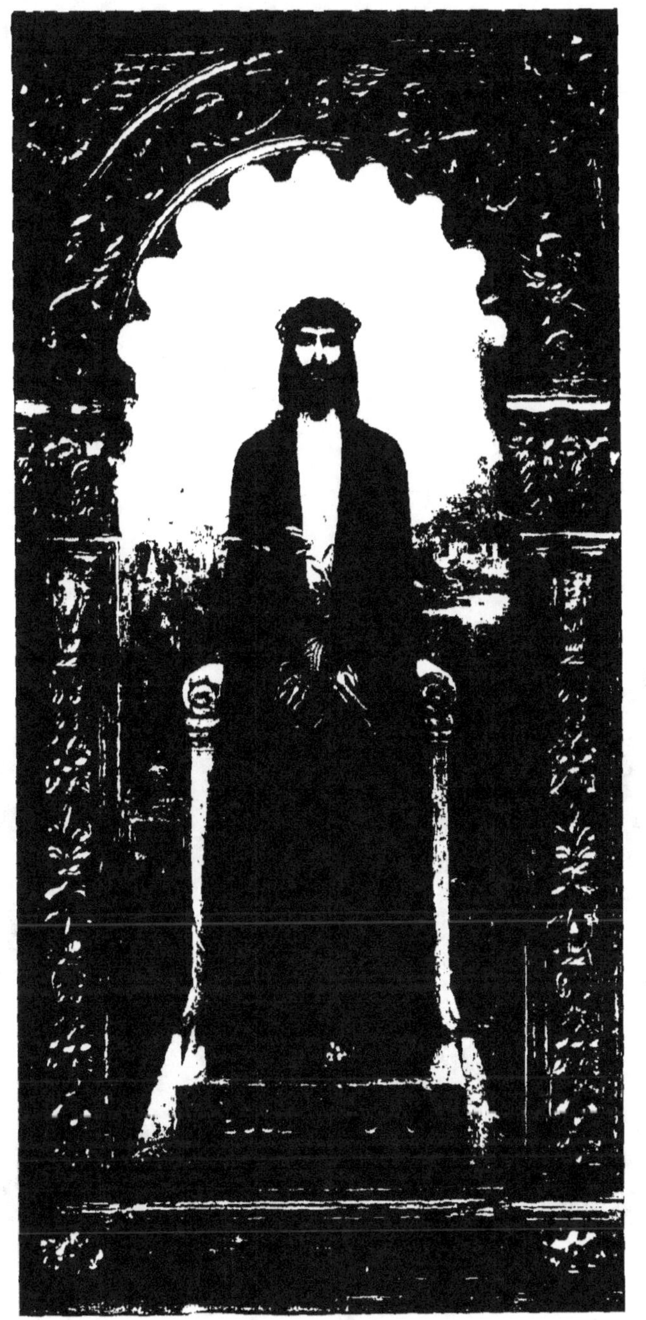

Copyright 1899 by Braun, Clément et Cie.

AUBLET A., *Ecce Homo.*

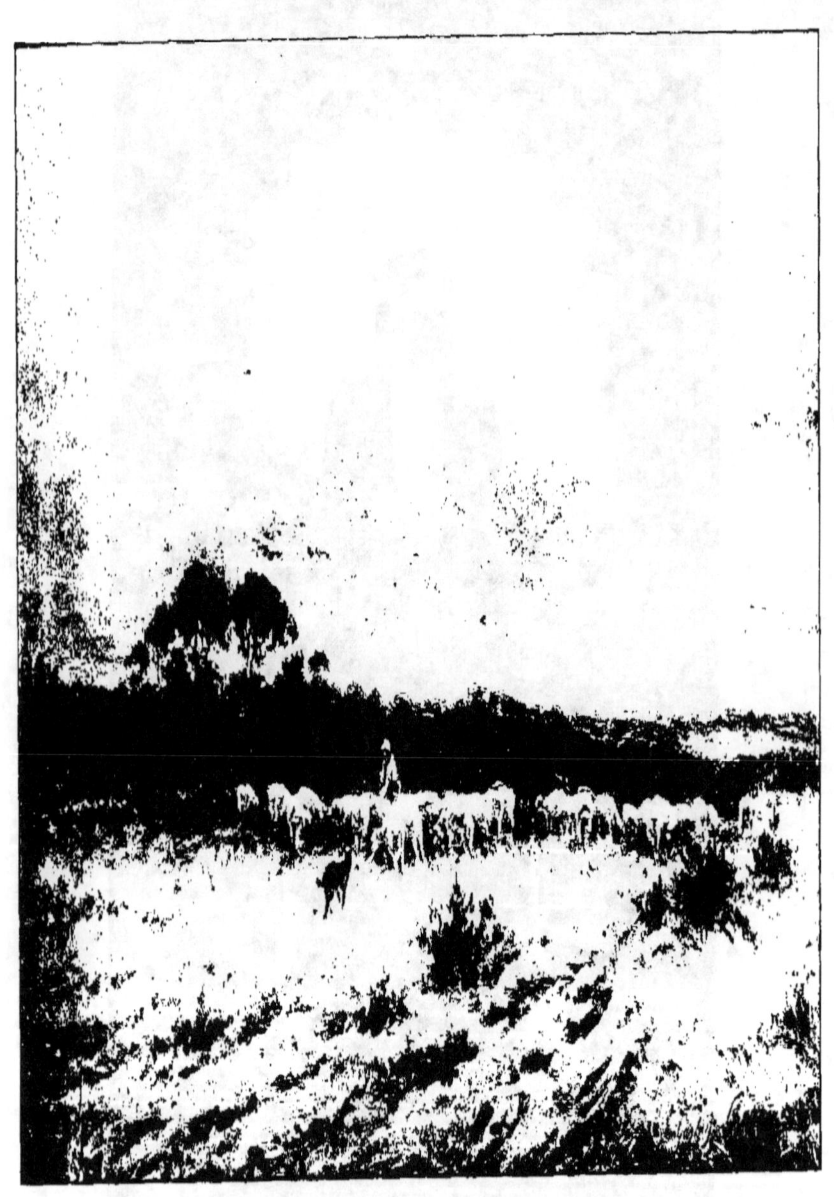

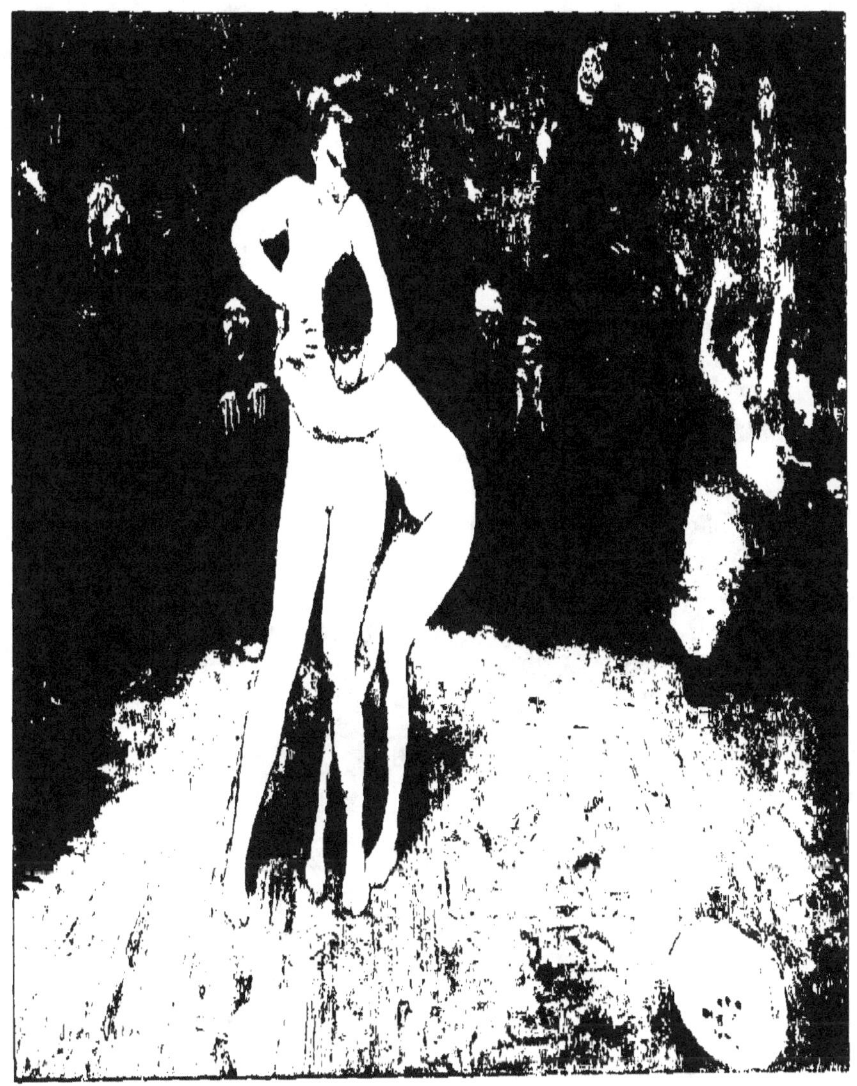

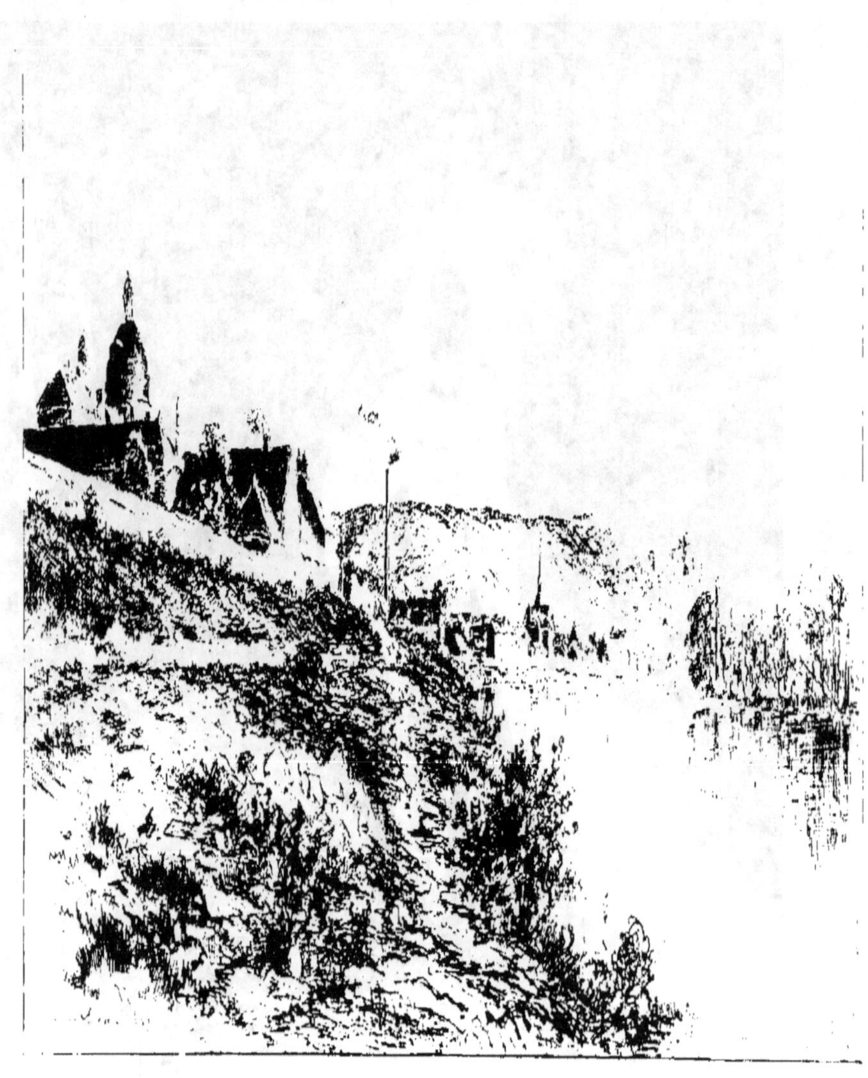

Carl. Rosa. M... *Le Petit Andely et les ruines du Château Gaillard* ...
The Petit Andely: with ruins of Château Gaillard.

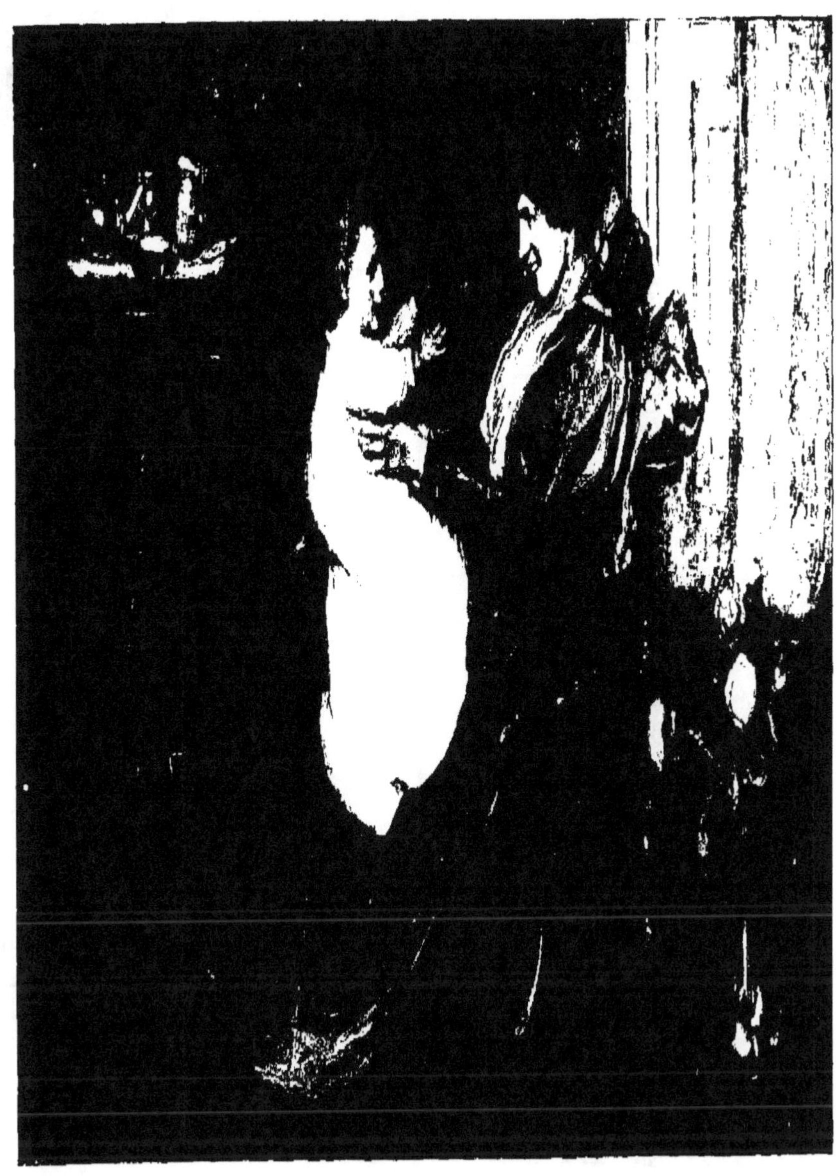

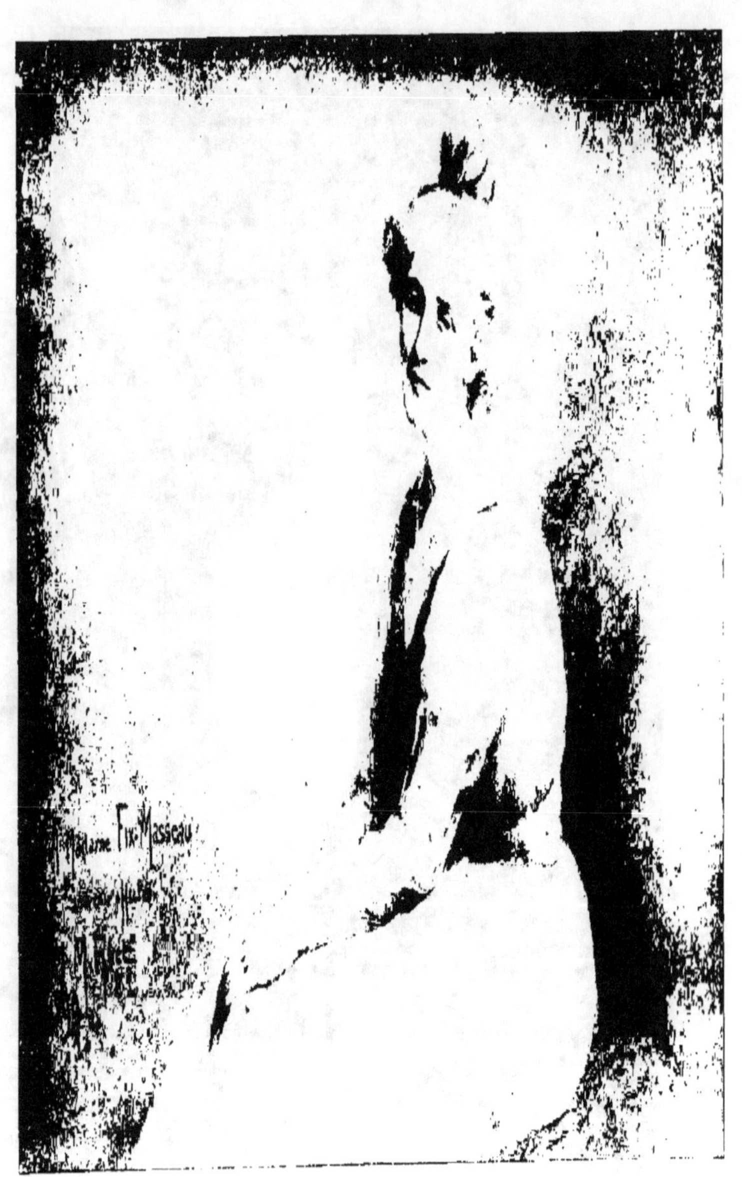

HENRY M. M., *Portrait de M. Fix-Masseau*

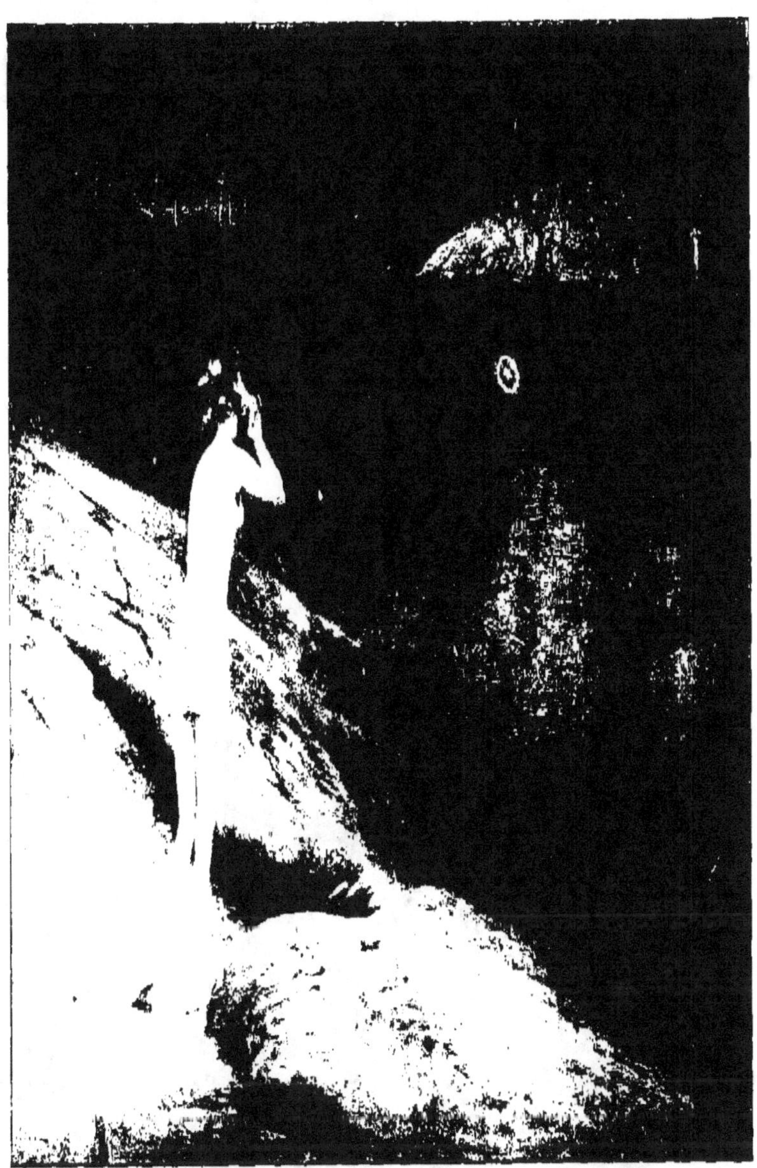

HAGBORG A. *L'Écho.*

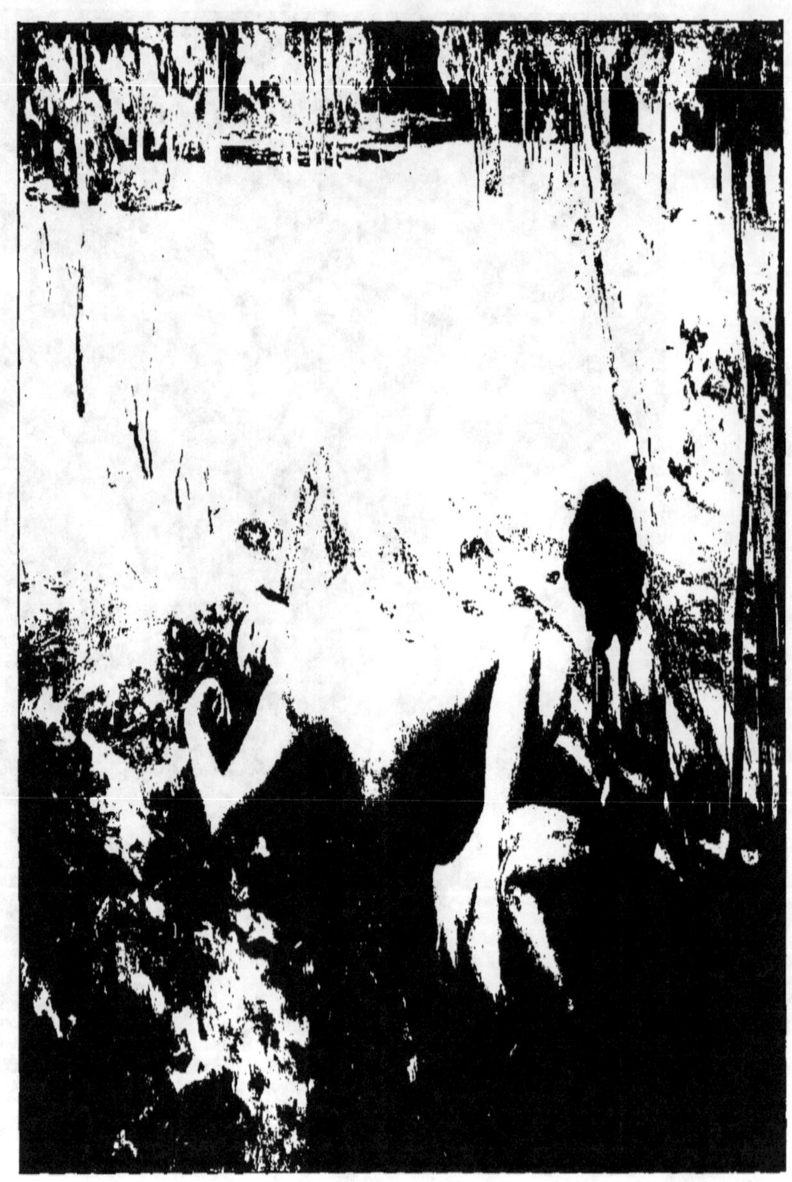

Gravure de J. R. Lefévre - *The screening*

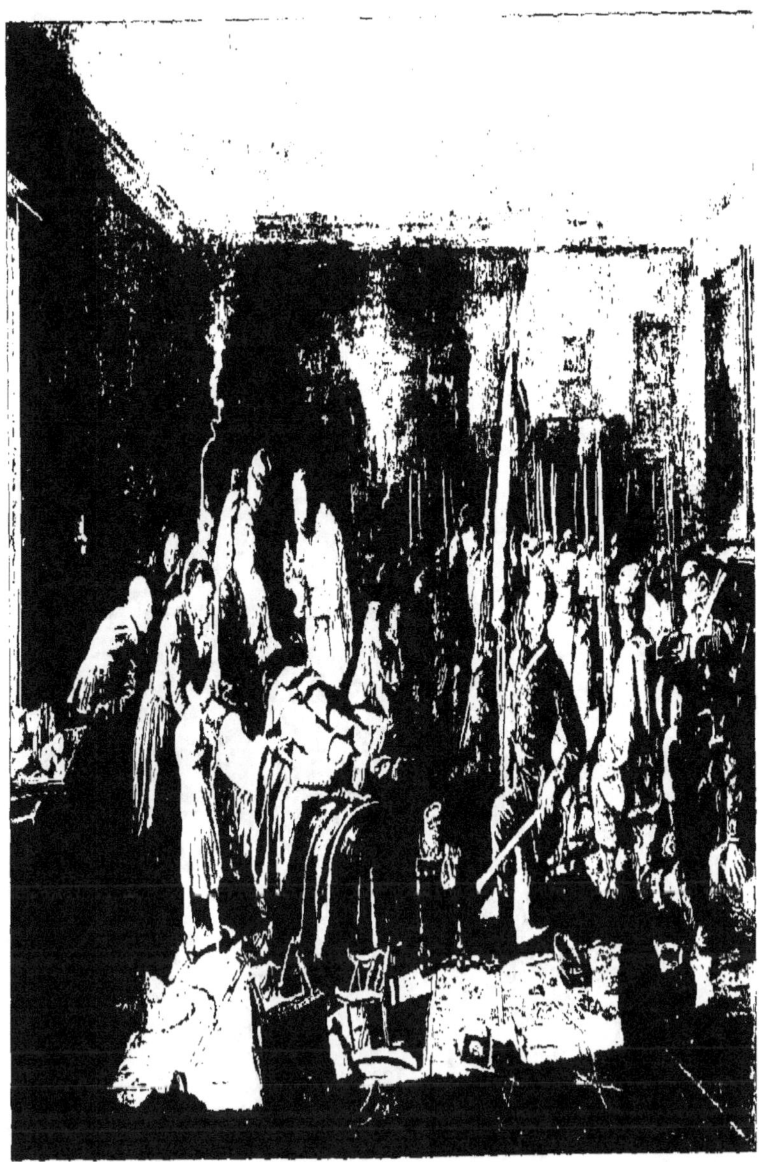

RENOUARD. XI. — [illegible] moments [illegible] Gros-Saint-Jean — Last moments [illegible]

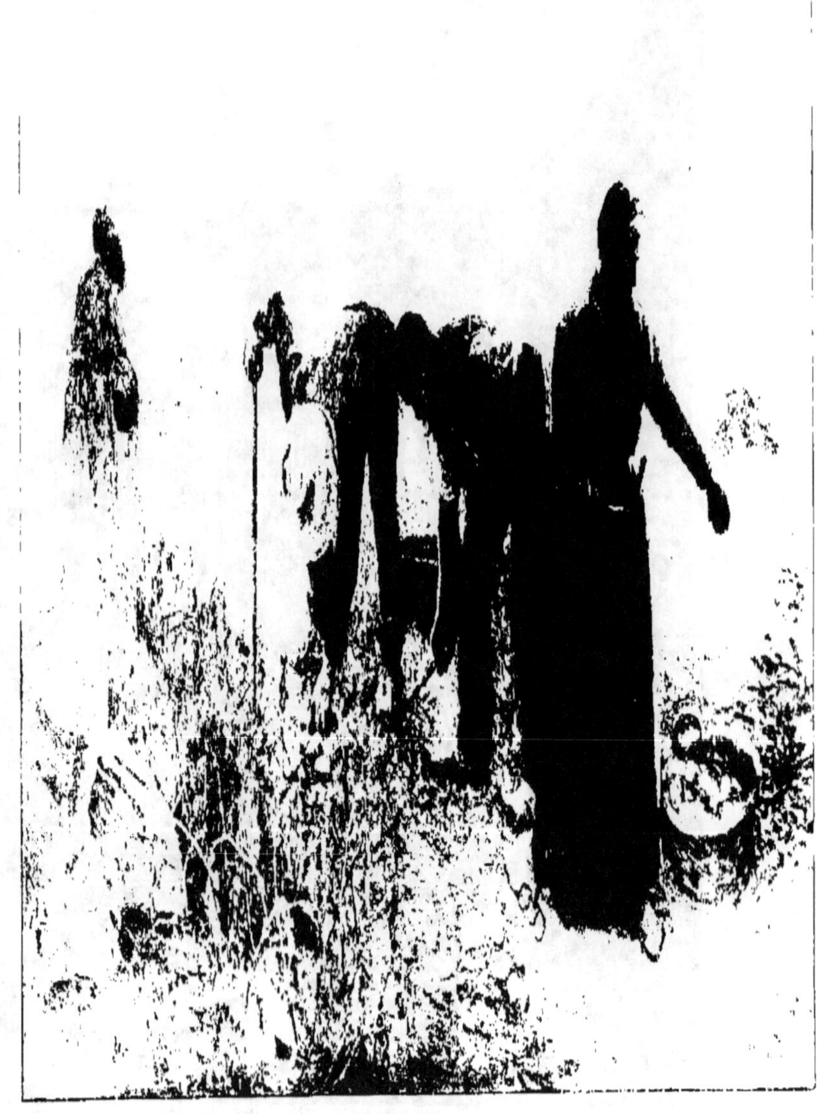

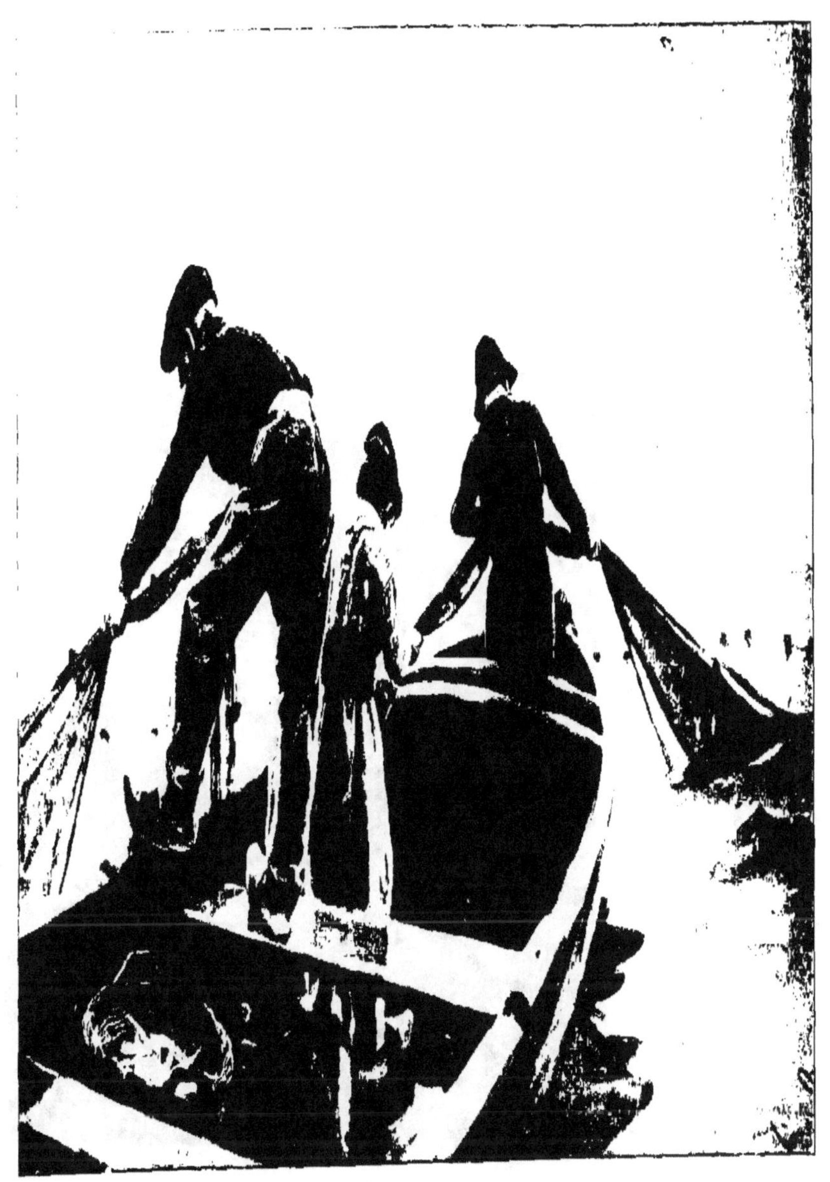

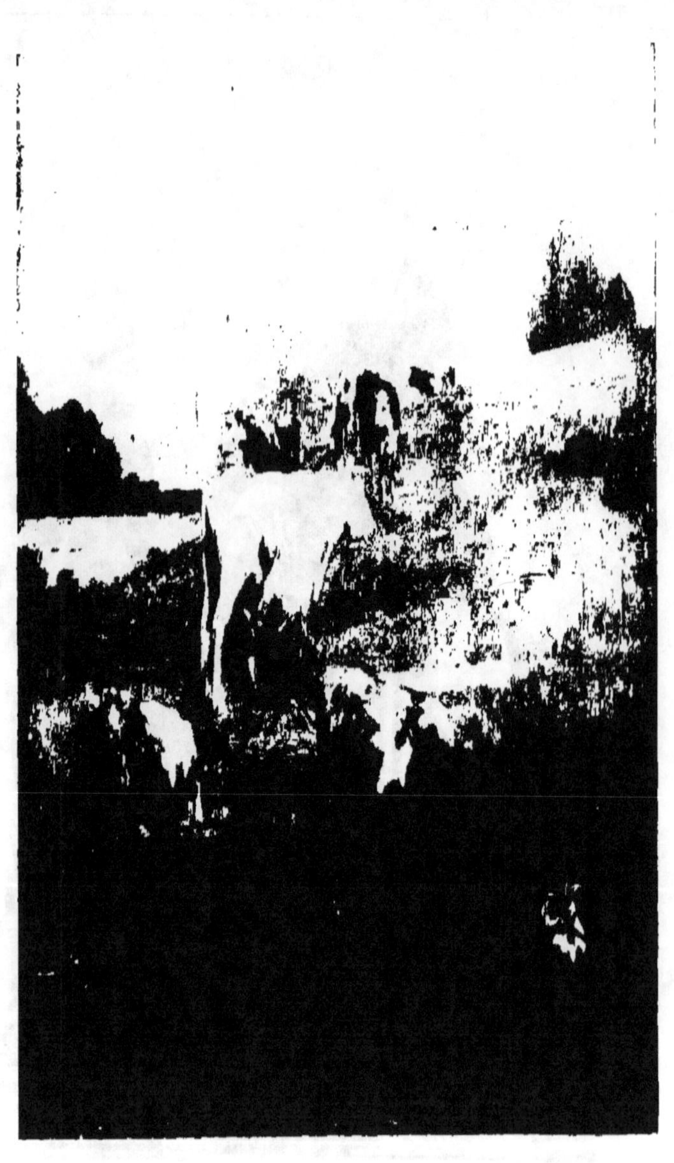

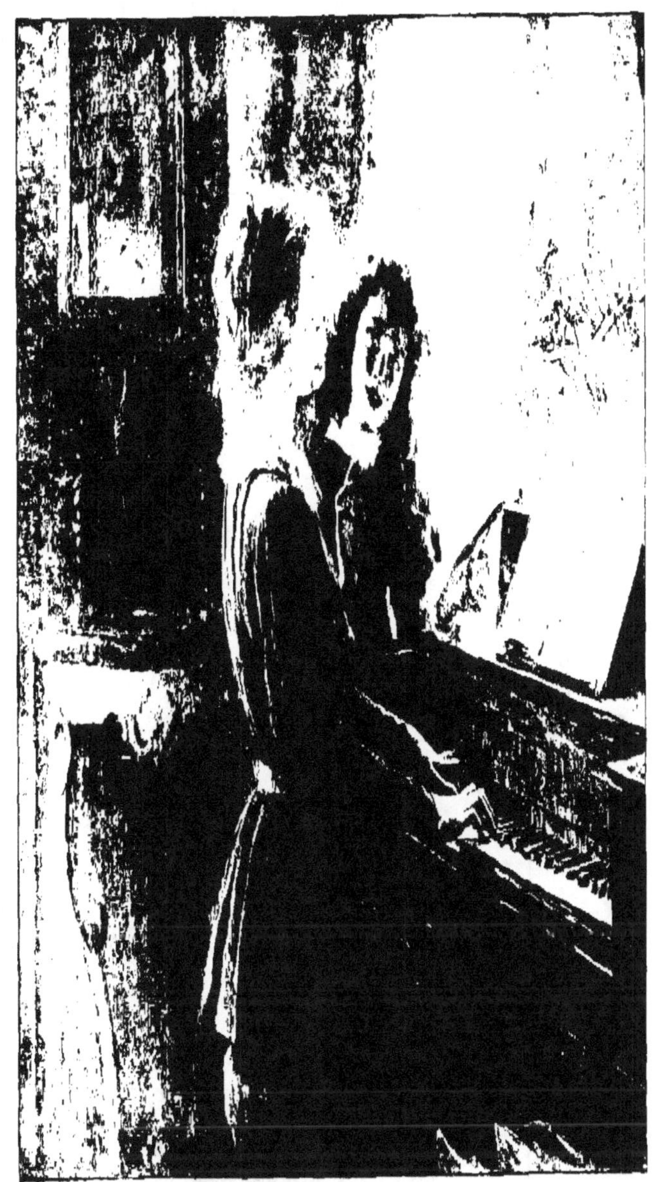

BARSLAU (M. L. C.). *Chanson enfantine. Child's Song.*

M. ..., H. M.. Un temps tranquille. — Calm weather.

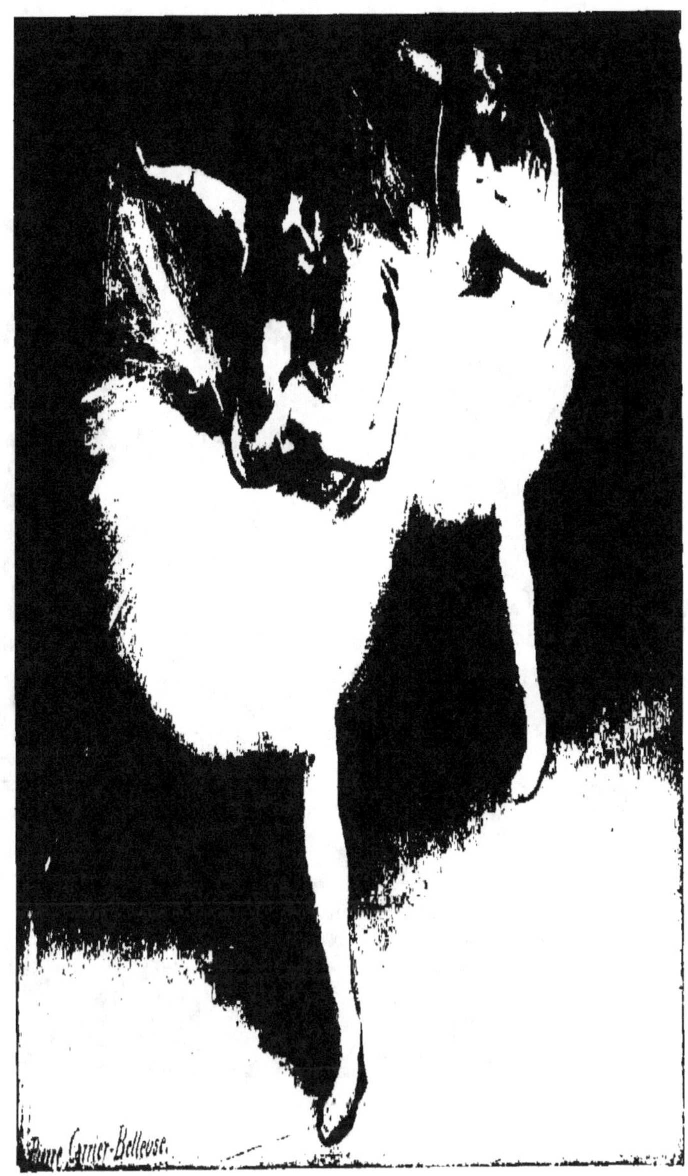

Carrier-Belleuse P. [illegible]

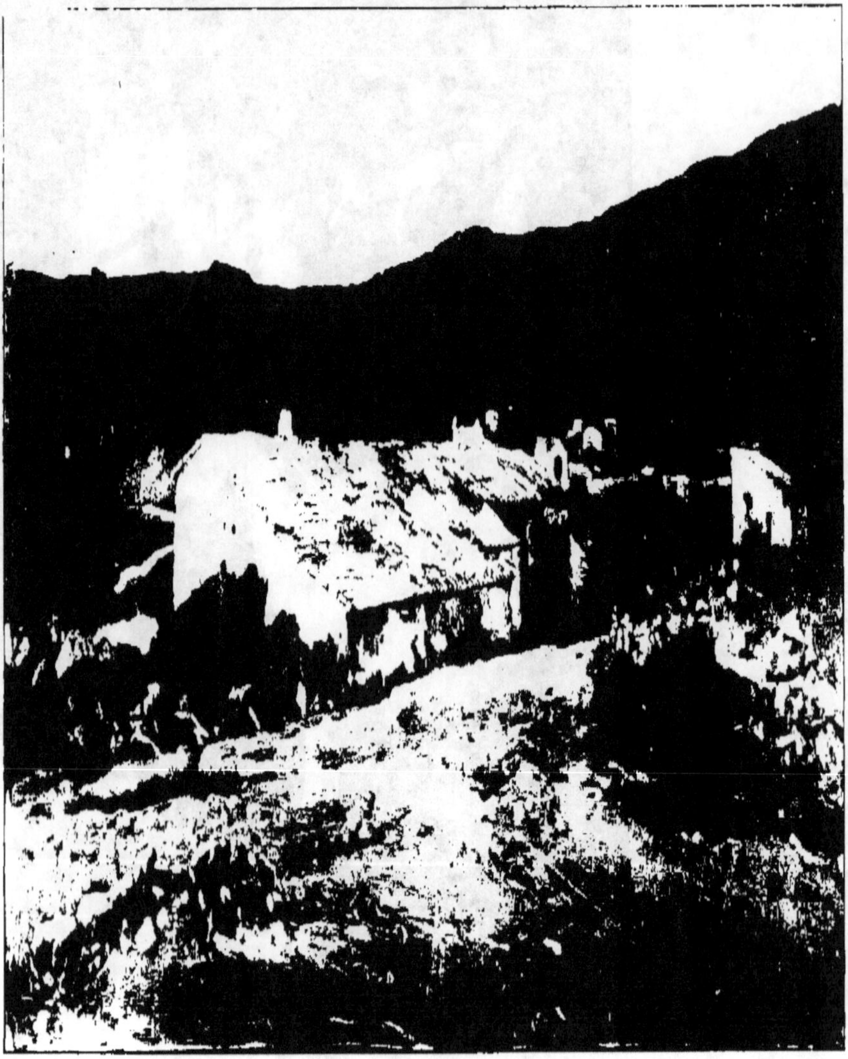

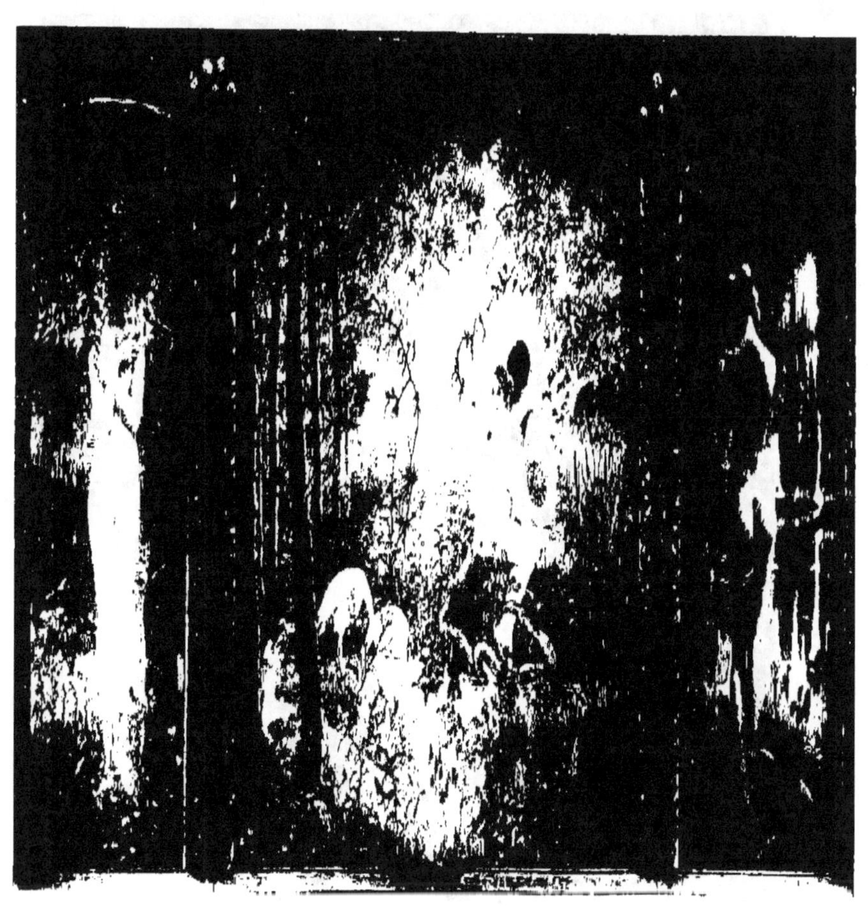

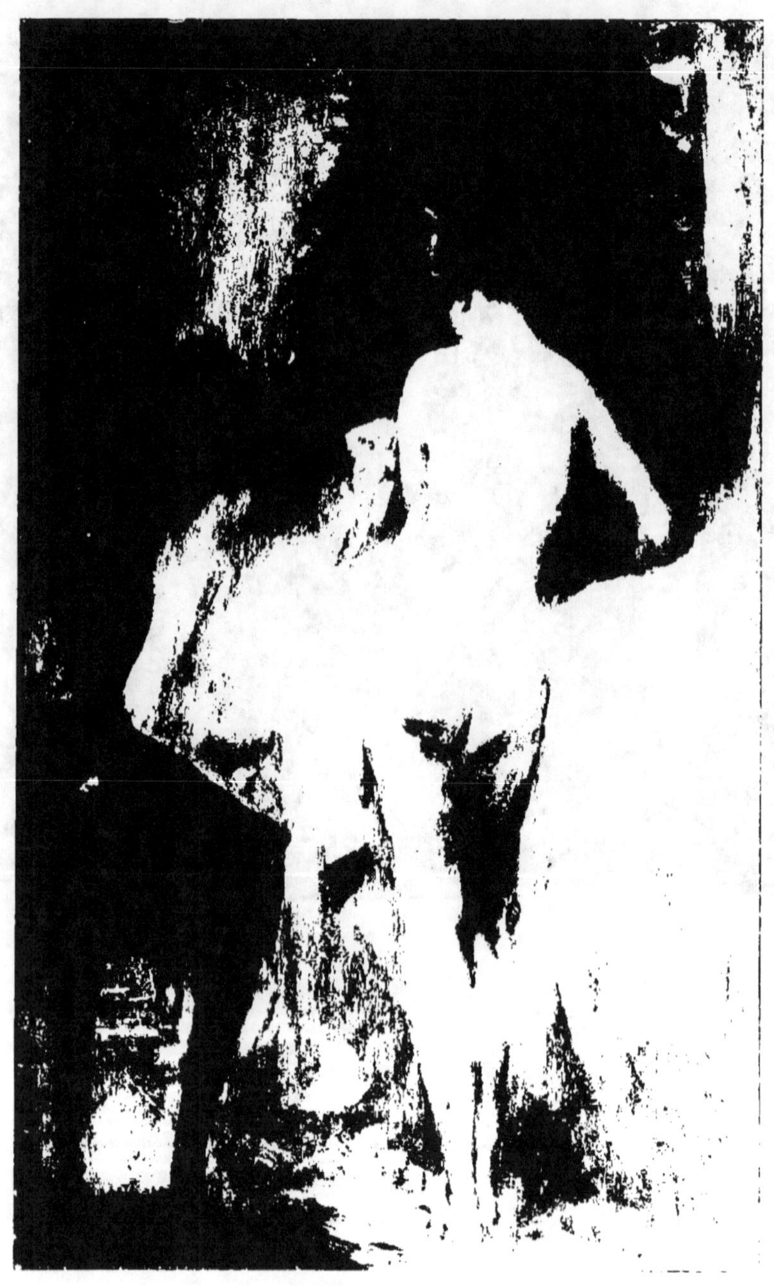

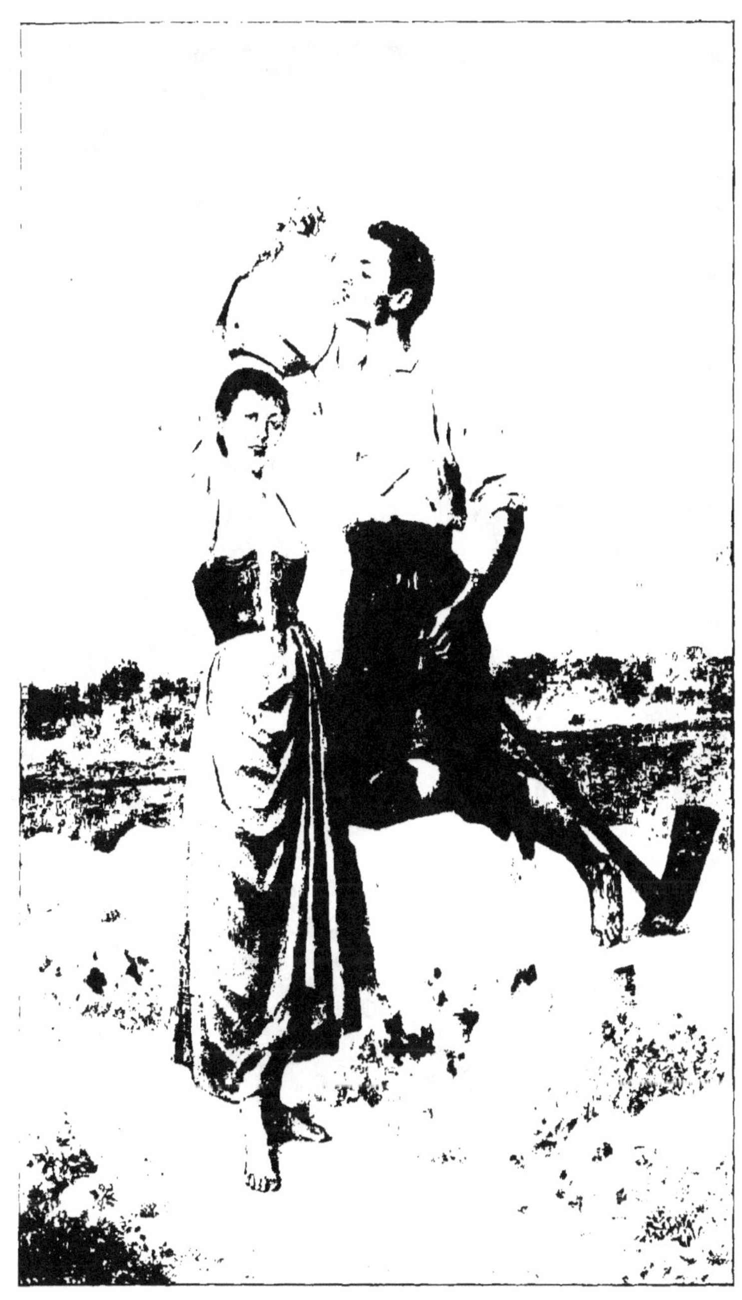

SAN (E. Douce ivresse (Capri). — A sweet drink.

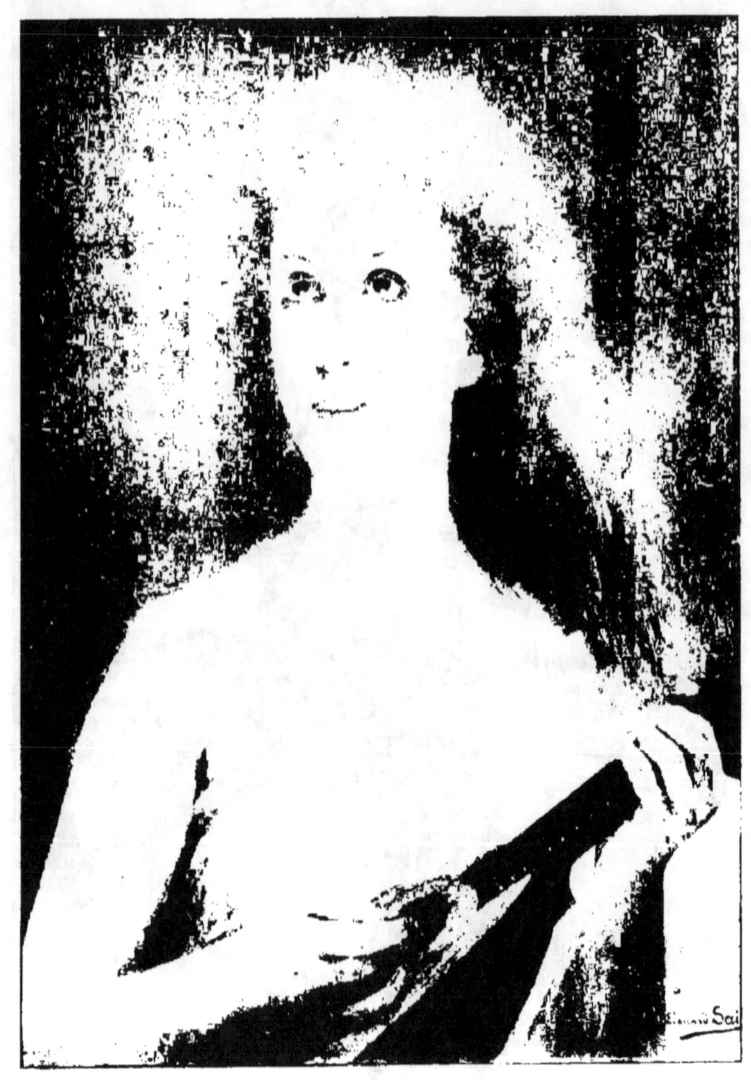

Son dos. La cigale.

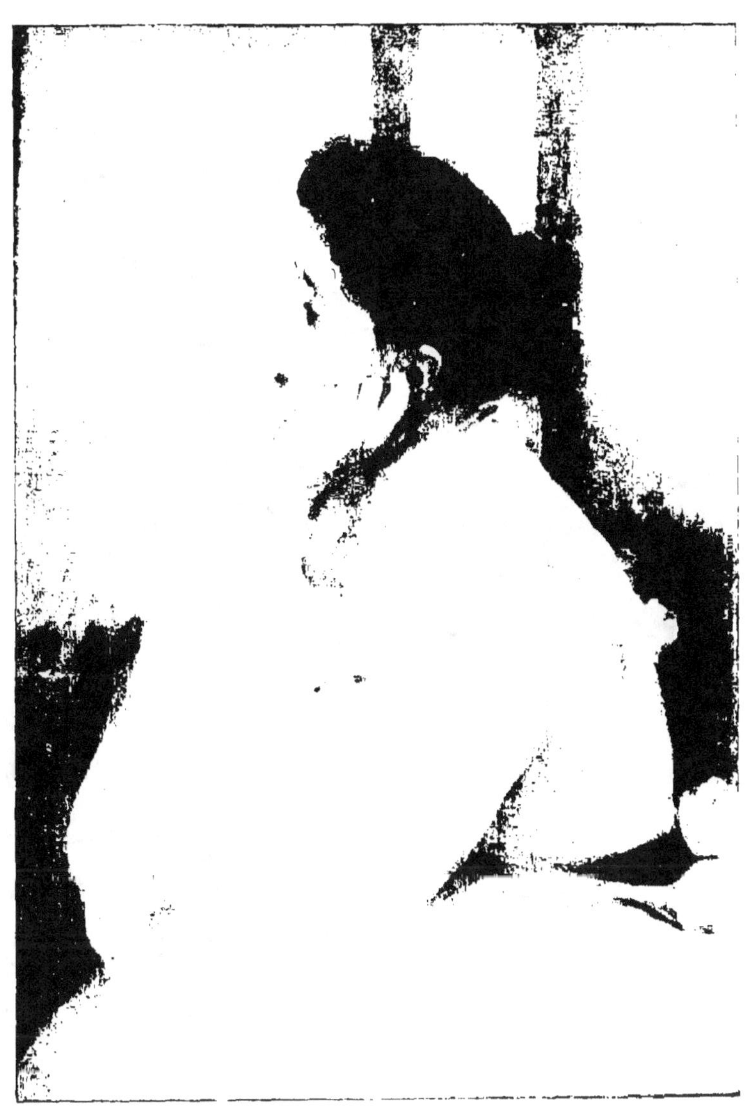

DEAN. — SANSSOUCI. *Poésie.*

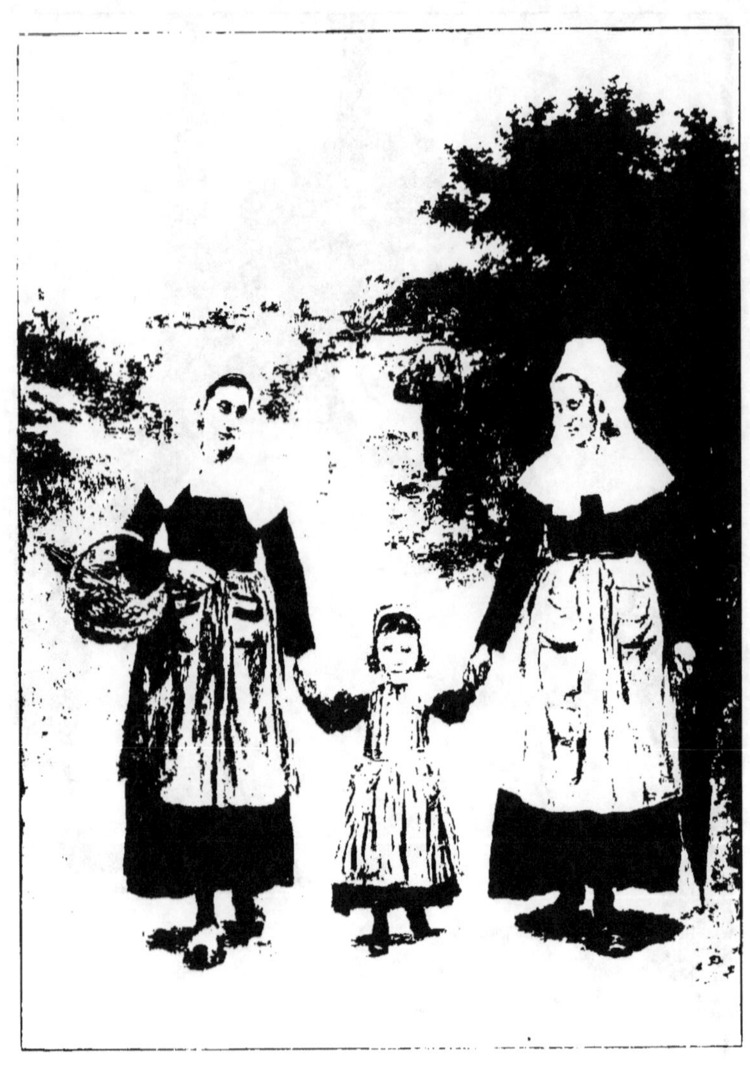

Mother, Grandmother and child Brittany.

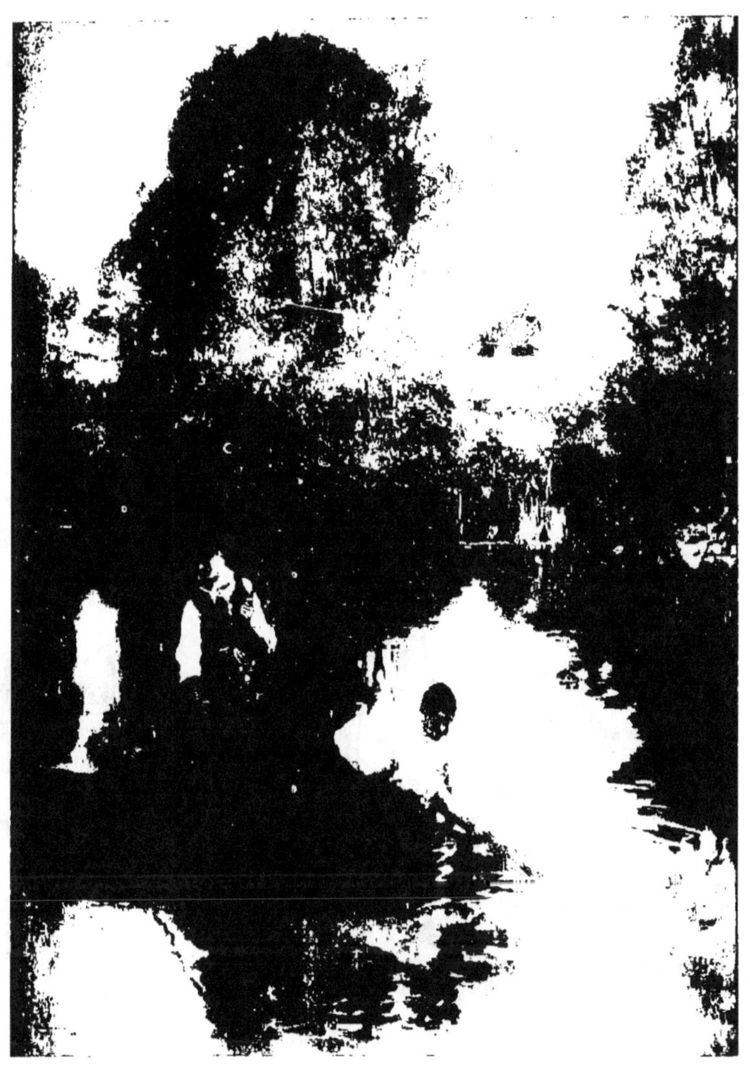

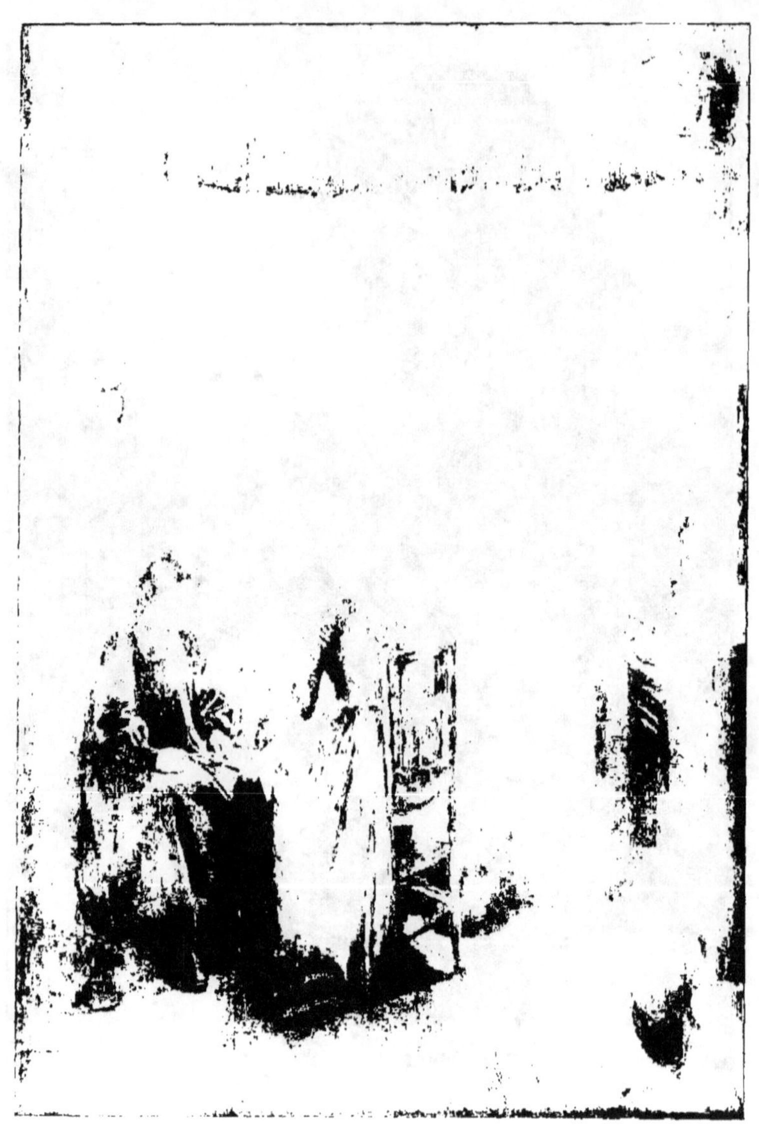

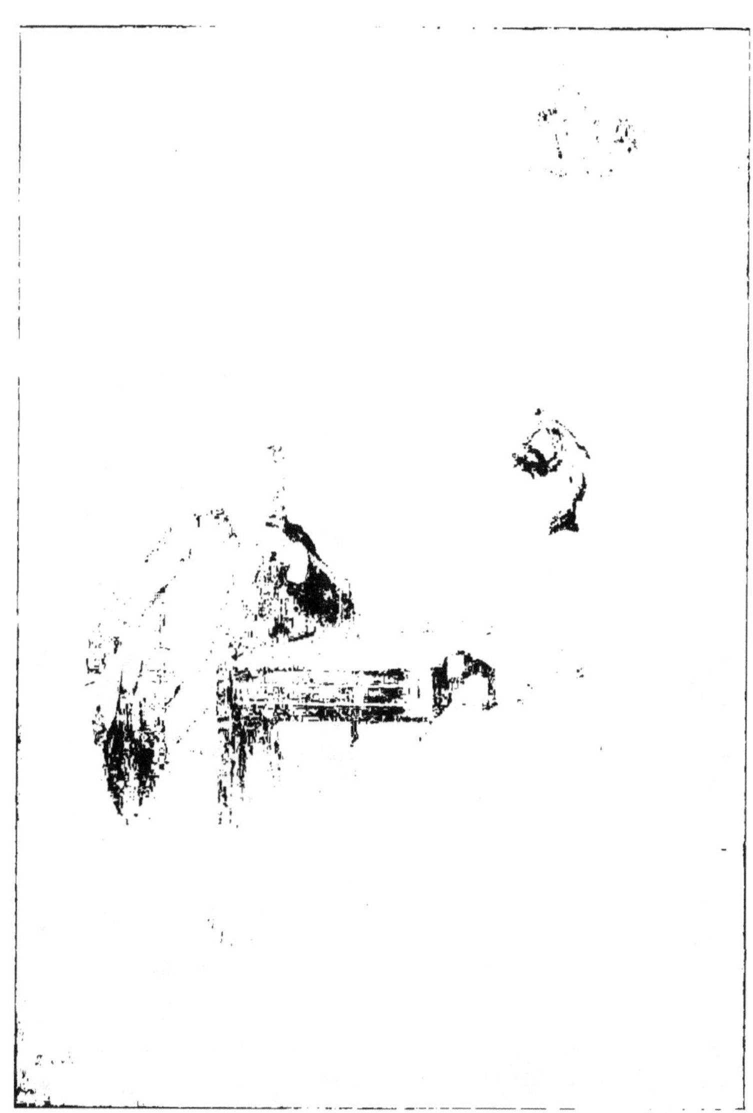

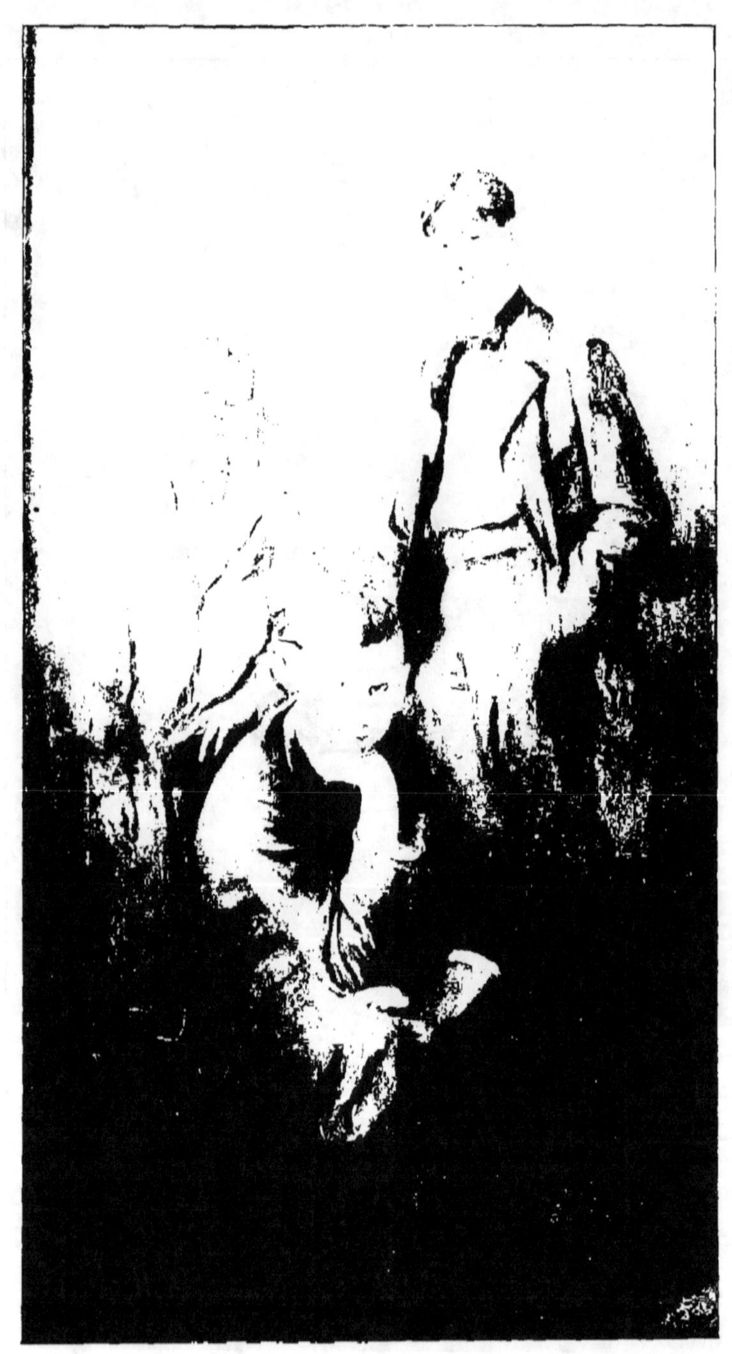

Plate X.—Portraits

40

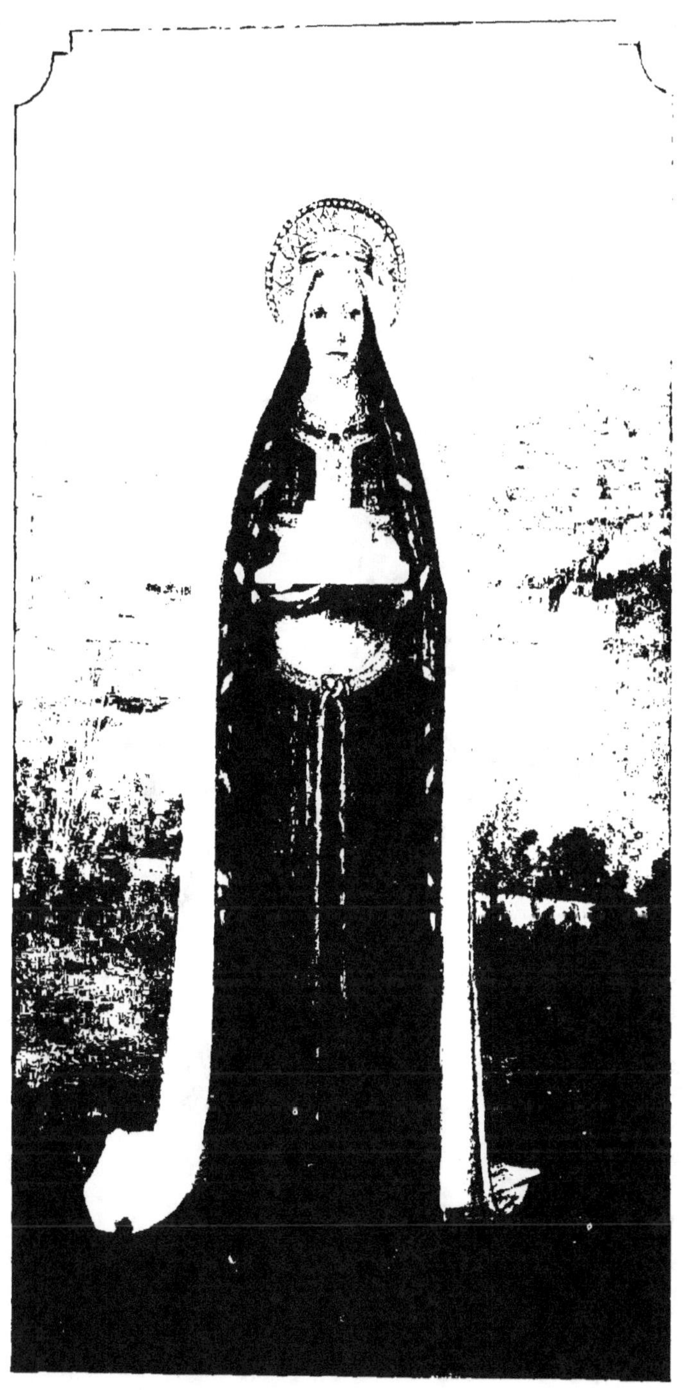

STATUE DE LA CHEVALERIE — Sainte Radegonde.

41

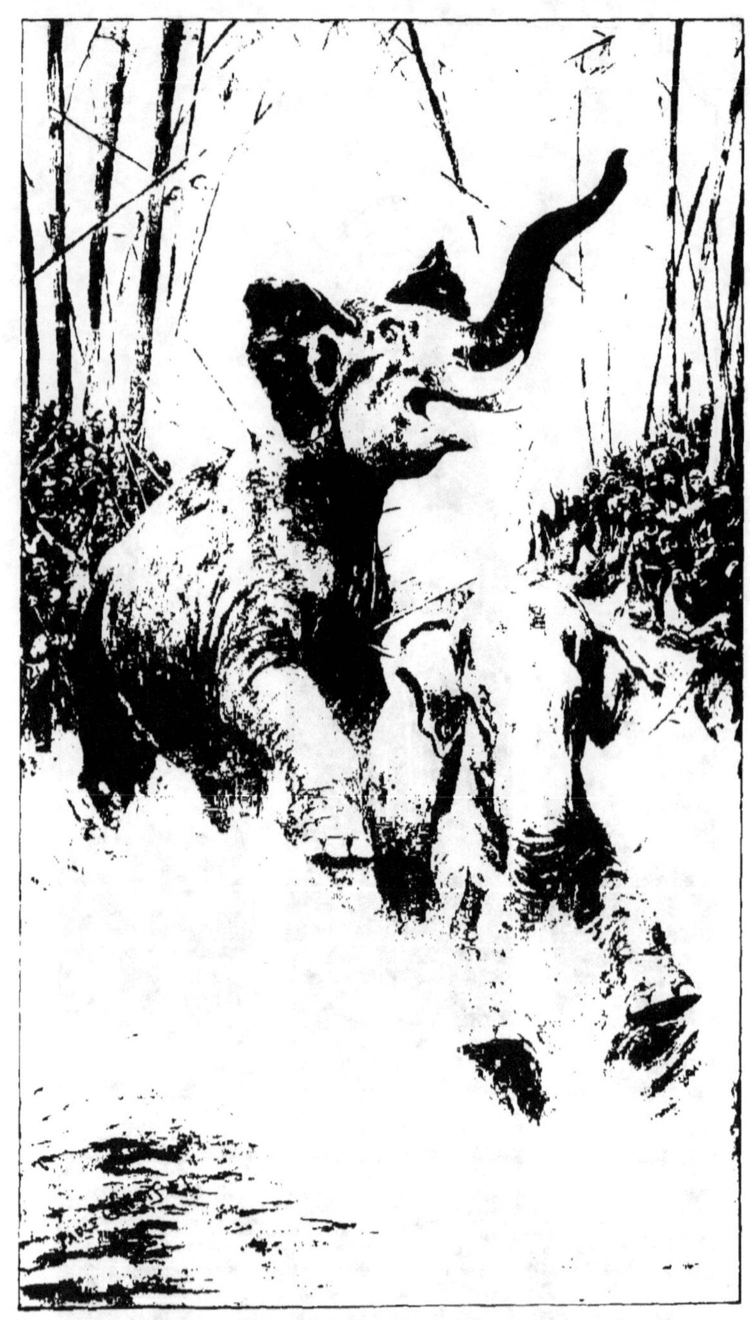

Gravure M. Paris. *Illustration Maison Hachette.*

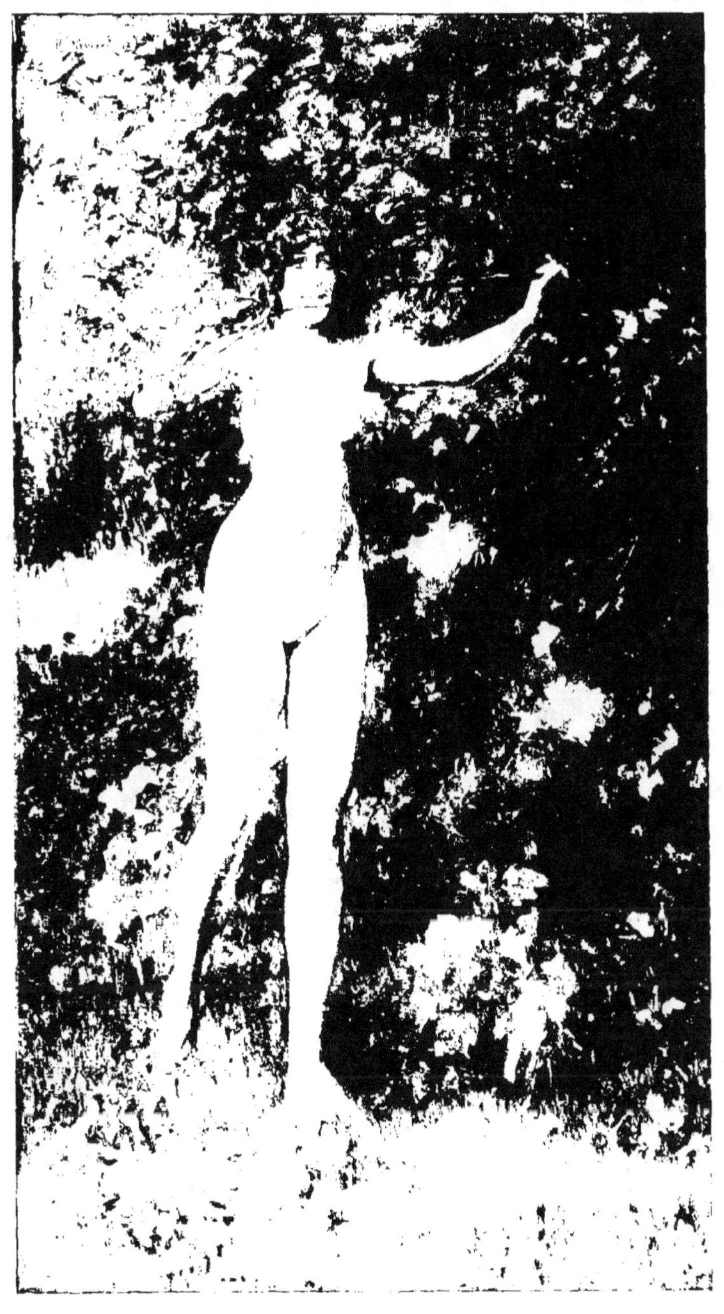

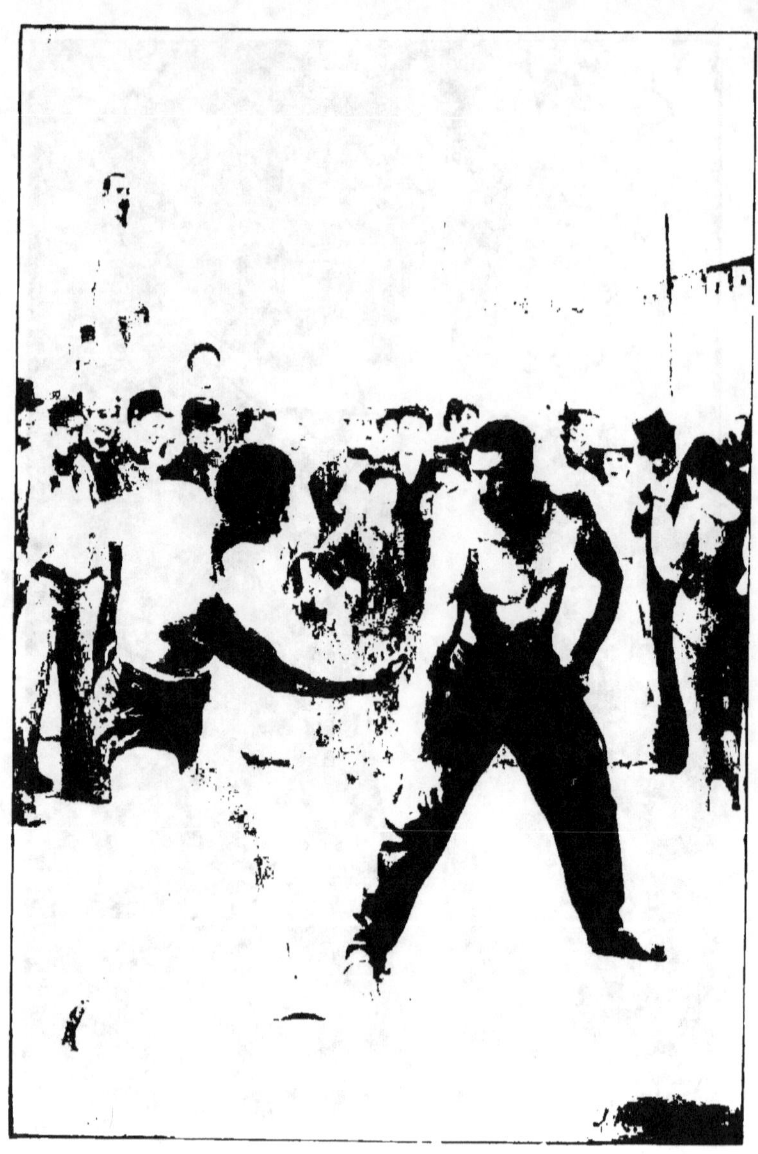

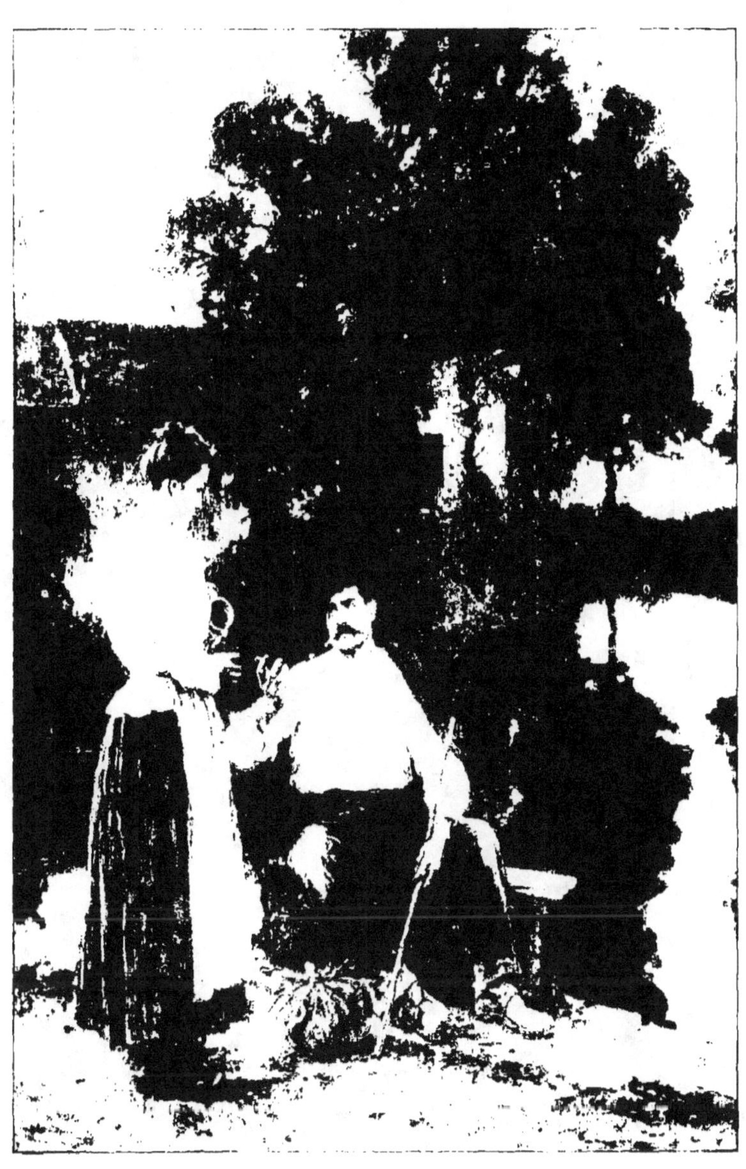

Meissonier J.-A. — La halte. — The halt.

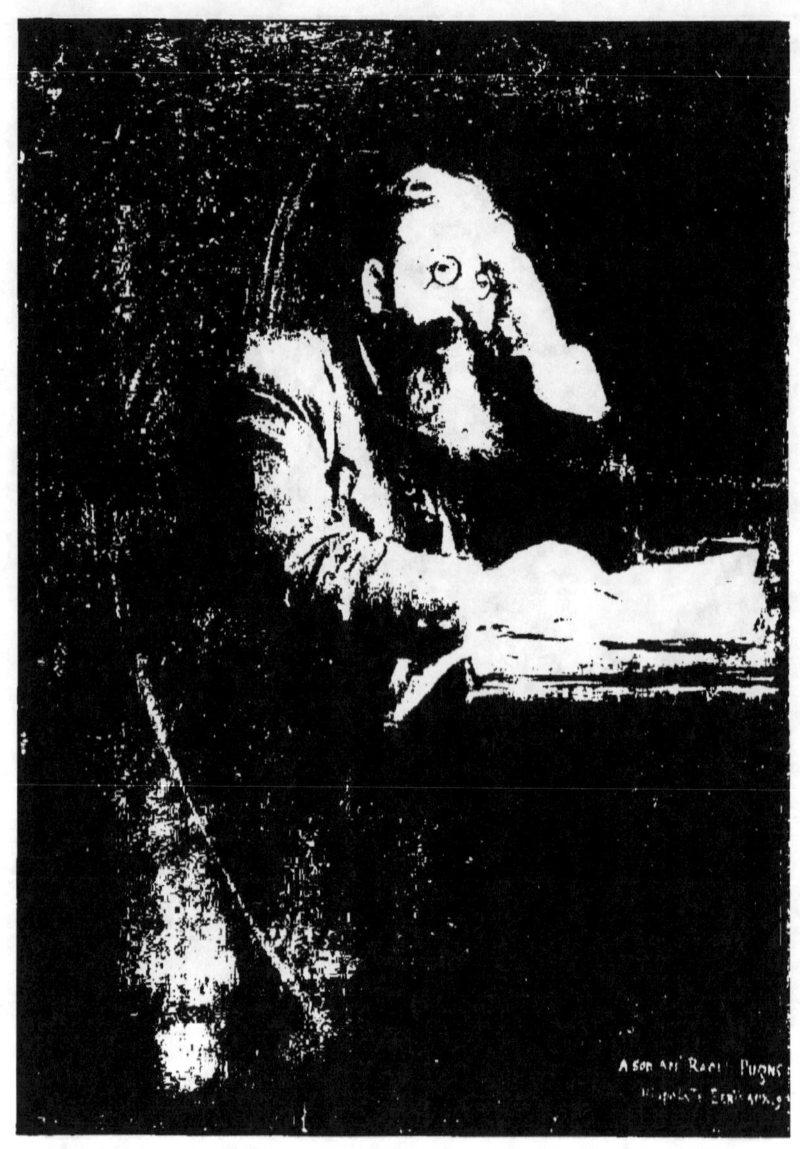

BÉRAUD H.-D. *Portrait de M. Raoul Pugno.*

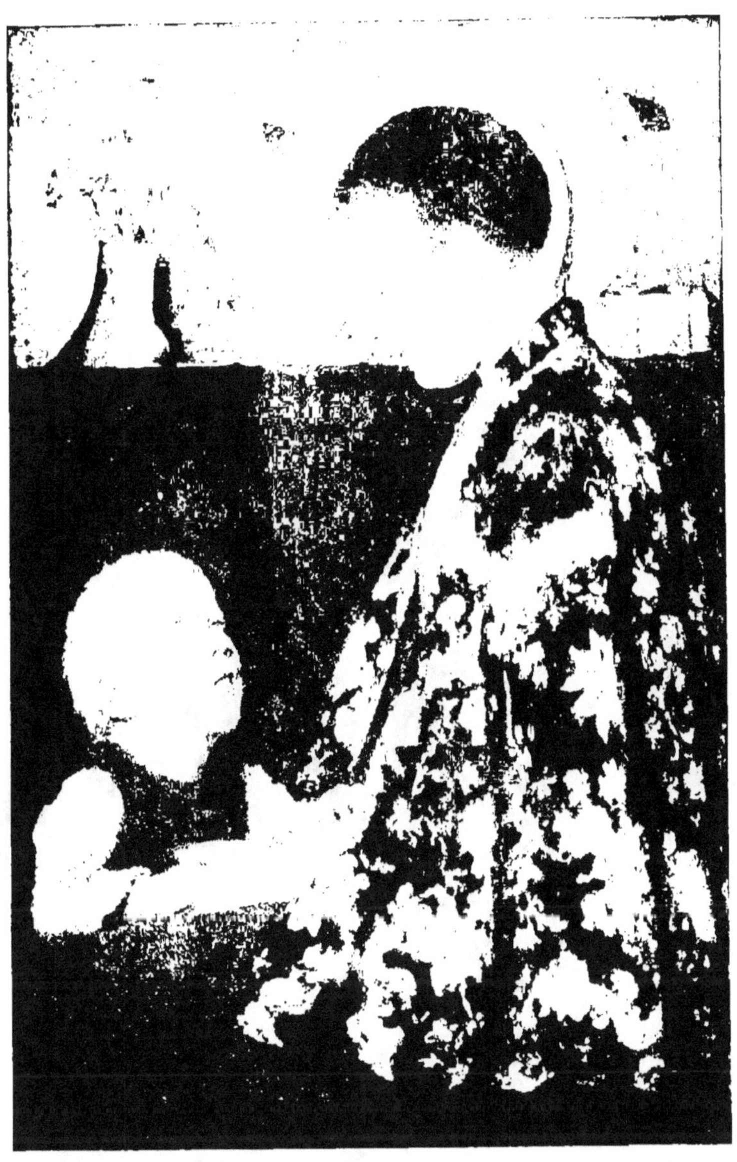

Young mother.

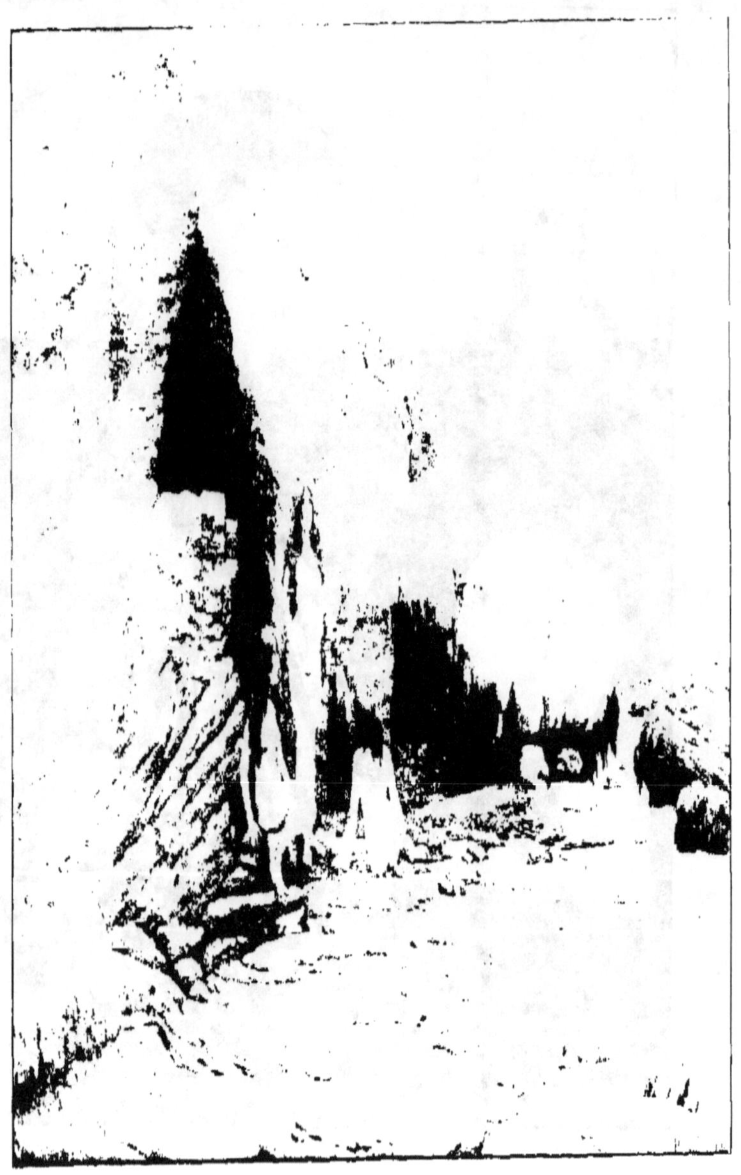

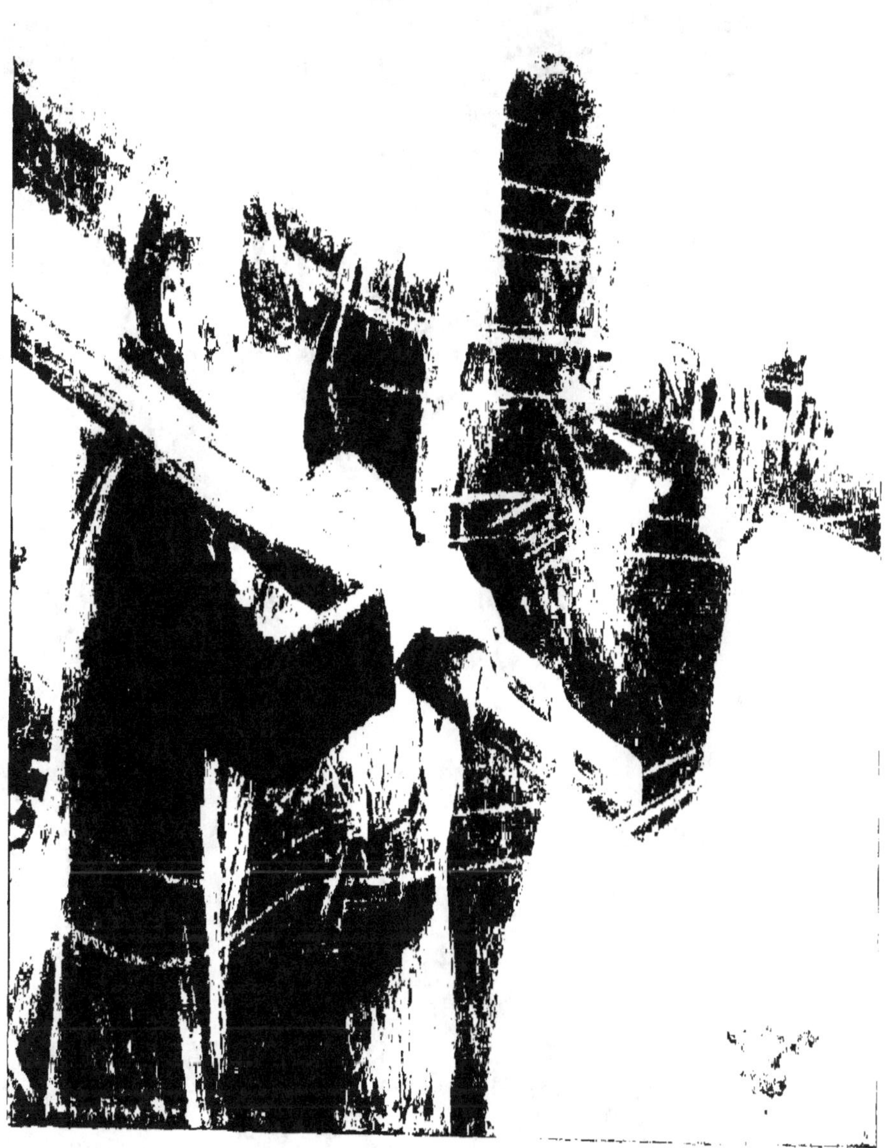

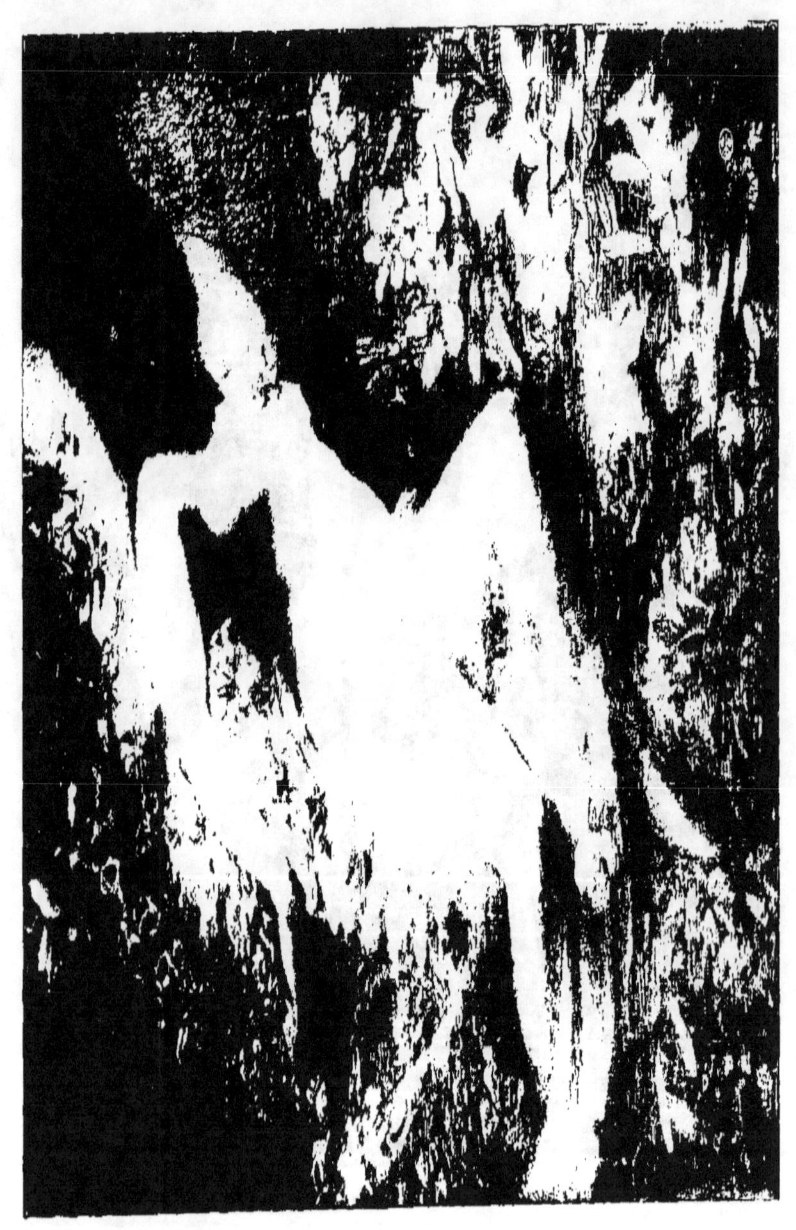

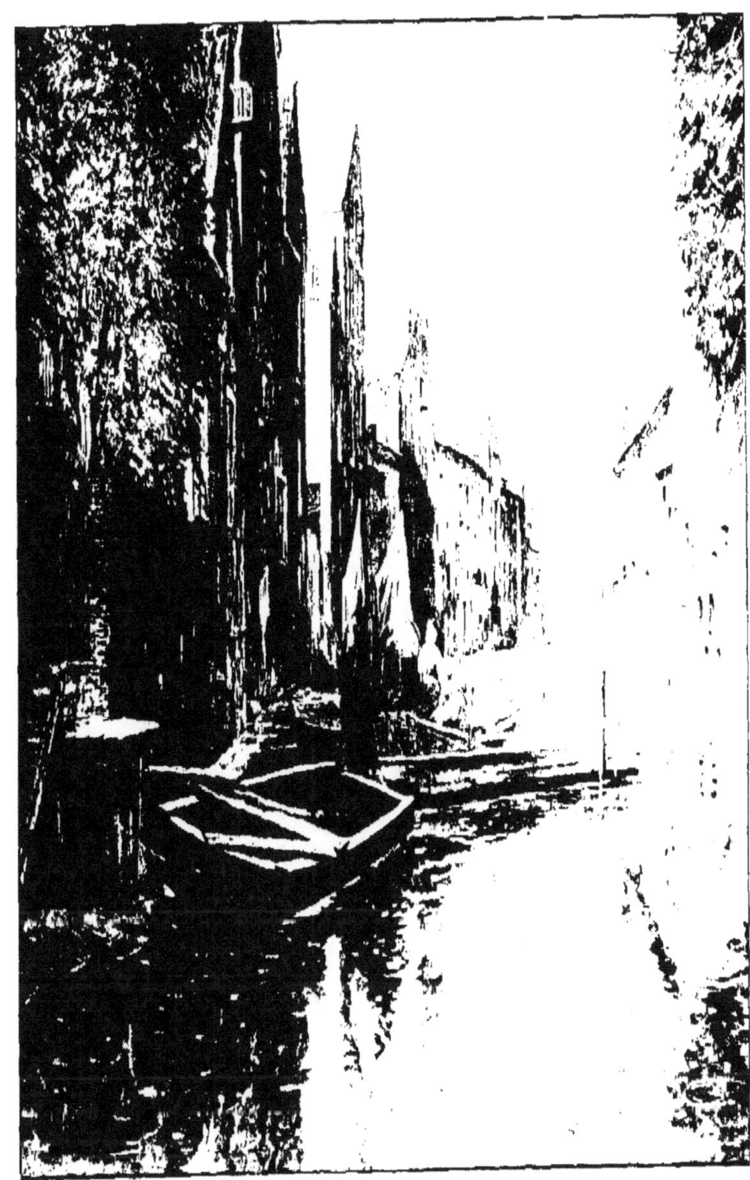

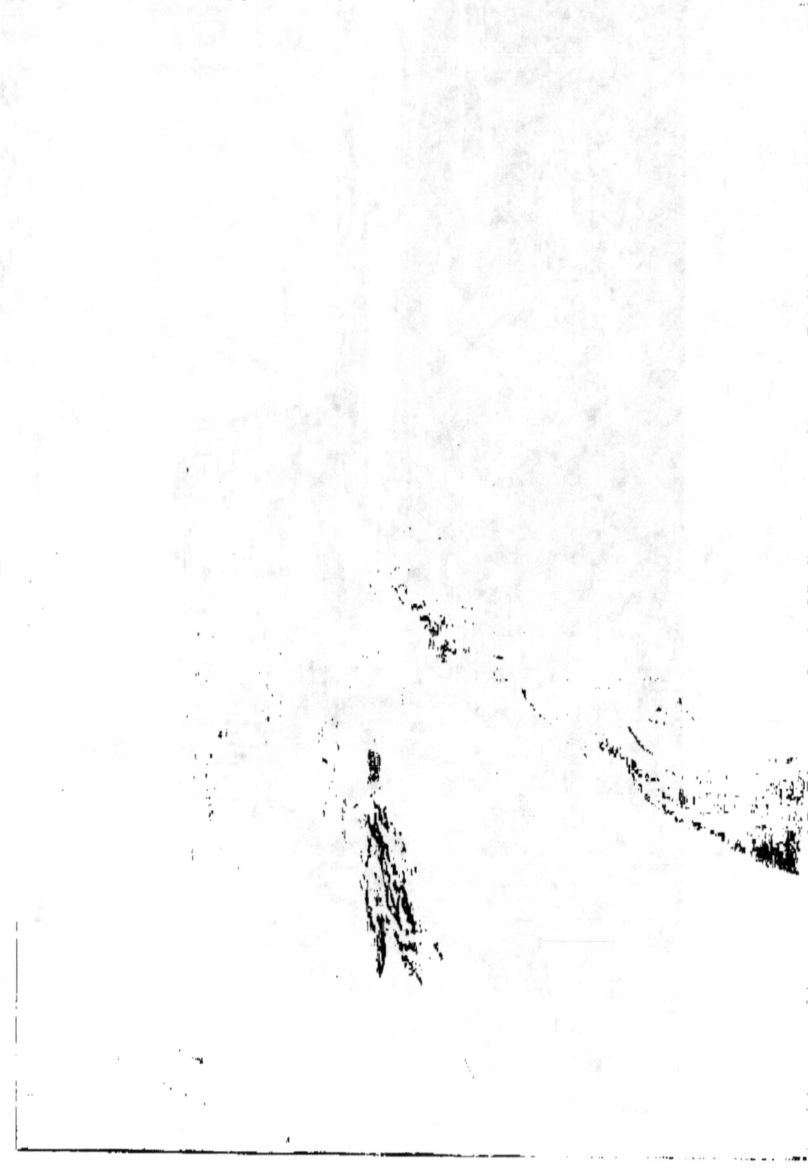

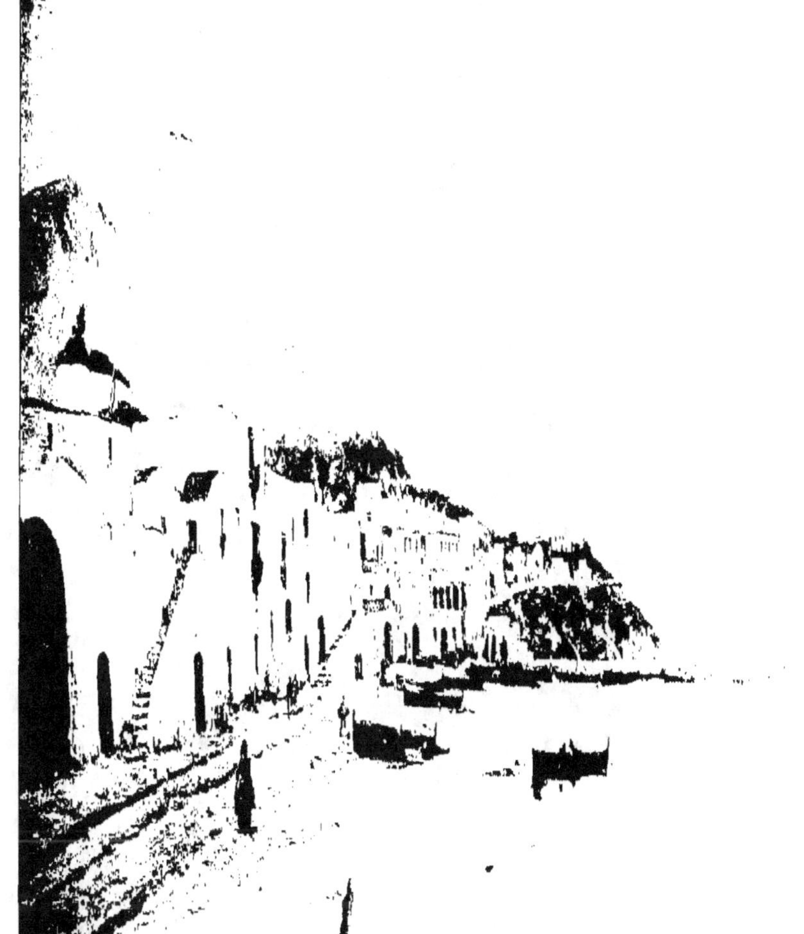

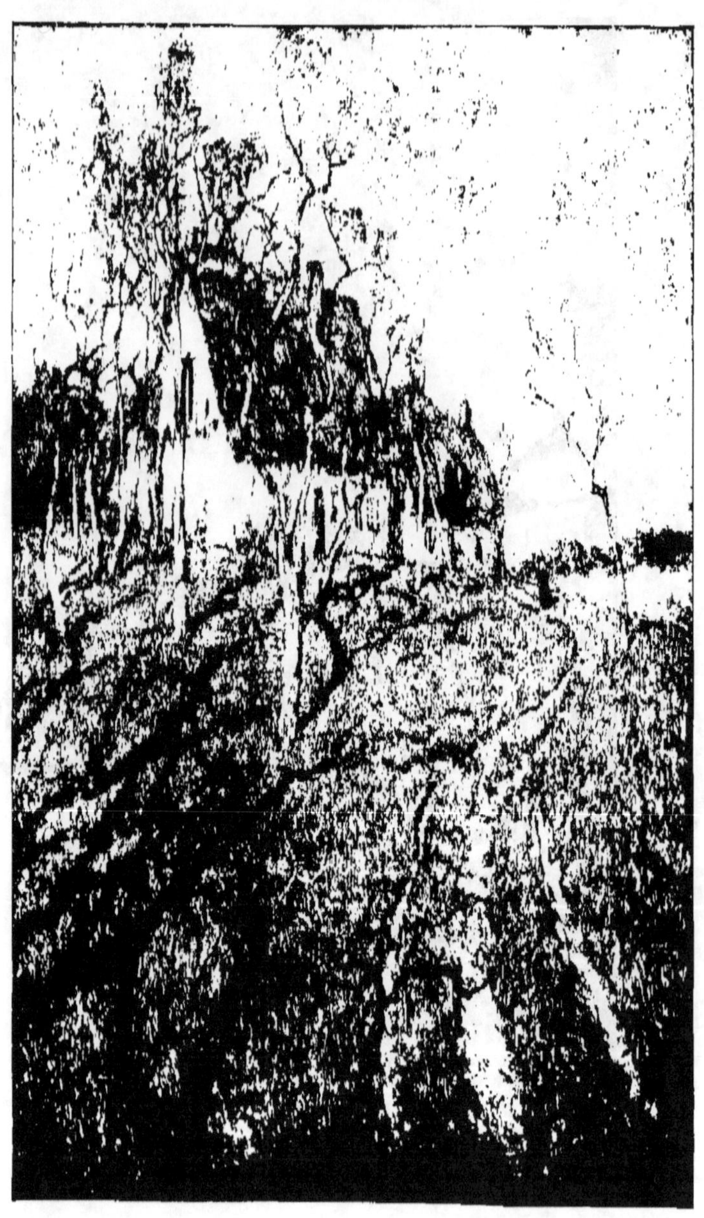

Tableau de [...] — Les ombres portées. Nuit en Normandie. — Falling shadows. Night in Normandy.

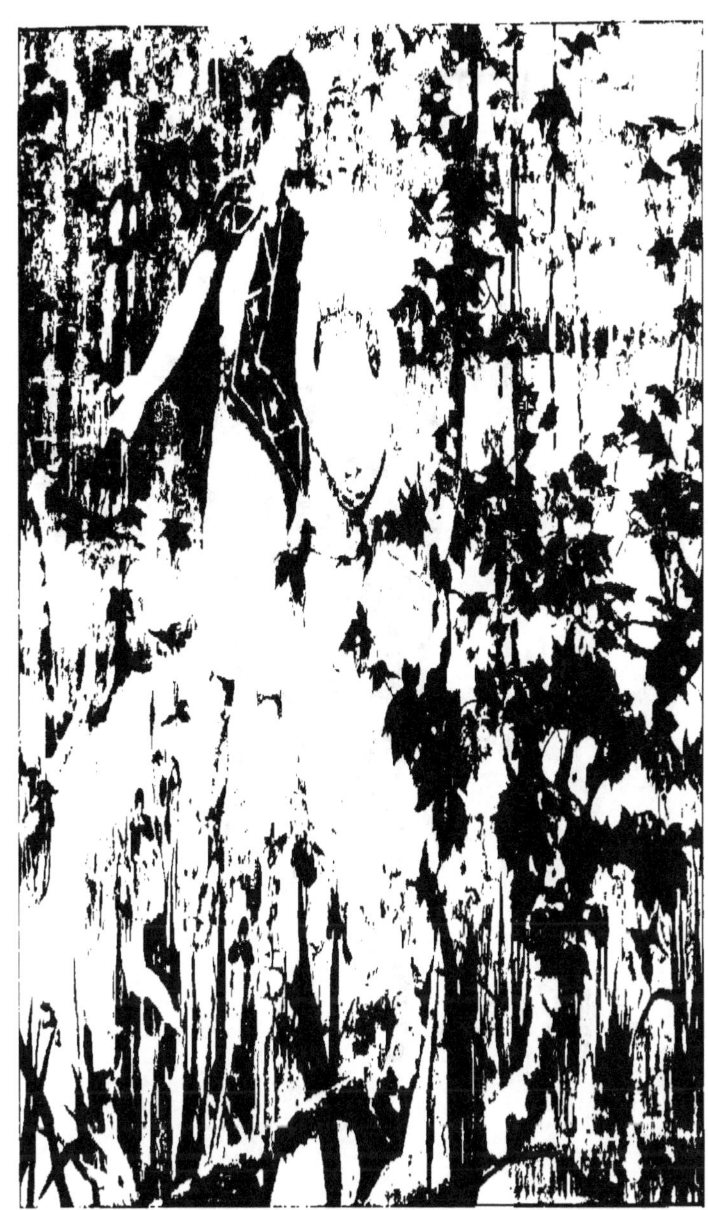

Sculpture W. Francke de Liamchin – The Valley of Happiness

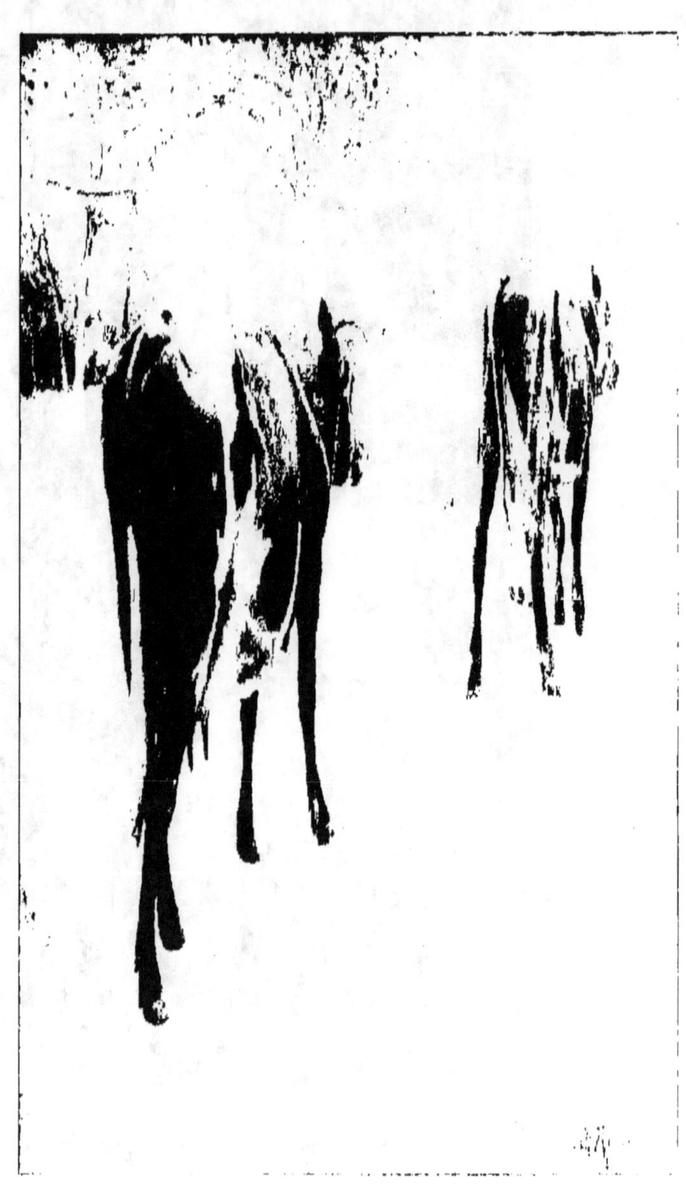

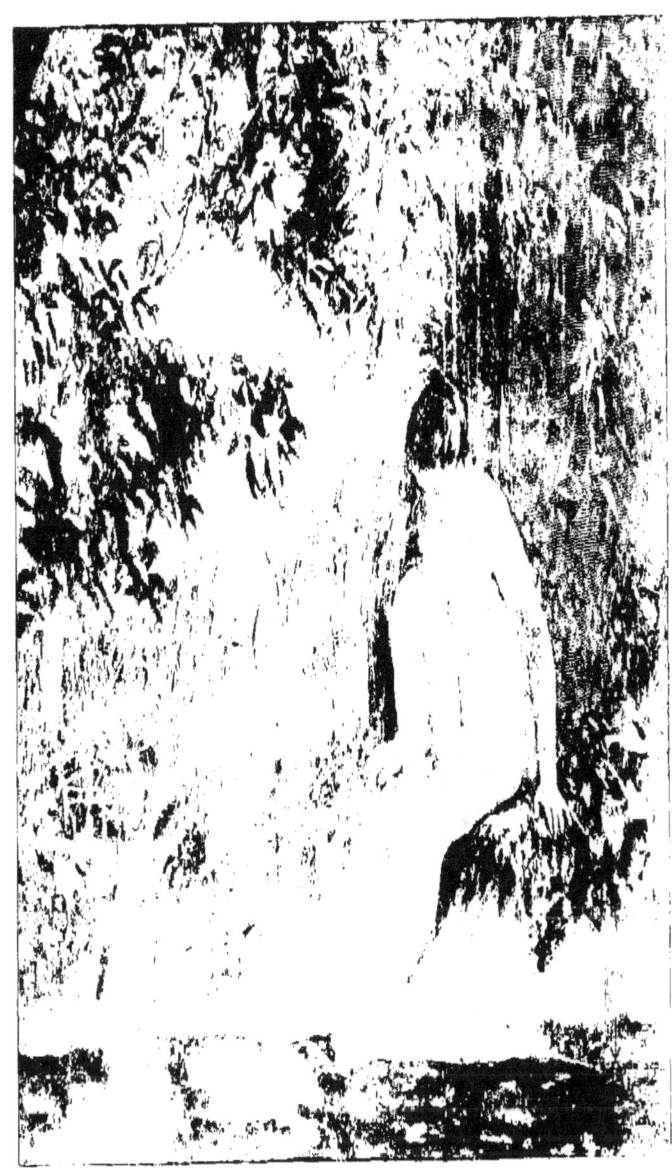

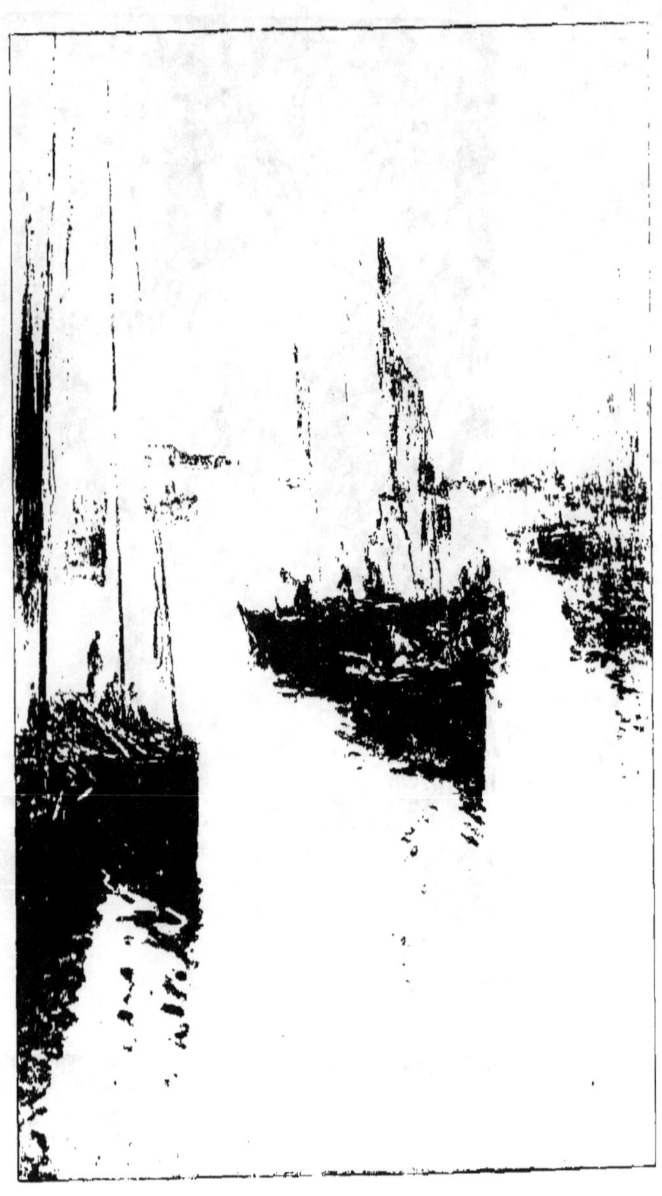

LE GOULPHEAR. F. Lecœur à fait trois Grand'port Concarneau. — Mouerise; Concarneau.

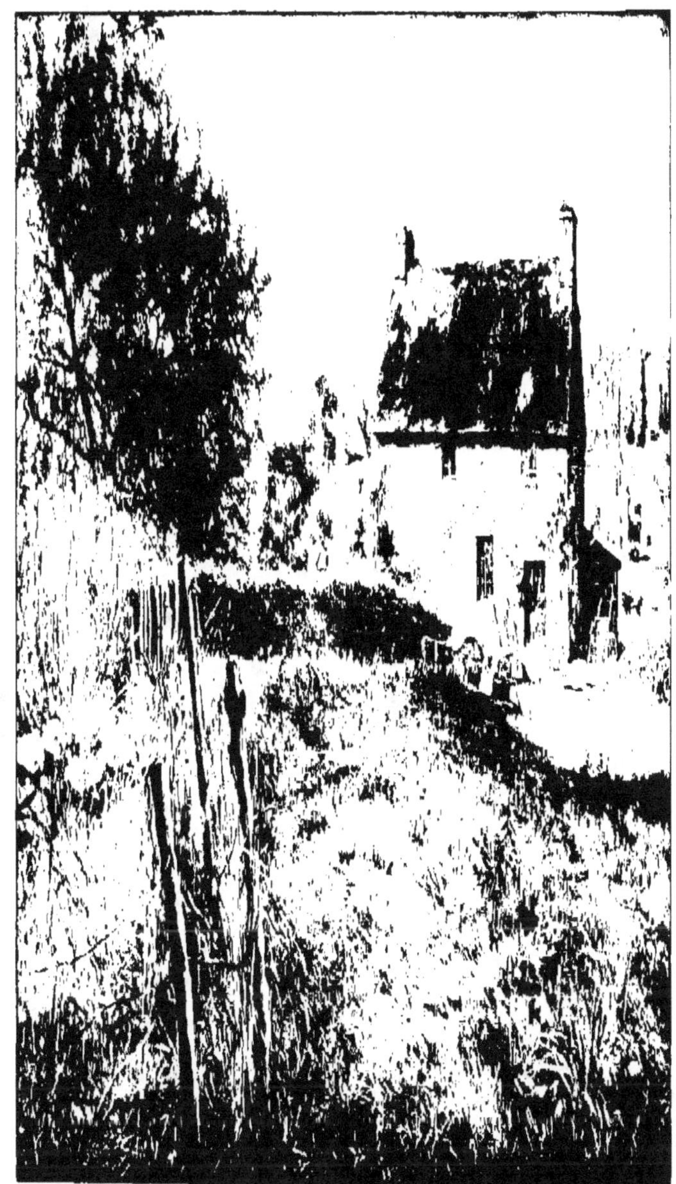

Louis Gall. — La maison [...] (Photo [...])

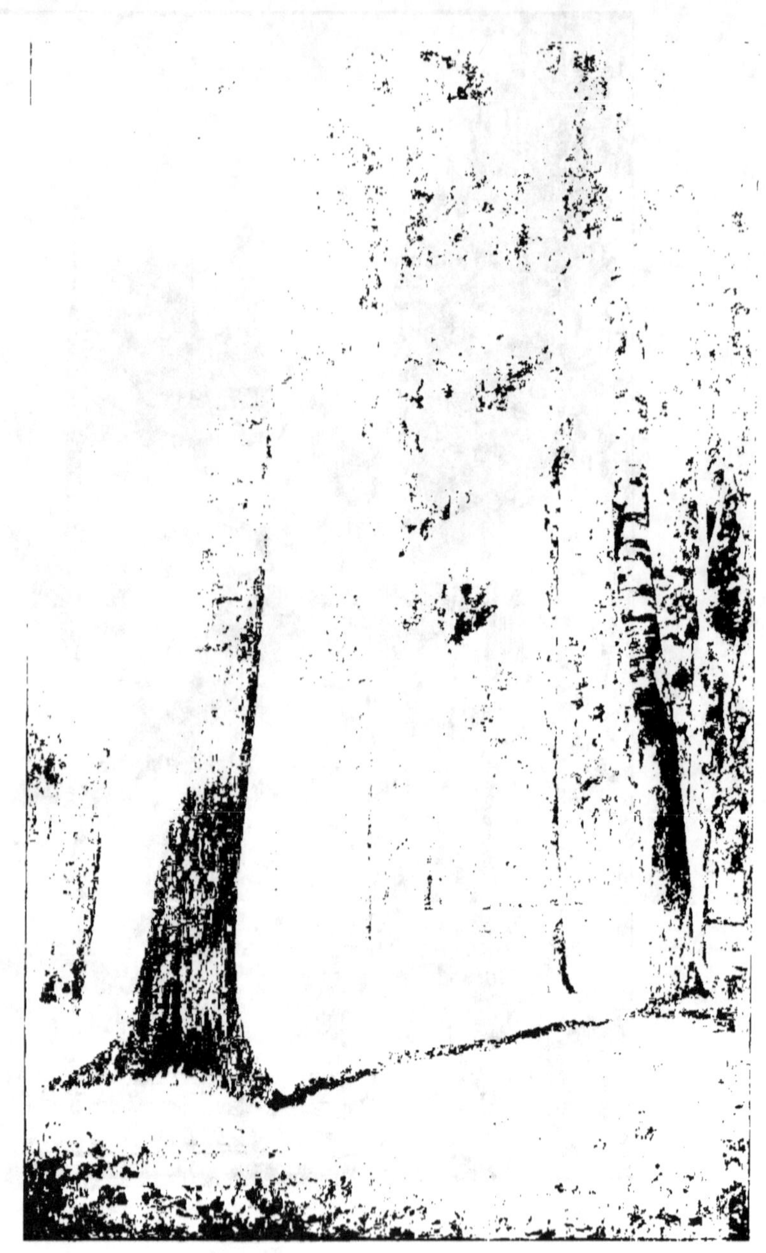

CARRIÈRE (J.). — *Les Premières Amours*.

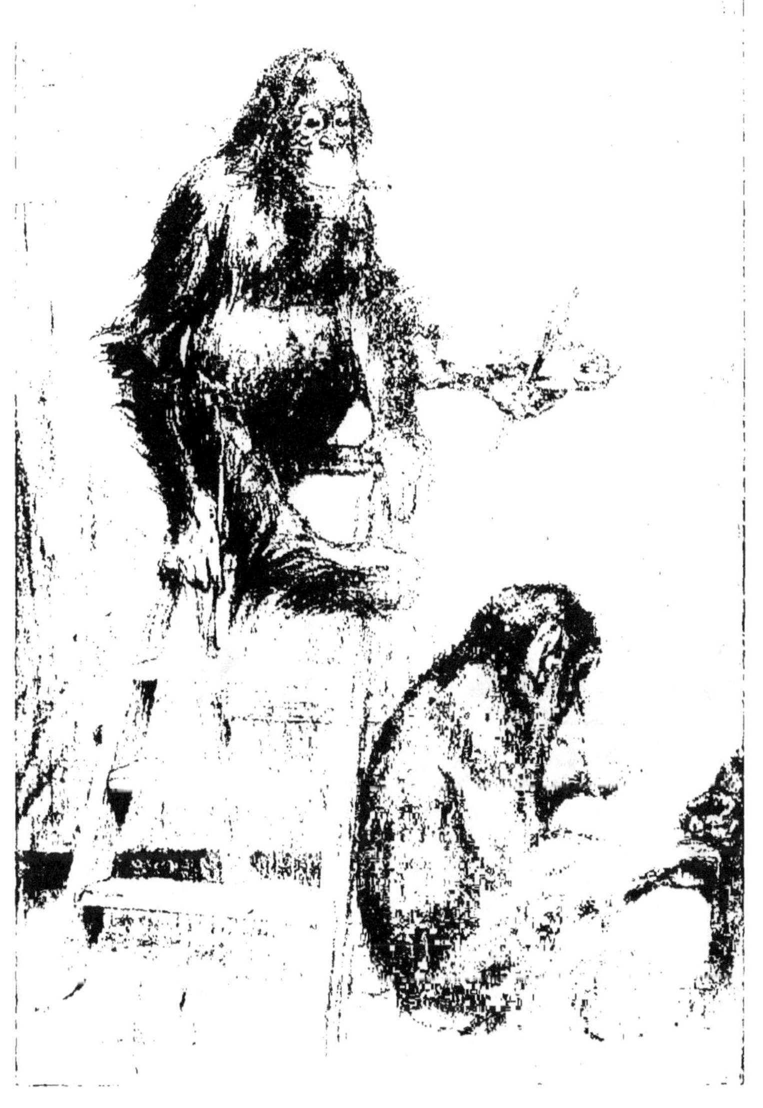

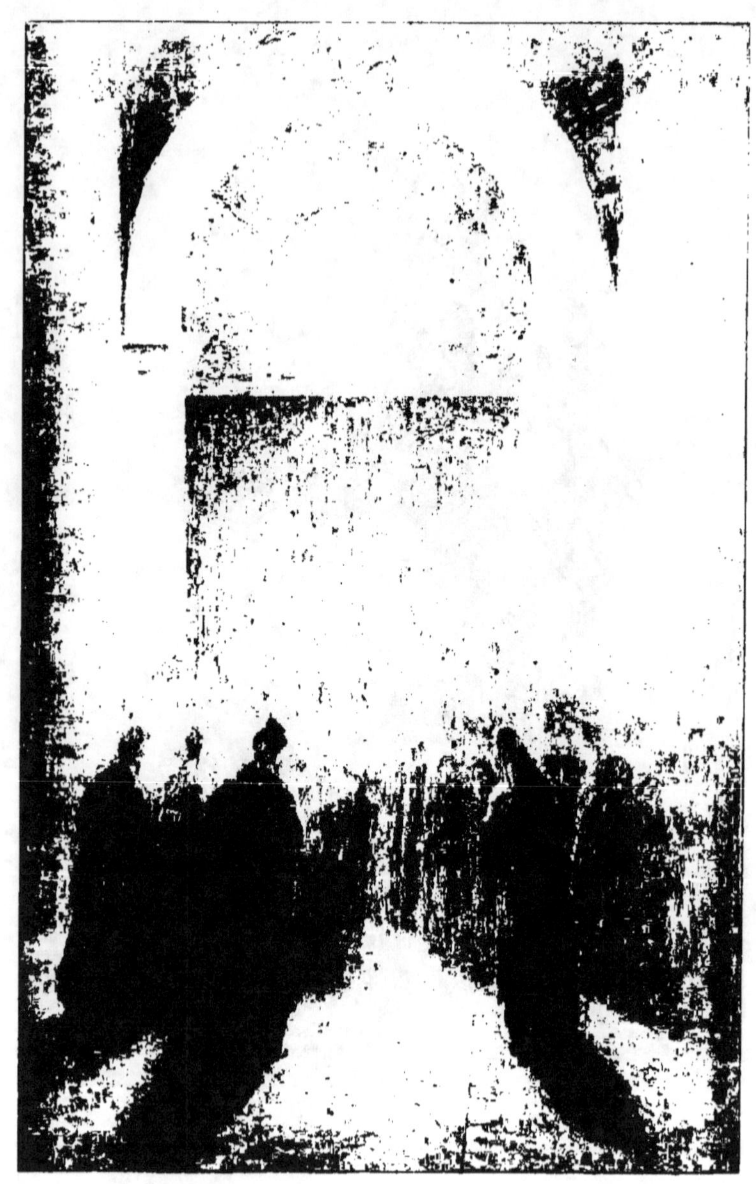

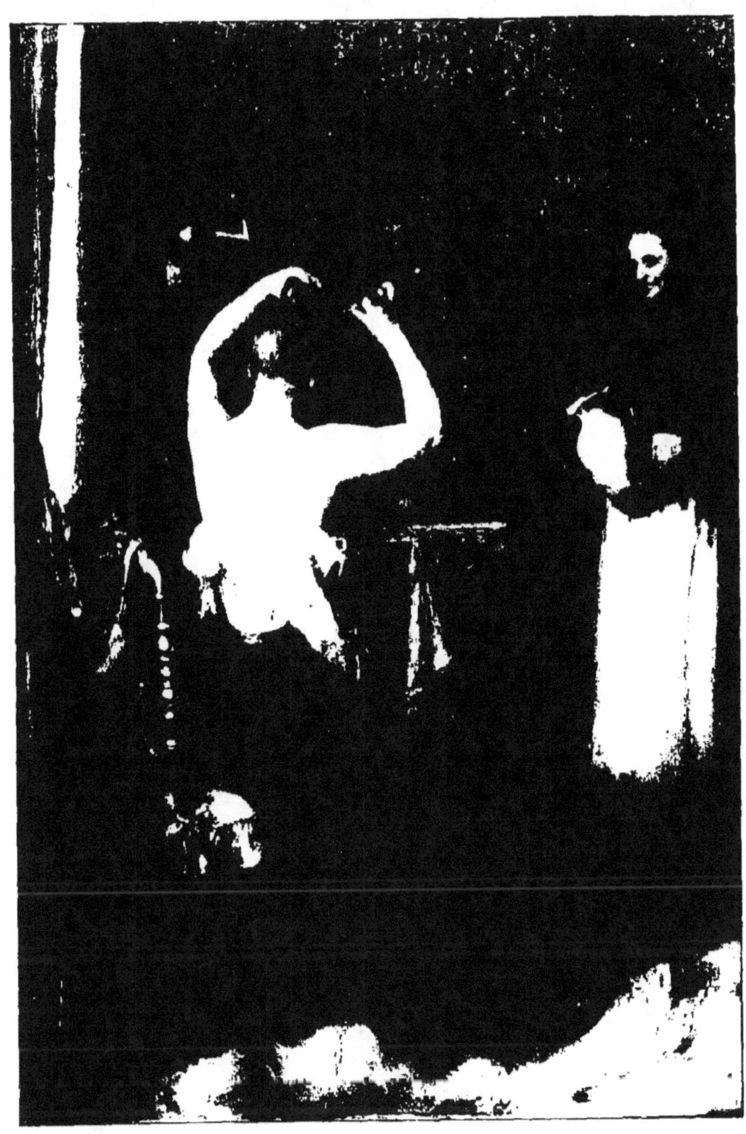

TOURNÈS E., *Après le bain. — After the bath.*

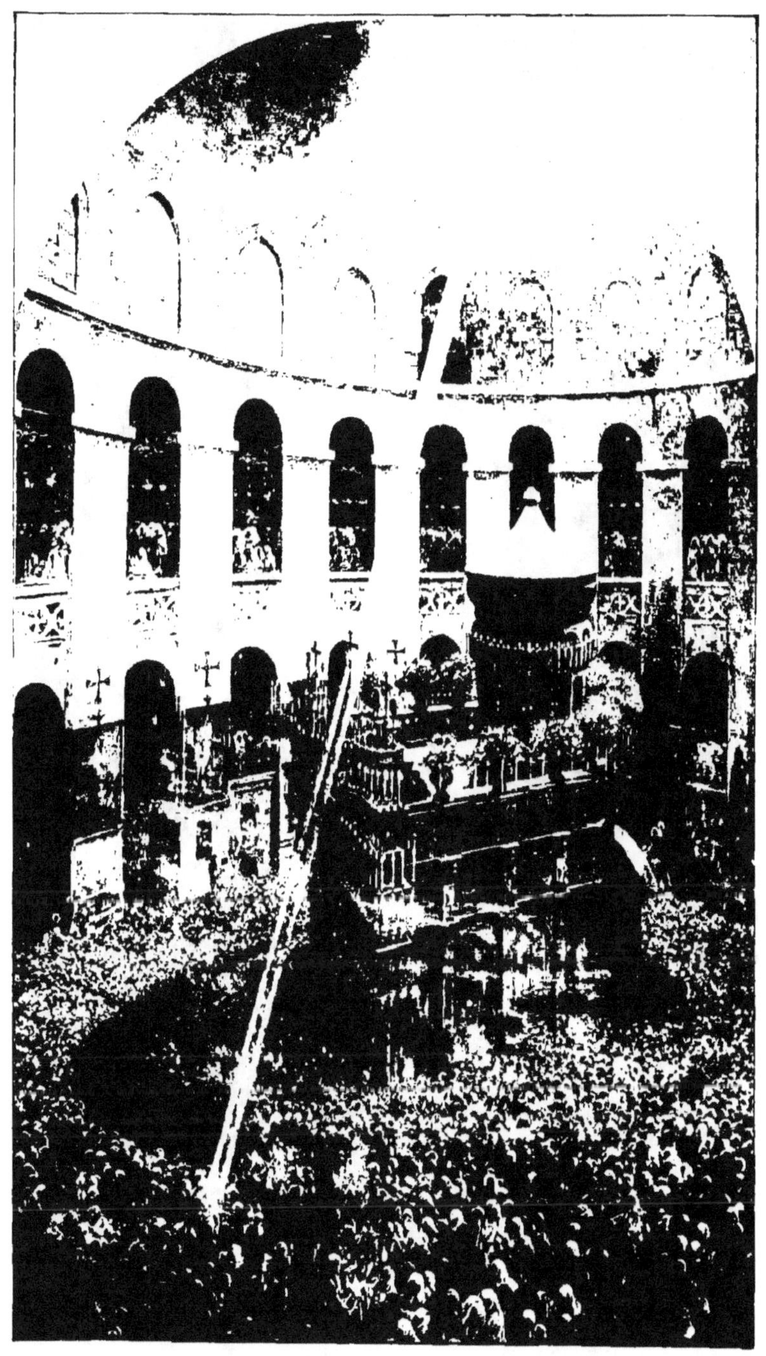

GIRARDET (E.) Le Feu sacré au Saint-Sépulcre, Samedi Saint à Jérusalem.
The Holy Fire, Holy Saturday, Jerusalem.

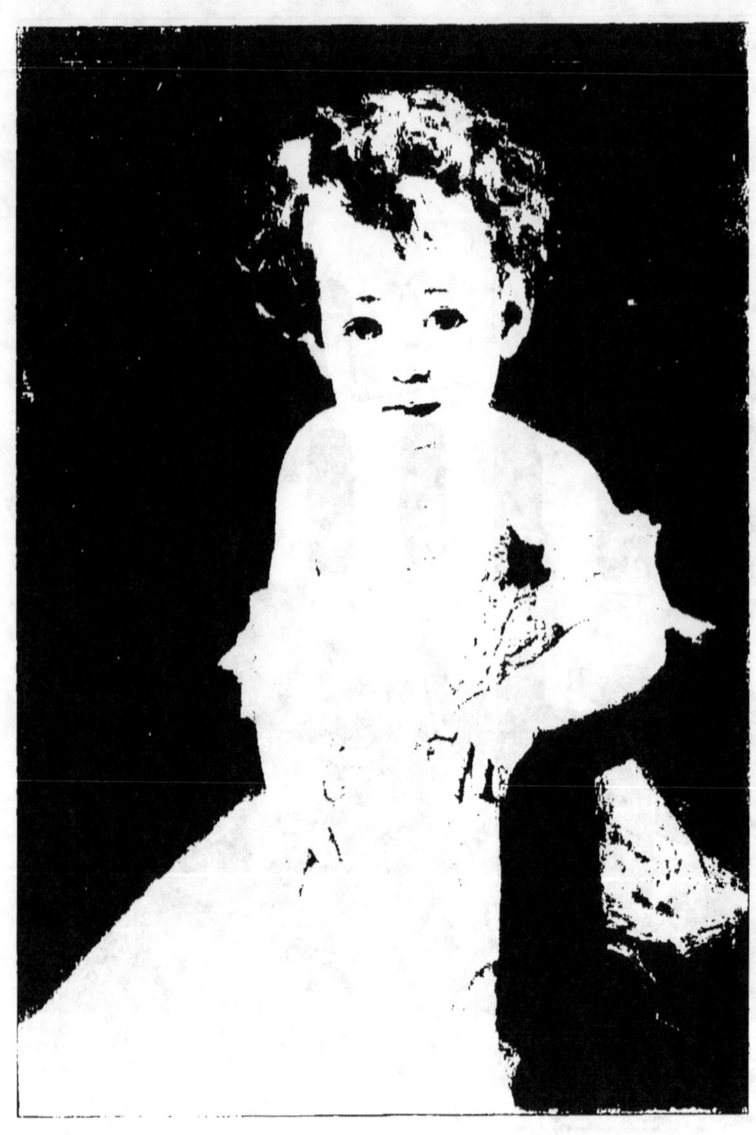

5. — RIEHL (A.) « Portrait ».

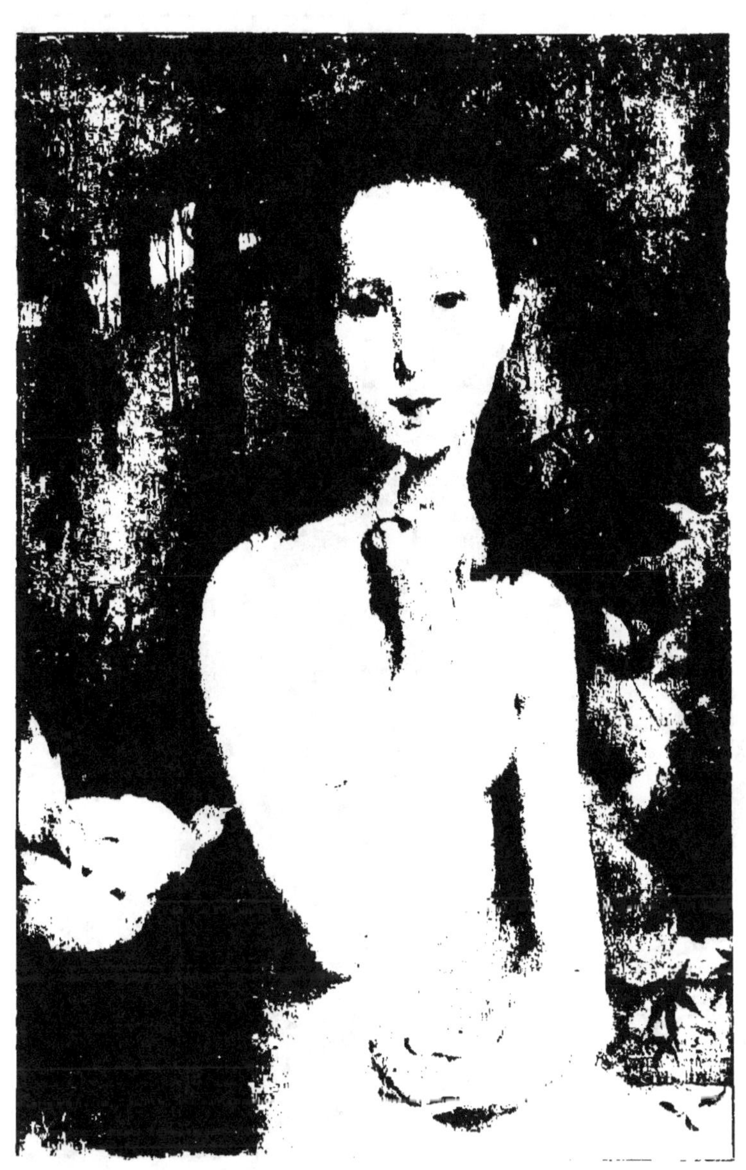

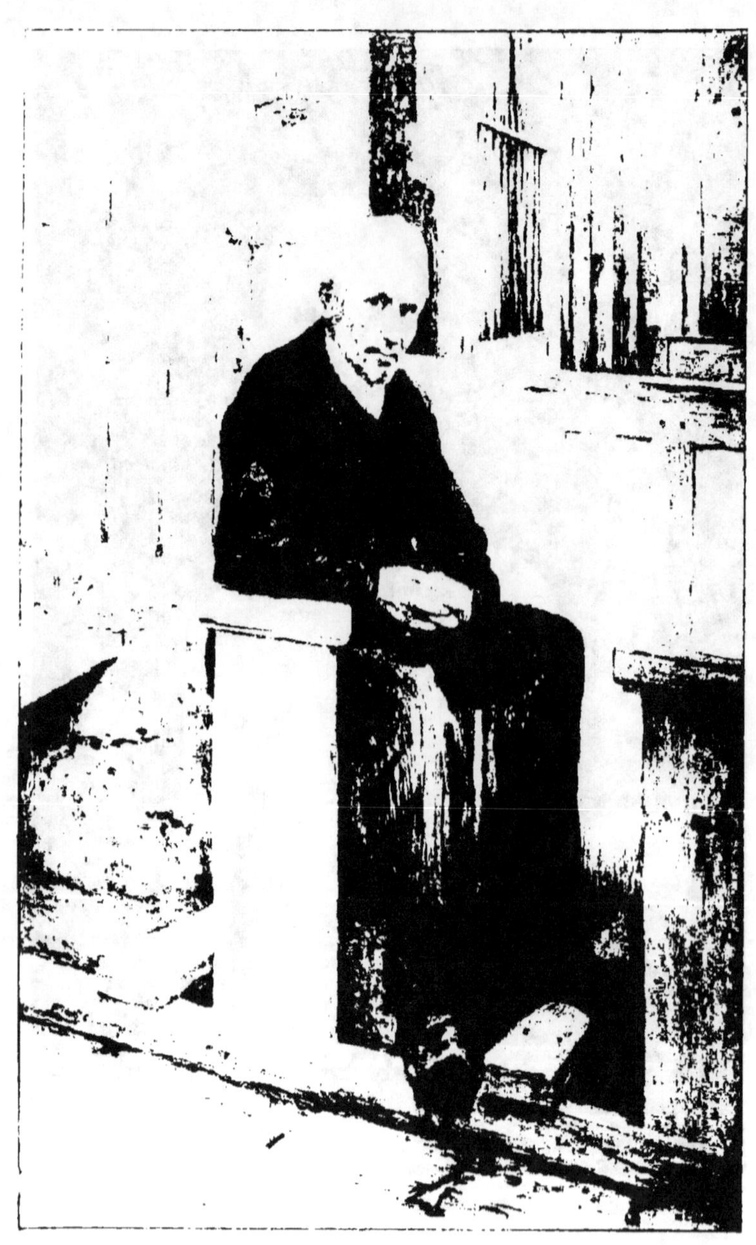

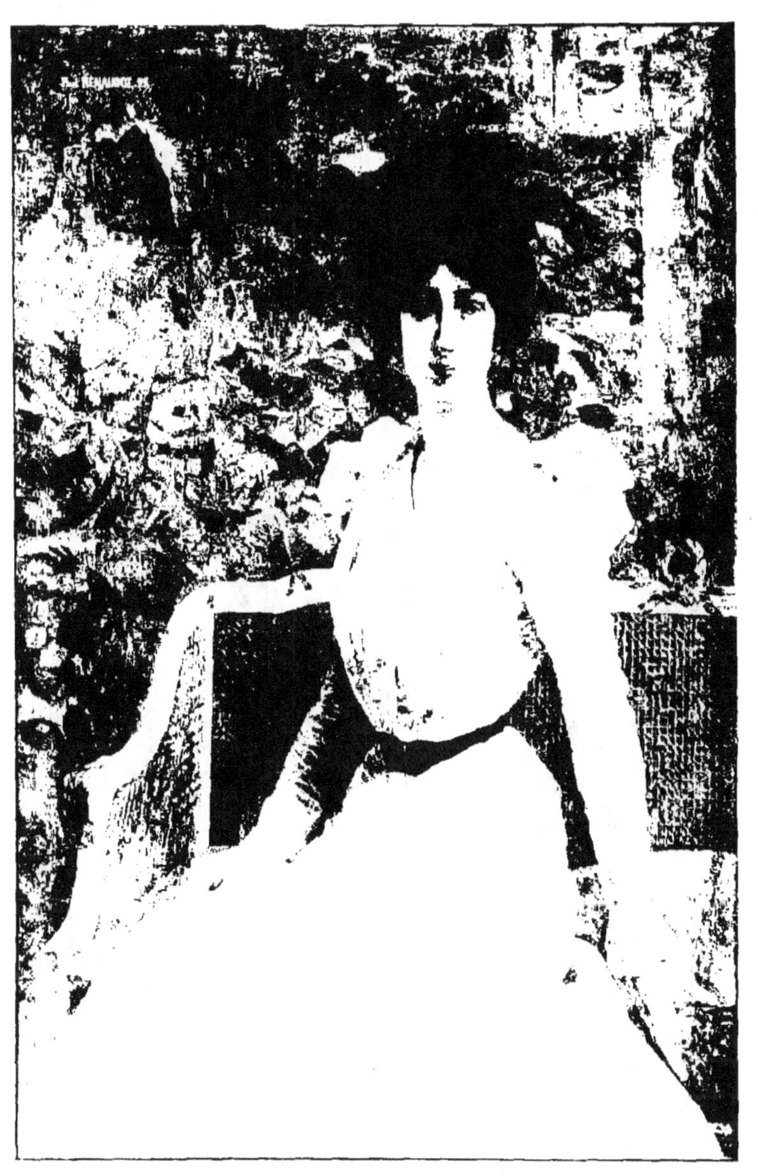

RENAUDOT J. E. P. . Portrait de M   G. 1

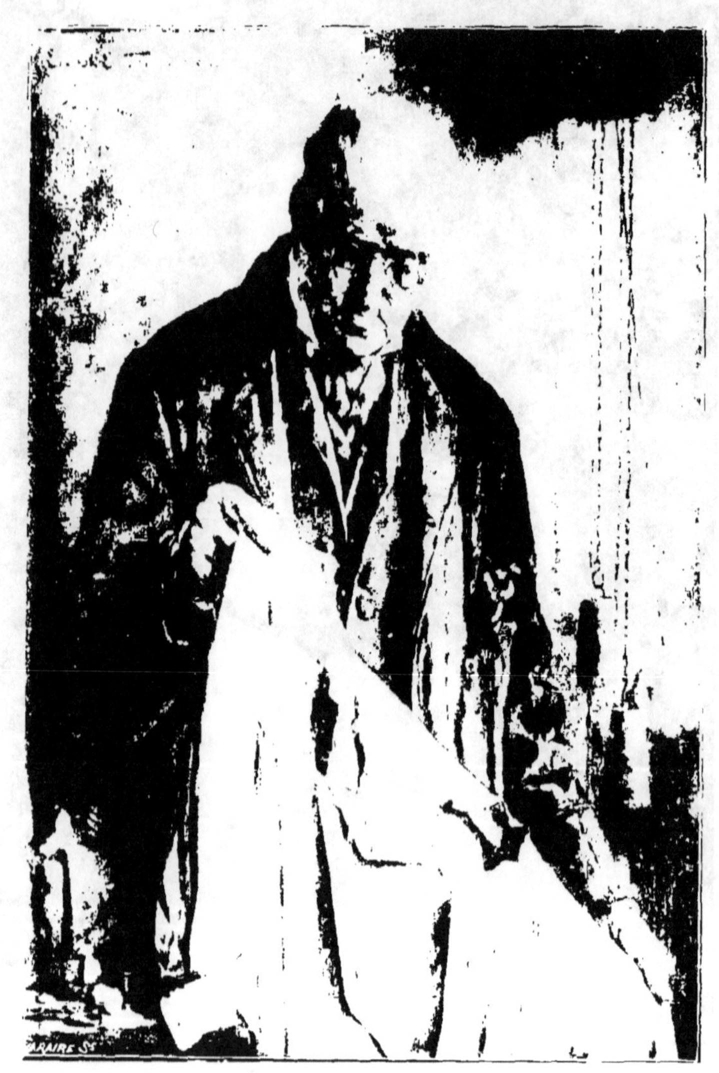

Frank L. L. Patterson. — Beyond Redemption.

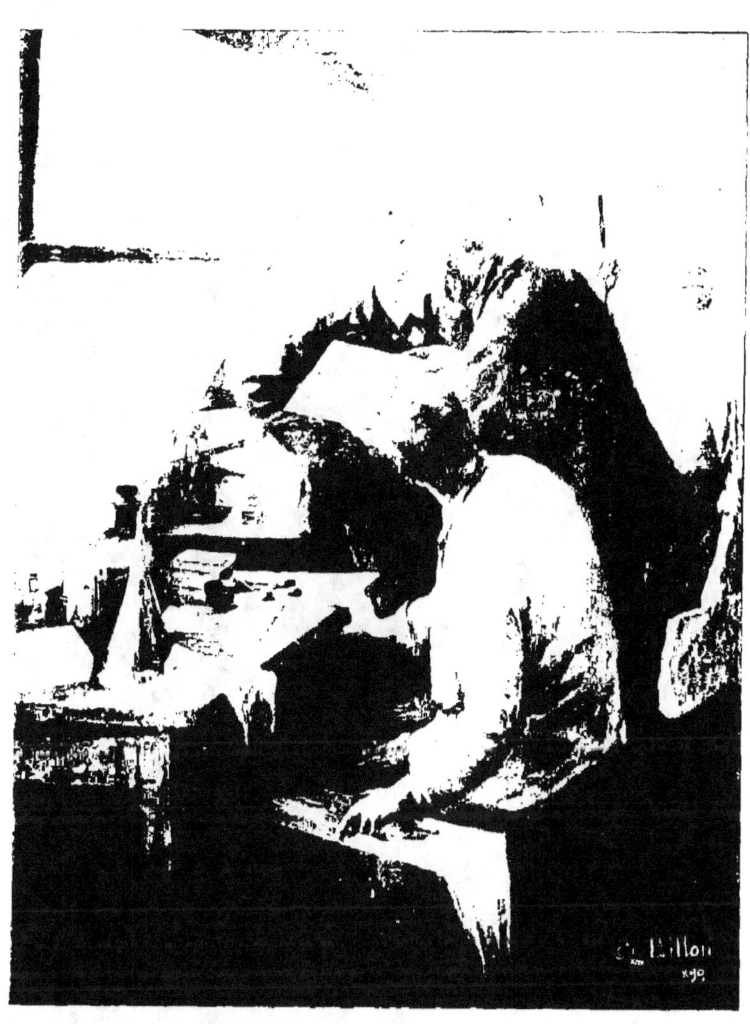

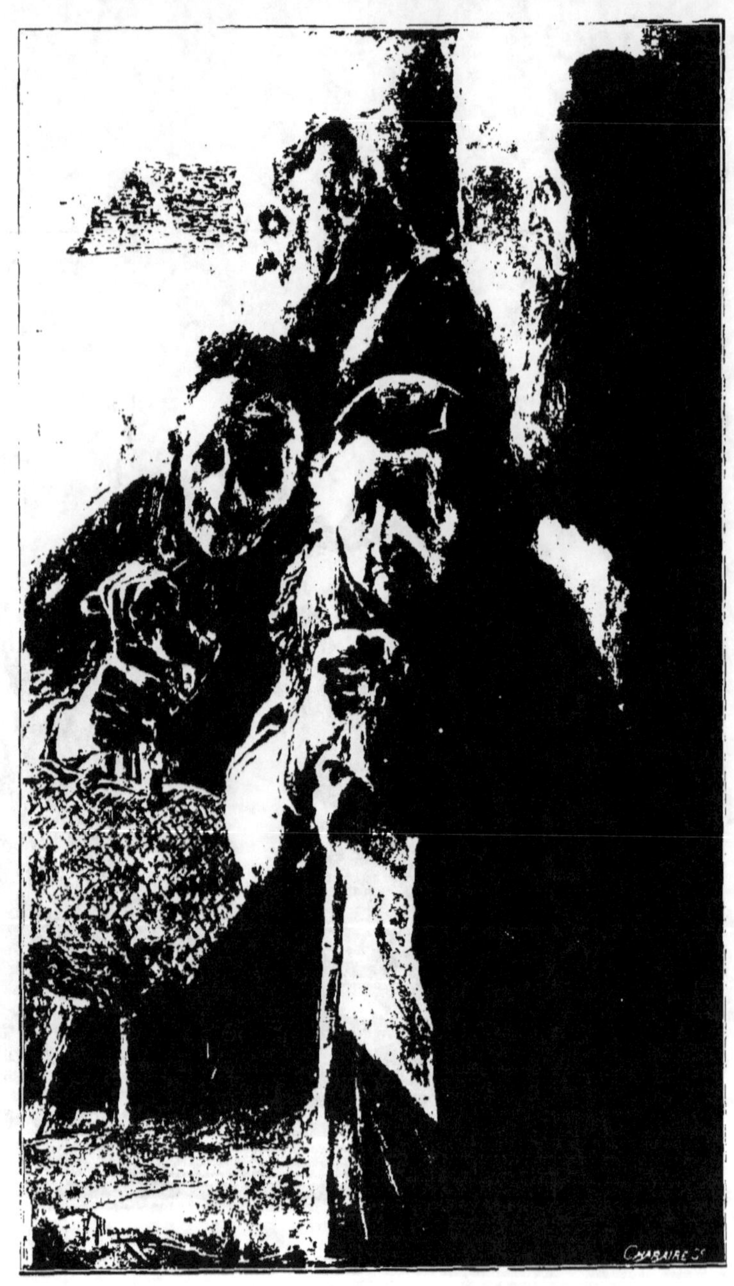

VARGAS Y. A la porte d'une église. — At the church door.

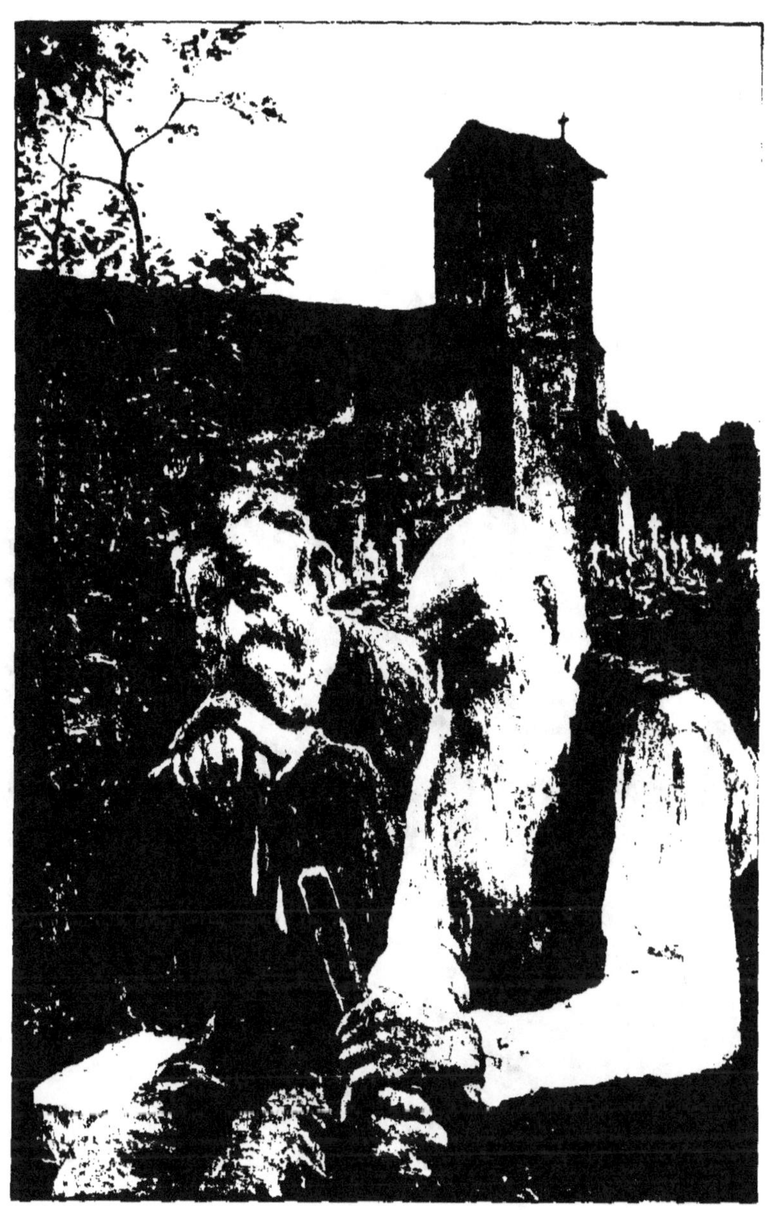

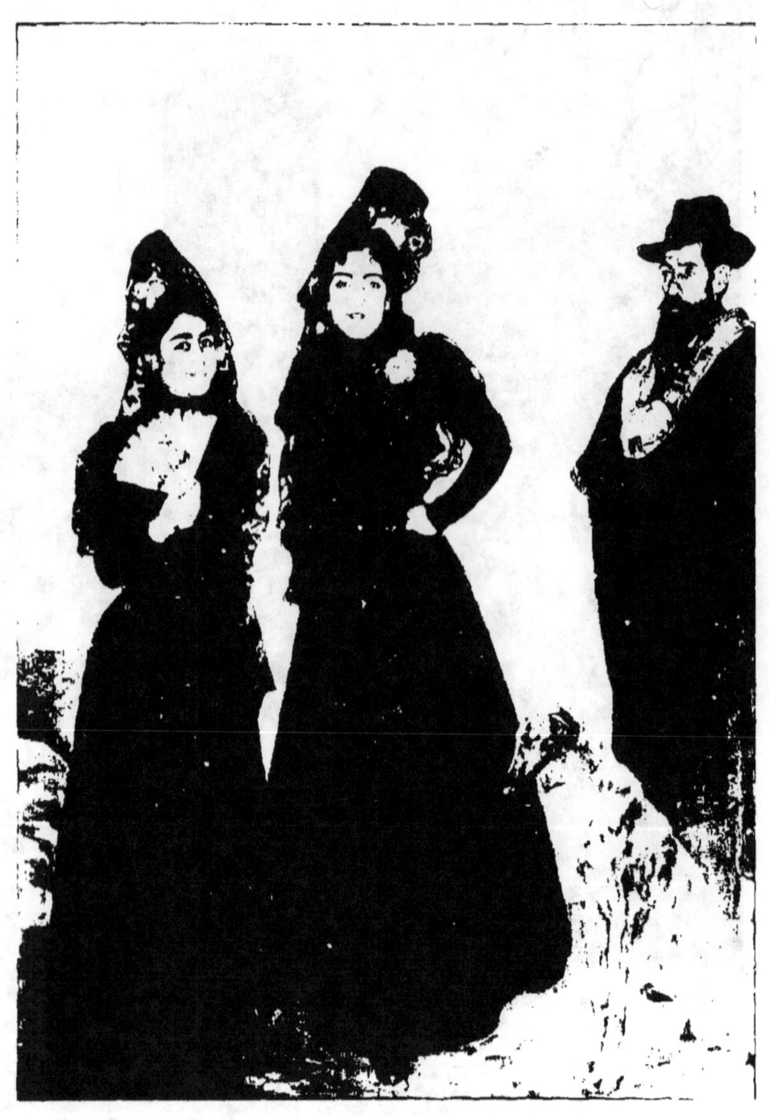

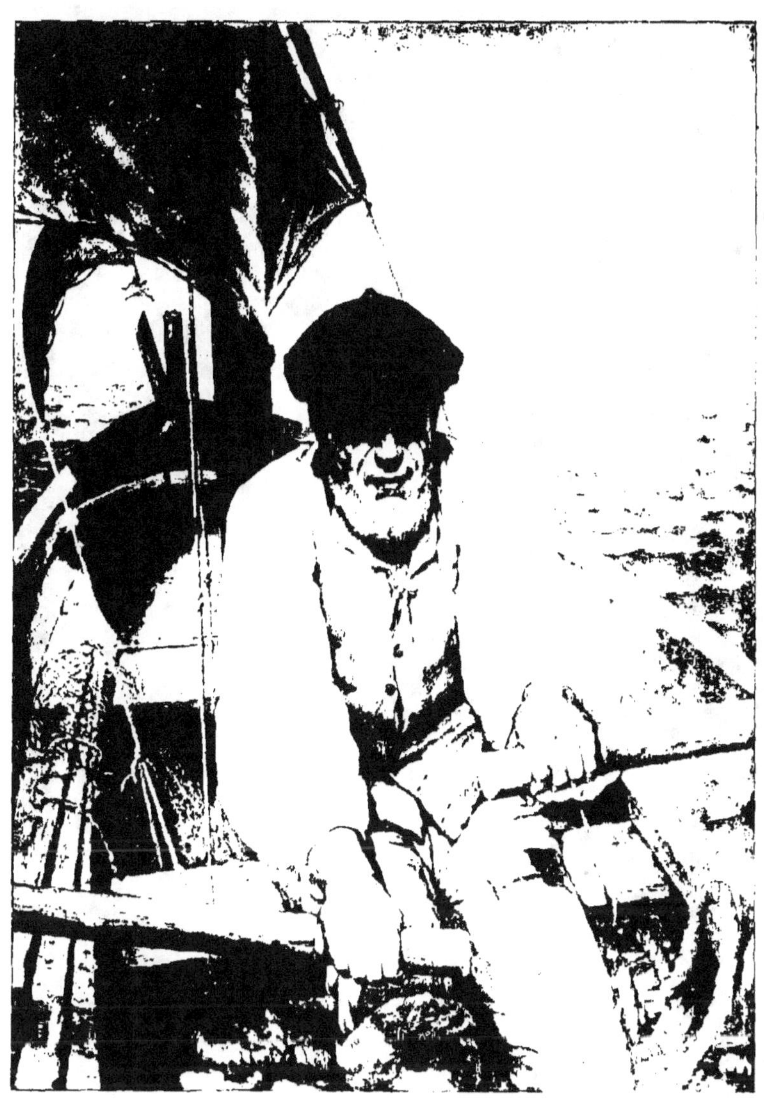

Barriot (C...). — En silence ......, sur les flots clapoteux. (Mistral.)
Silently, ... on the rippling waves.

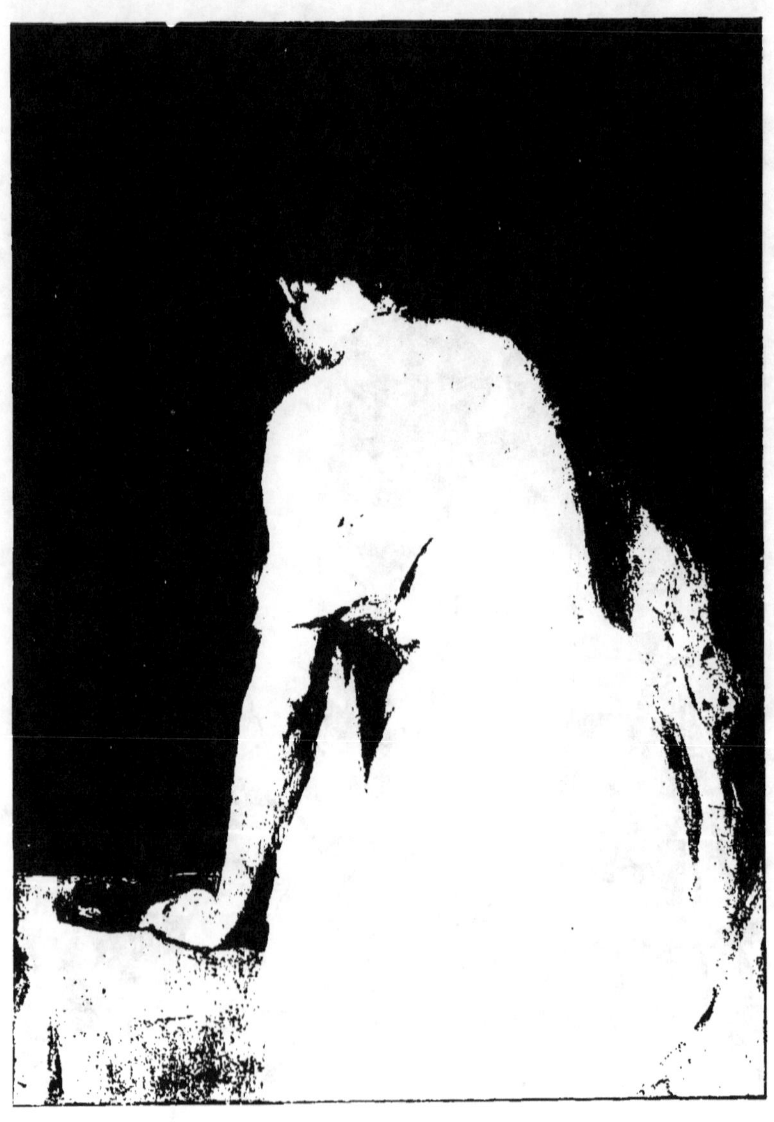

MUMFORD Mrs A... Étude de blanc. — Study in white

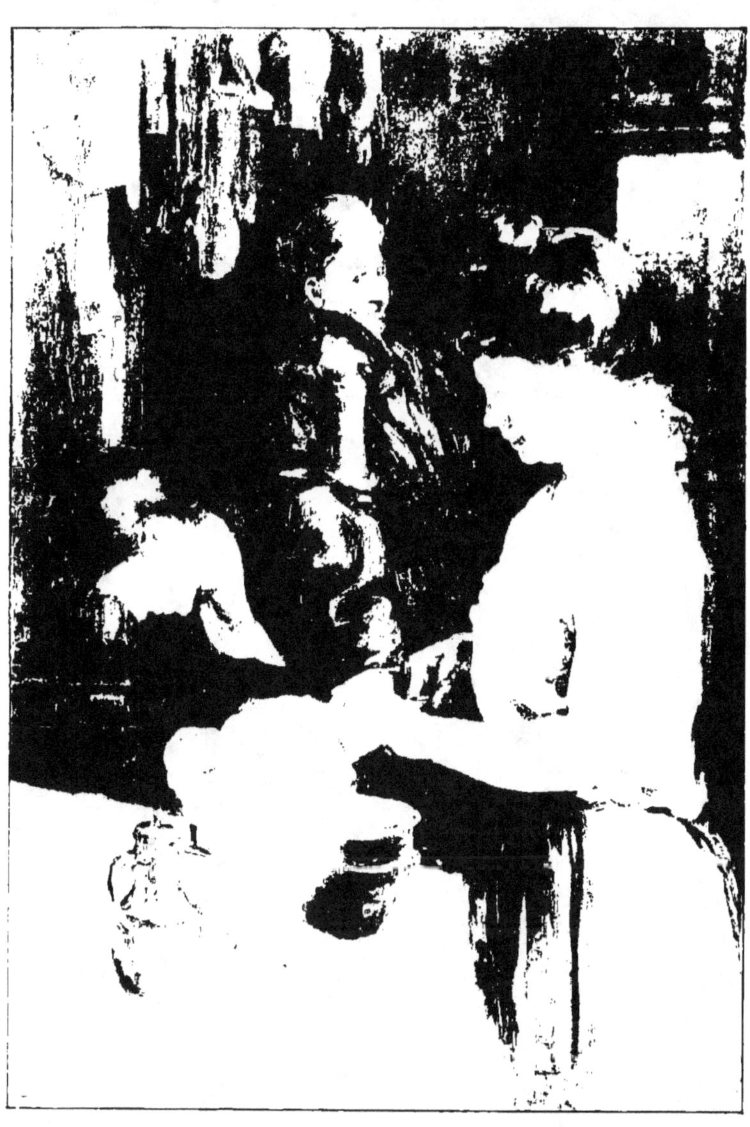

HOCHARD G. *Les blanchisseuses parisiennes.*
Parisian laundrywomen.

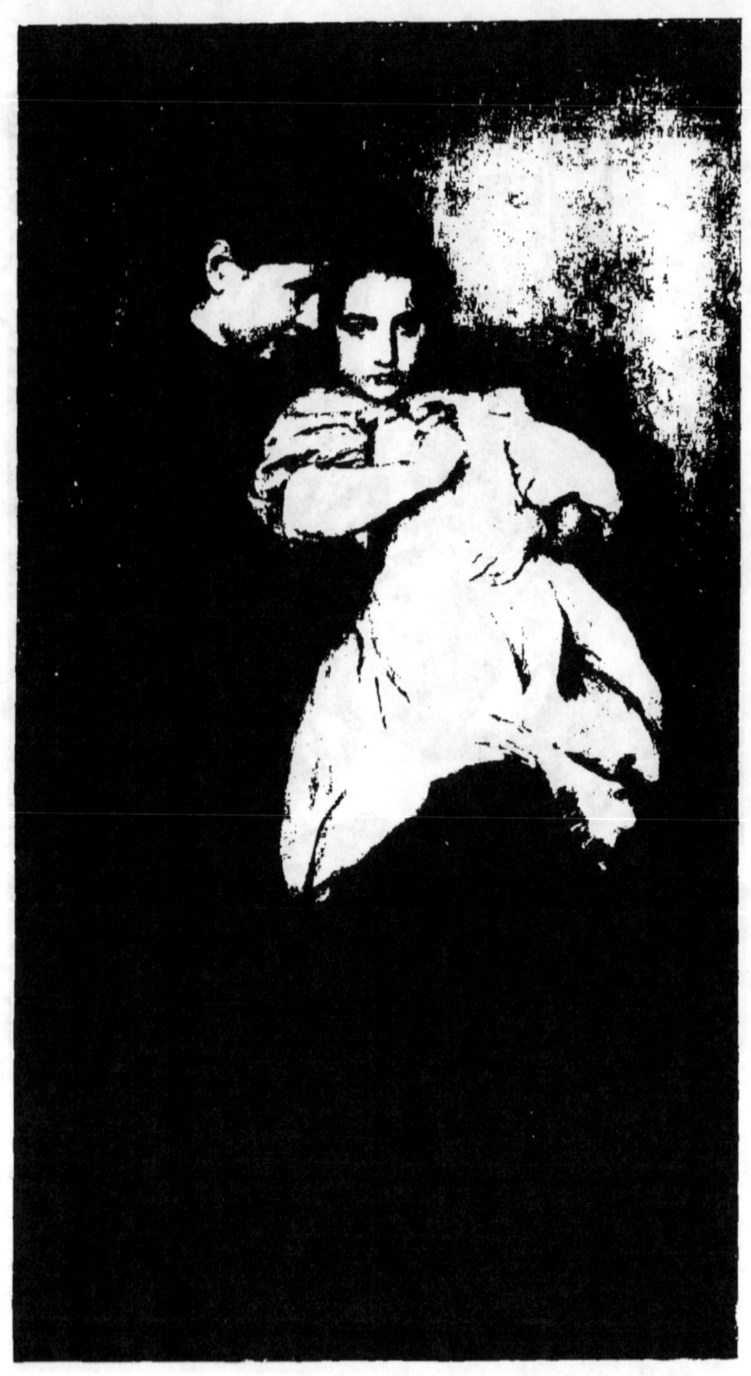

FRIANT (E.). *Chagrins d'enfant.* — *A child's chagrin.*

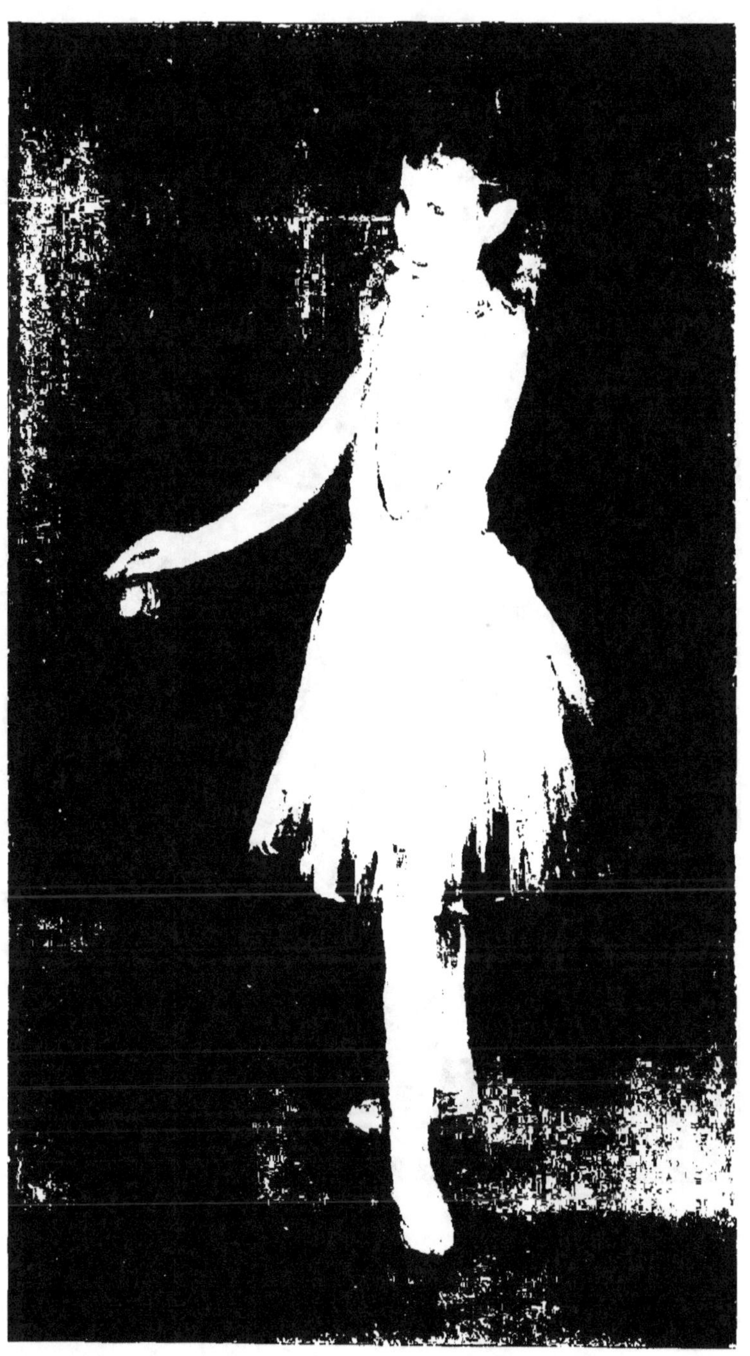

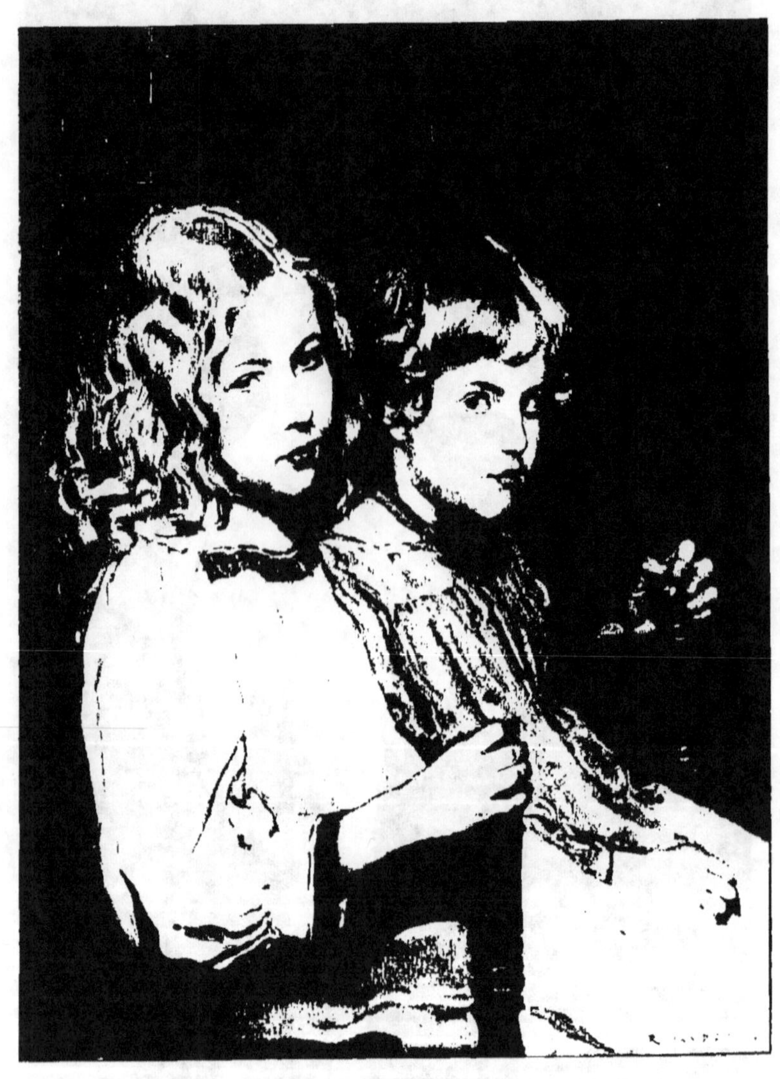

GREENARD, MUSÉE DE MONTPELLIER.

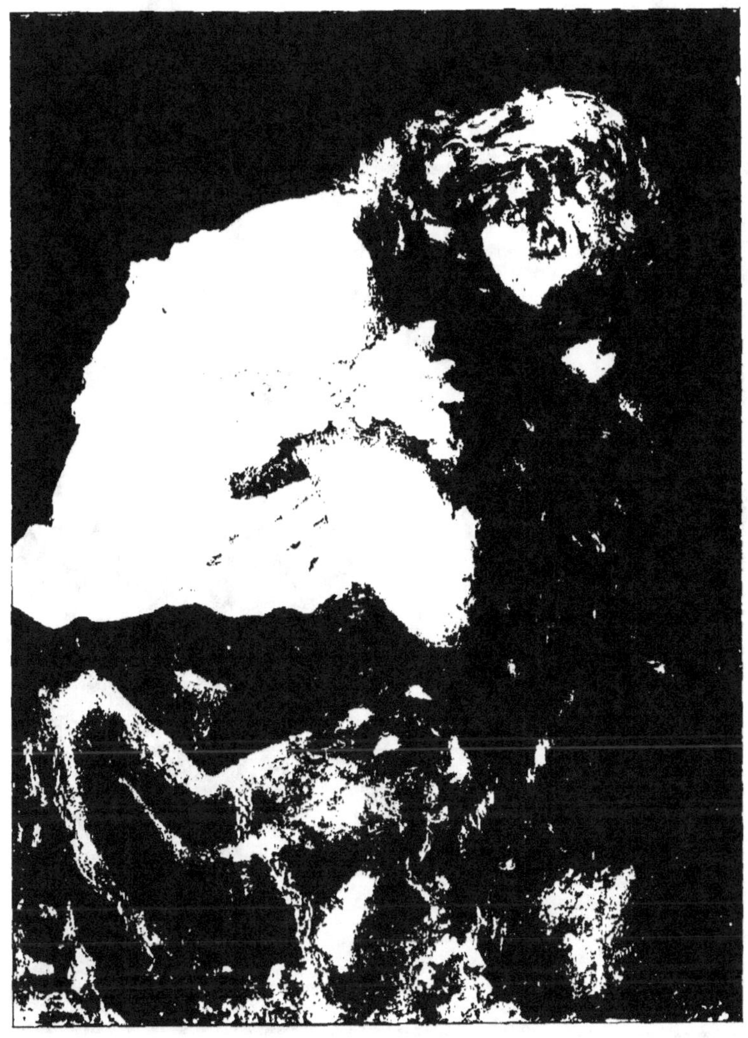

FORTUNY (M.). Sans nom. — Without name.

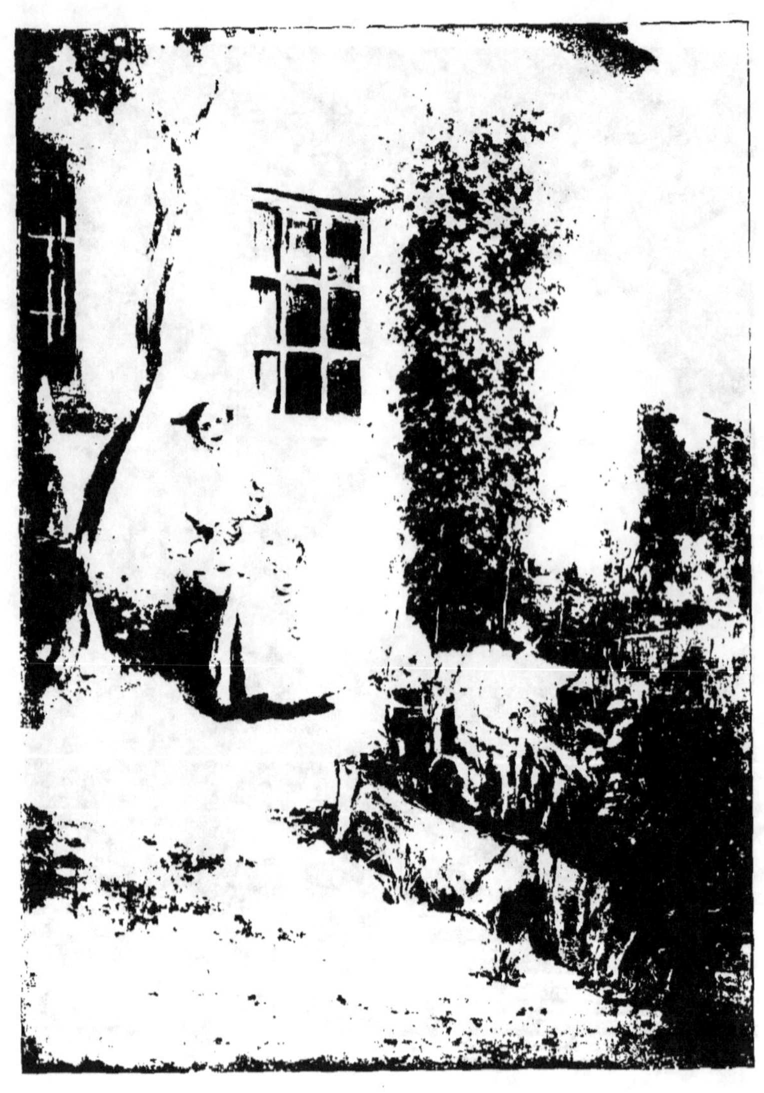

HAYNES, E. R.). *Coin de jardin au soleil. — Sunshine in the Garden.*

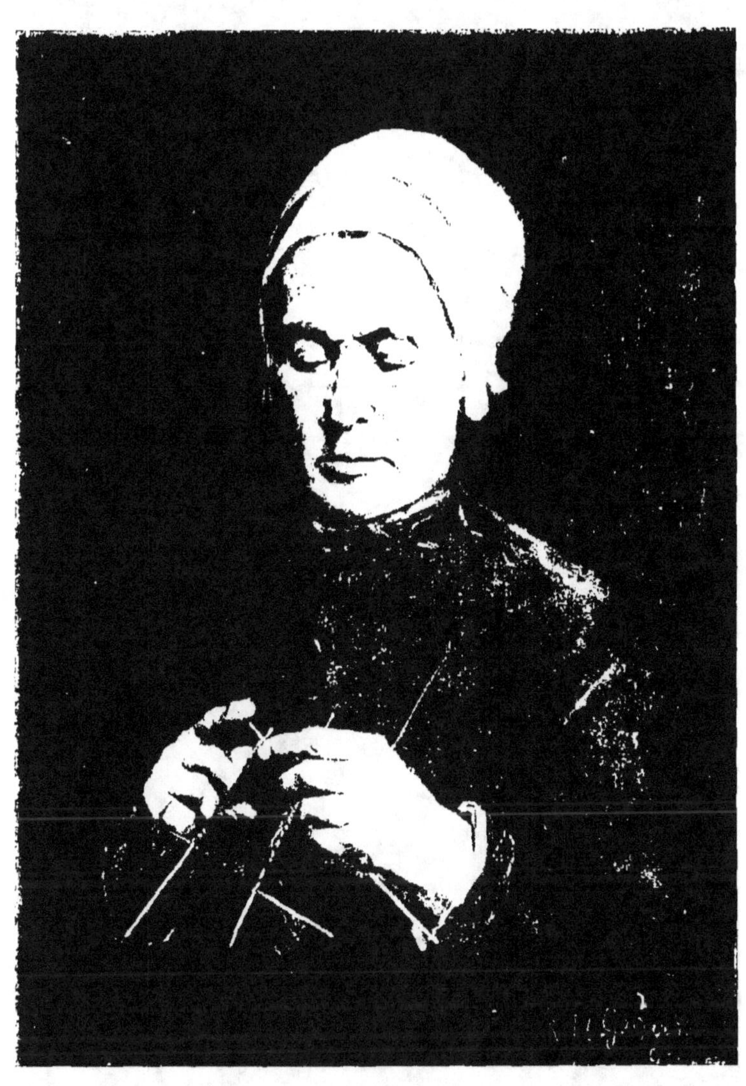

CÉZANNE (P.). - *Paysanne de la Creuse* (pastel).
A « *Creuse* » *native.*

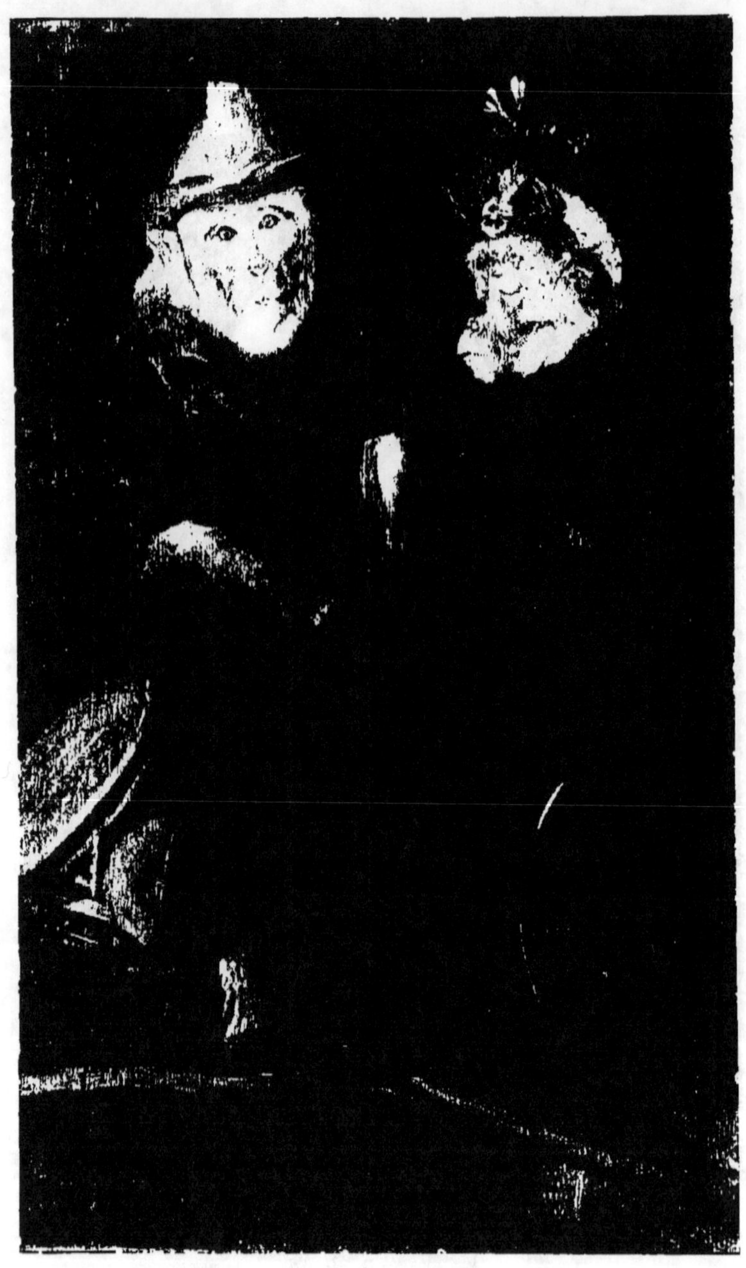

KOENE, (BARON LÉO DE). *Les saltimbanques* — *Les bouffons*

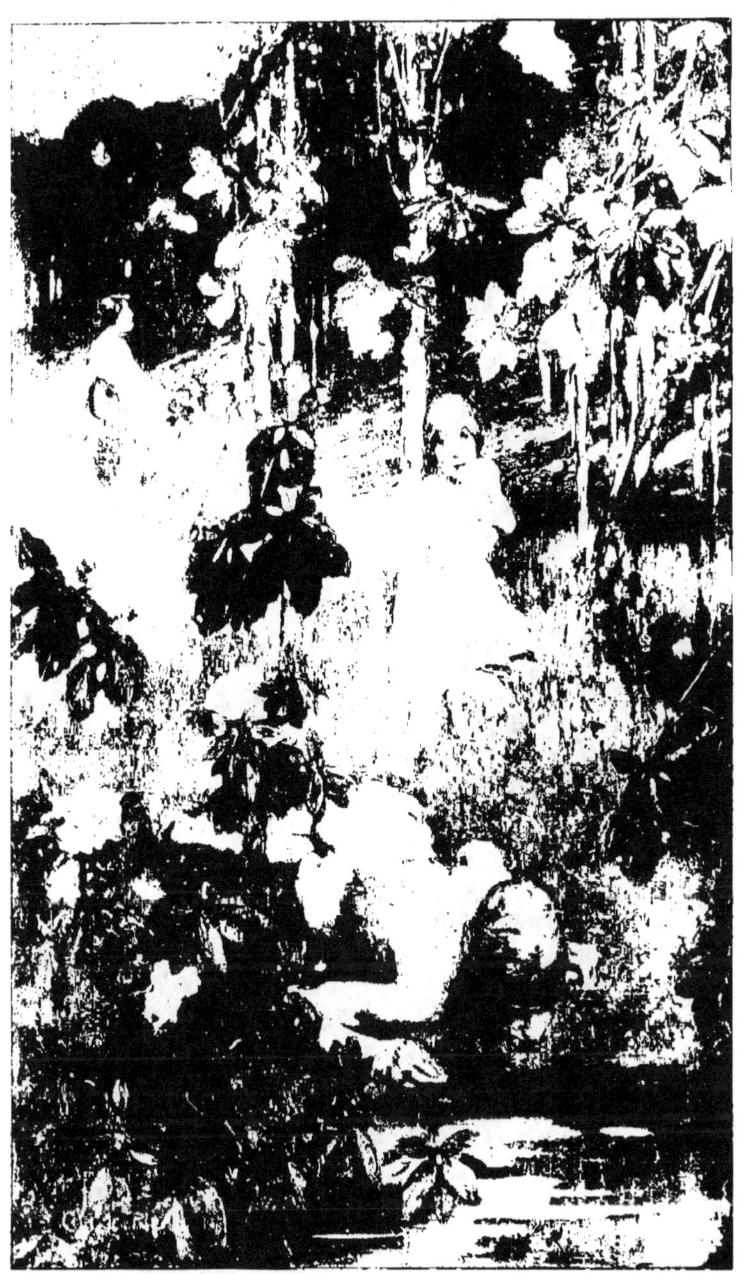

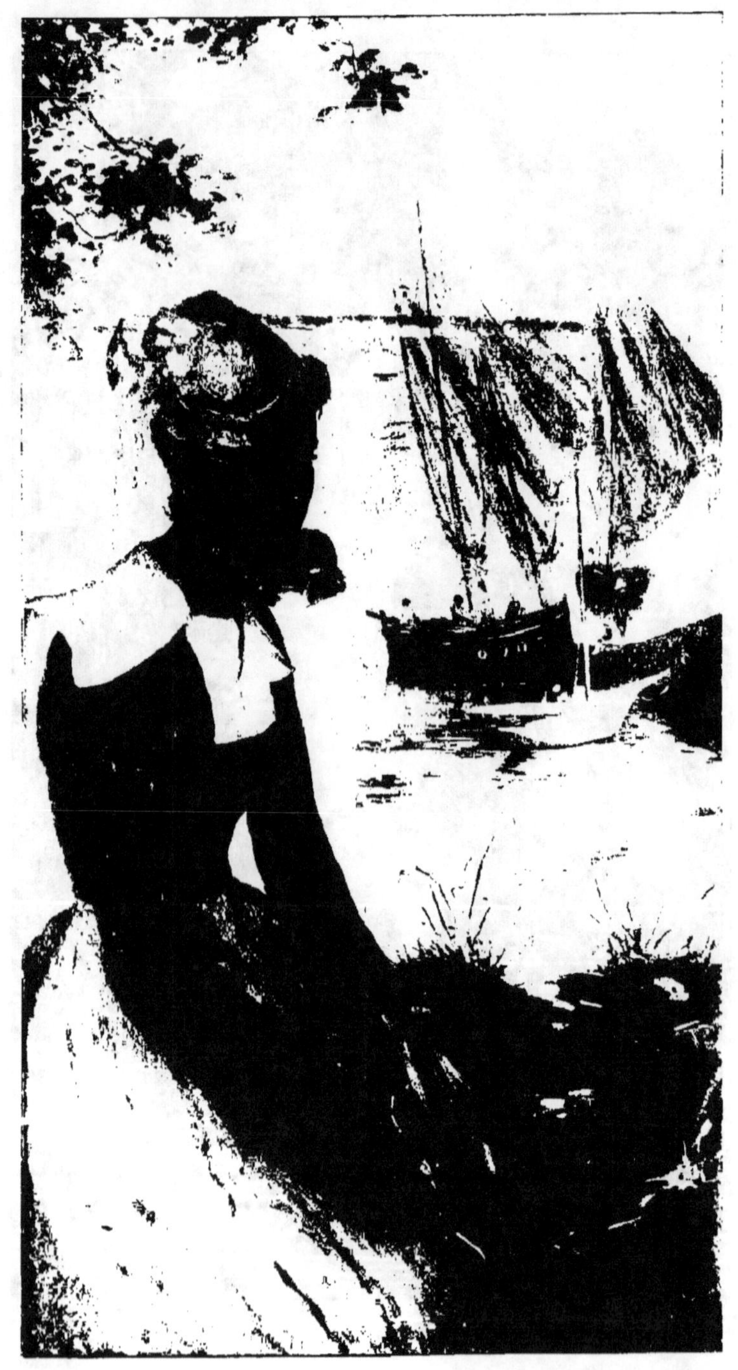

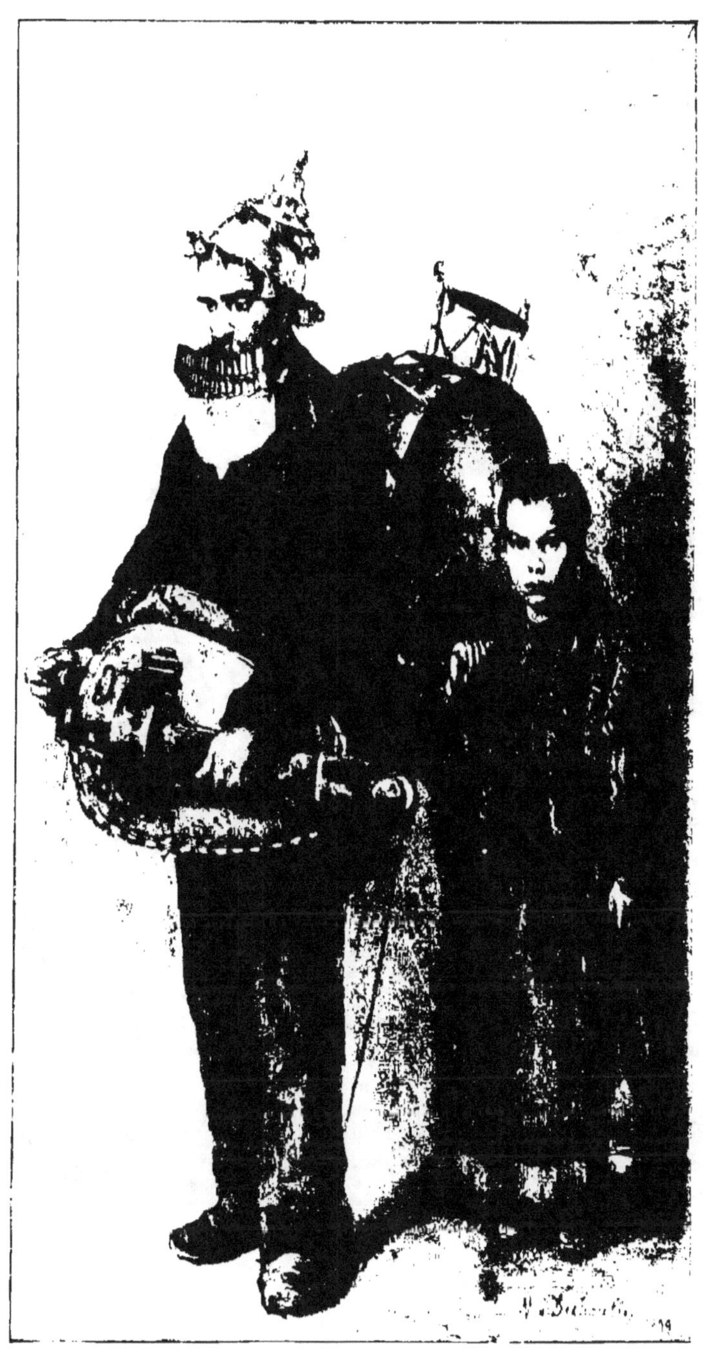

Dessin de M. G.J. L'homme orchestre — Orchestra in himself.

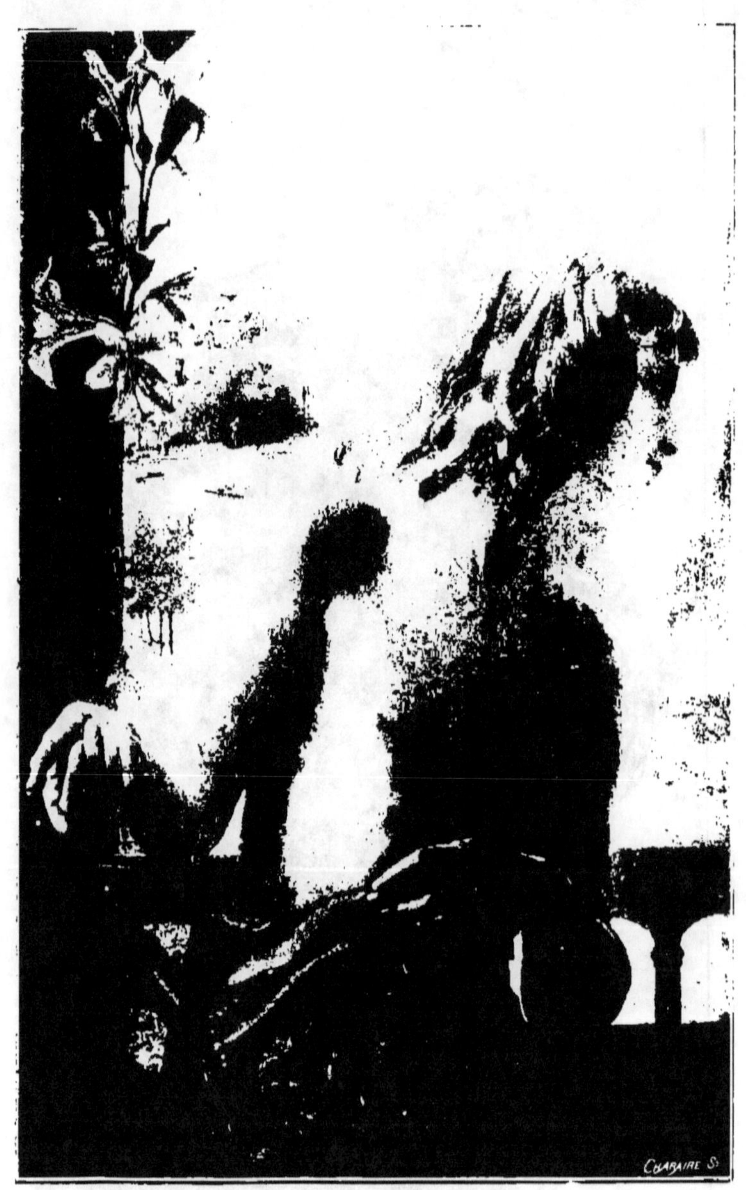

LERMANS (M. A. M. T... *Ave Maria*

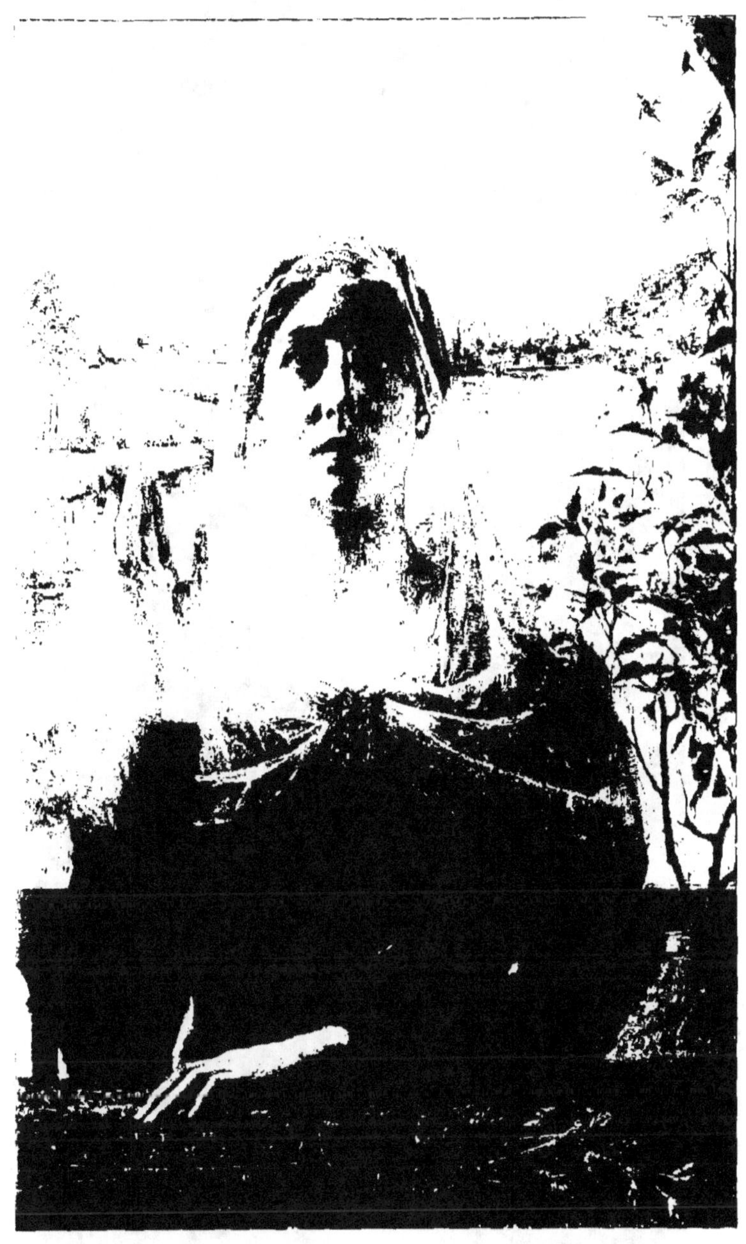

LOREMANS (Mme A. M. T.). *Rosa Mystica.*

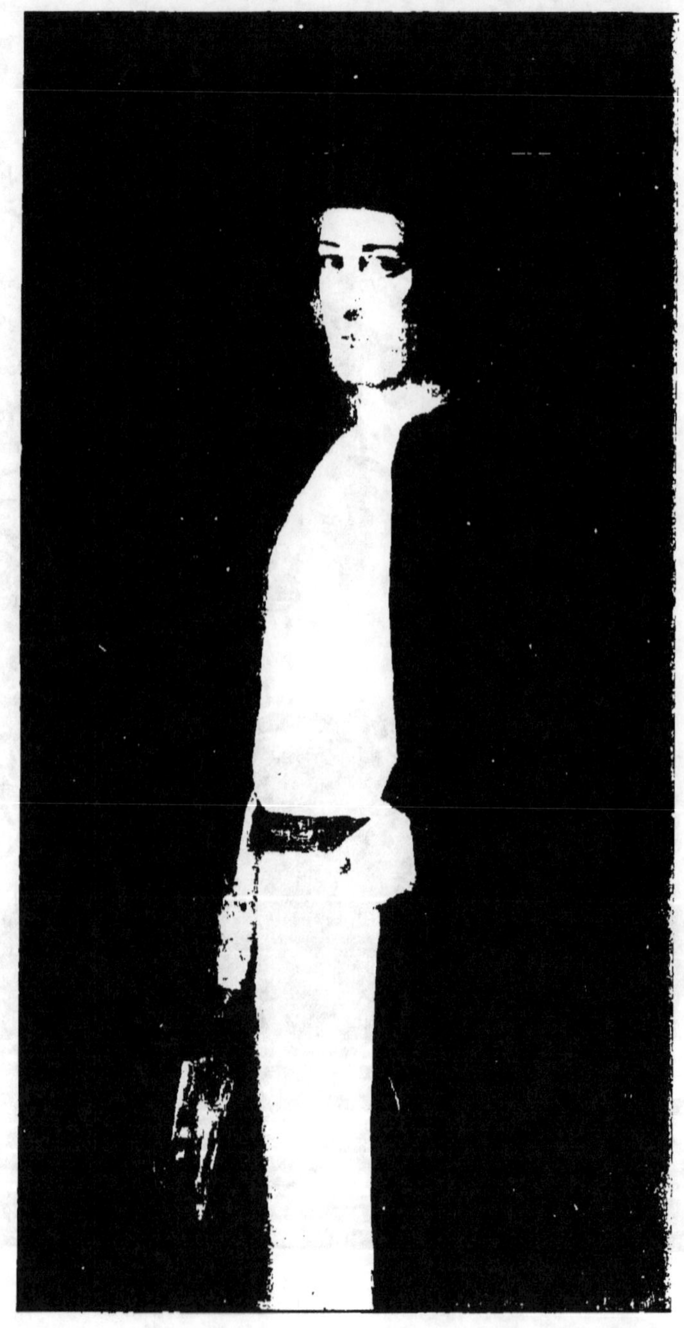

VILLEBOIS (Mlle M.), *Portrait de Mme Segond-Weber.*

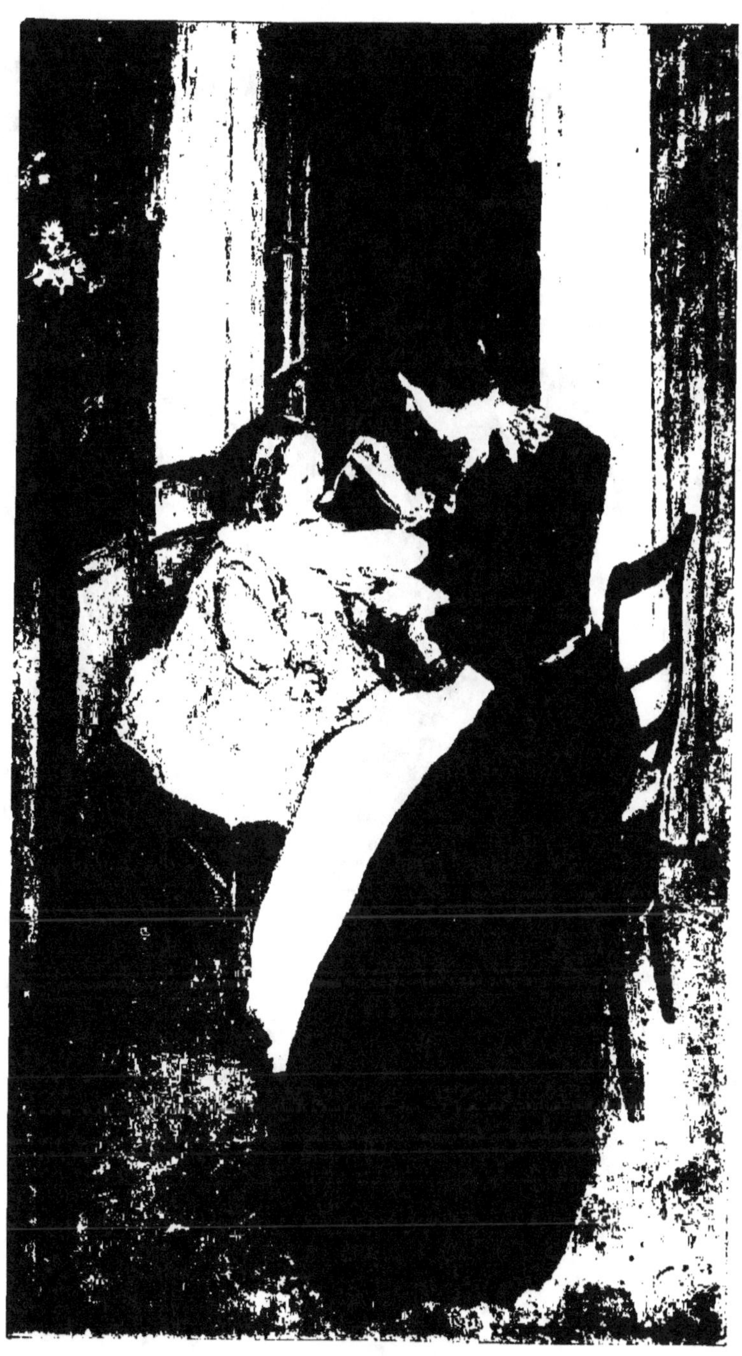

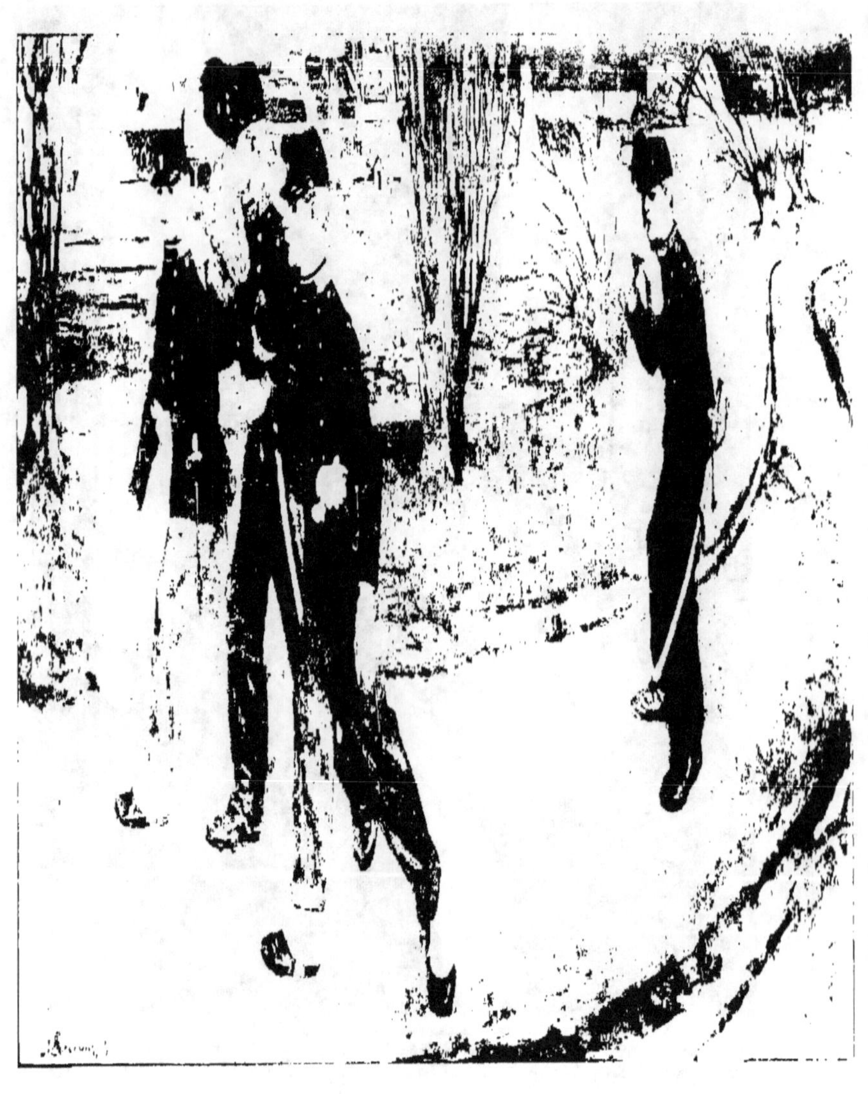

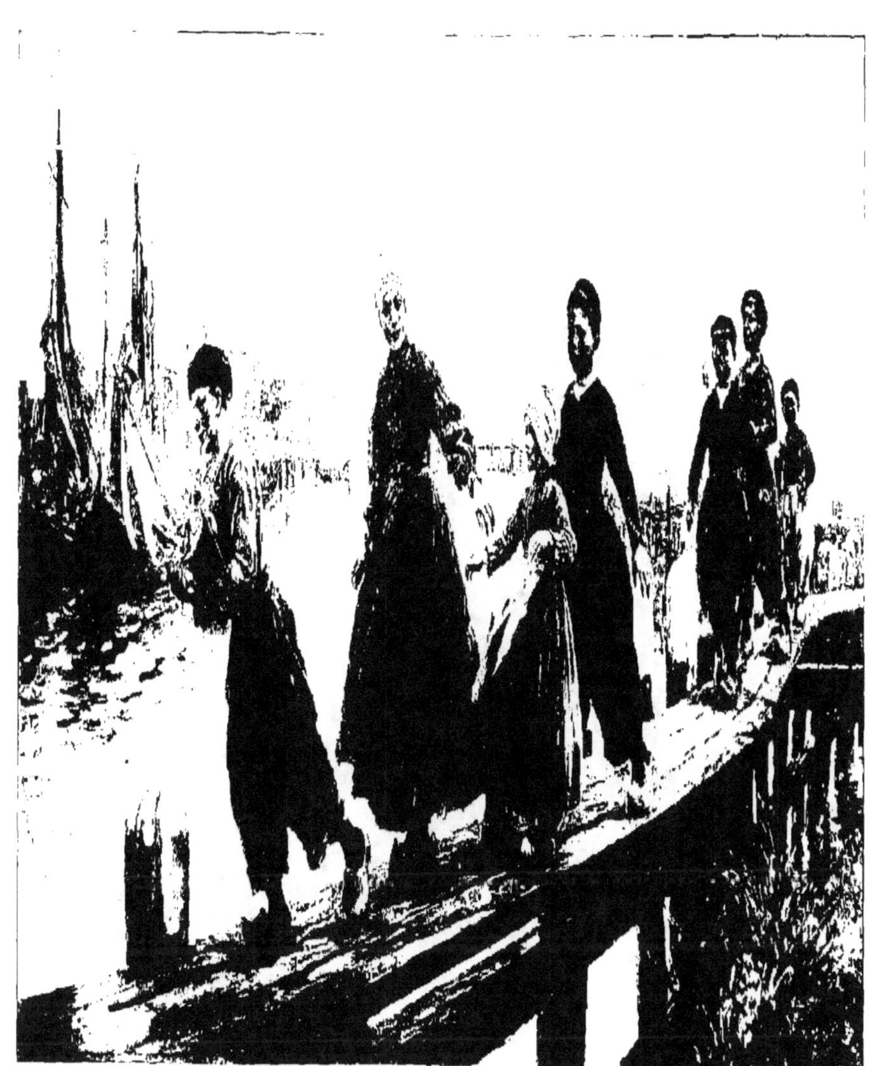

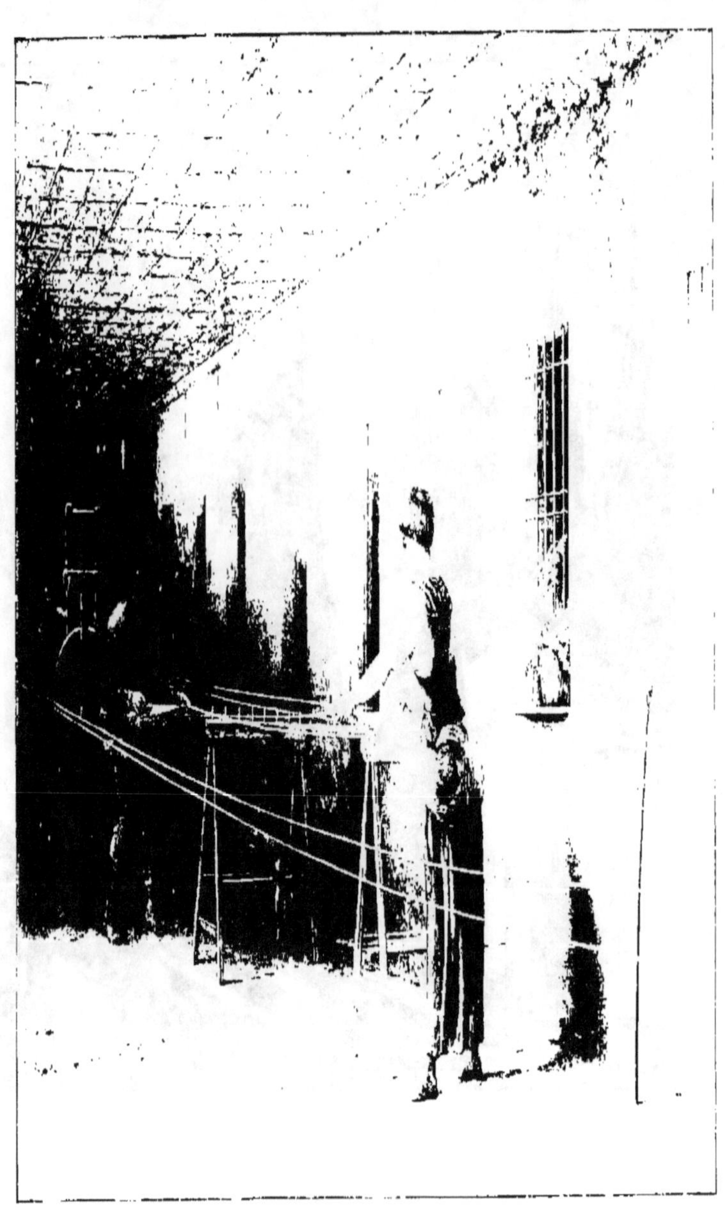

Imprimé H. J... [illegible] — [illegible]

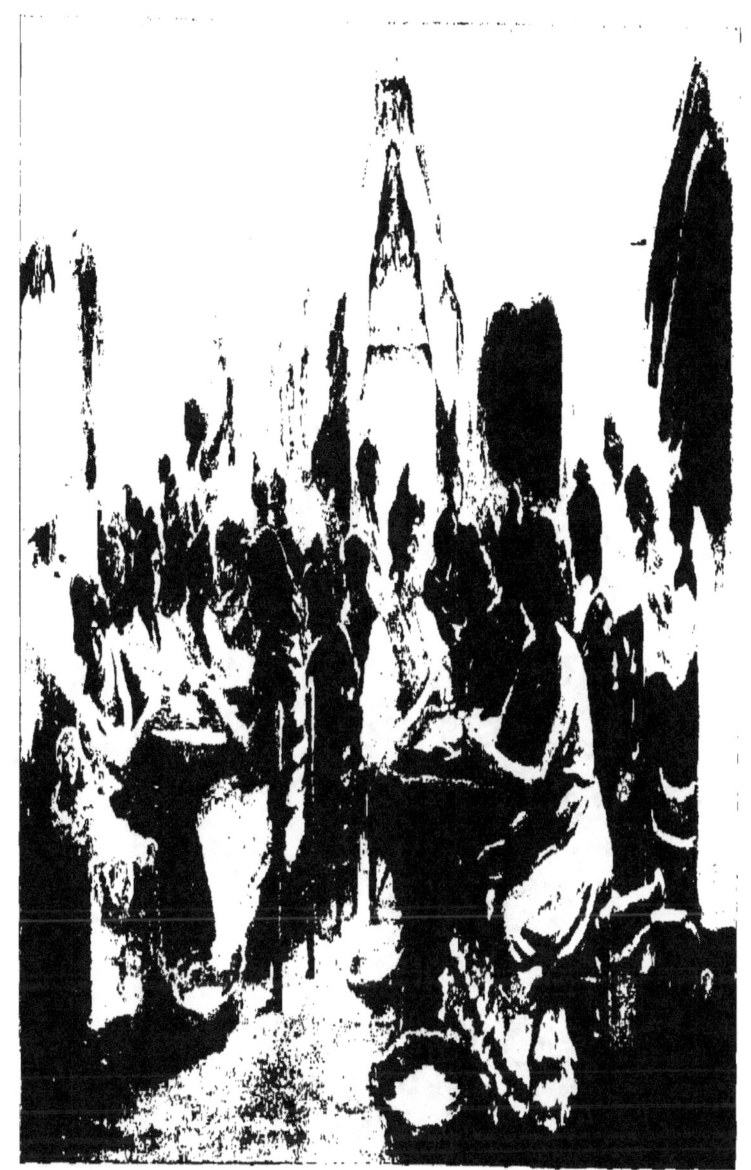

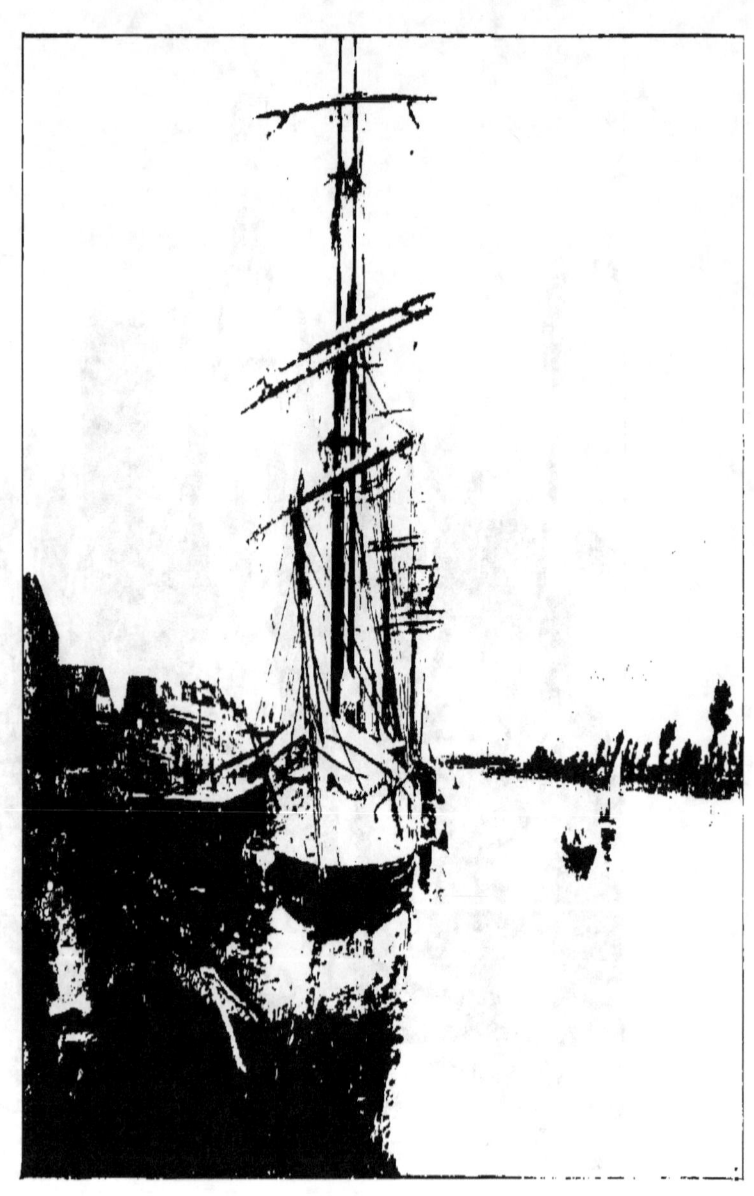

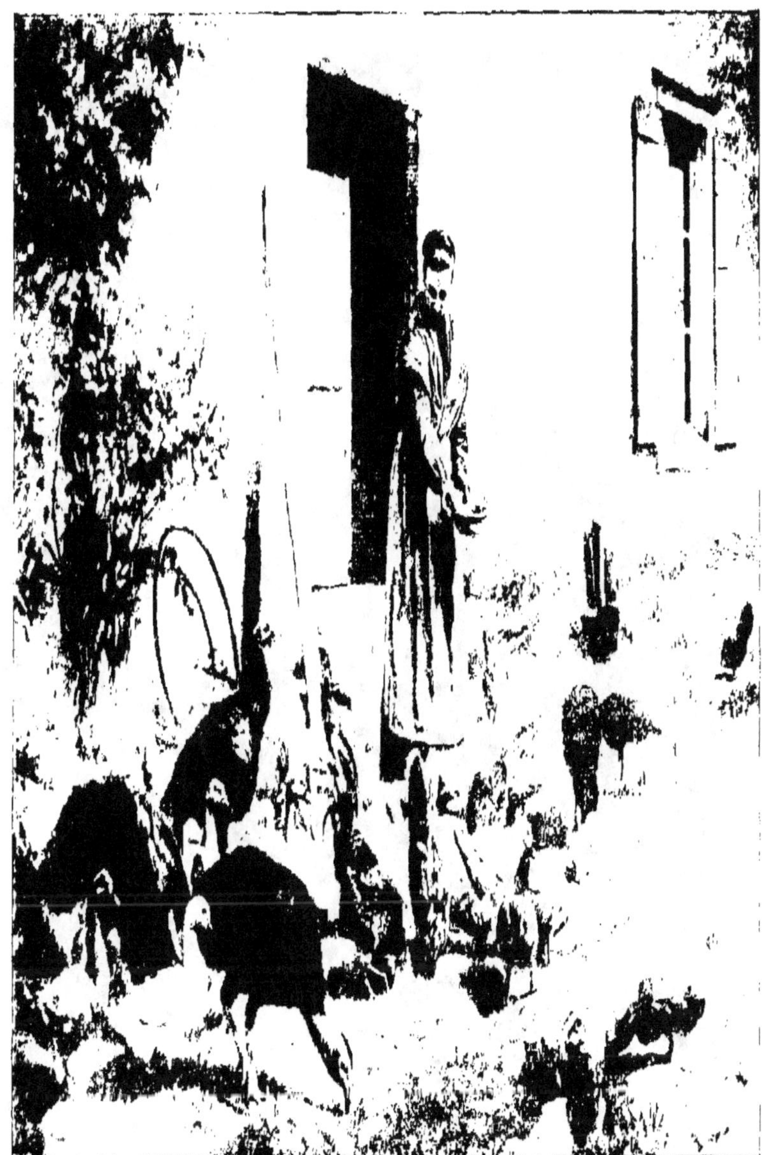

Poultry yard.

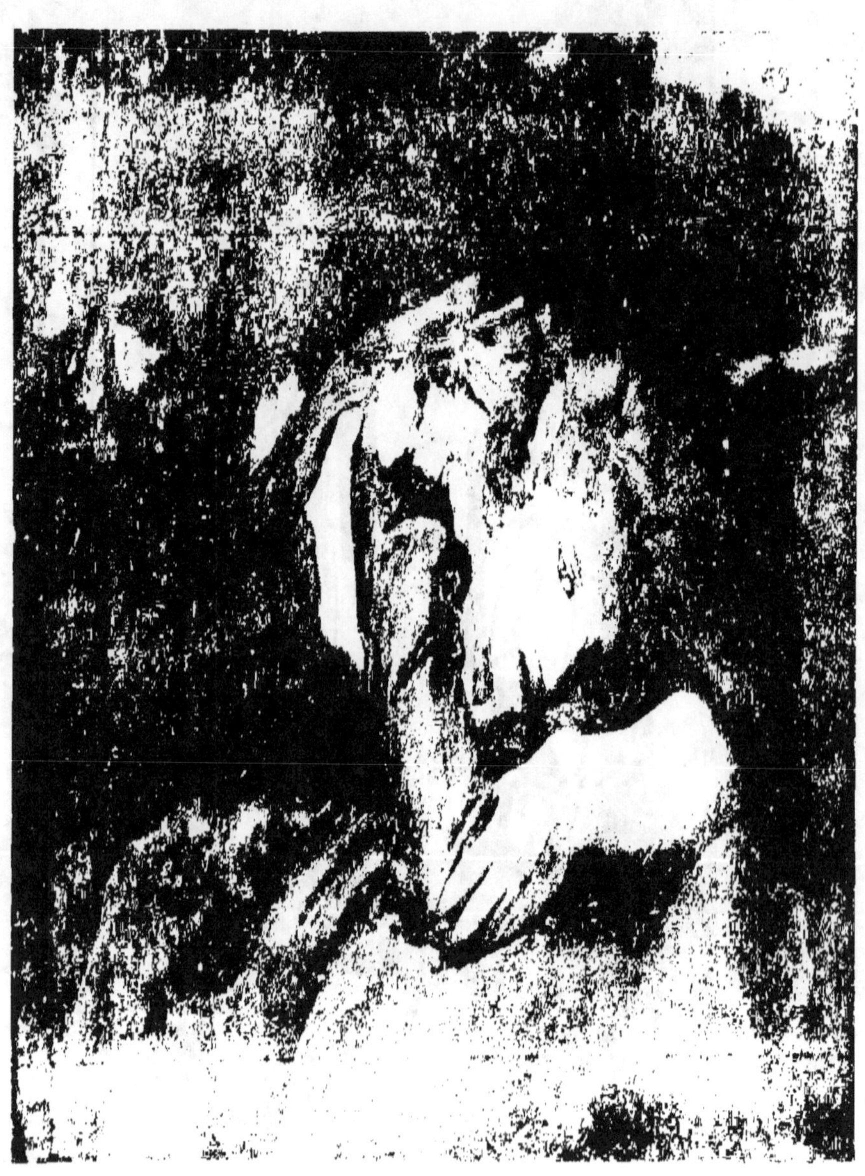

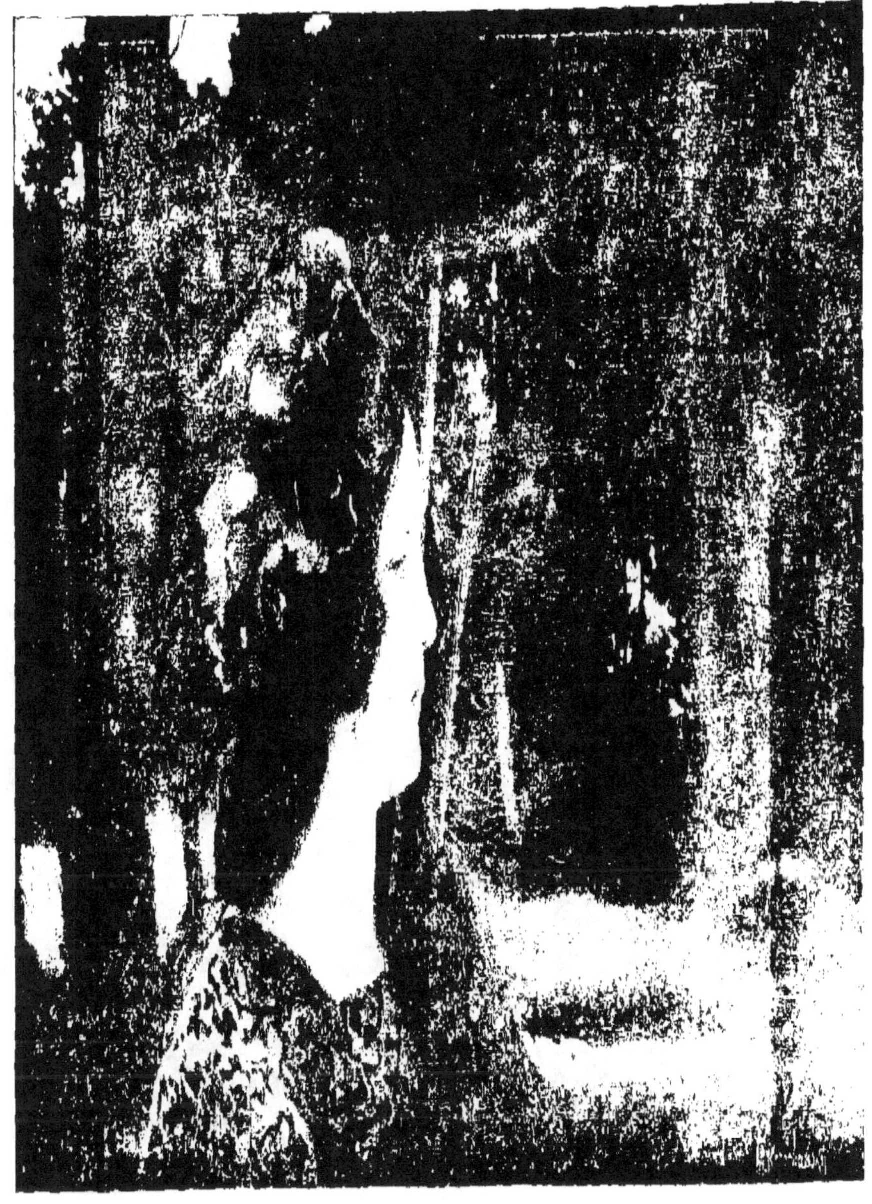

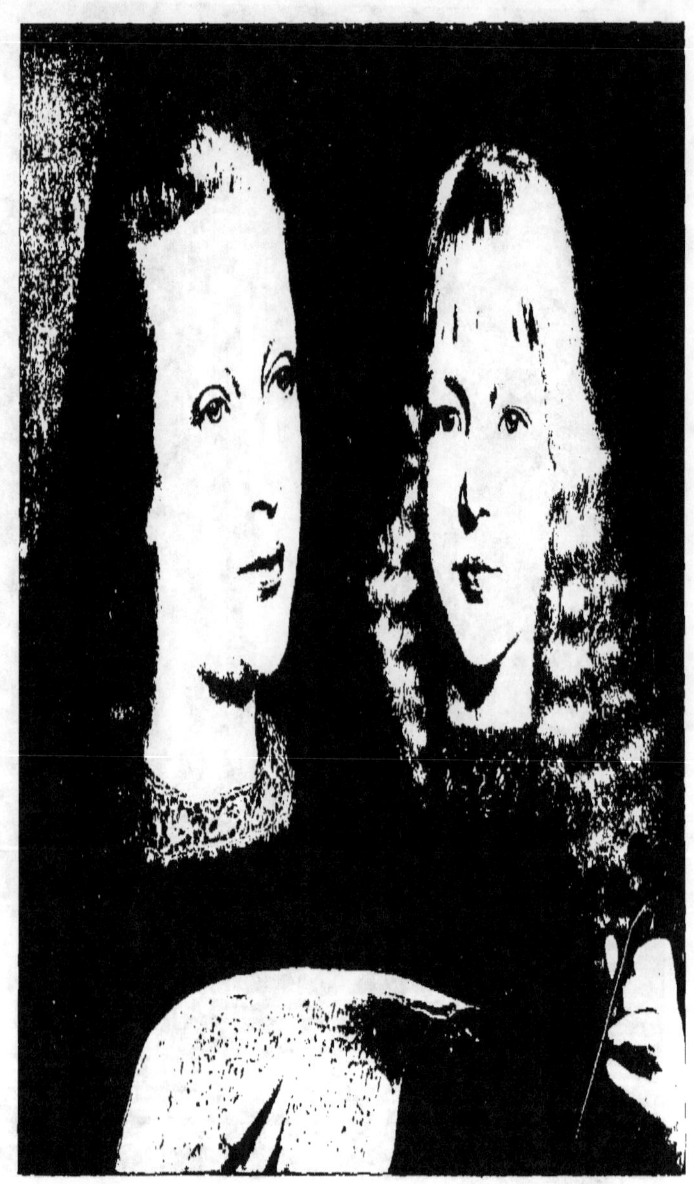

Van Hove (E.). *Les deux sœurs. — The two sisters.*

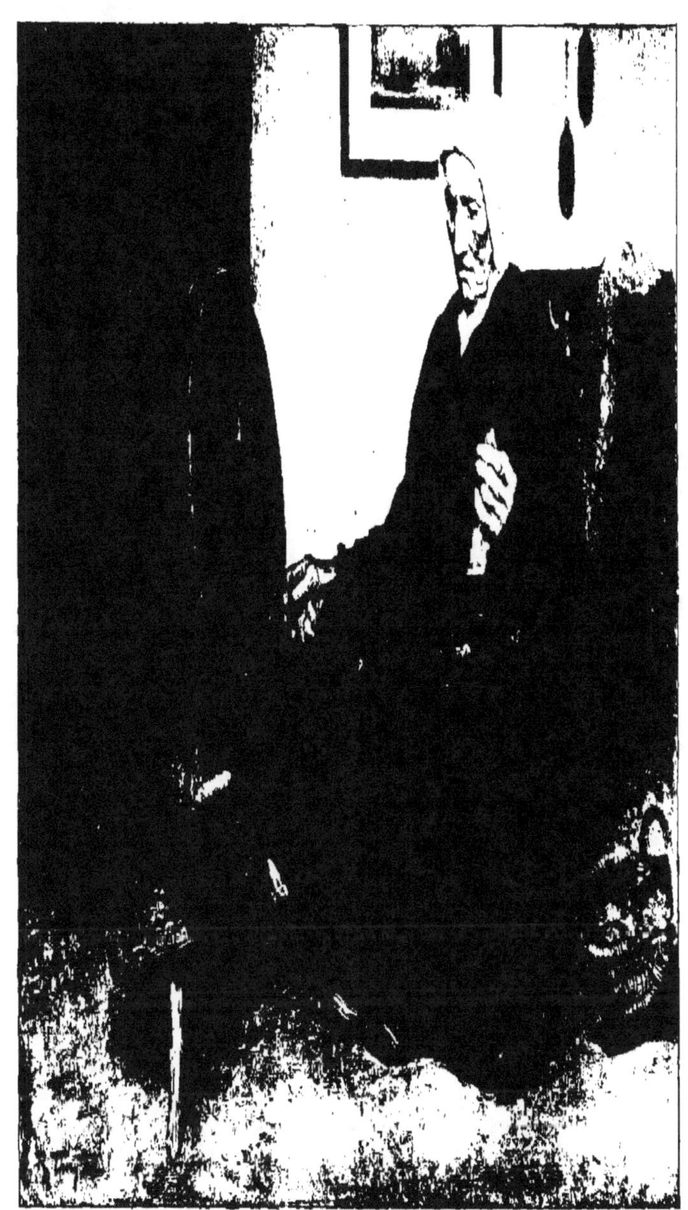

Thiry (R.). *Vieille fileuse. — Old Spinner.*

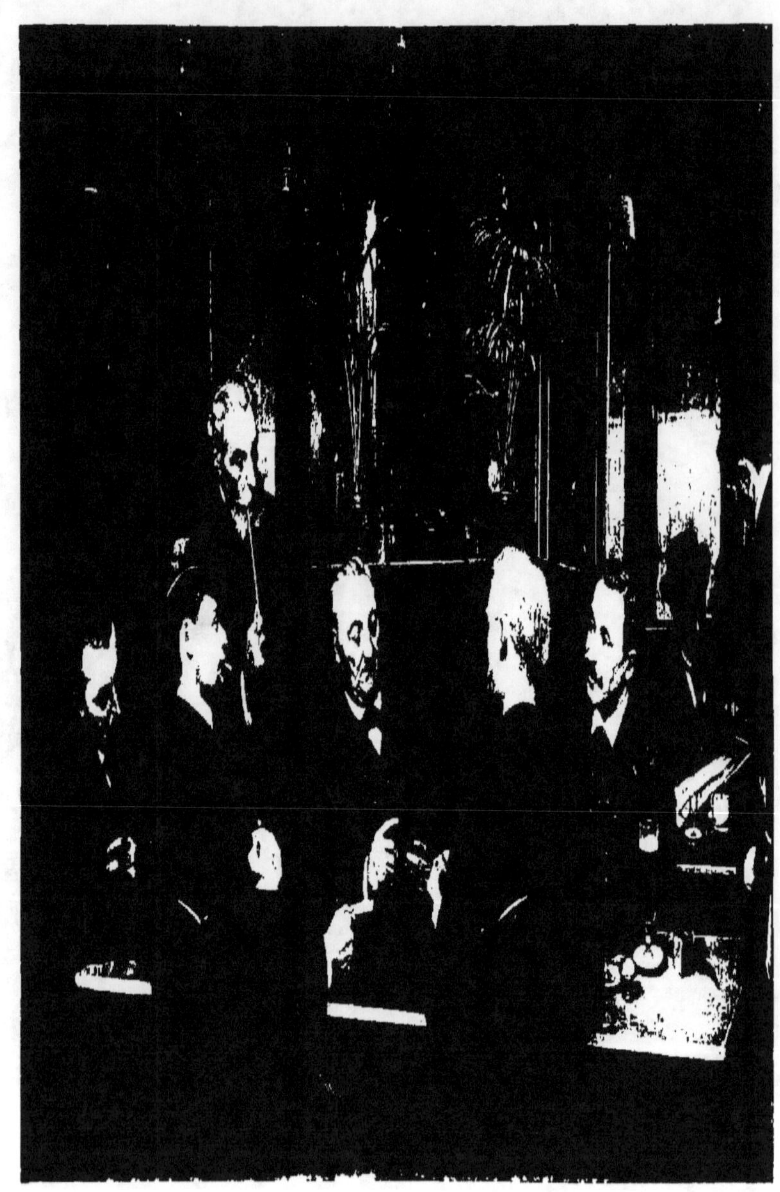

Sa. Al.... (P.). "La manille". — Game of cards.

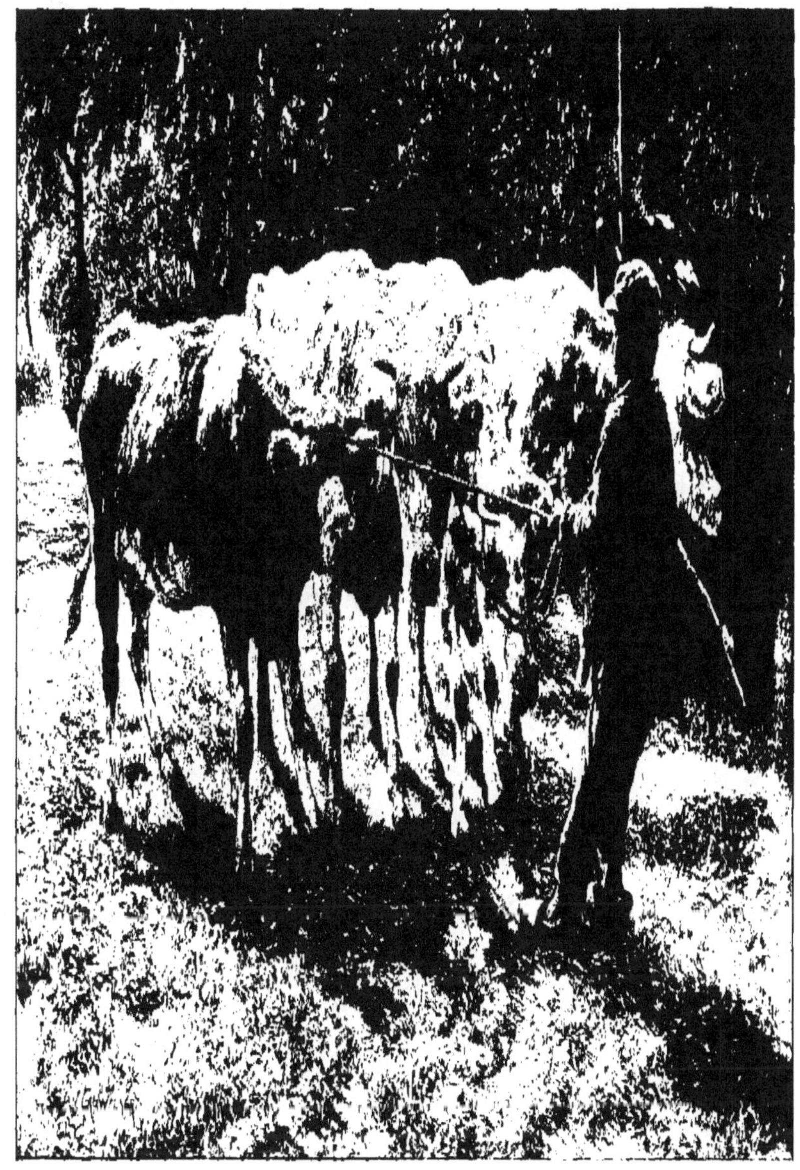

Van Cauwelaert (J.-E.), Le Retour à la ferme, en Flandre. — Return to the farm, Flanders.

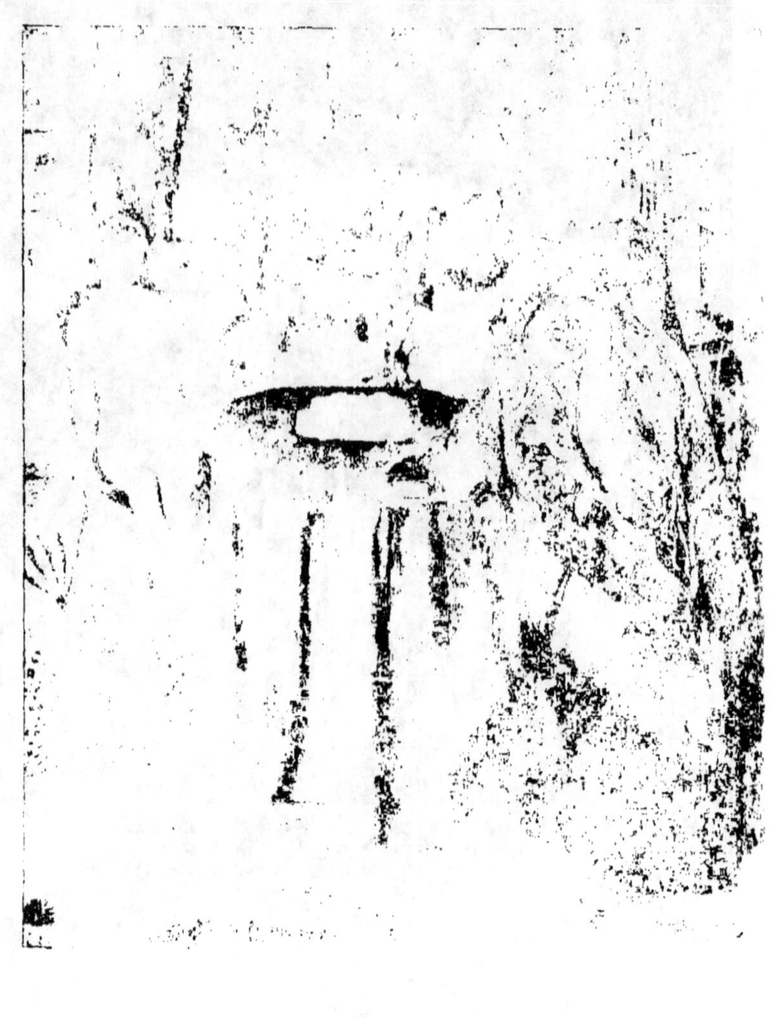

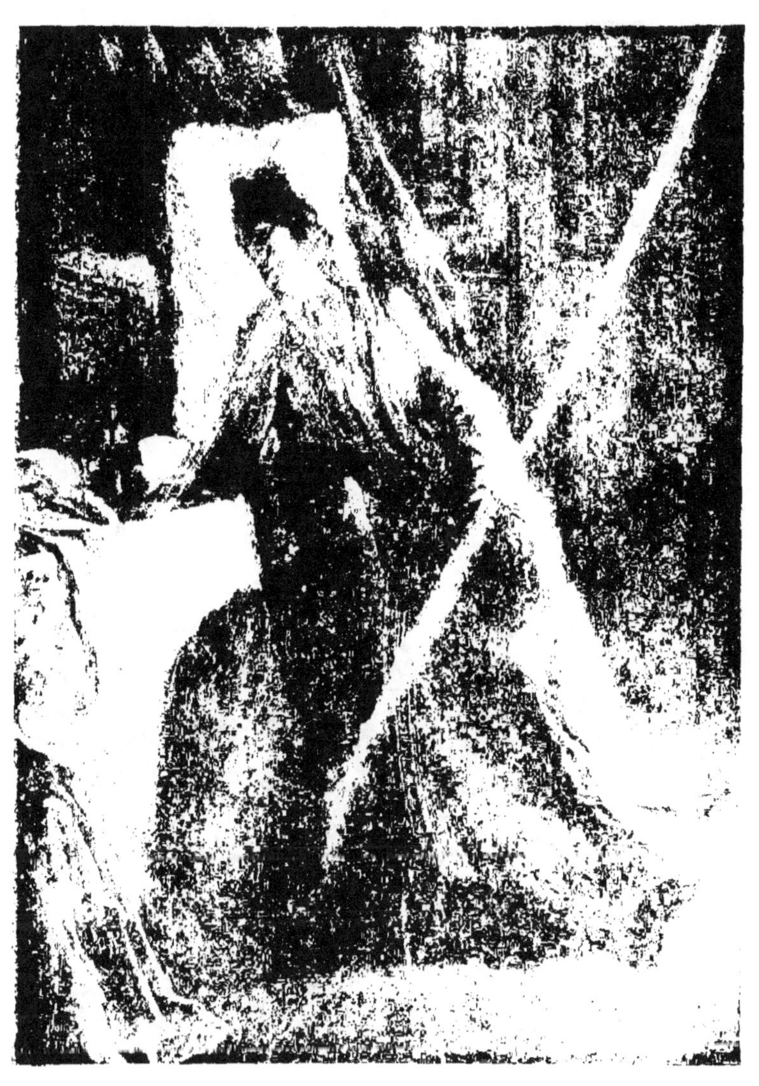

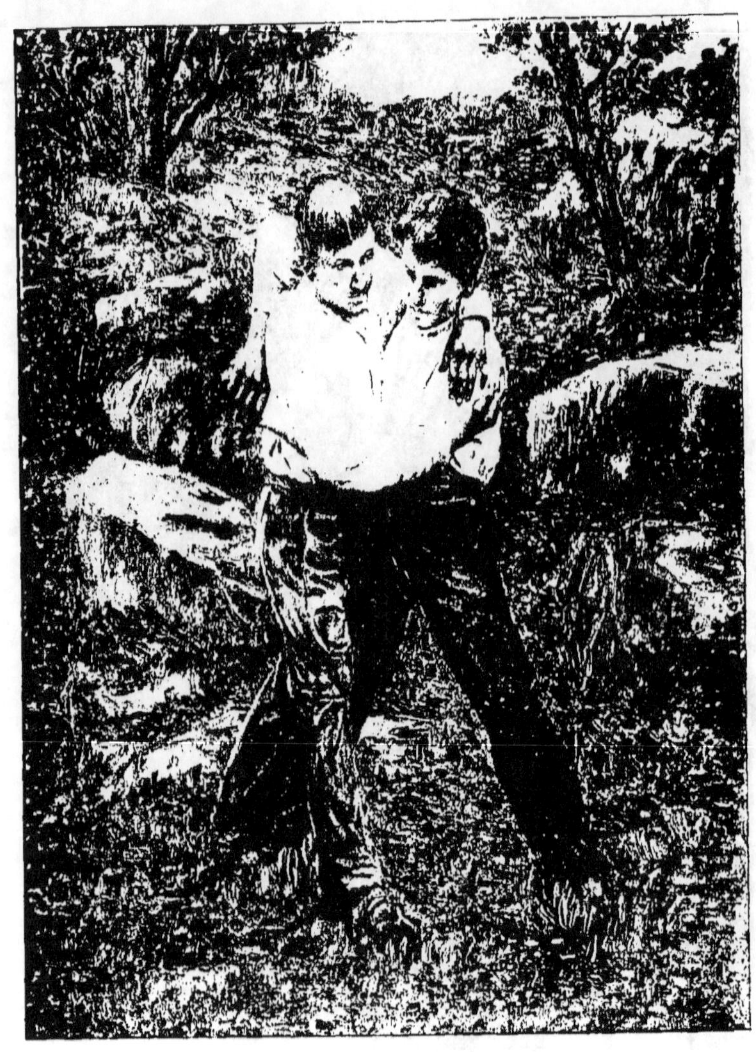

GÉRARD A.-Fr. *La lutte.* — *Wrestling.*

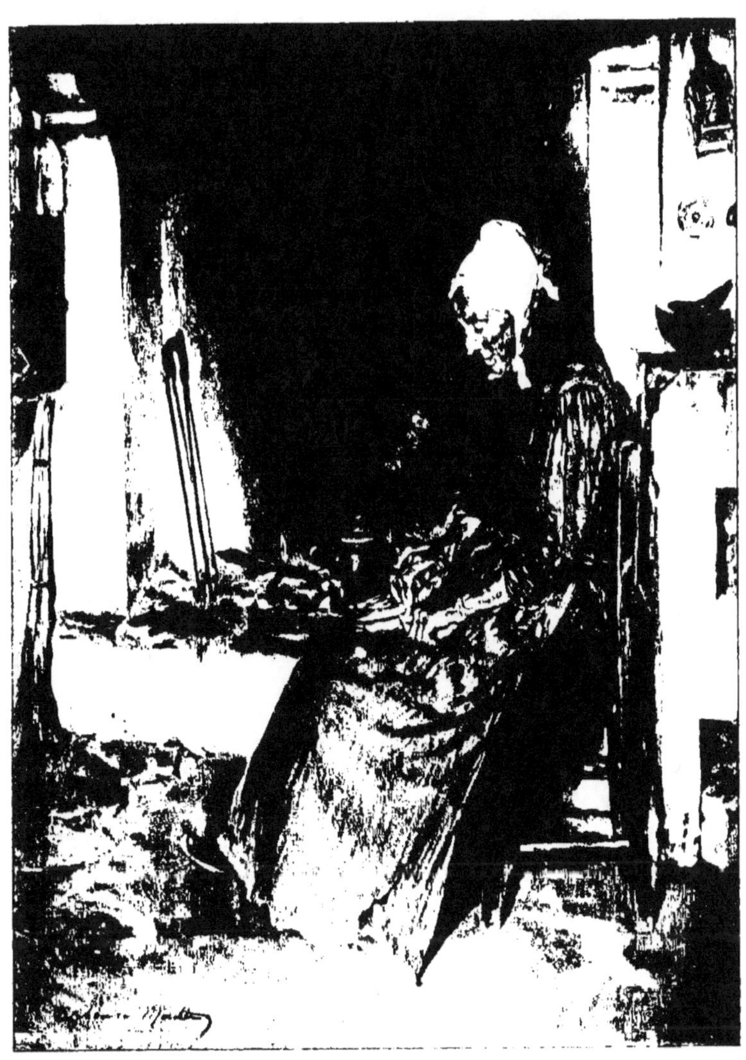

Martin A. [illegible]

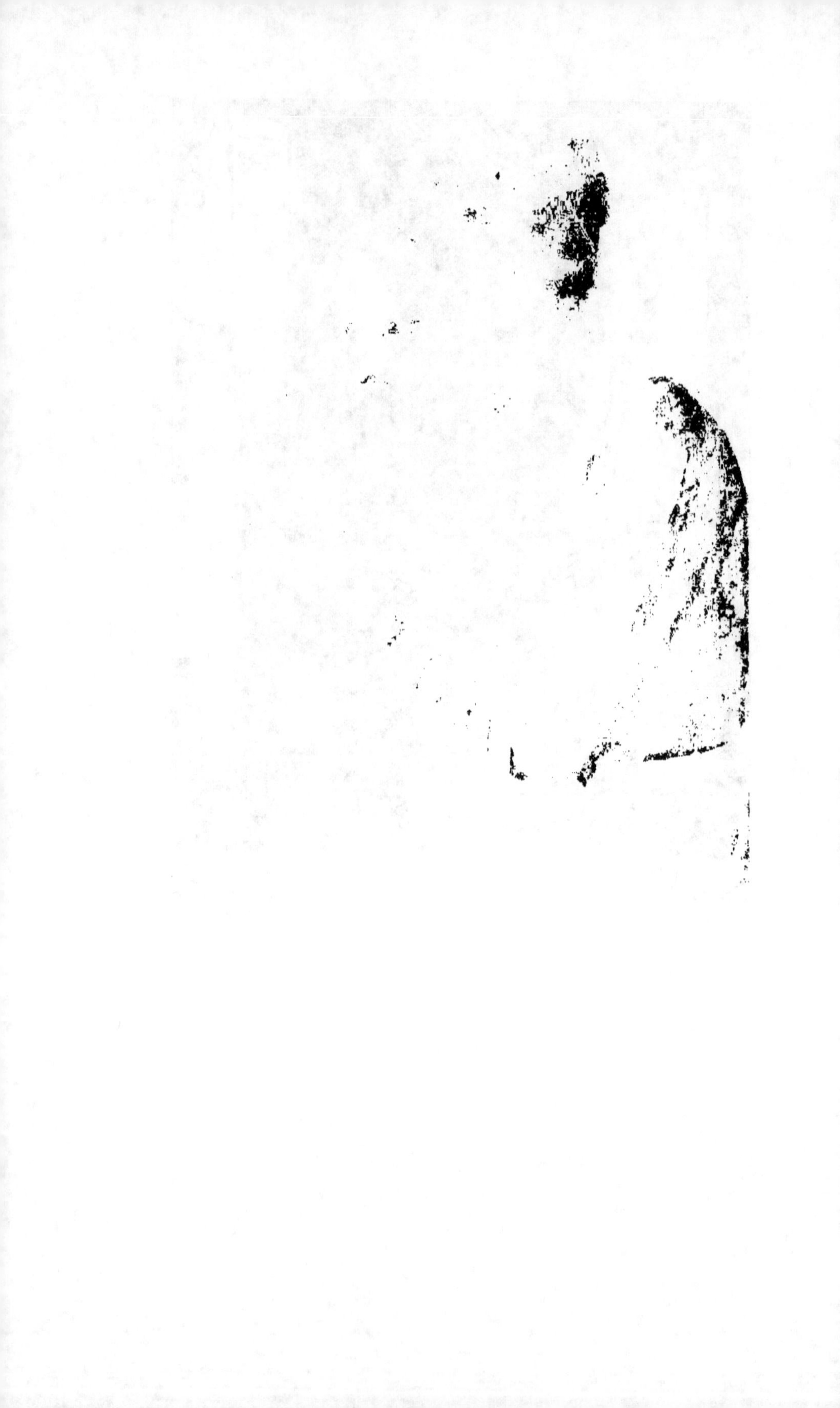

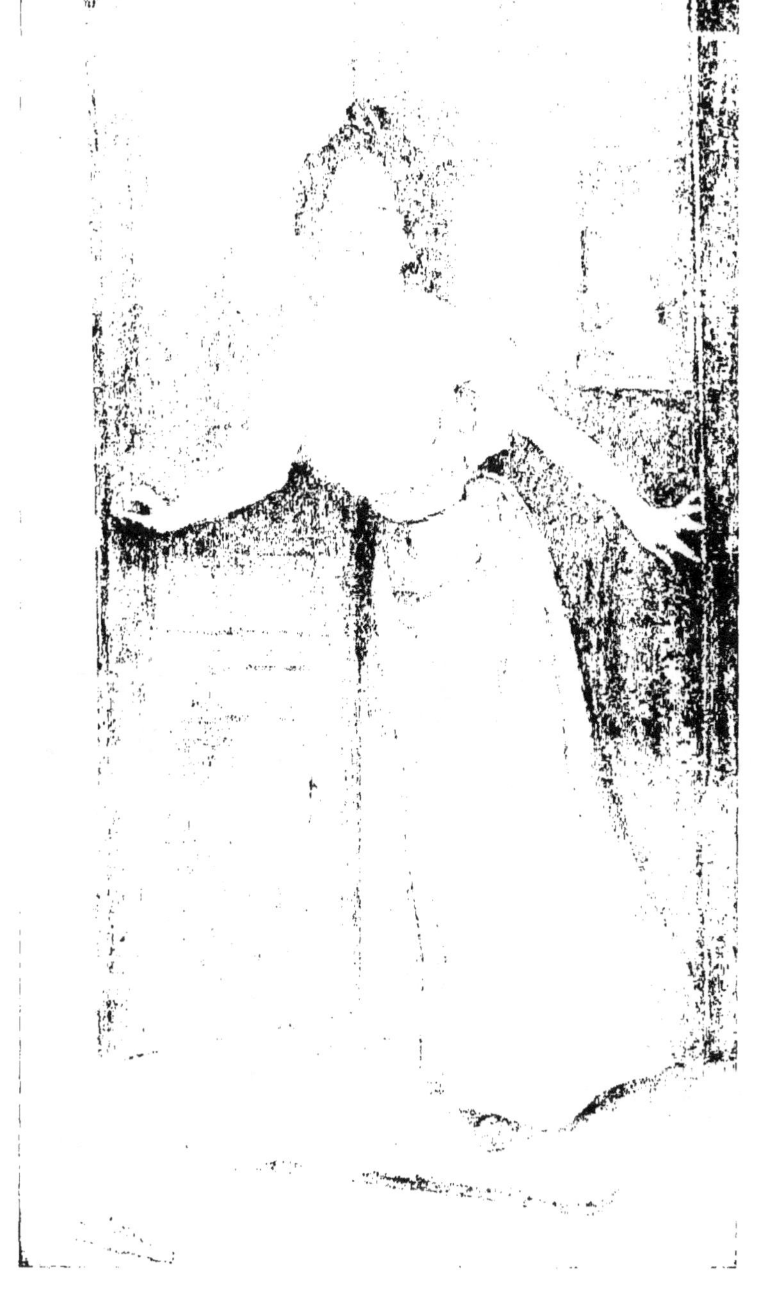

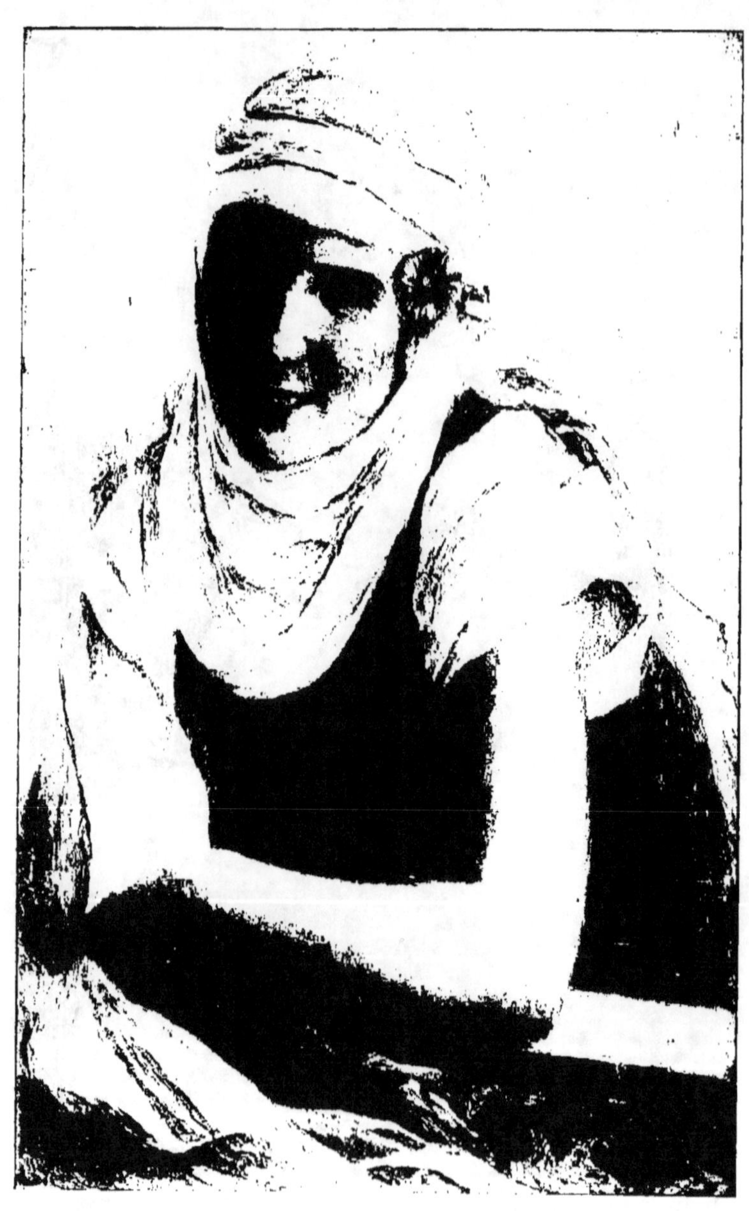

GIRARDOT (L. A.). *Mauresque.*

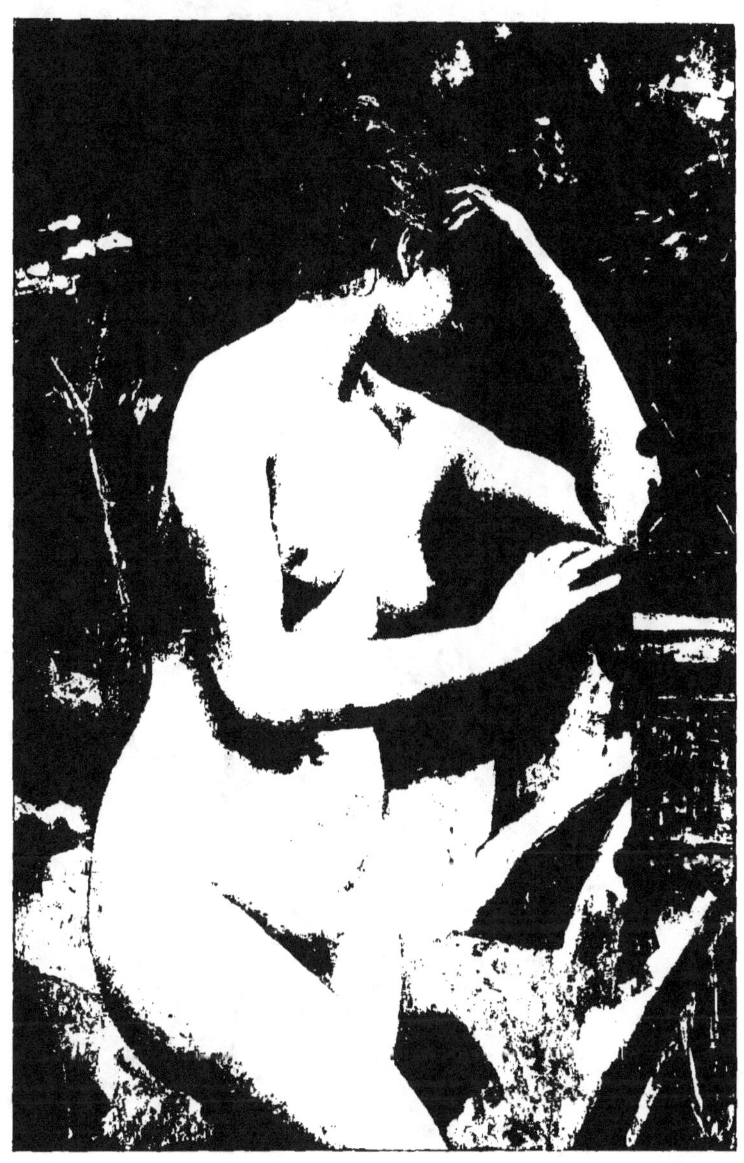

Hayeux L., Étude. — Study.

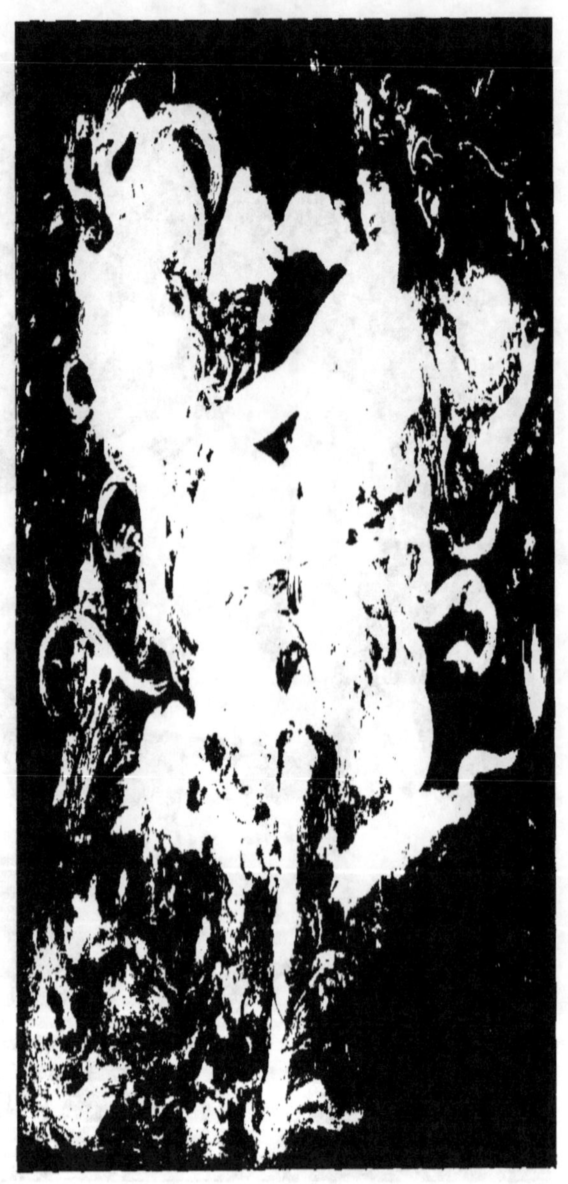

PLANCHE XI. — Filles fleurs (Parsifal). — Flower girls (Parsifal).

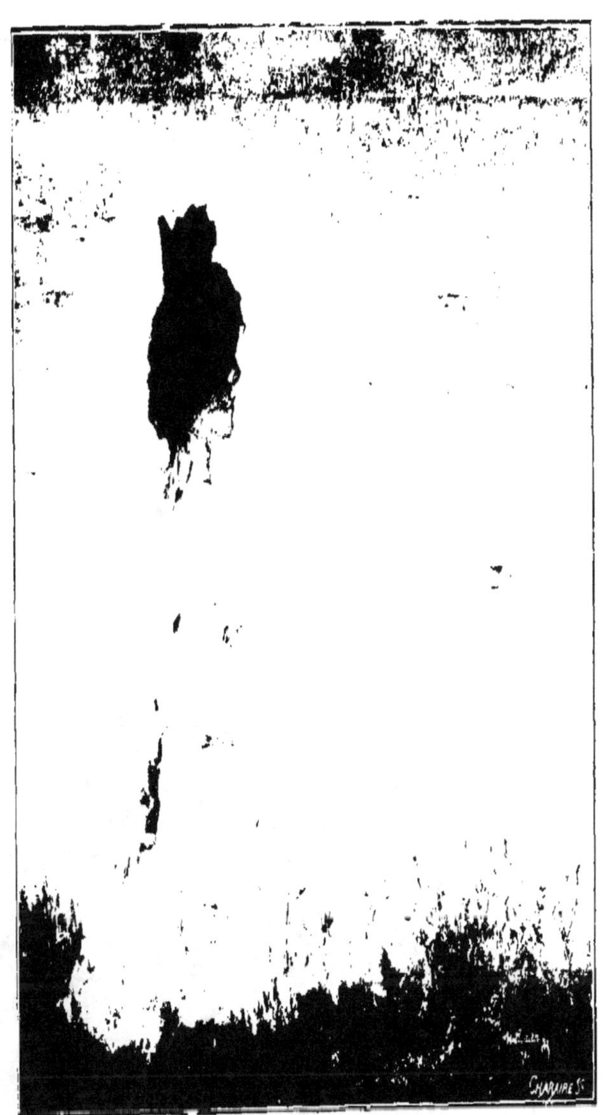

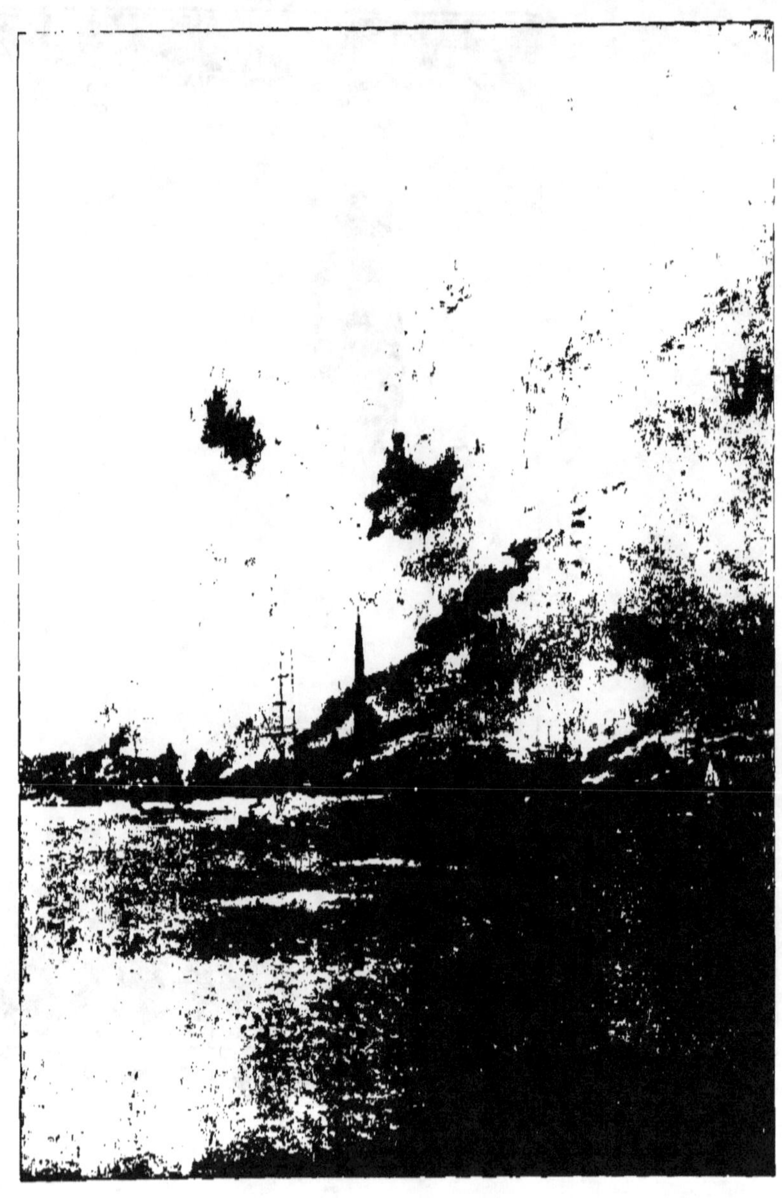

Anvers.

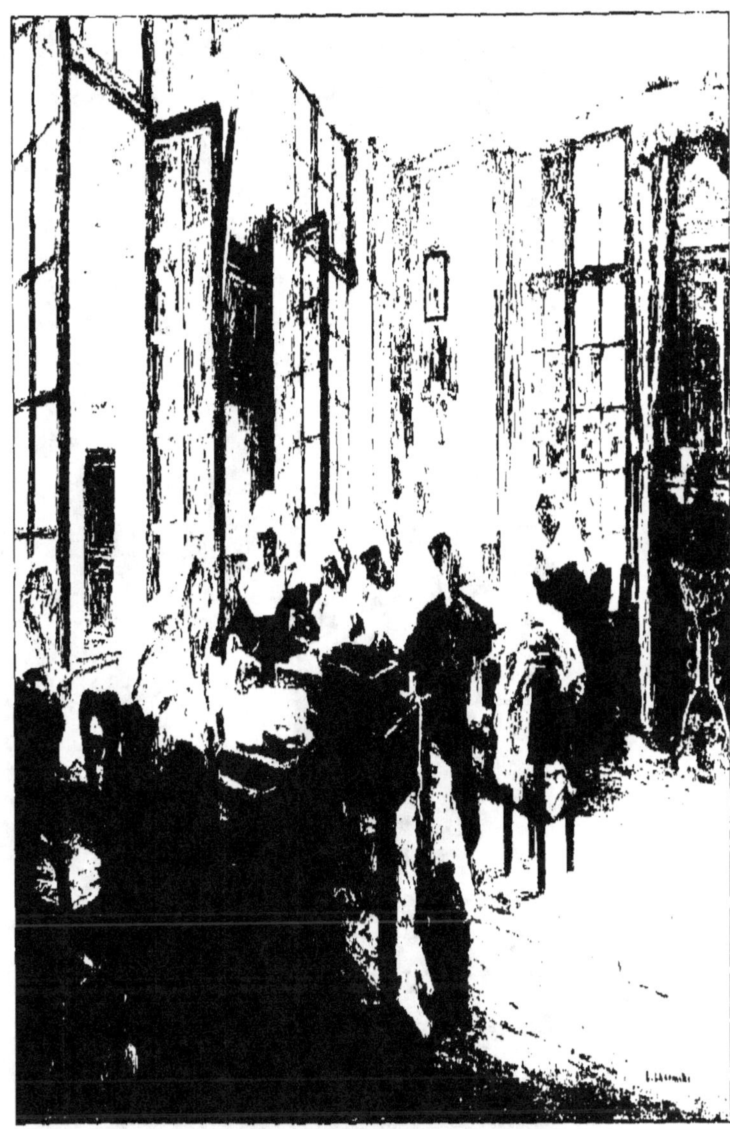

LHERMITTE (L.-A.). Un ouvroir de béguinage à Gand (Belgique). — Zealous workers, Ghent

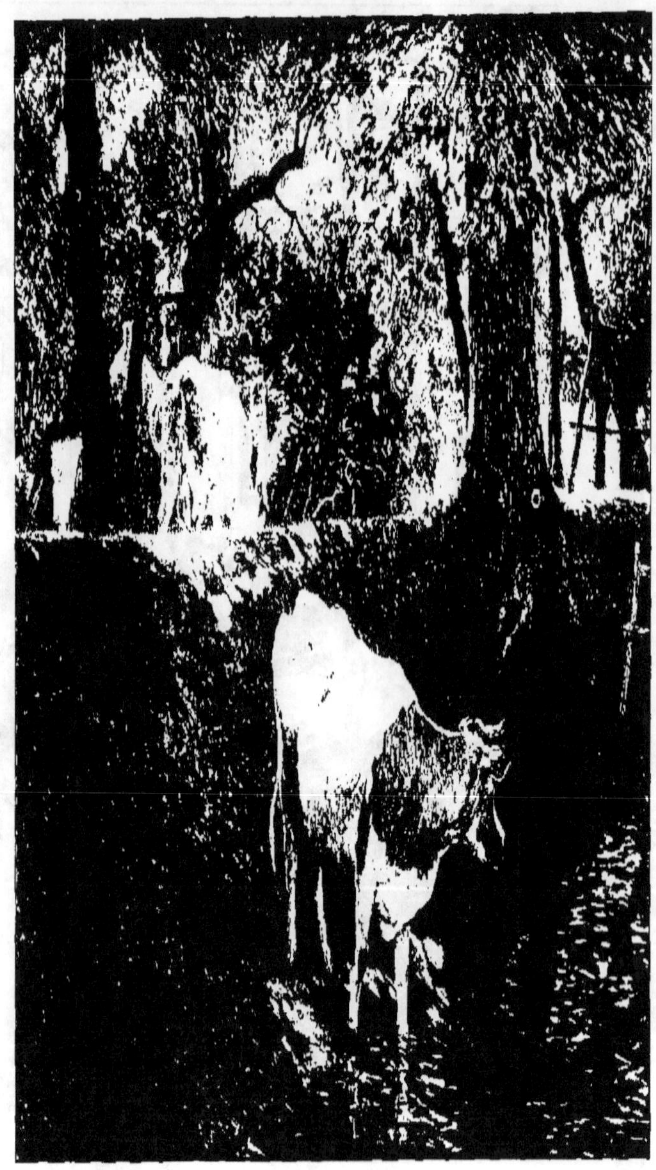

La Berge — Sheep river bank.

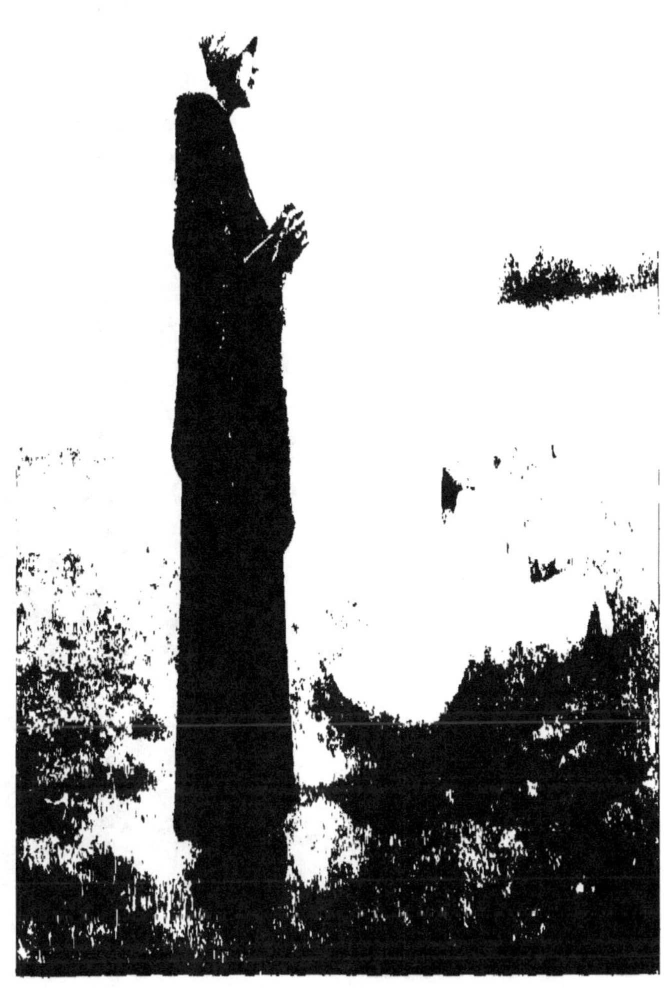

Plate X. — L'heure de l'Angélus. — Hour of the Angelus.

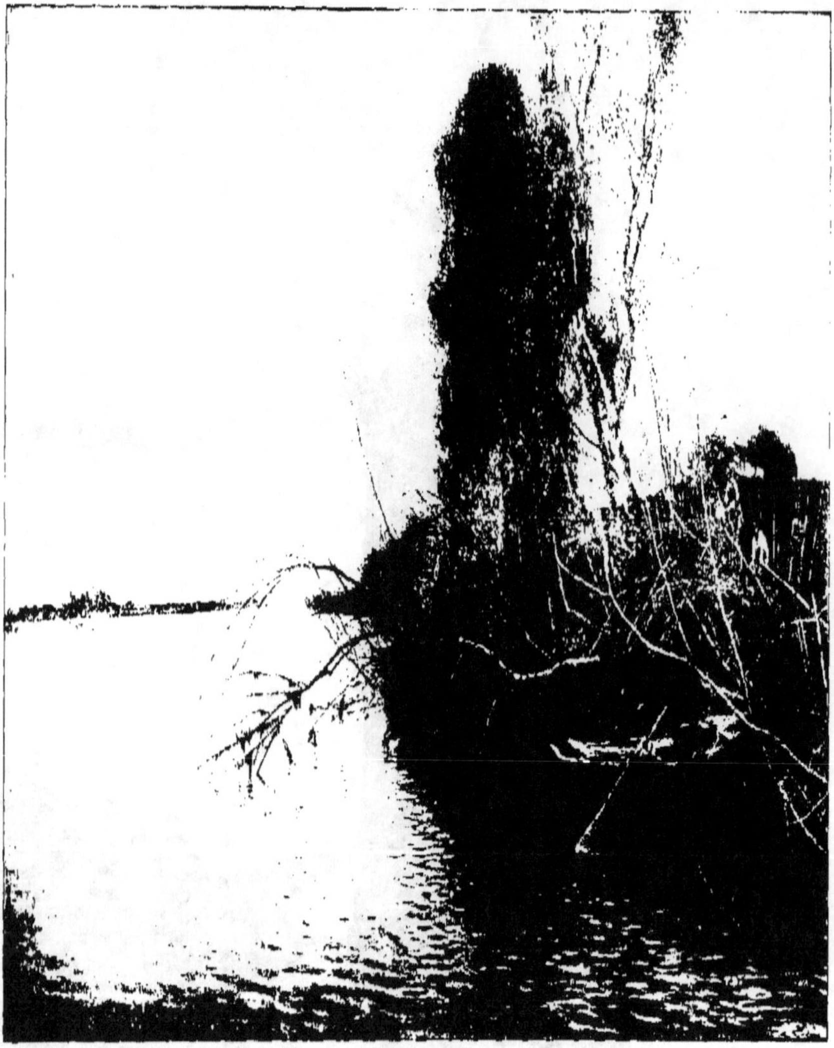

SINCLAIR-PERRIER — *Les Bords de rivière à Gueboau.* — Gueboau, vert et bleu.

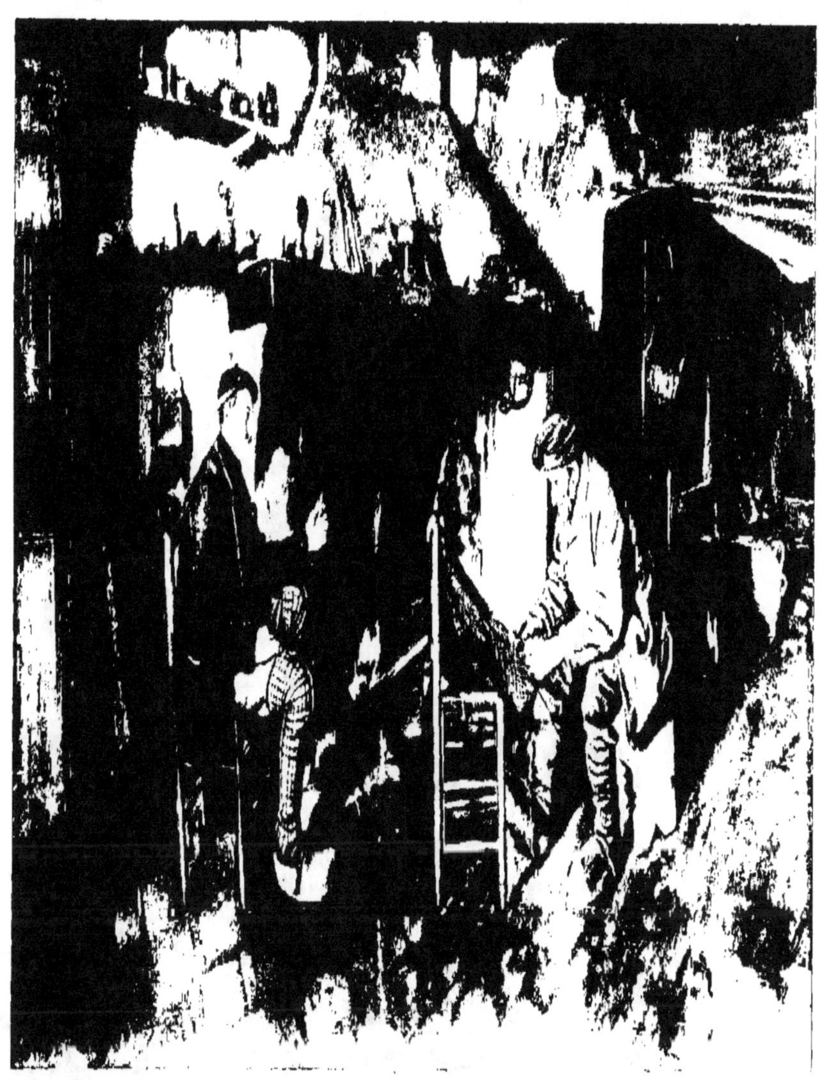

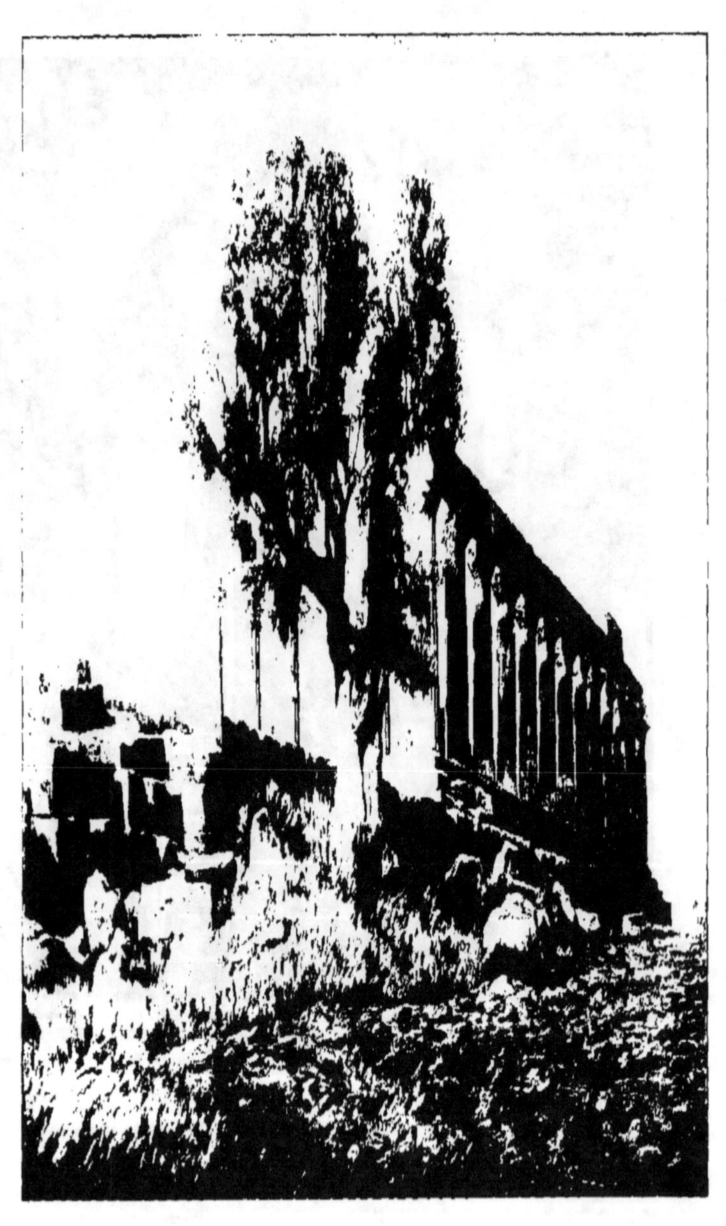

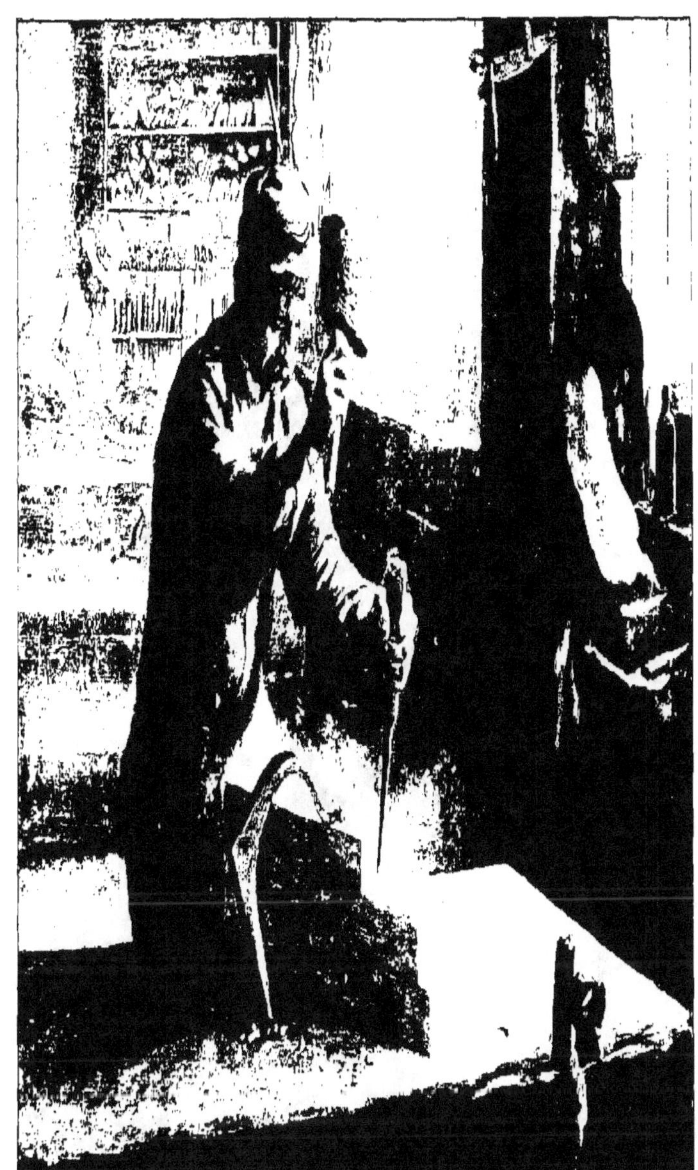

GILBERT (F.). Menuisiers. — Joiners.

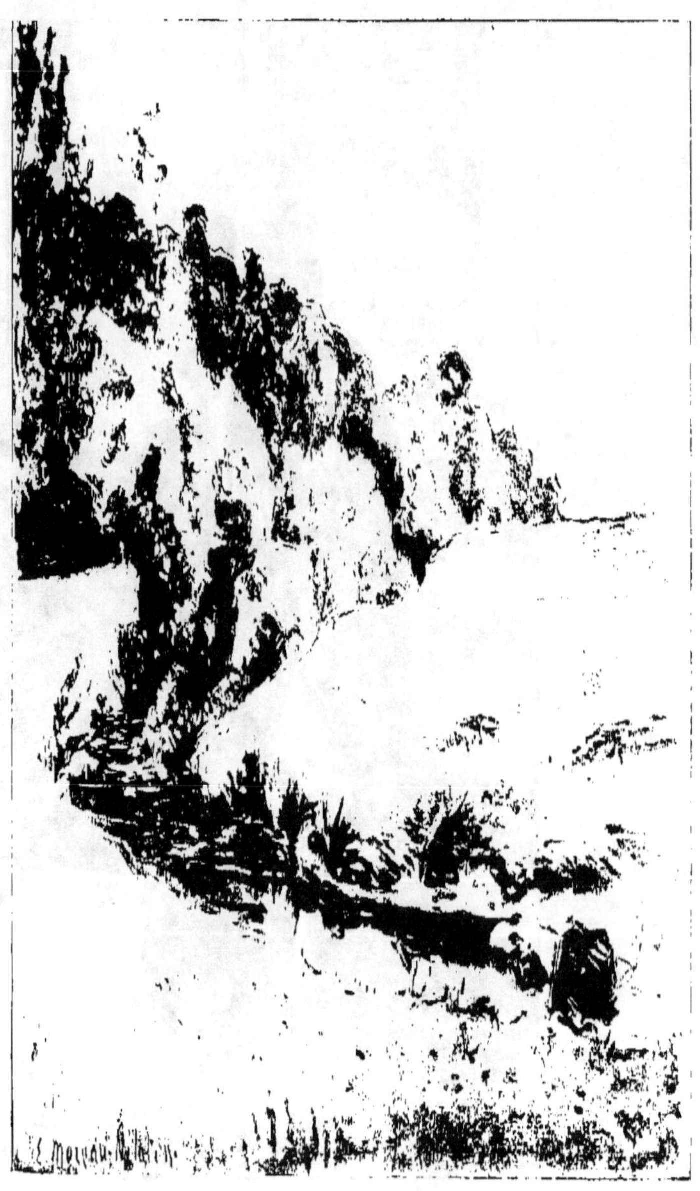

MOREAU-NÉLATON (J...). Le ru de la Grange-aux-Bois — The Brook

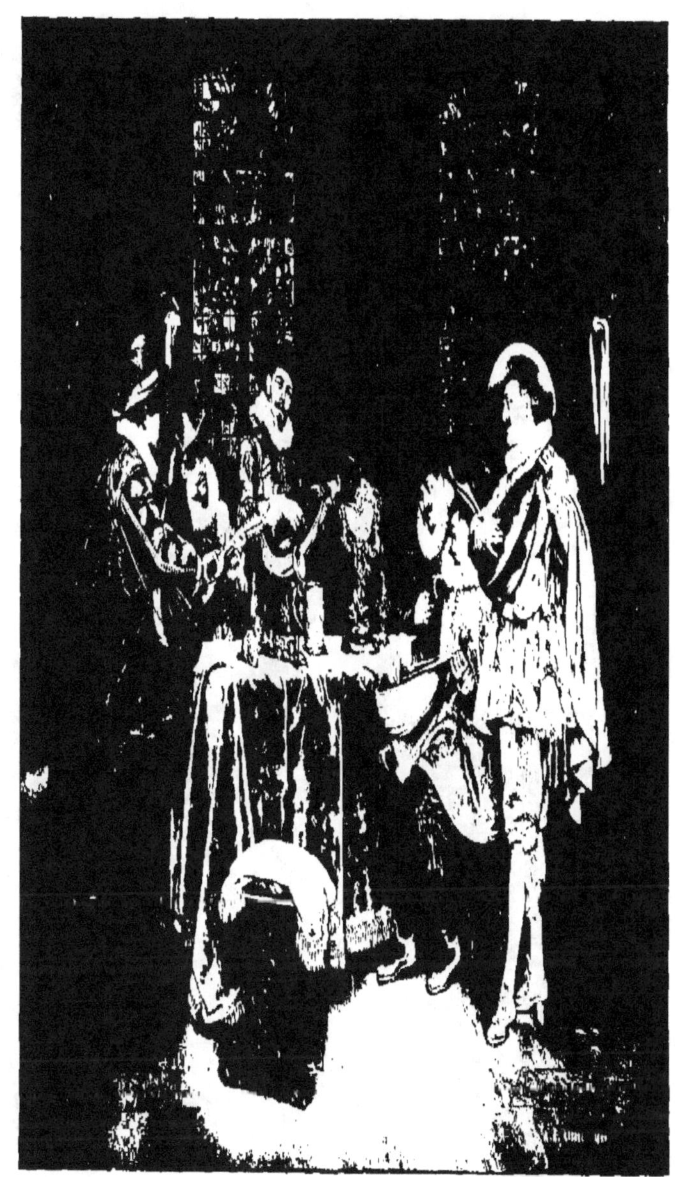

LESLIE (A.A.), *La répétition avant la fête* – The Rehearsal.

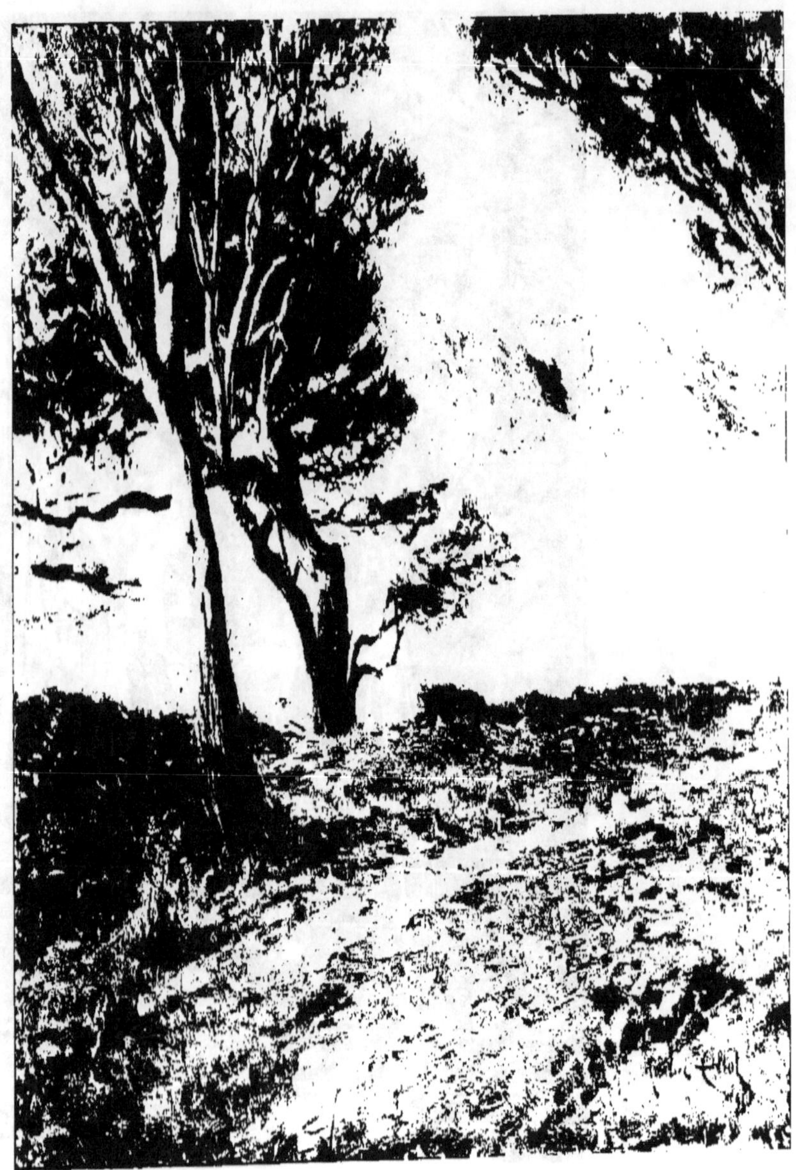

Luçon (M.), Les Pins — Landscap

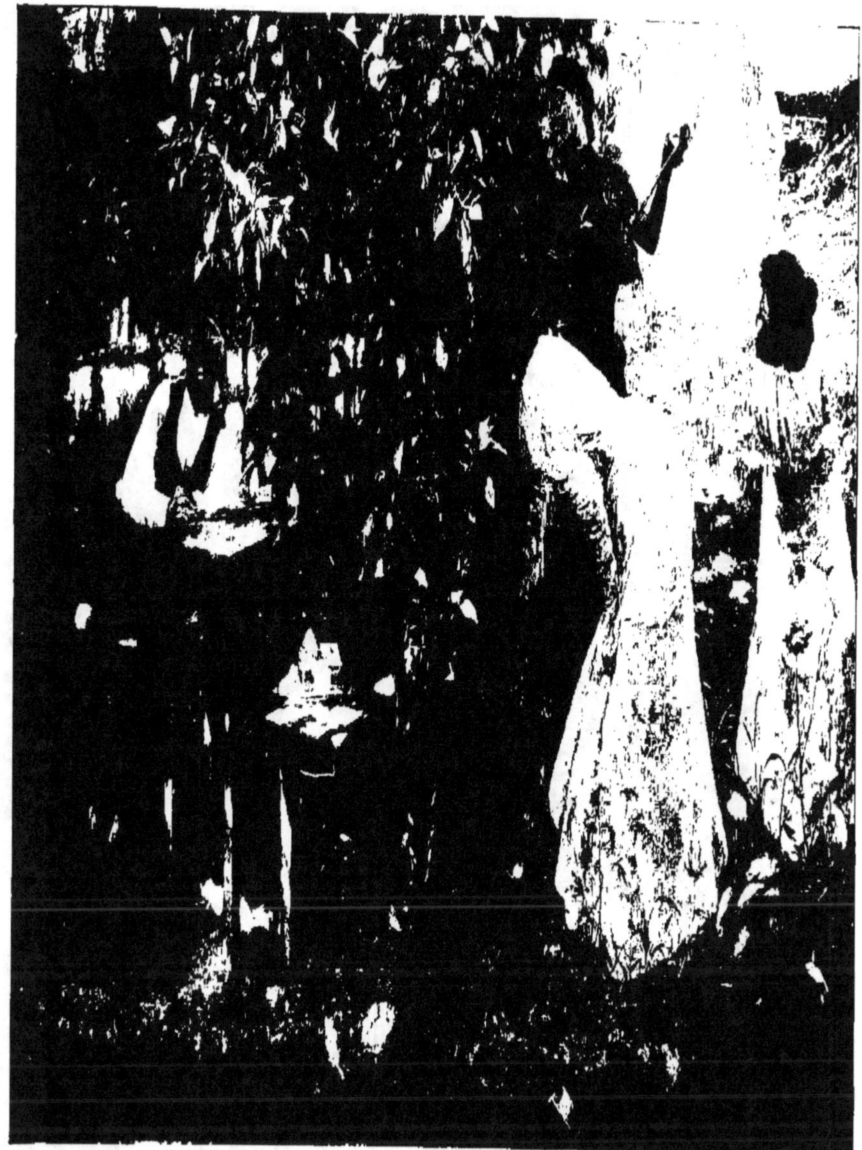

Spitzweg F. Le bibliomane. — The Book-worm.

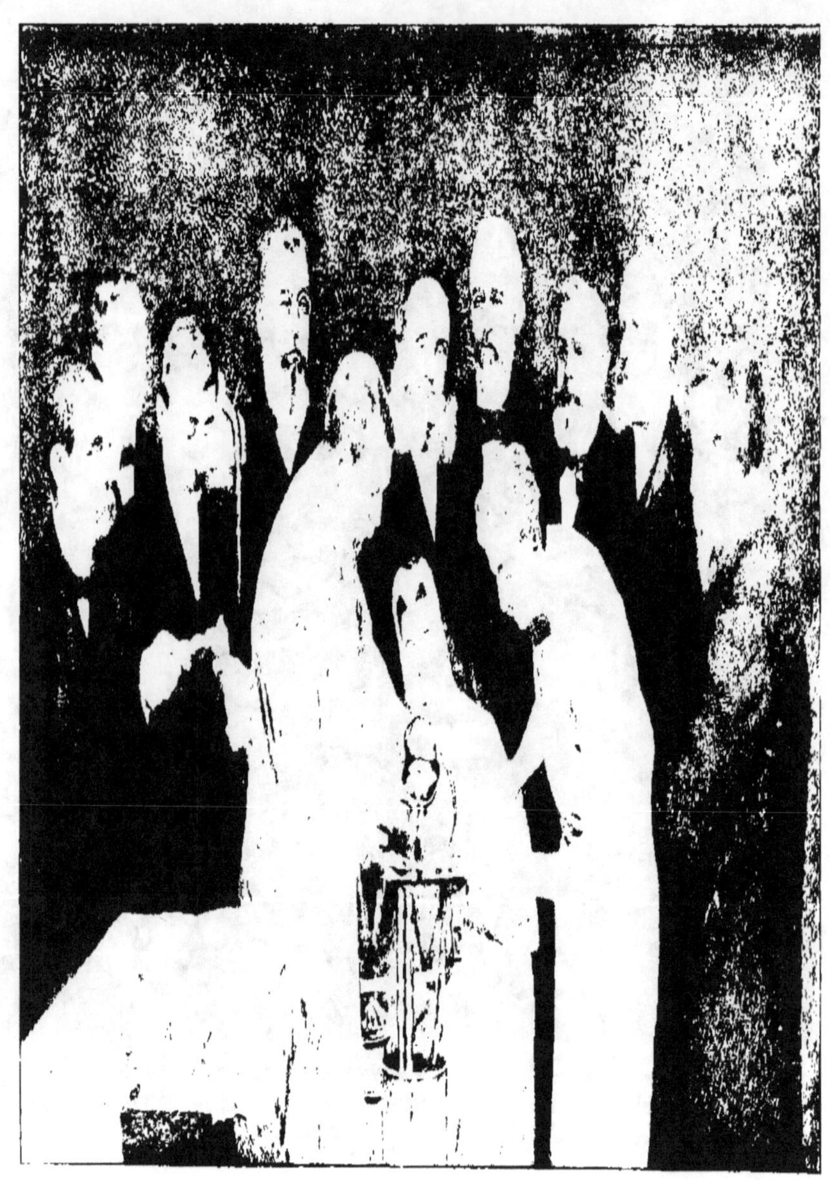

Les ... par l'opération de ... l'image ... originale.

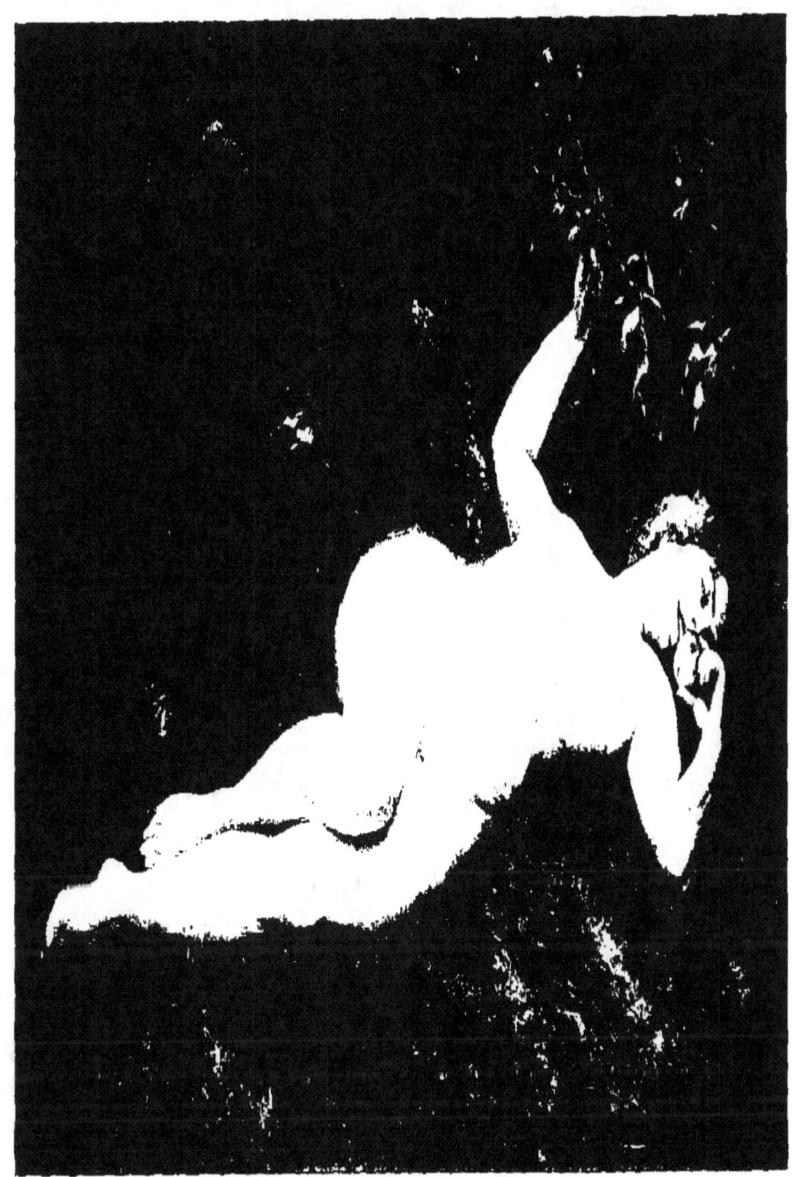

Potter (A.). Filia Evae. -- Daughter of Eve.

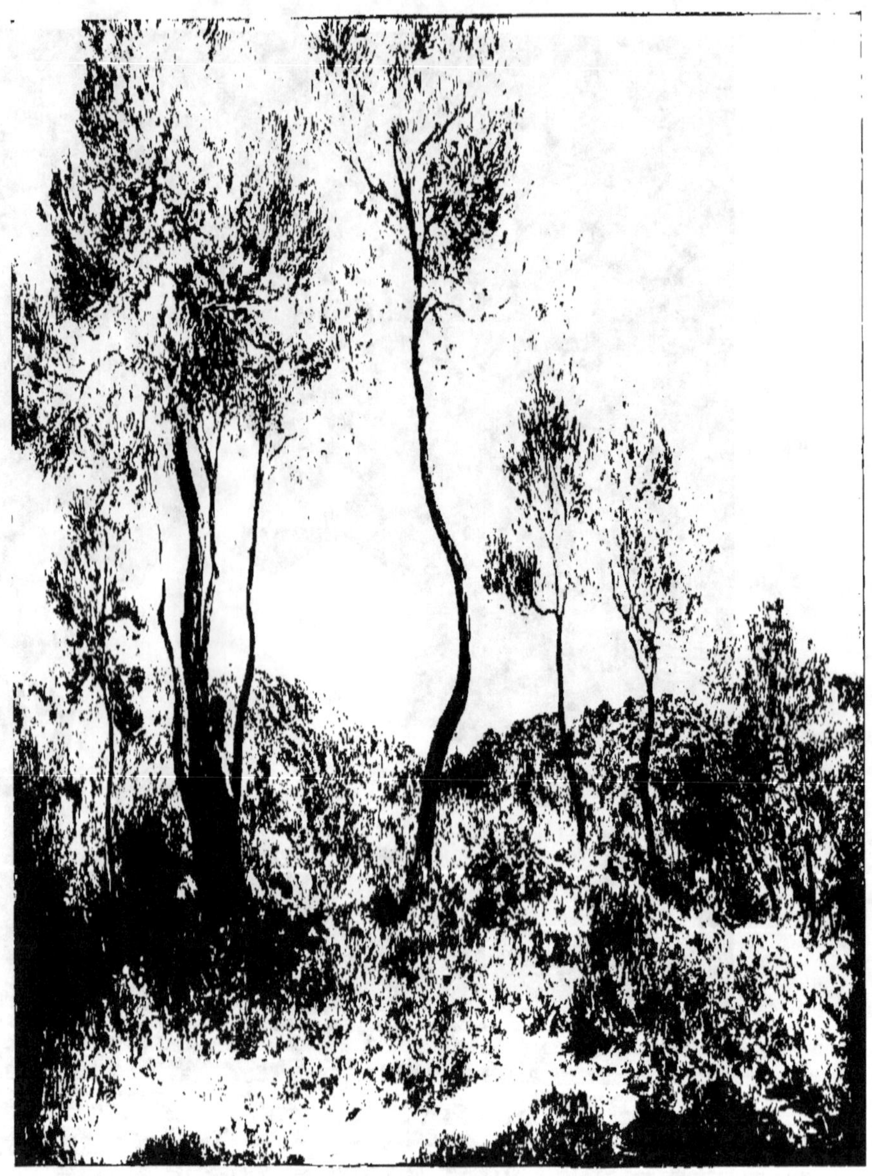

BURSAND E.). Solitude.

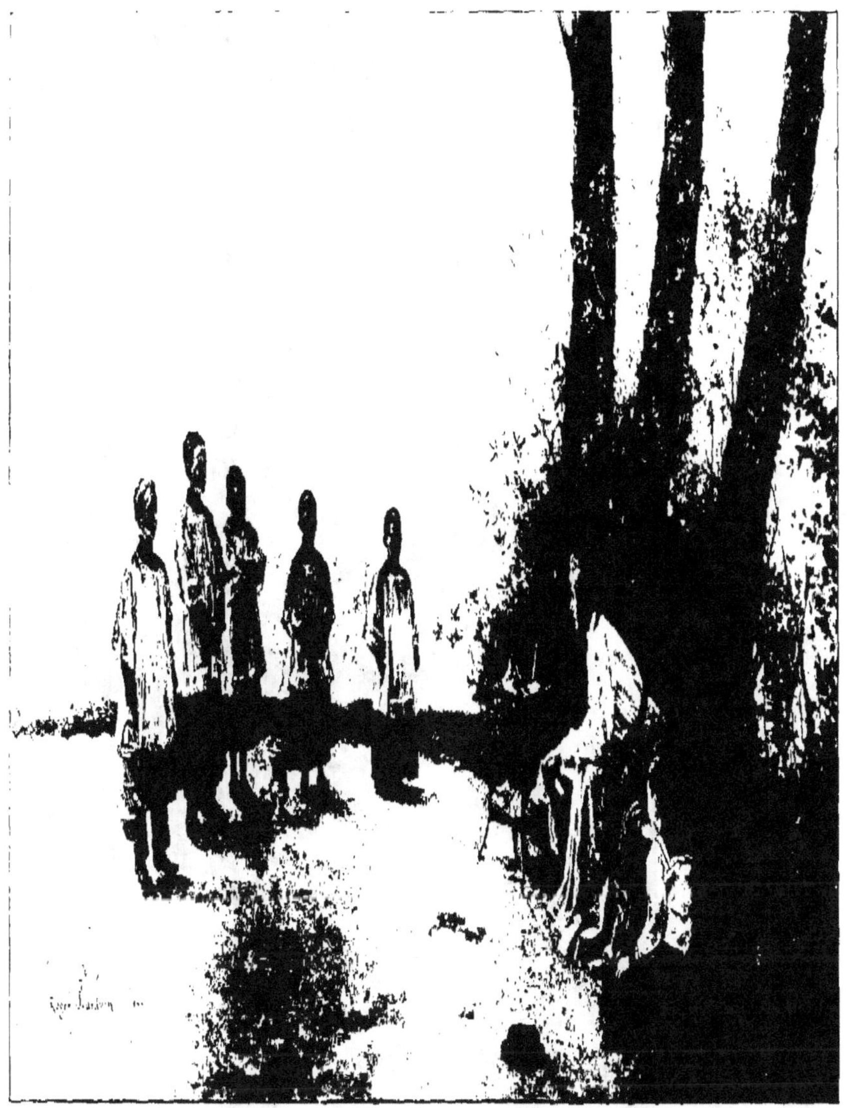

Jacquux (Roussel), le Paquret — Easter Collection.

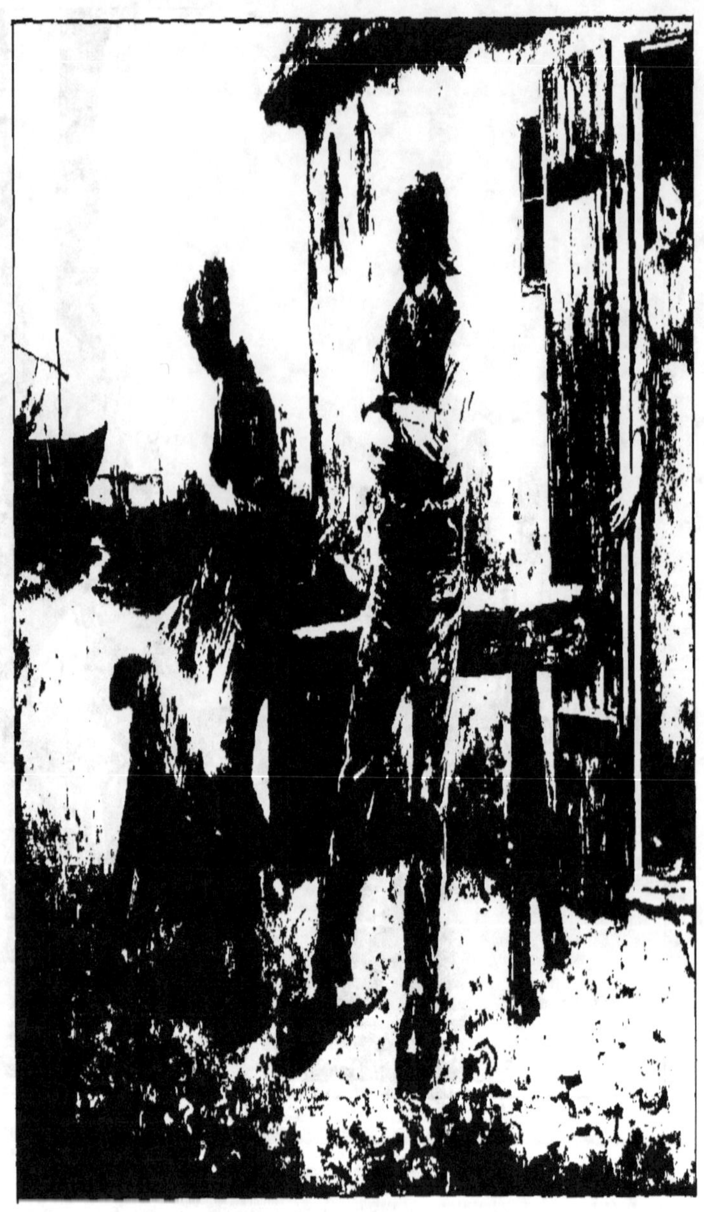

Hałubek (N.). Jalousie. — Jealousy

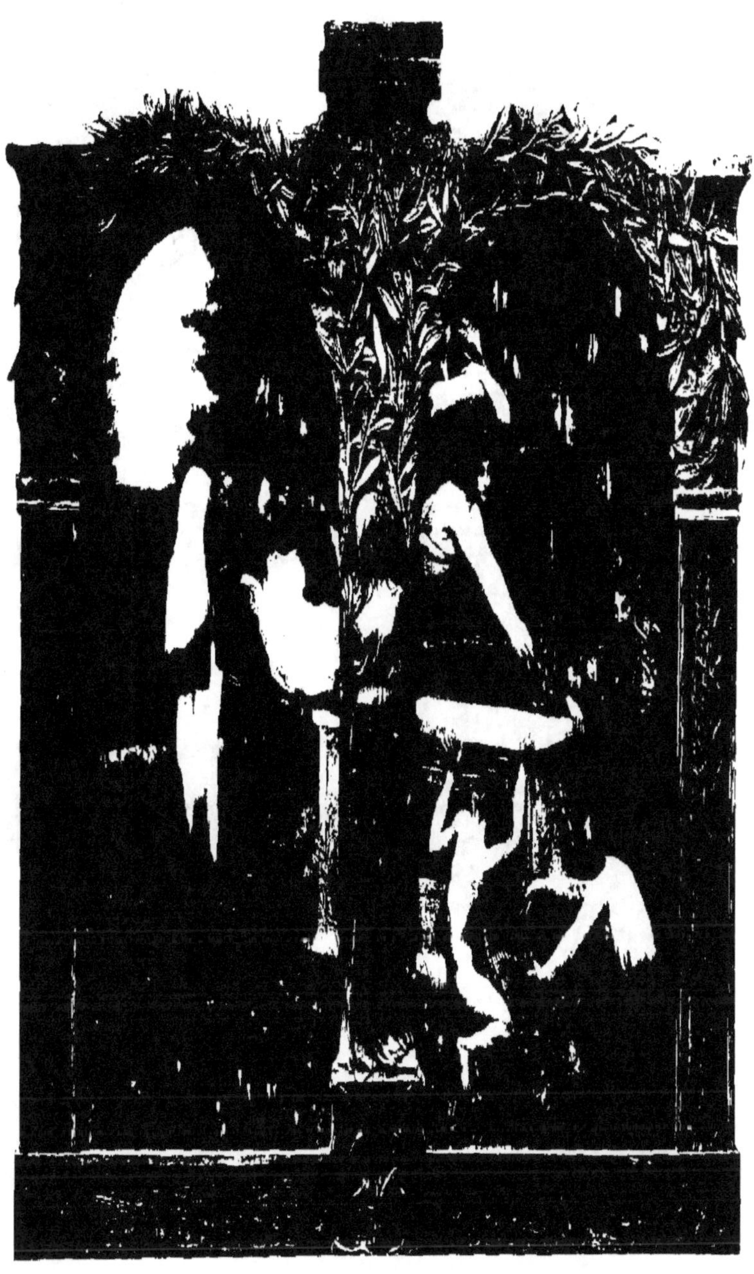

À la mémoire de Puvis de Chavannes. — To the memory of Puvis de Chavannes.

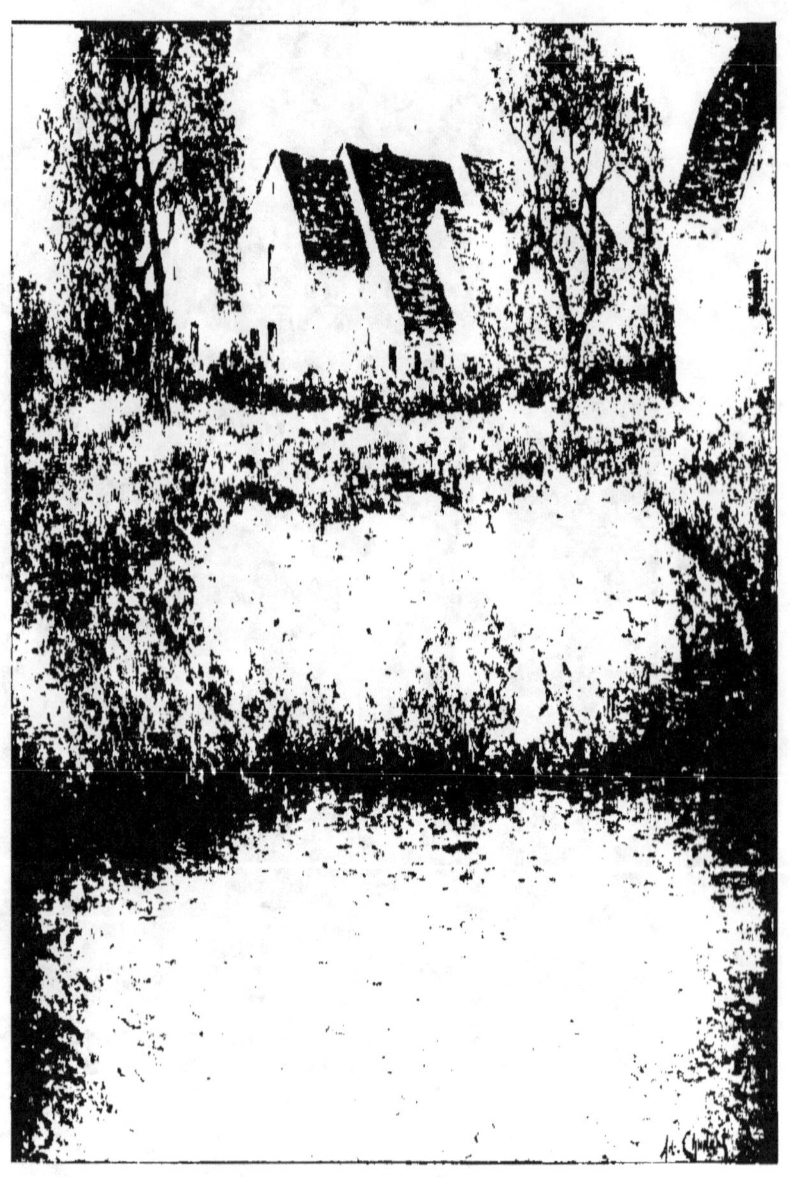

Cliché A. Chudant — Les pêcheries de Bicoceaux (vue prise le matin). — Usines et forge des Belleaux (Doubs).

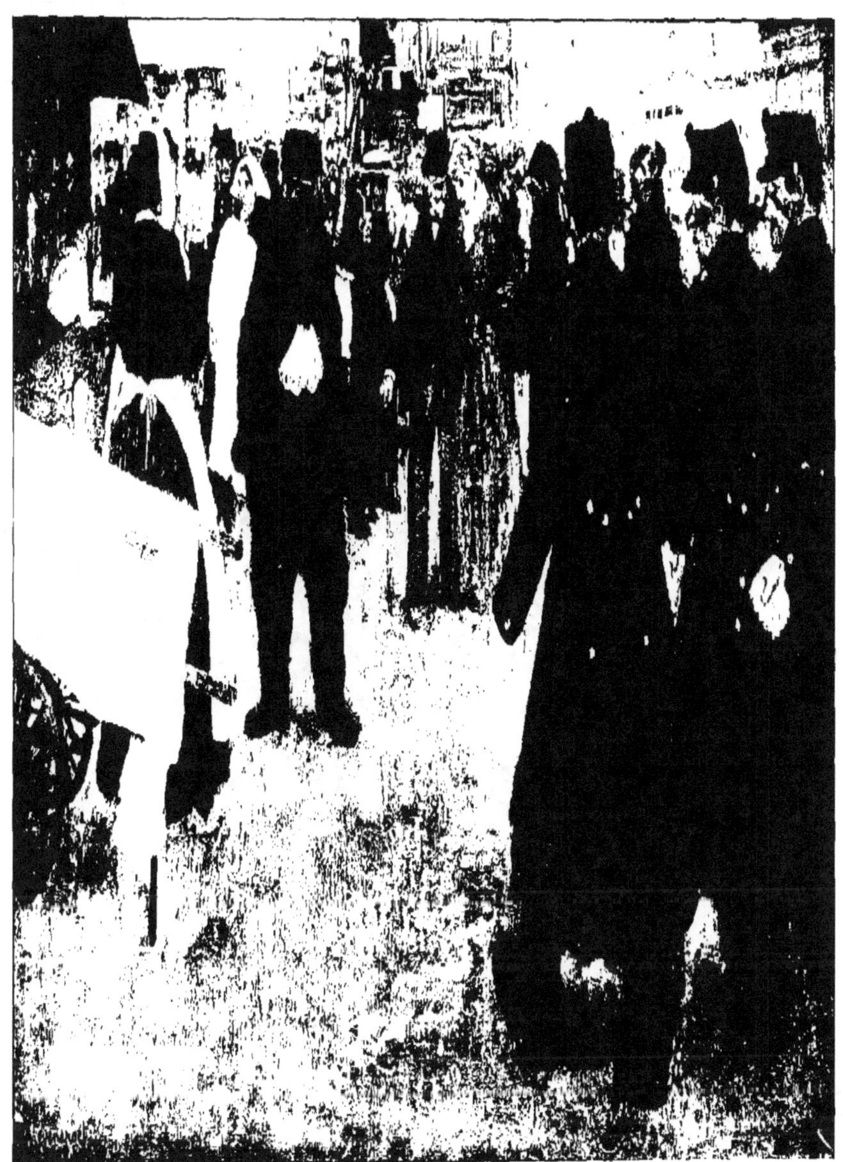

EVENEPOEL (H.-J.-E.): *Fête aux Invalides.* — "Invalides" Fair.

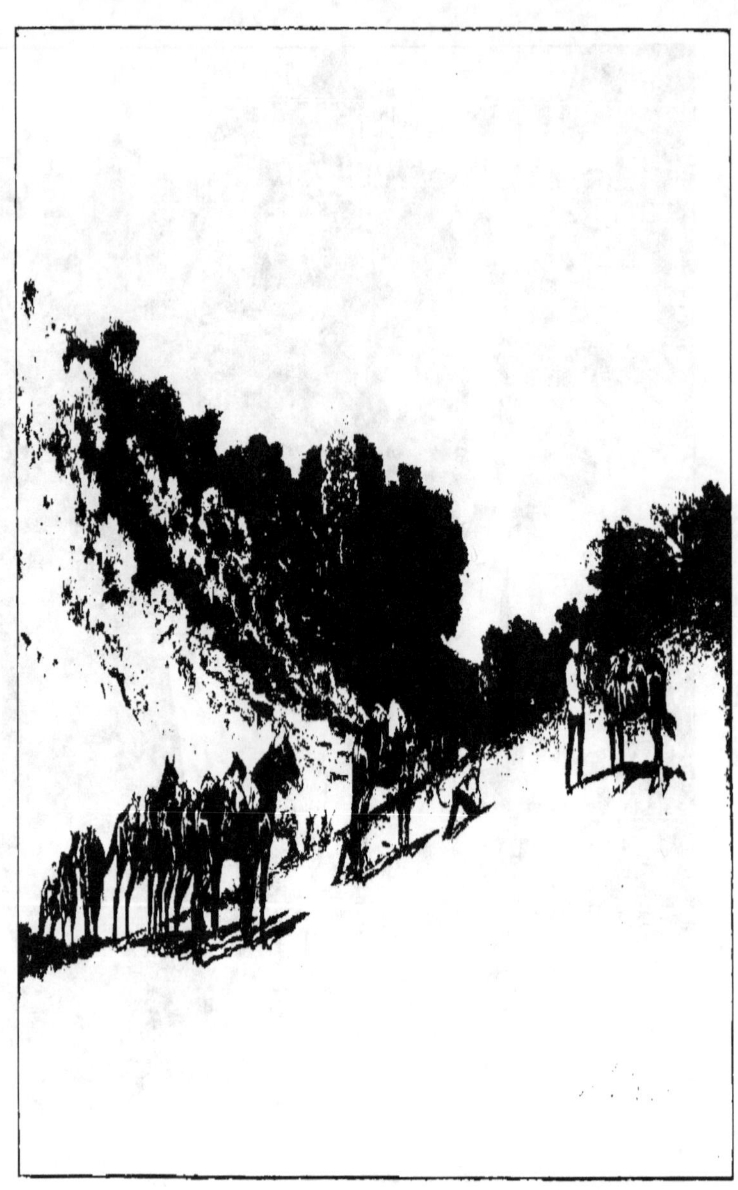

TRANSBAÏKALIE. — Une halte. Dragons russes. — (A halt. Russian dragoons).

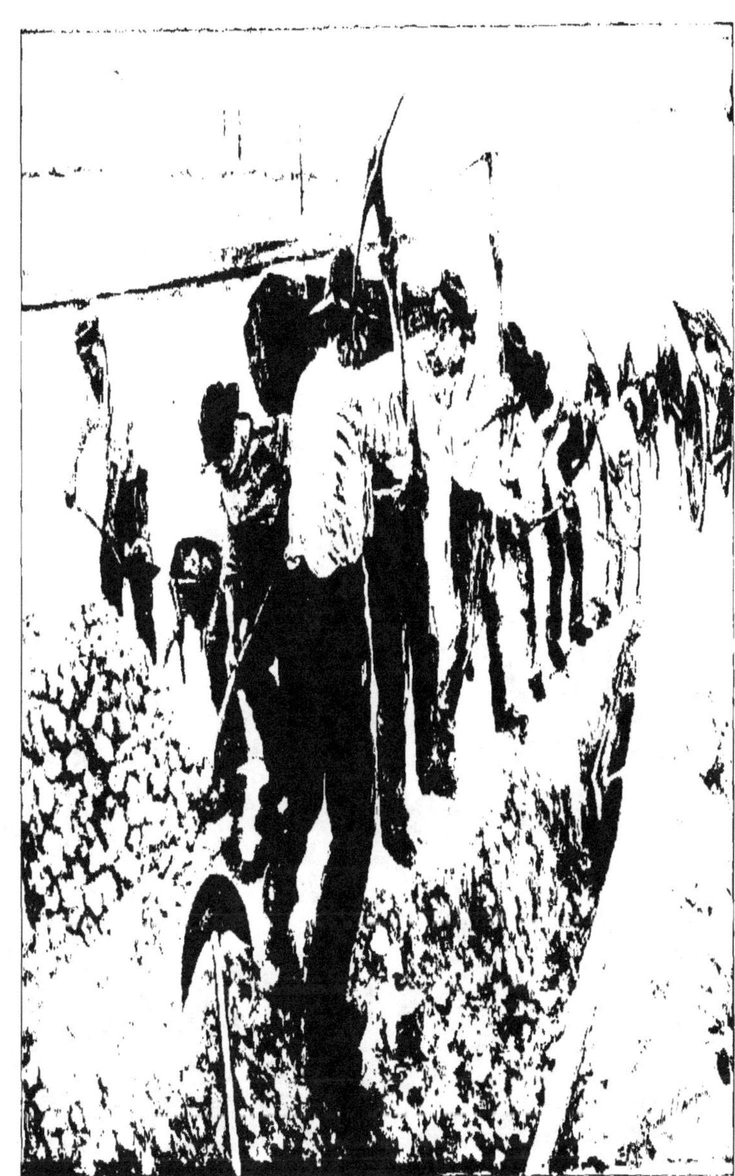

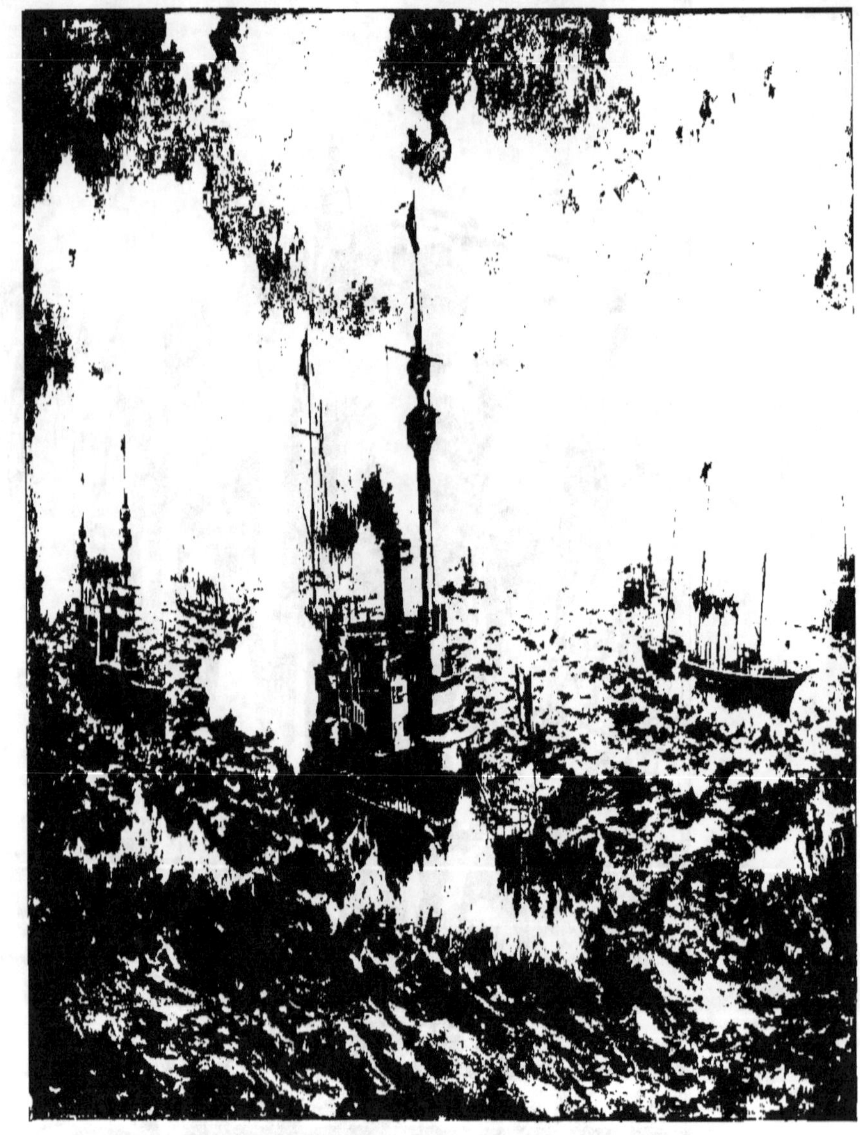

COURRIER L.: *L'escadre française venue de Cherbourg à la rencontre du Tsar escorte et salue les Yachts impériaux russes (5 octobre 1896).*

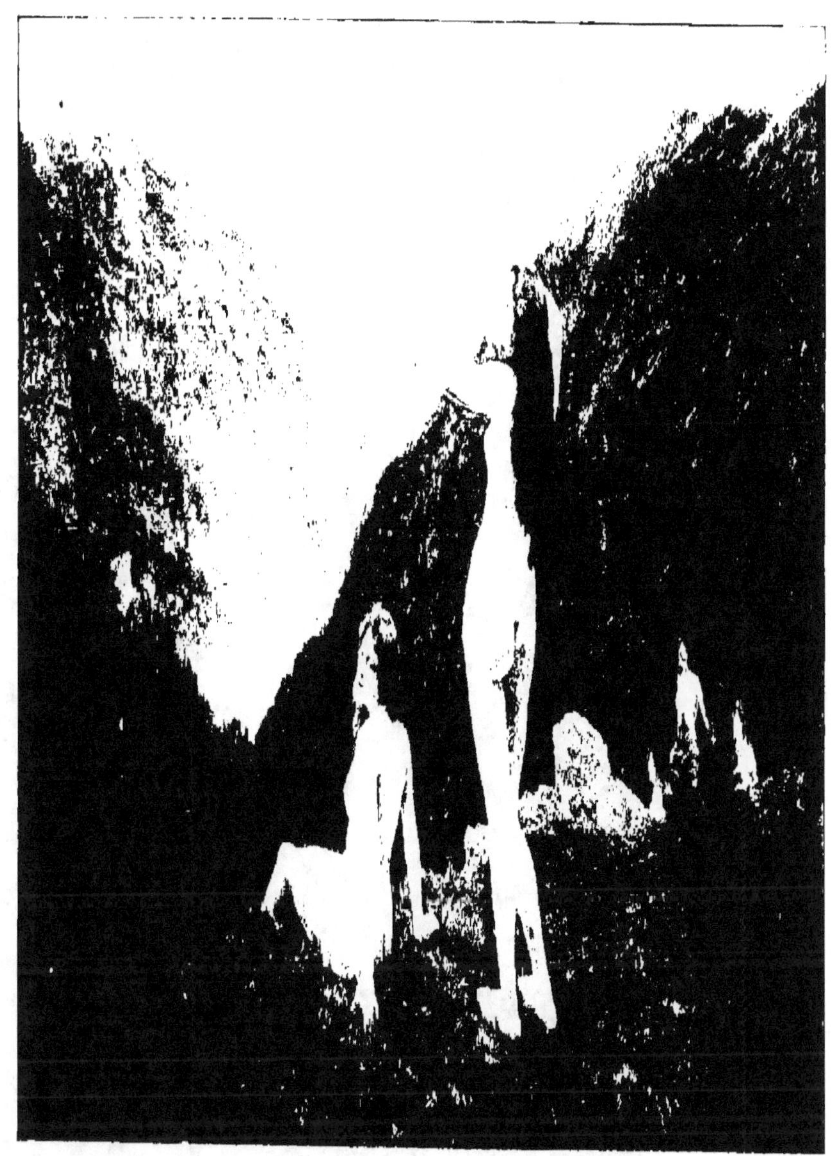

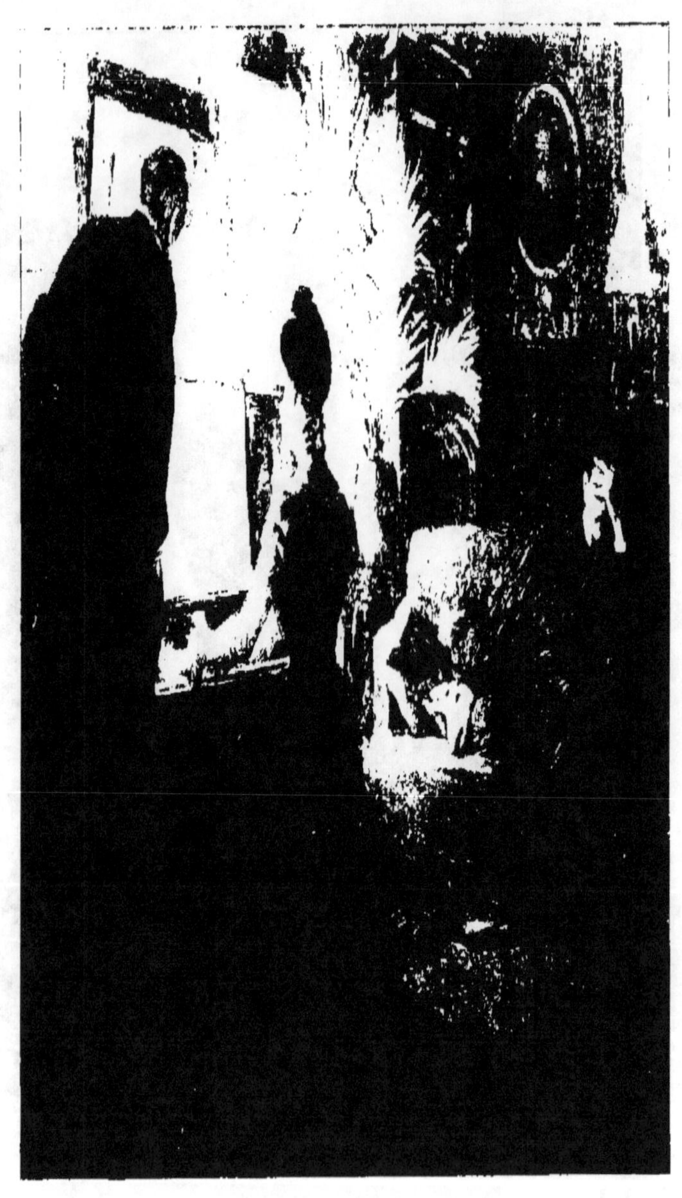

Monsieur J.-P. Morgan

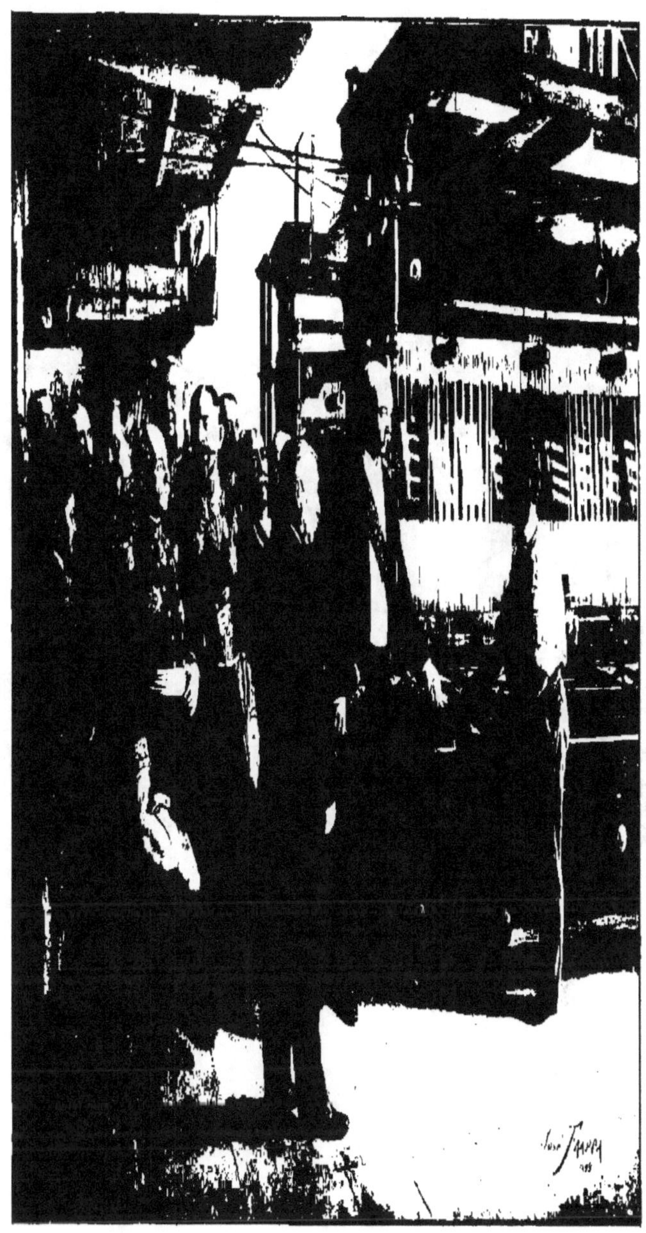

FRAPPA José . *Le Président de la République visitant l'atelier d'un ouvrier rubanier* (St-Étienne, 30 mai 1889).

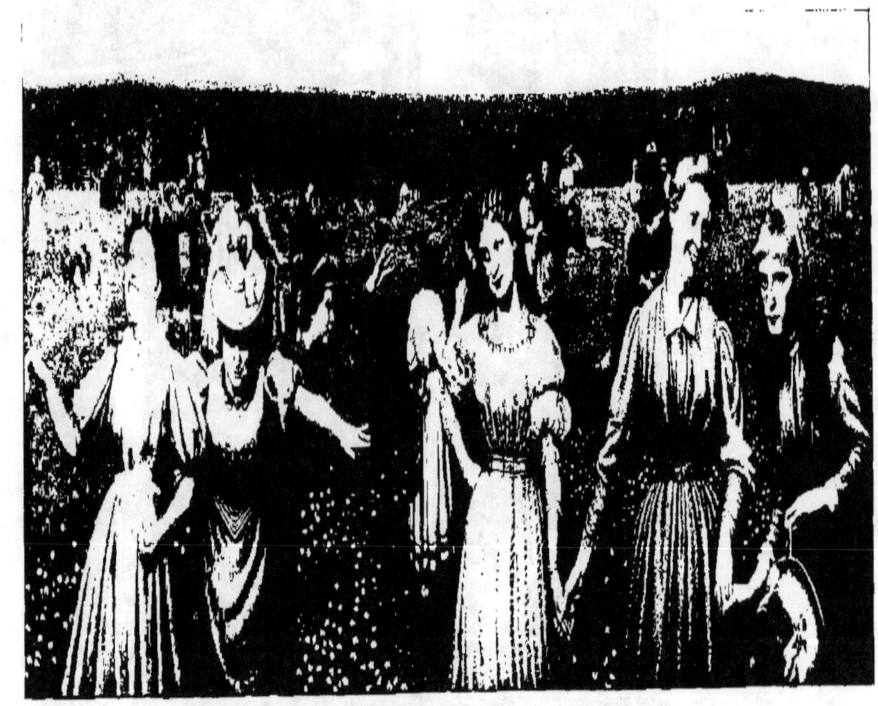

Le retour de la printemps — Spring

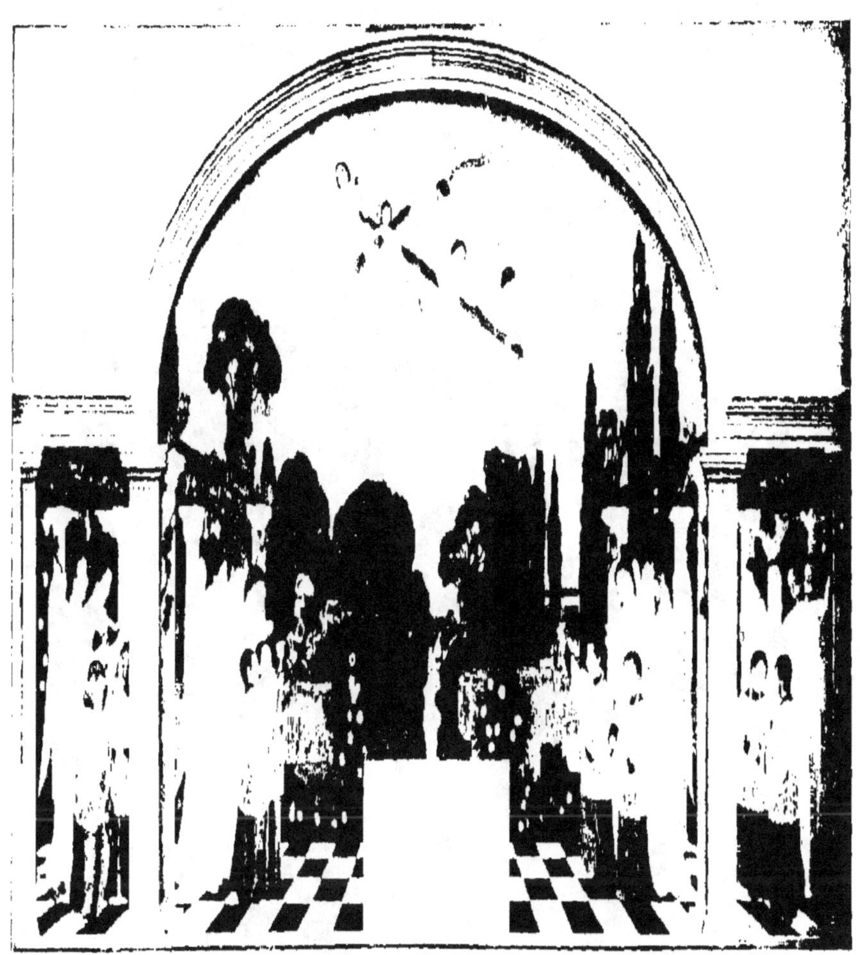

Fig. 58) Fragment de la mosaïque de la Chapelle du collège Saint-Cyr à Louvain.

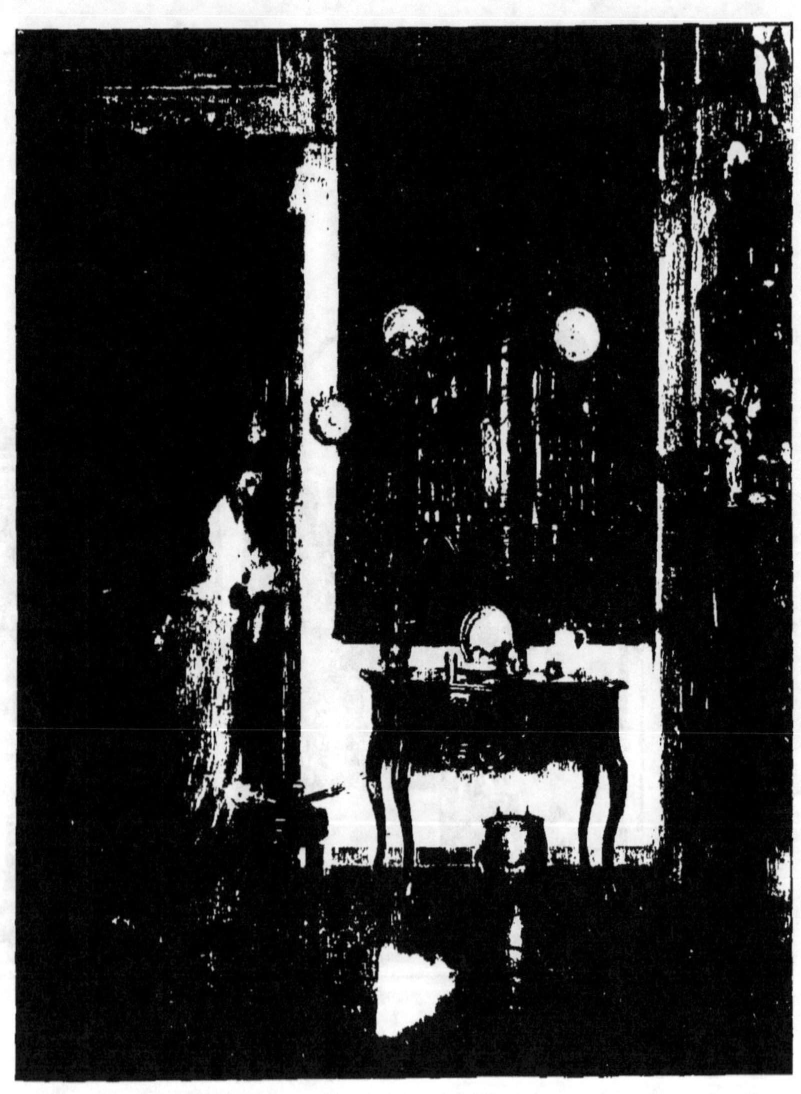

BONNARD É.-A., *Intérieur.*

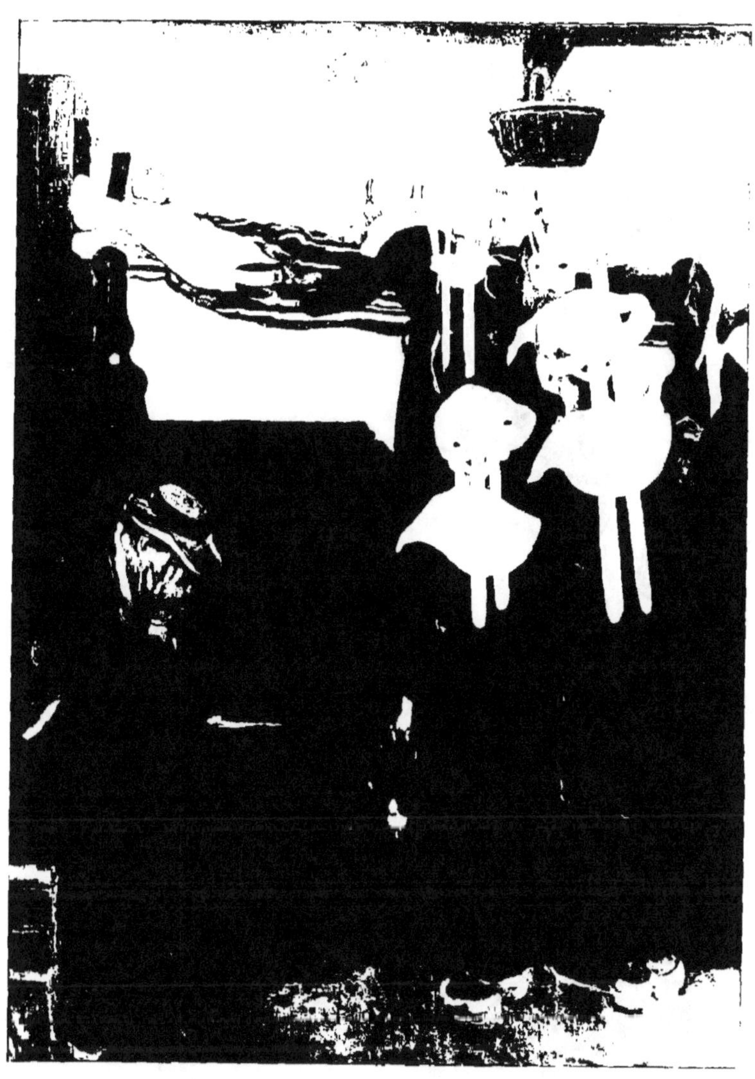

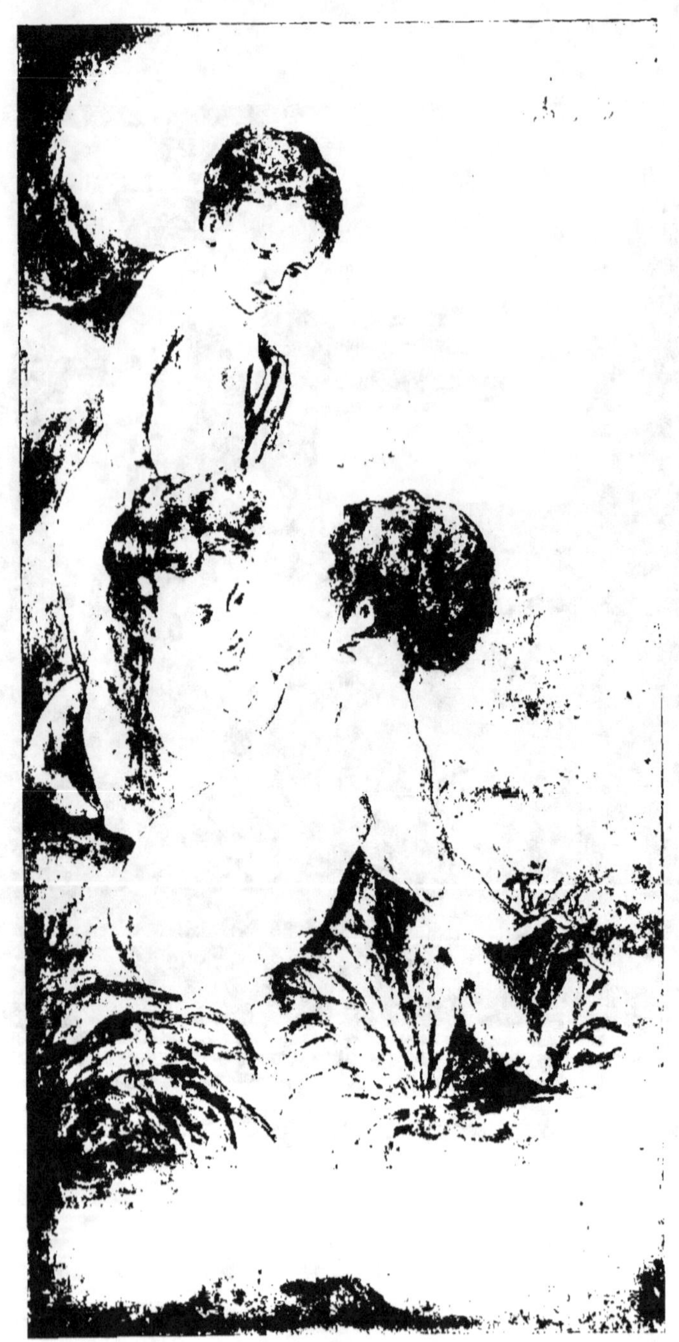

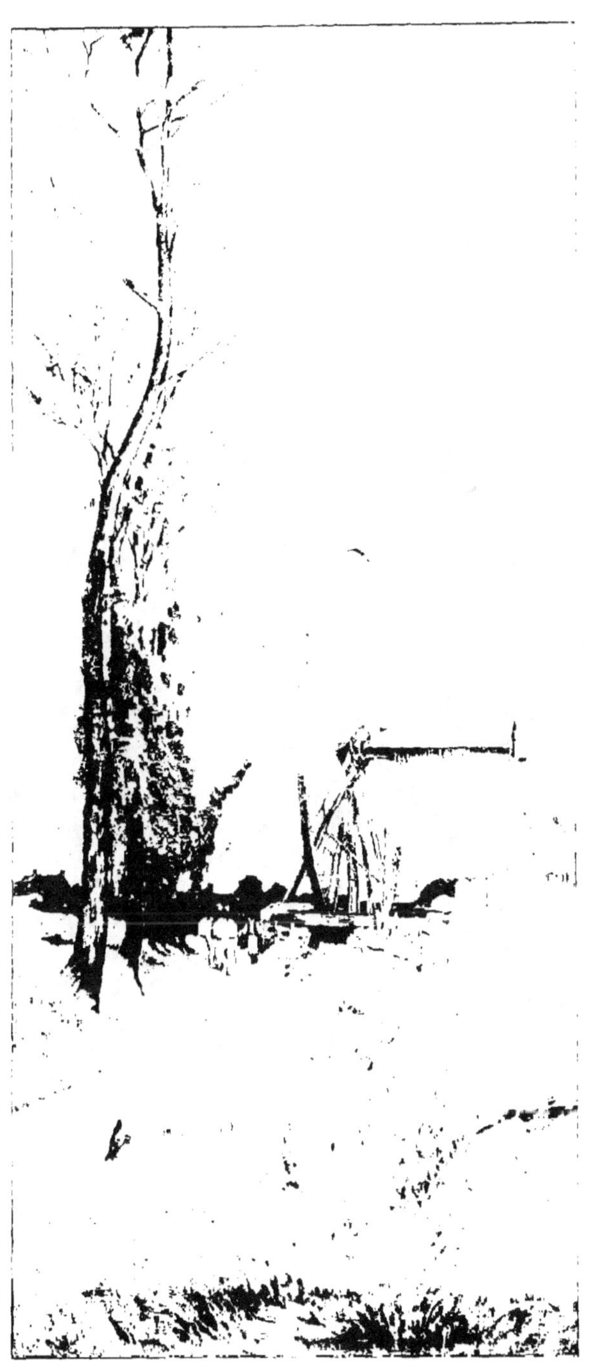

SAINTIN H... *Carrière aux environs de Paris — le soir*
Quarry: outside Paris: Evening.

147

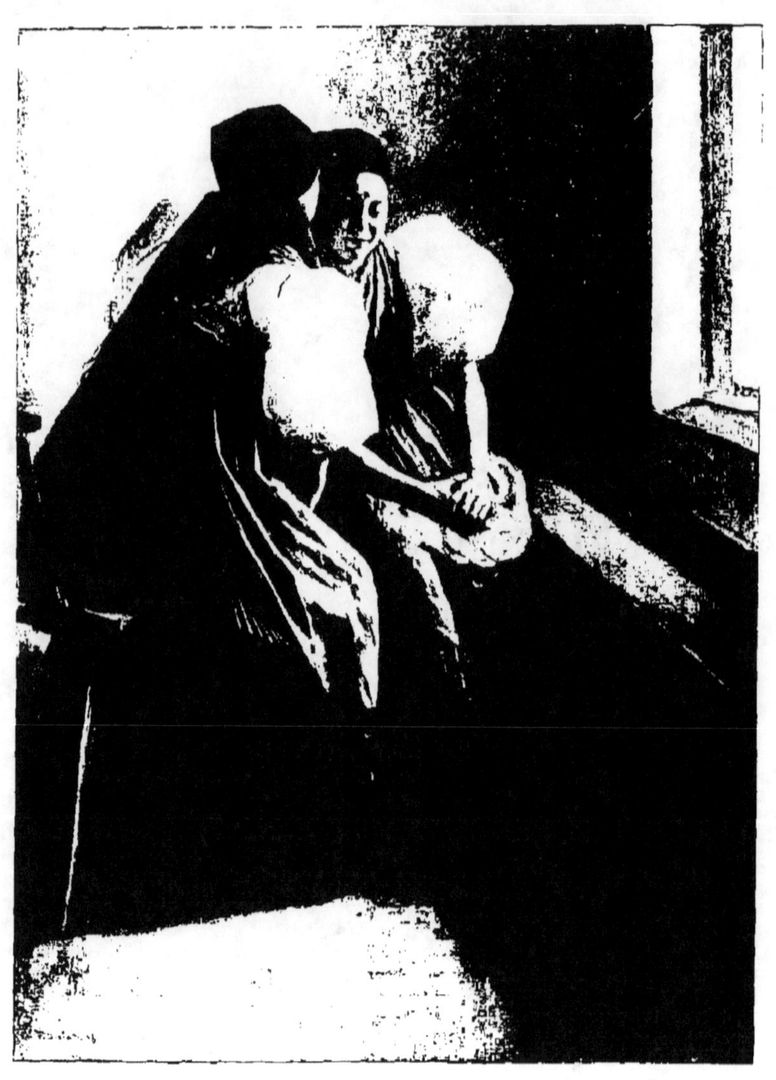

Deux paysannes de Bohême.
Bohemian peasant women.

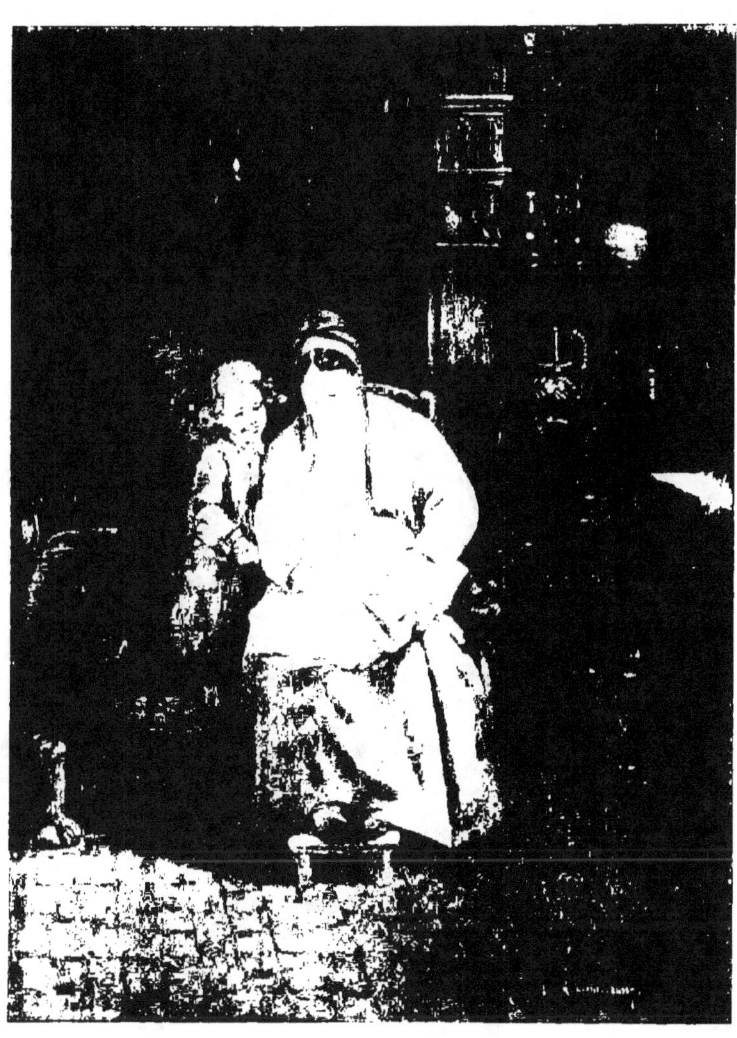

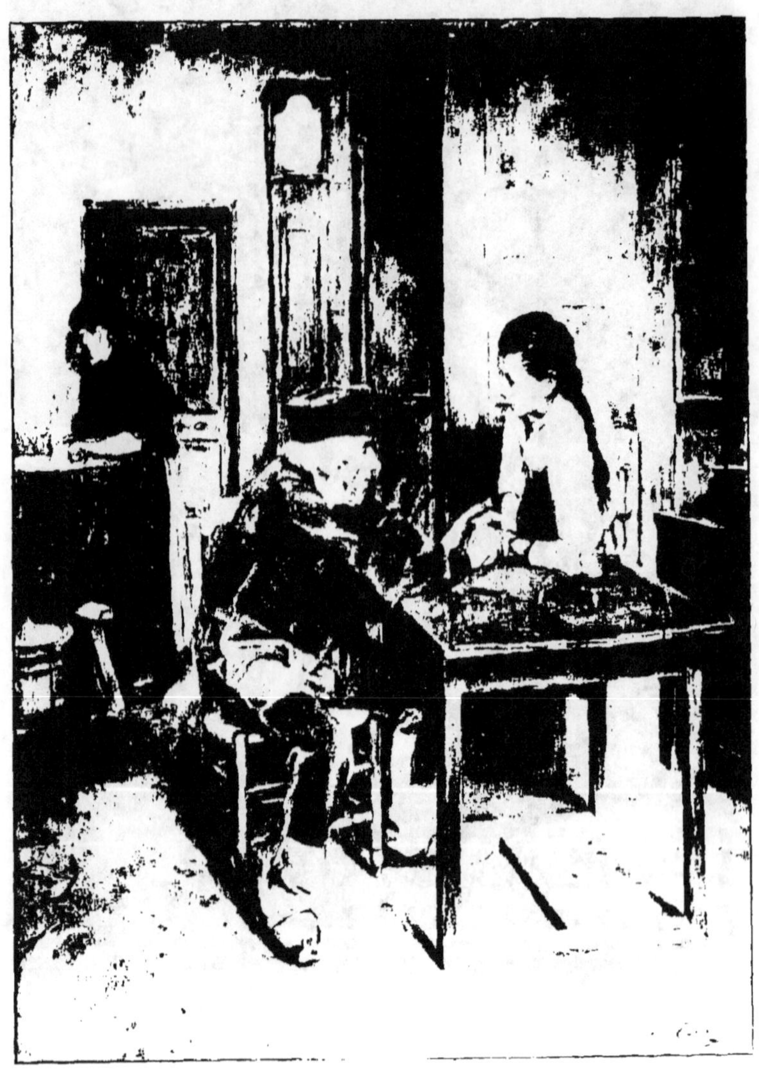

DUEZ E... Un bon conseil. — Good advice

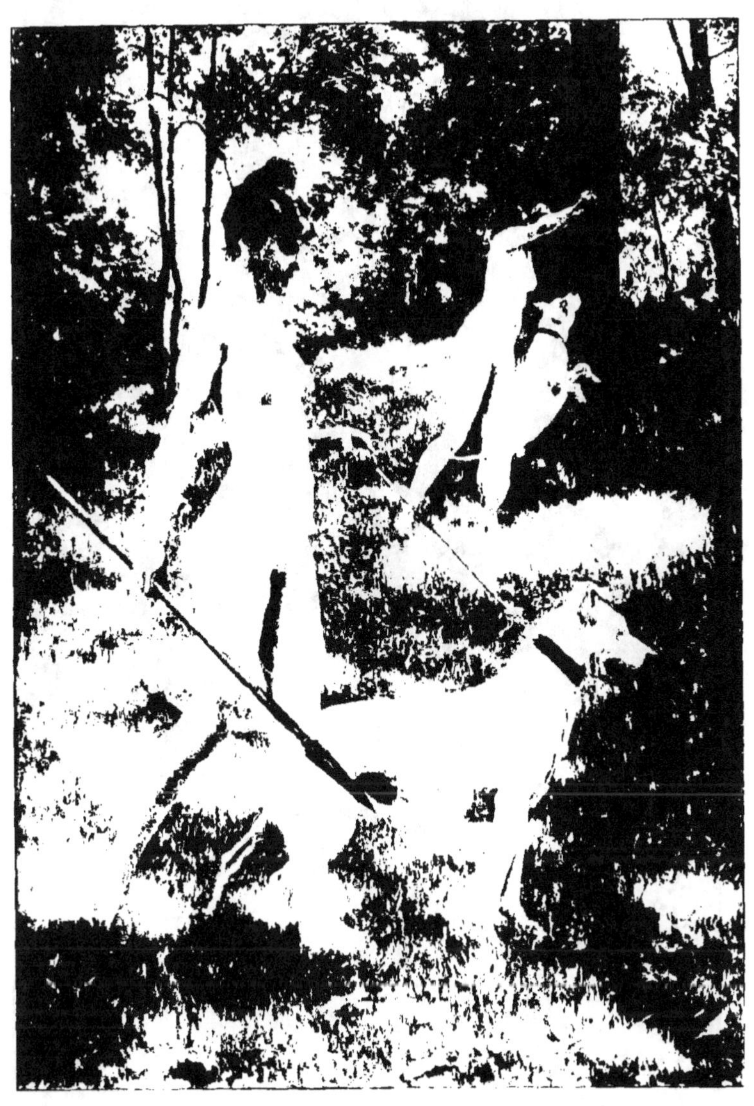

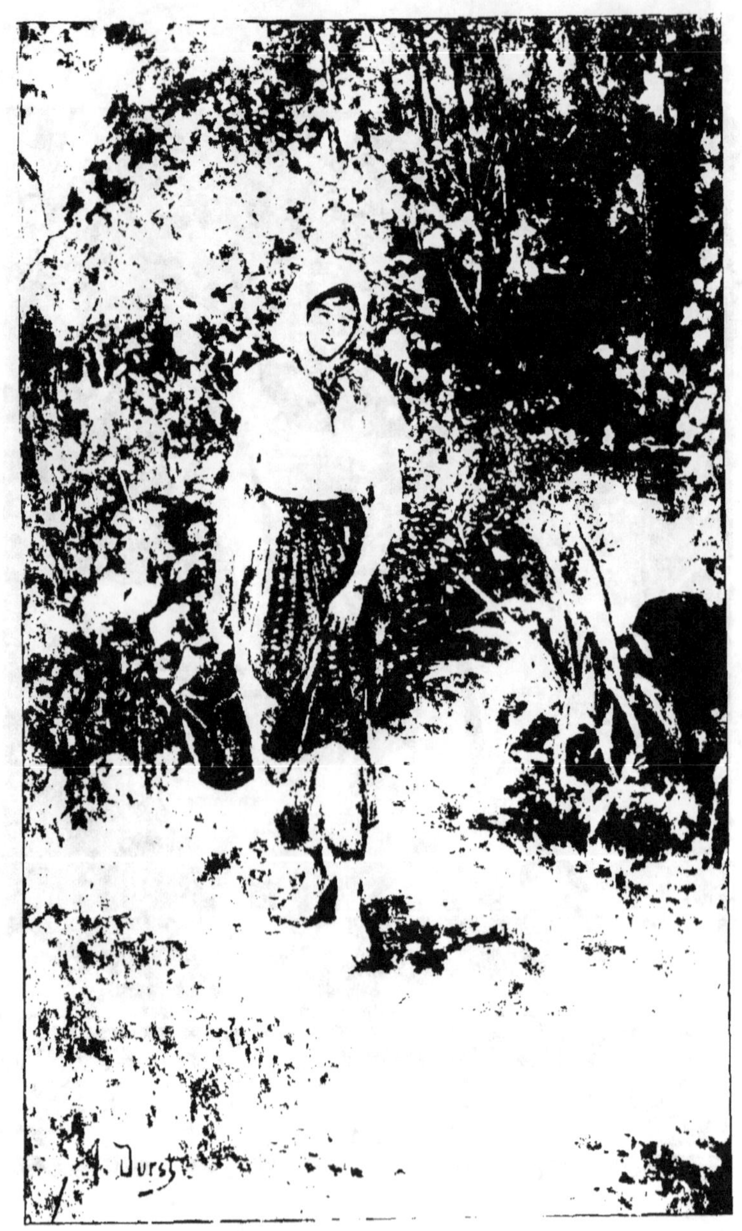

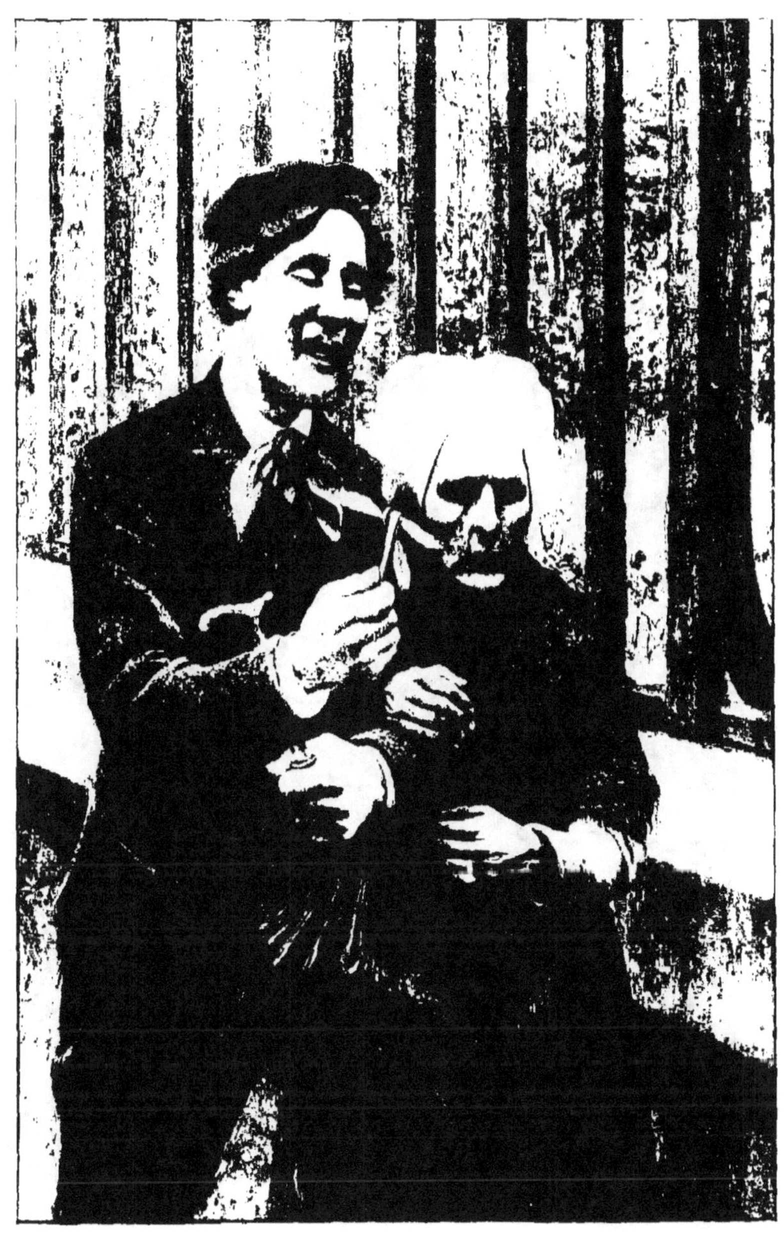

BERG J. : *Le simple. — Simpleton.*

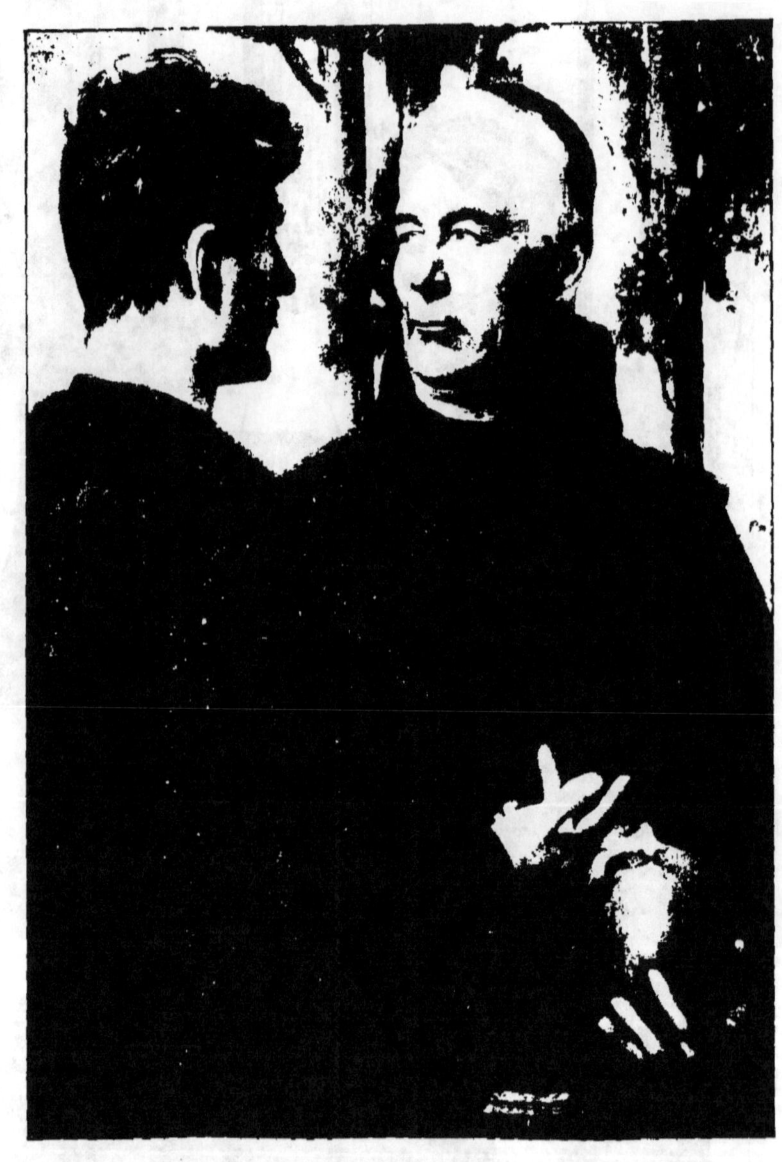

ROEDERSTEIN O. W.: *Une discussion.*

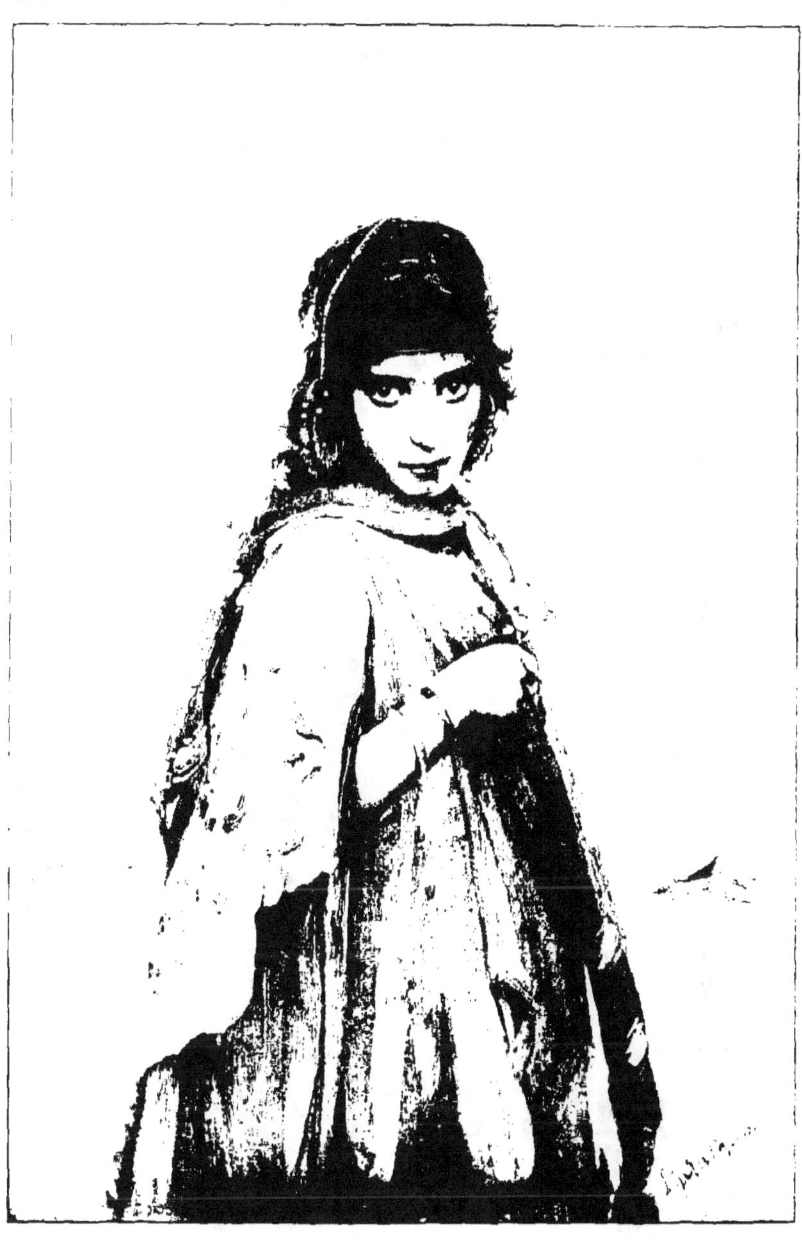

ANTHONISSEN L... *Une fleur du Désert — A flower of the Desert.*

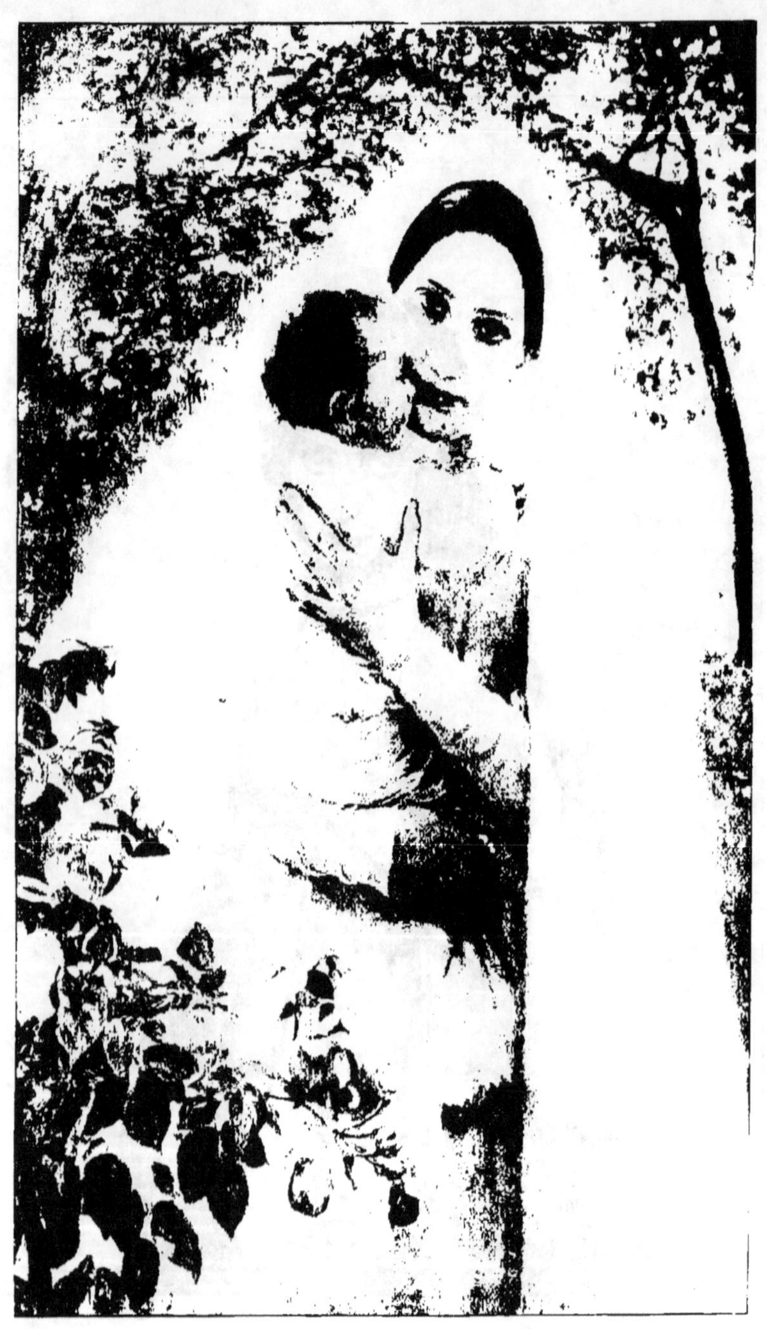

SALA J. — MATER AMOROSA.

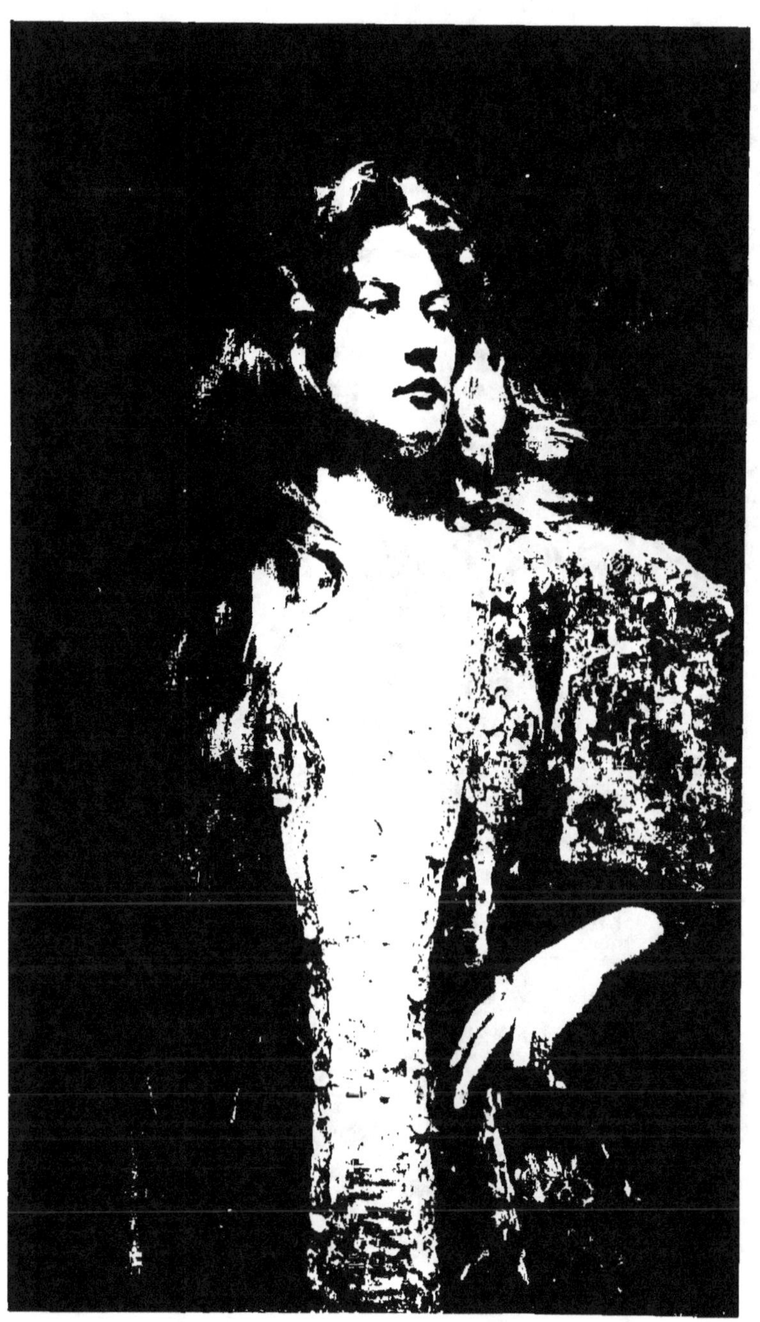

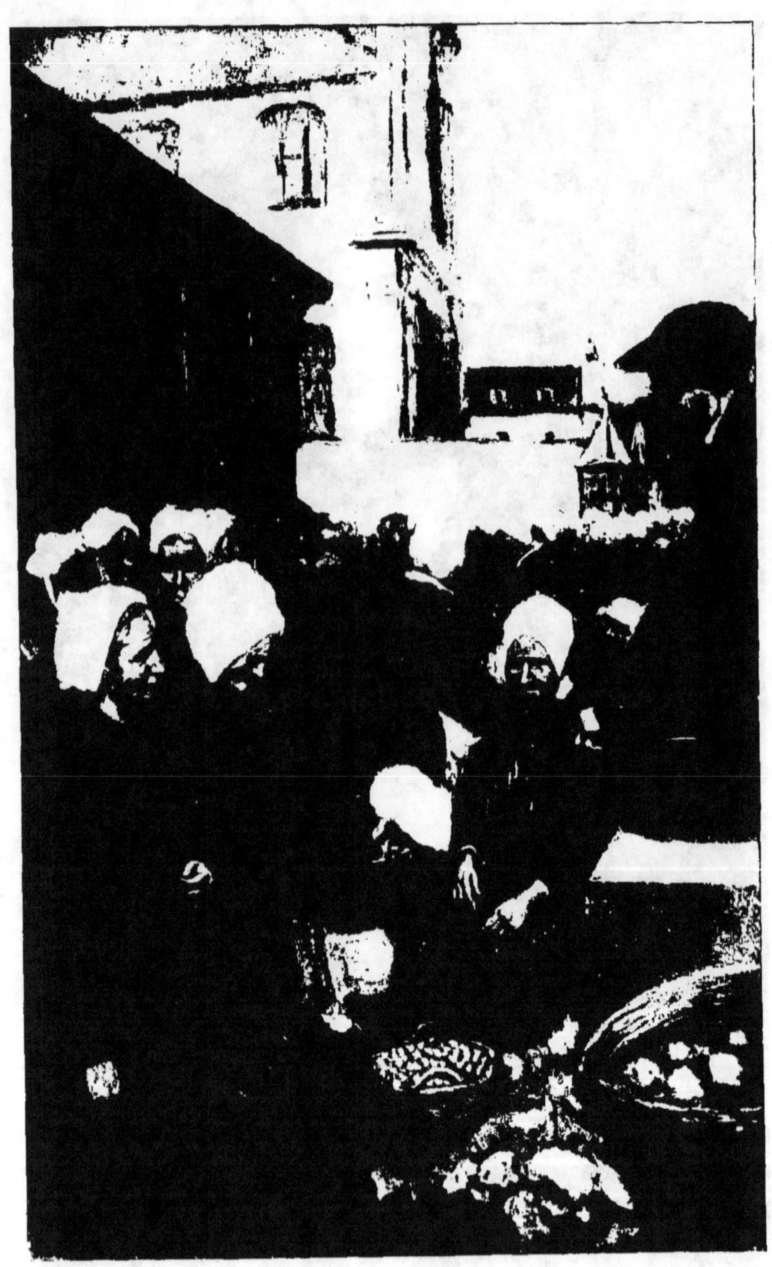

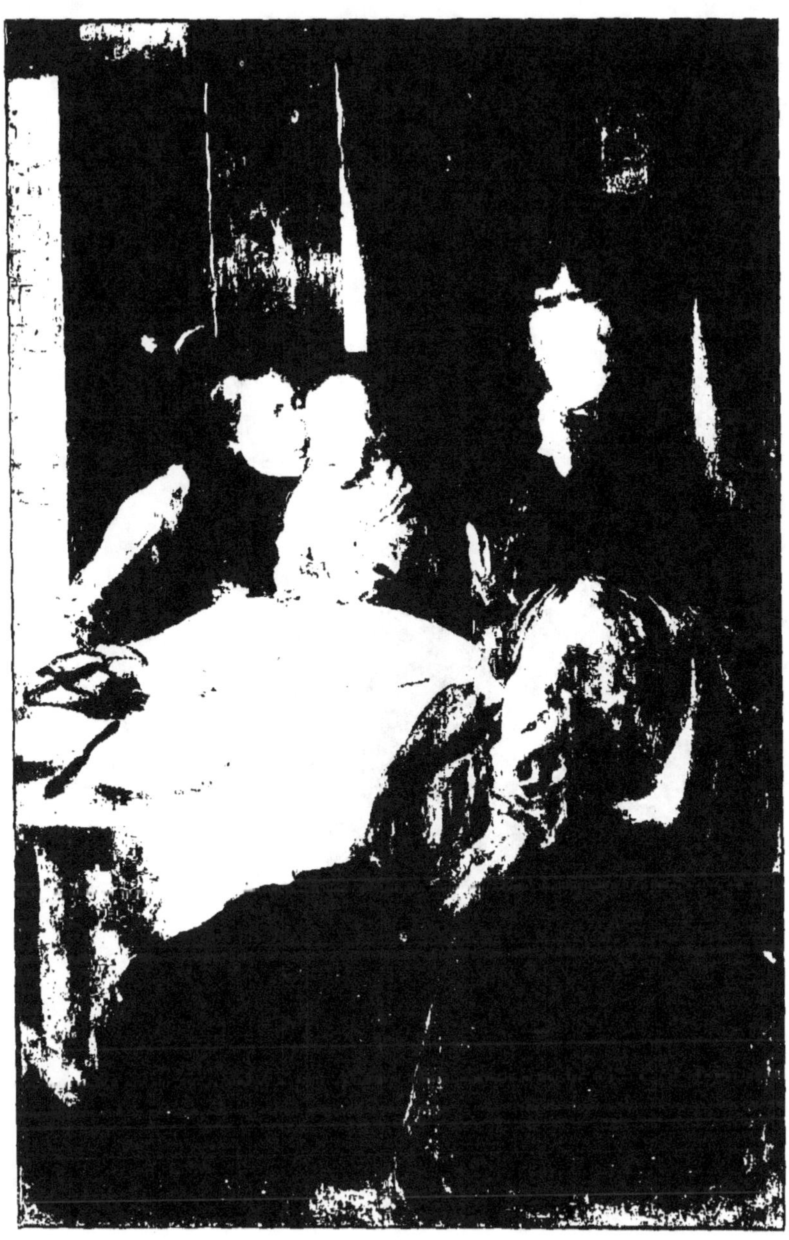

GREUZE (J.-B.). Première prière. — First prayer.

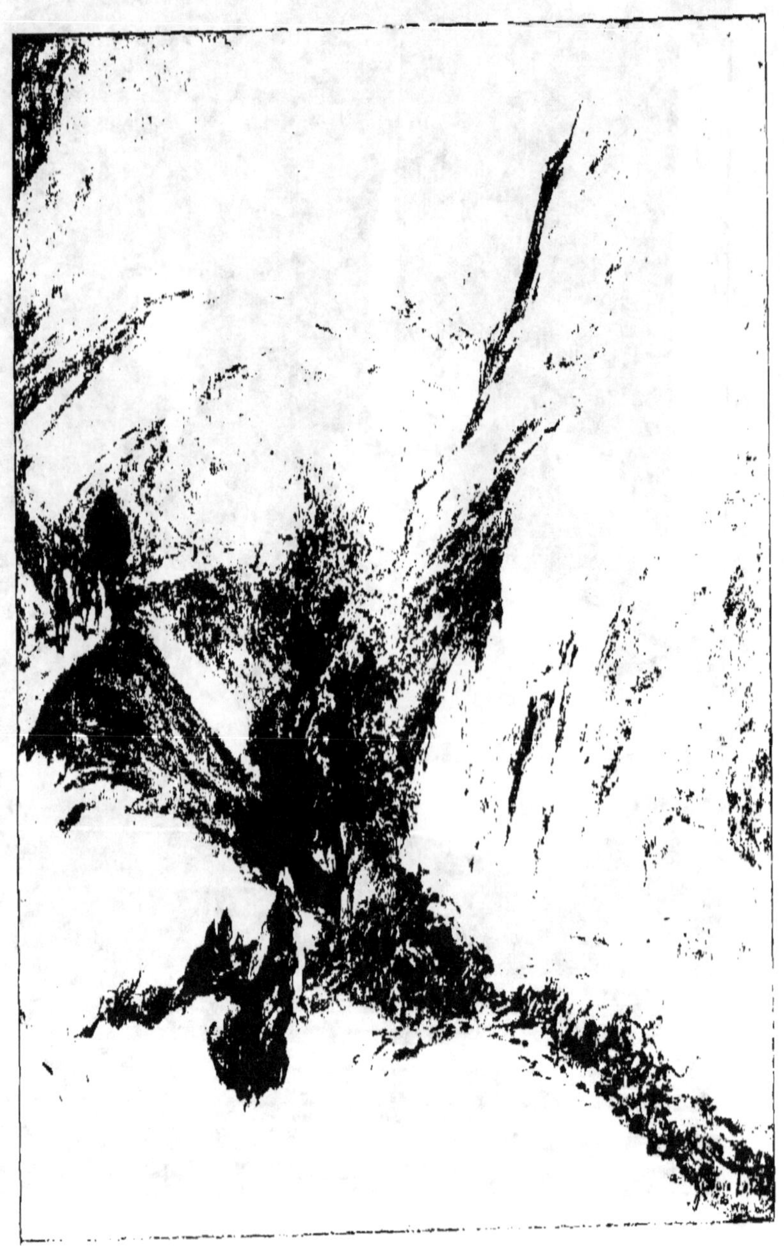

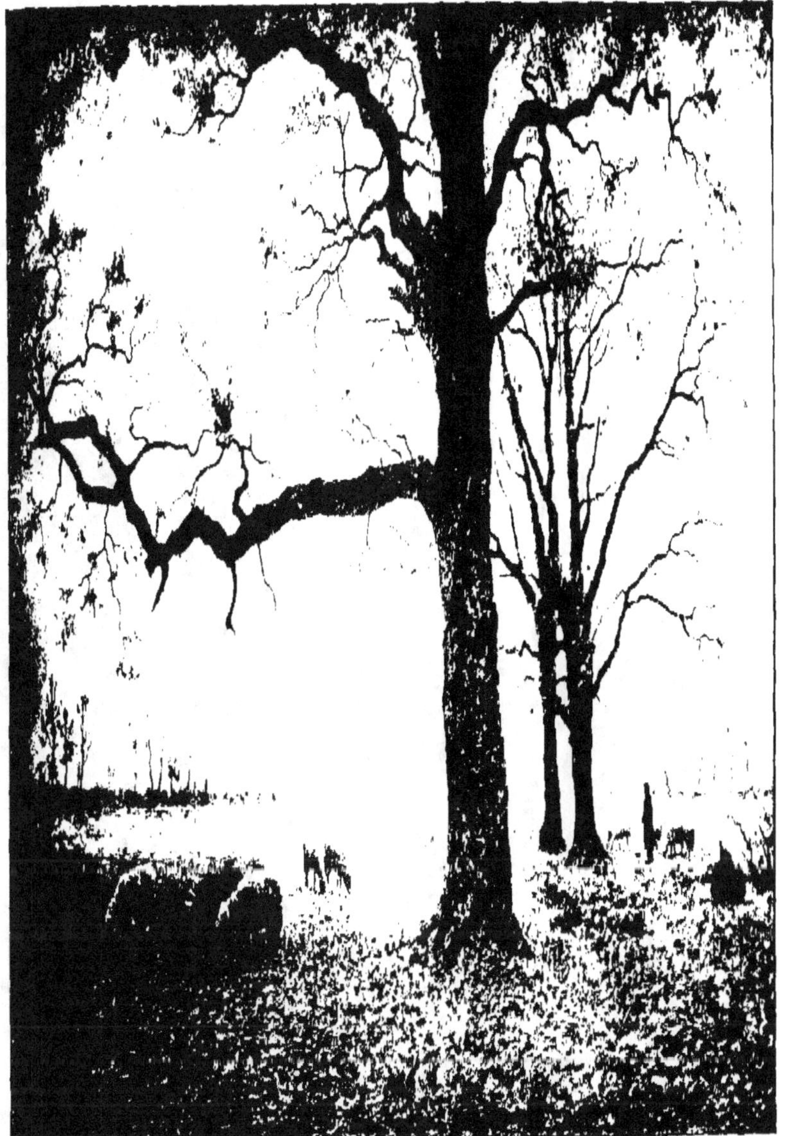

Soir d'automne. — Autumn evening.

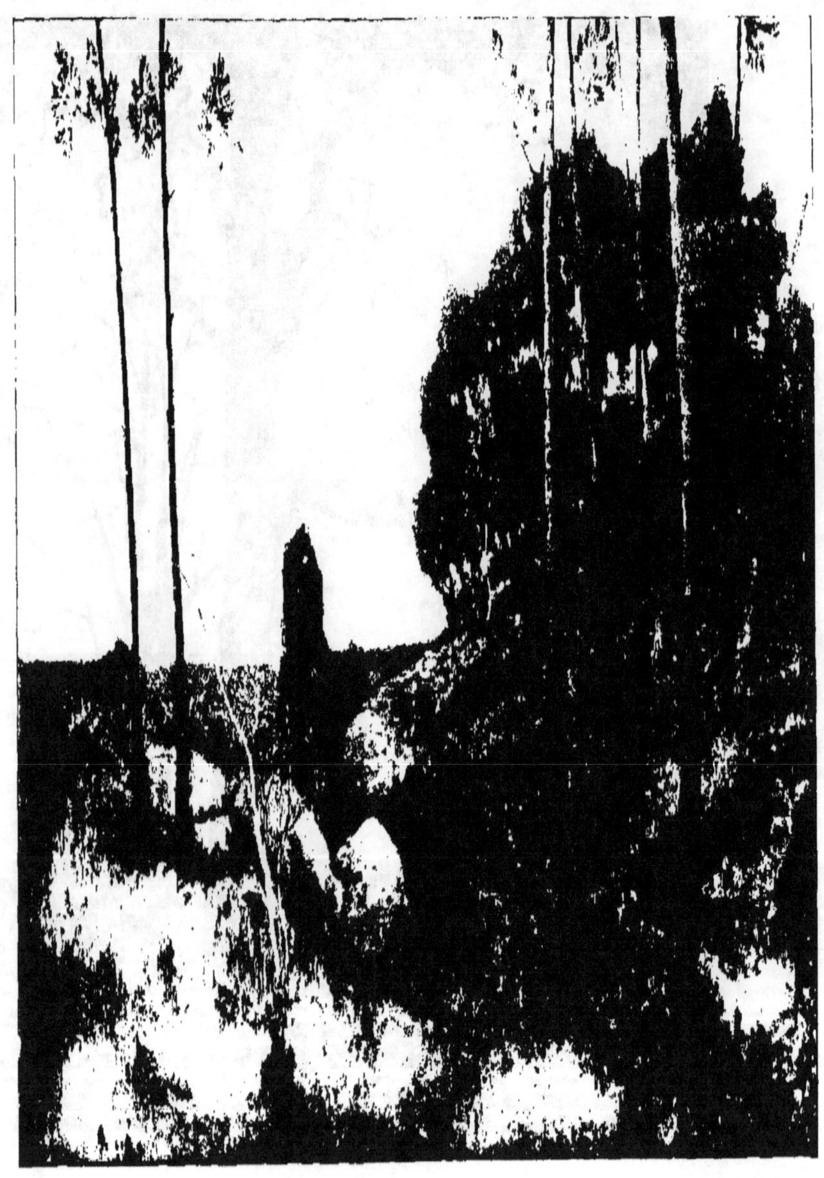

COSTRAP (?)... La forêt. — In the Forest.

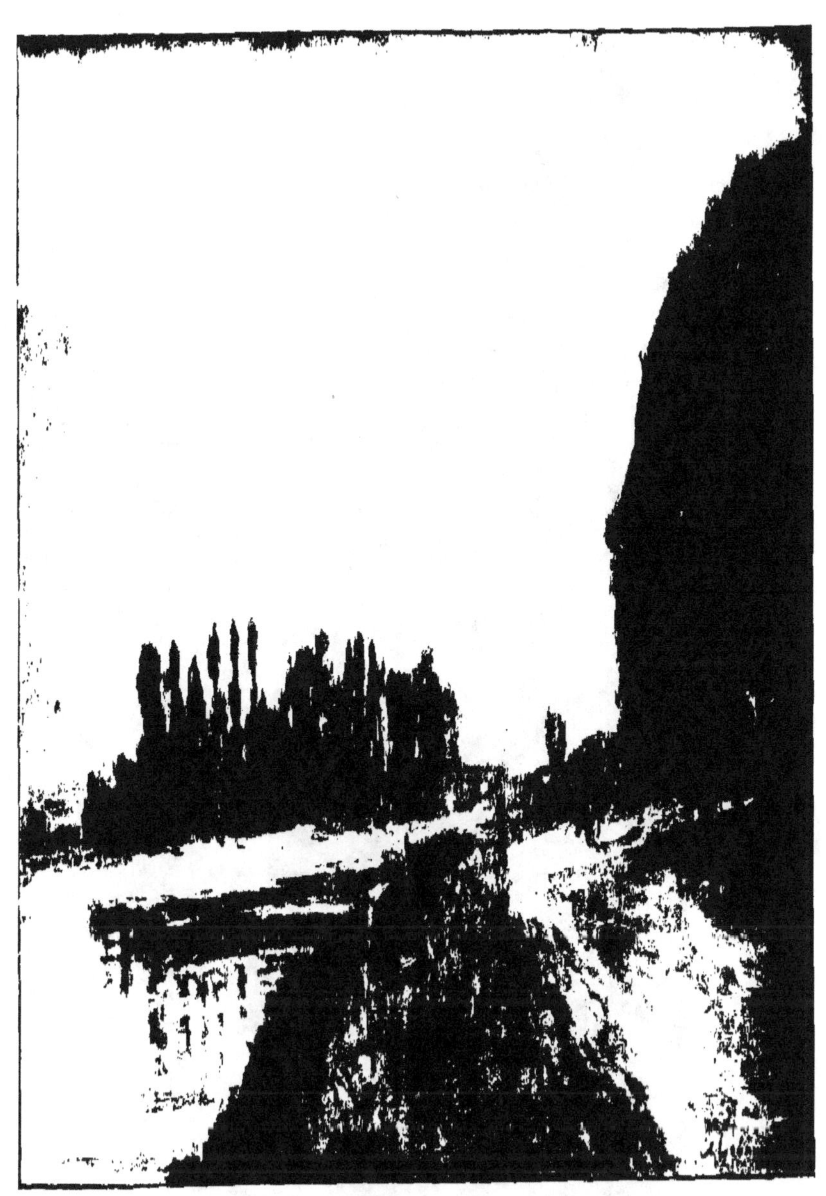

Lebourg (A.) Bords de Seine. — Banks of the Seine.

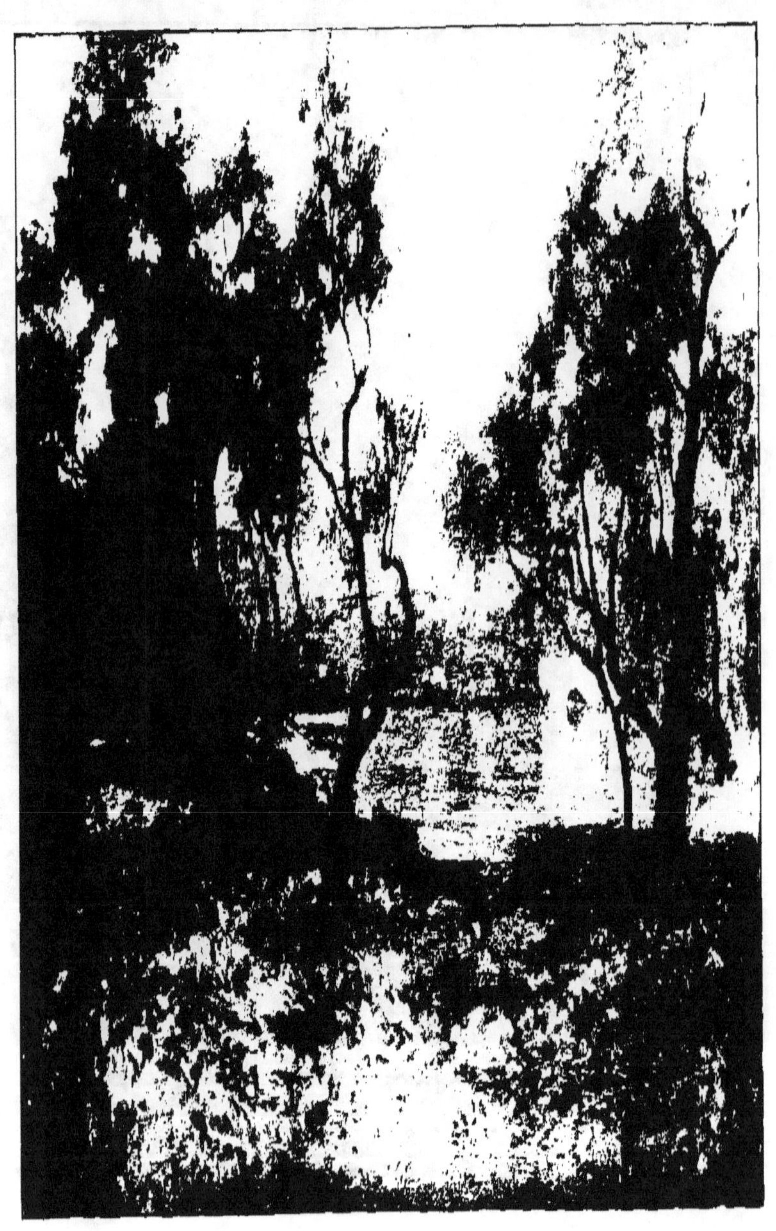

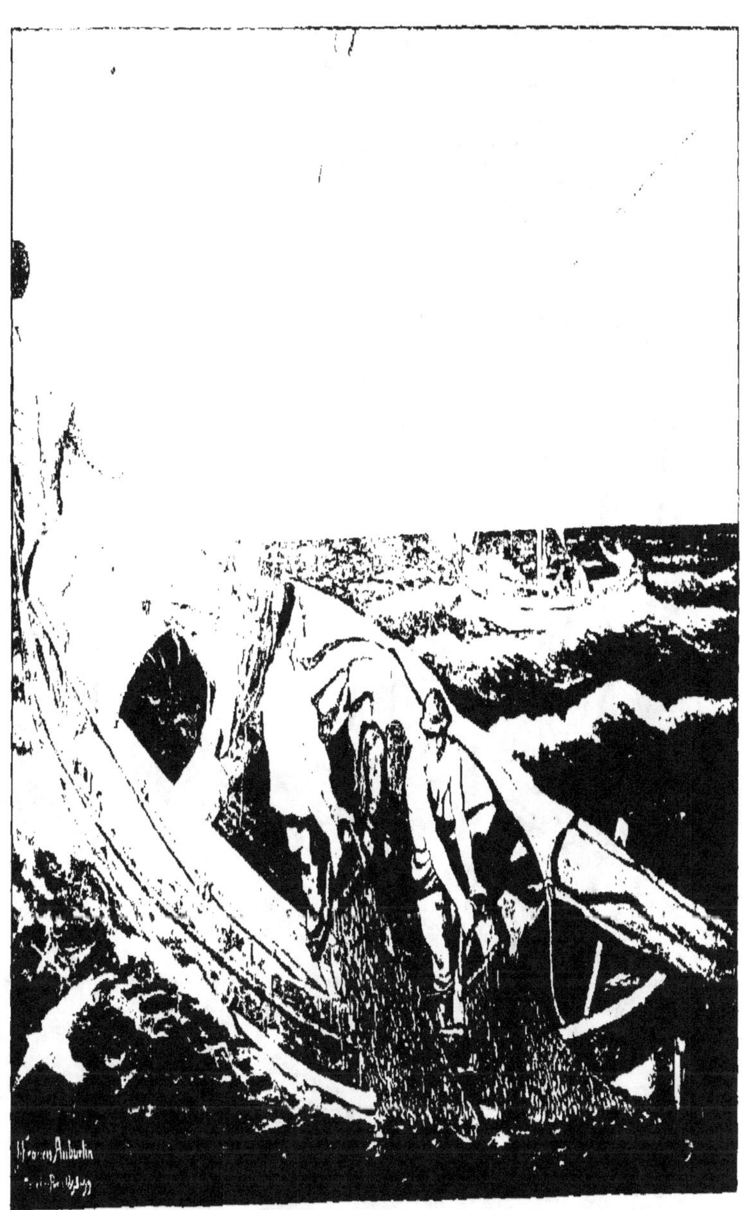

Pêche au gangui dans le golfe de Marseille. — Fishing off Marseilles.

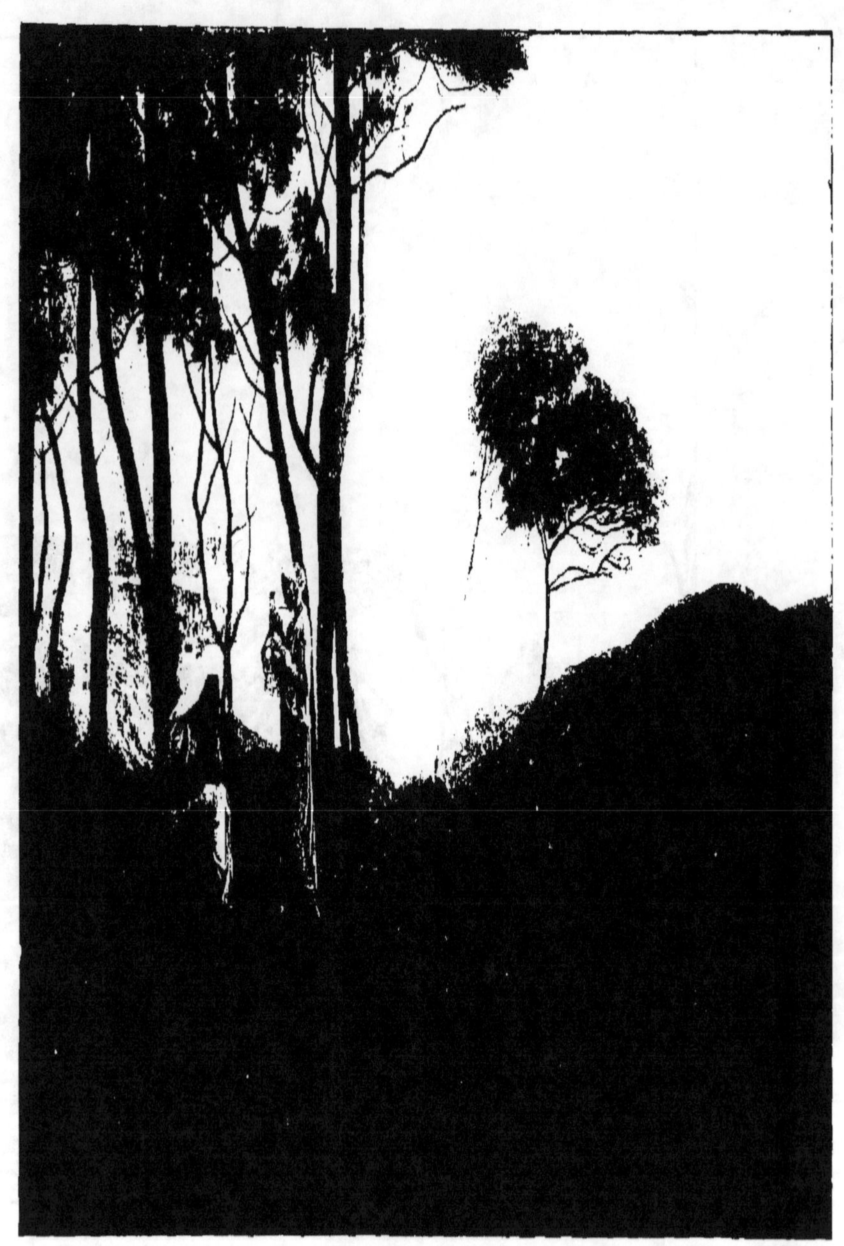

MÉNARD (É.-R.). — Harmonie du soir. — Evening harmony.

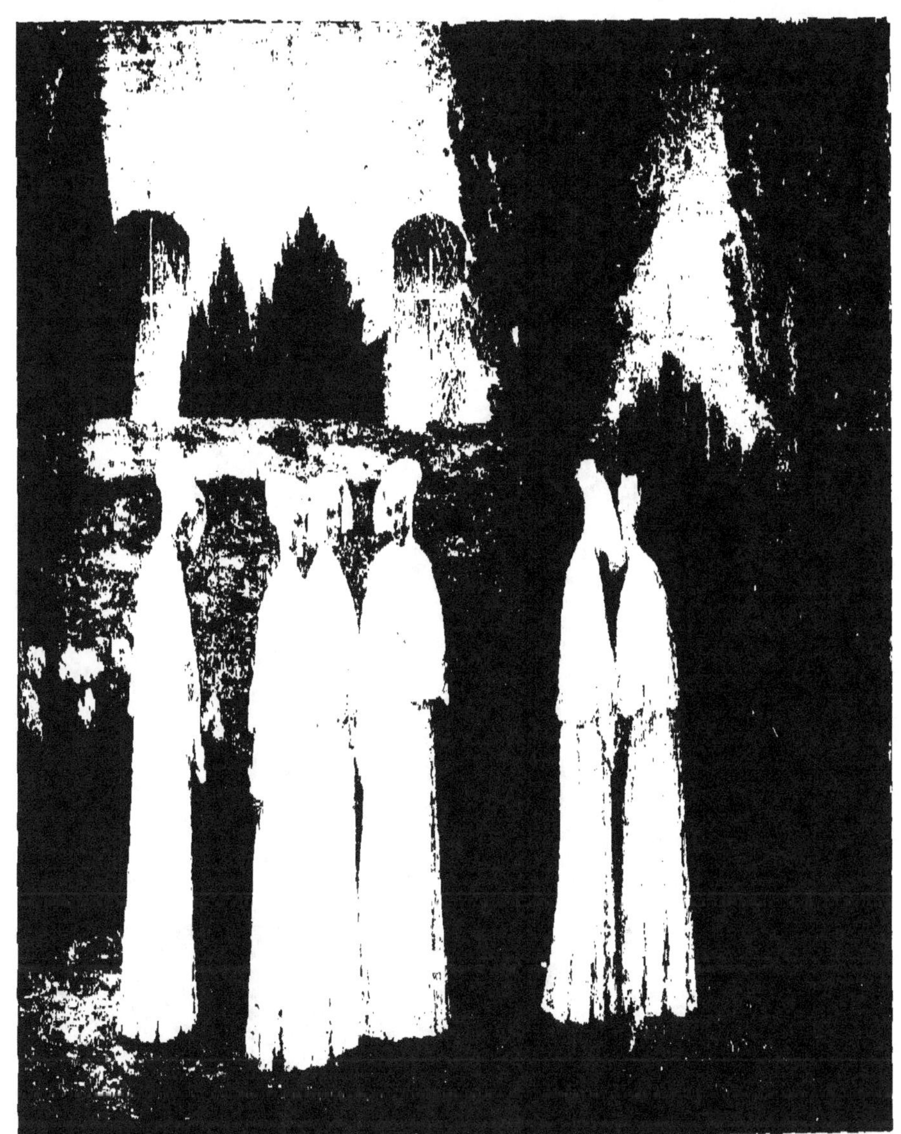

Inness (M. M.). Soir de Pâques. — Easter Sunday evening.

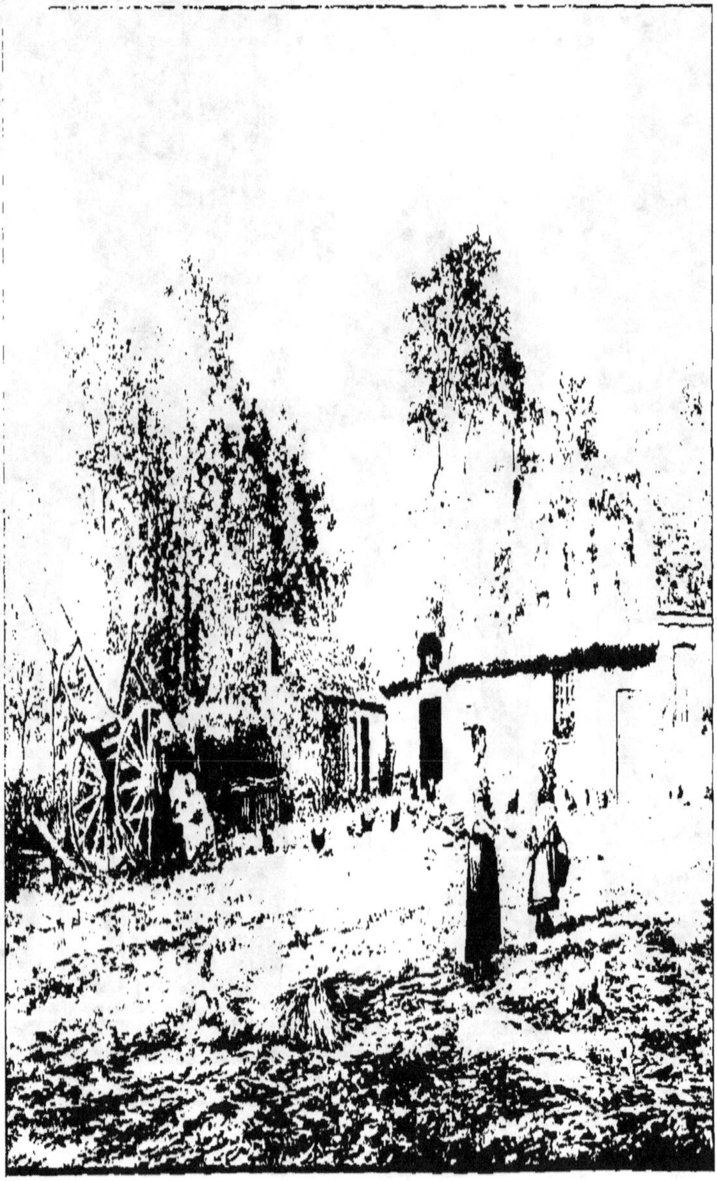

Lemaix Girard (M.-L.). *Les liens.* — *Tiès.*

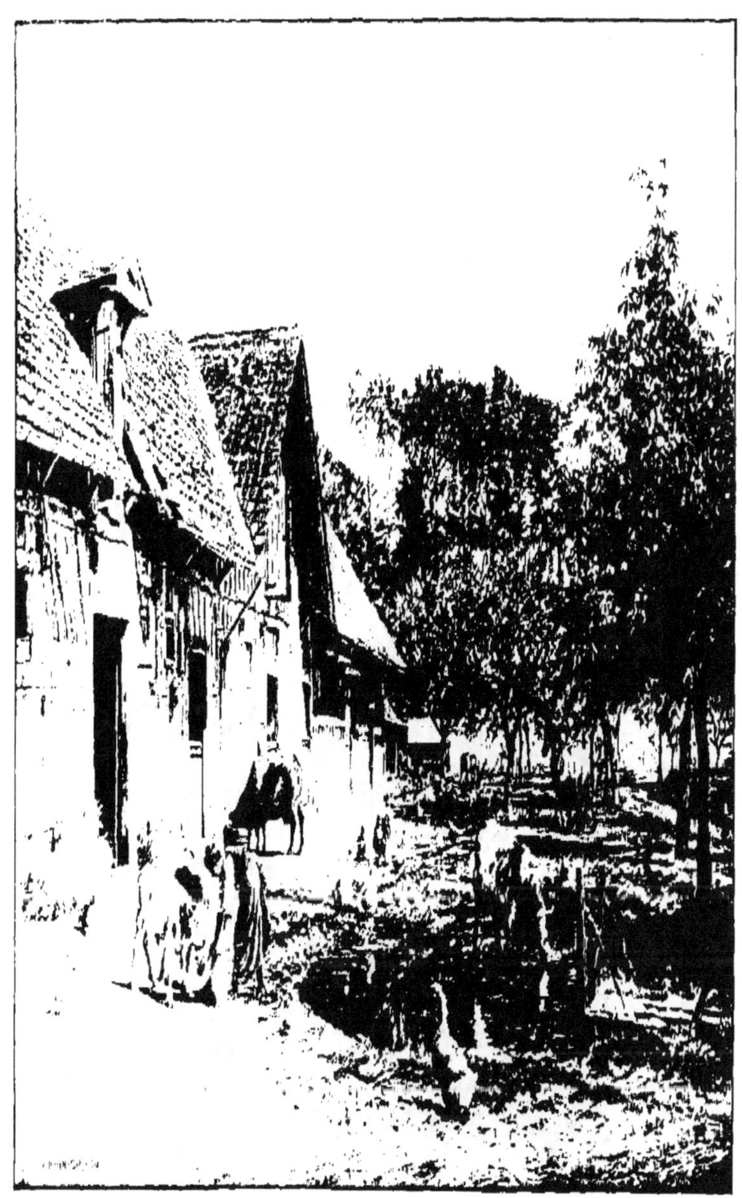

Eau-forte de M.-F., Cour de ferme (Picardie). — Farmyard (Picardy).

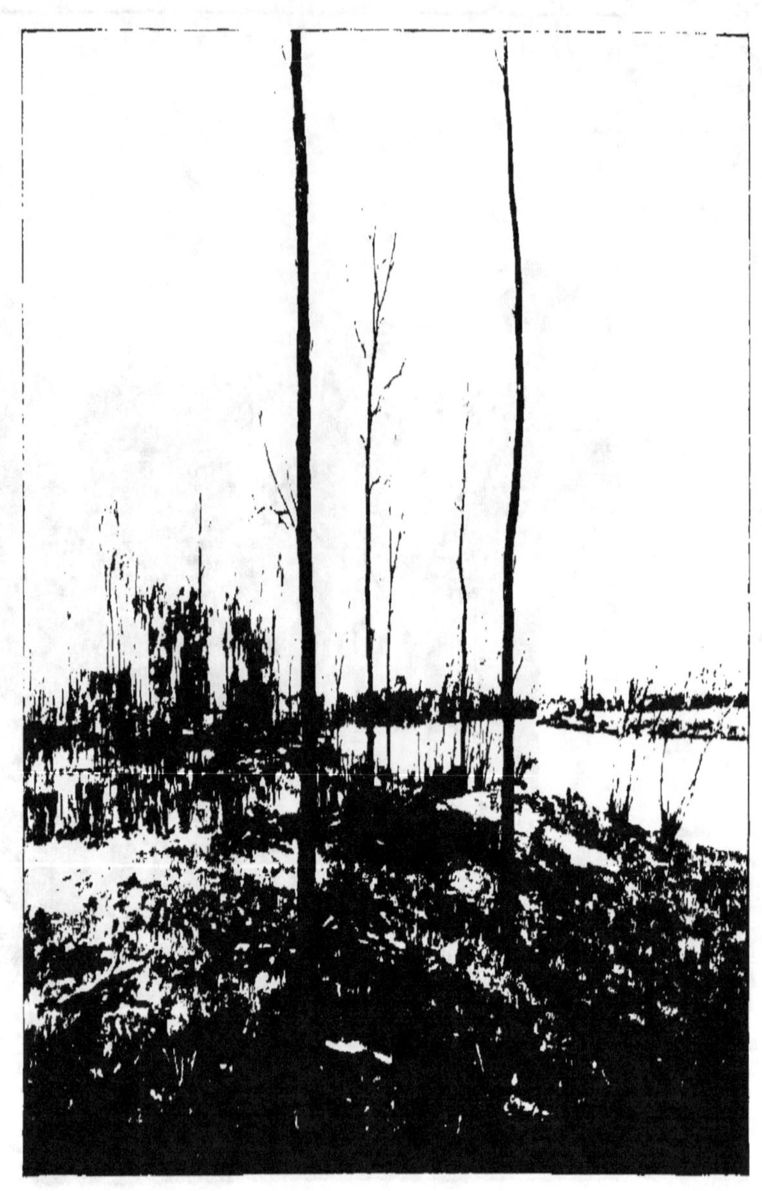

Dessin P. E. : *Le printemps dans l'île fleurie. — Spring time.*

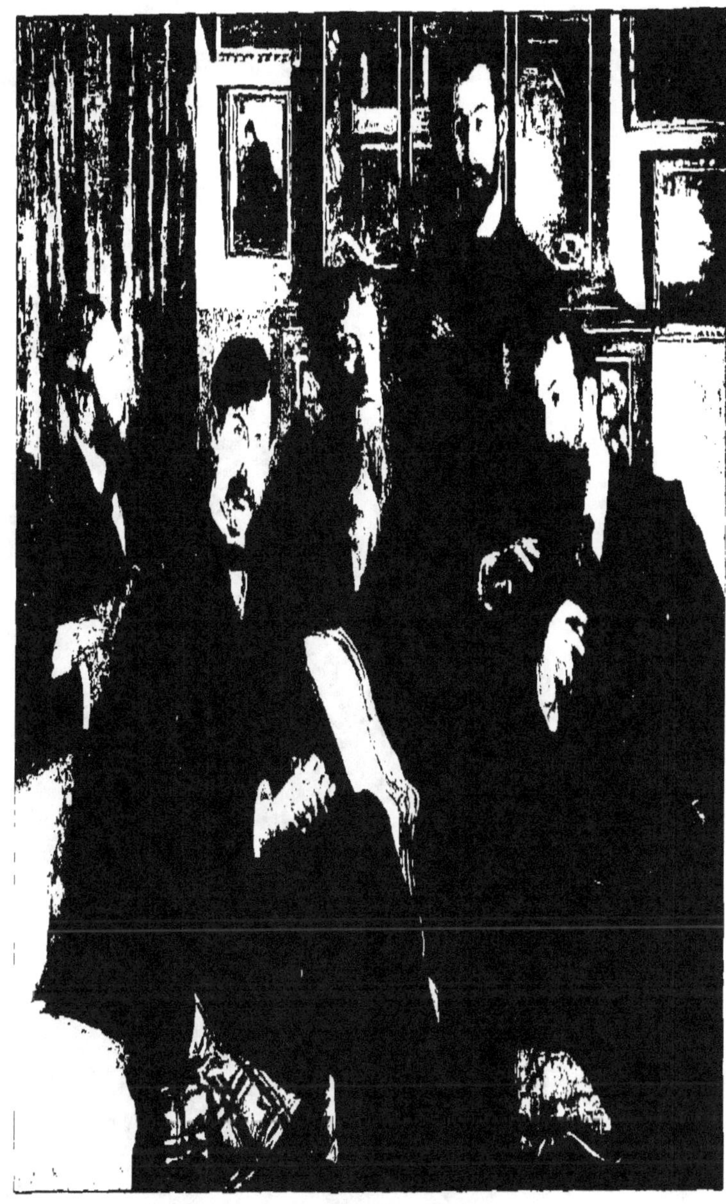

Simon (L.). " Portraits ".

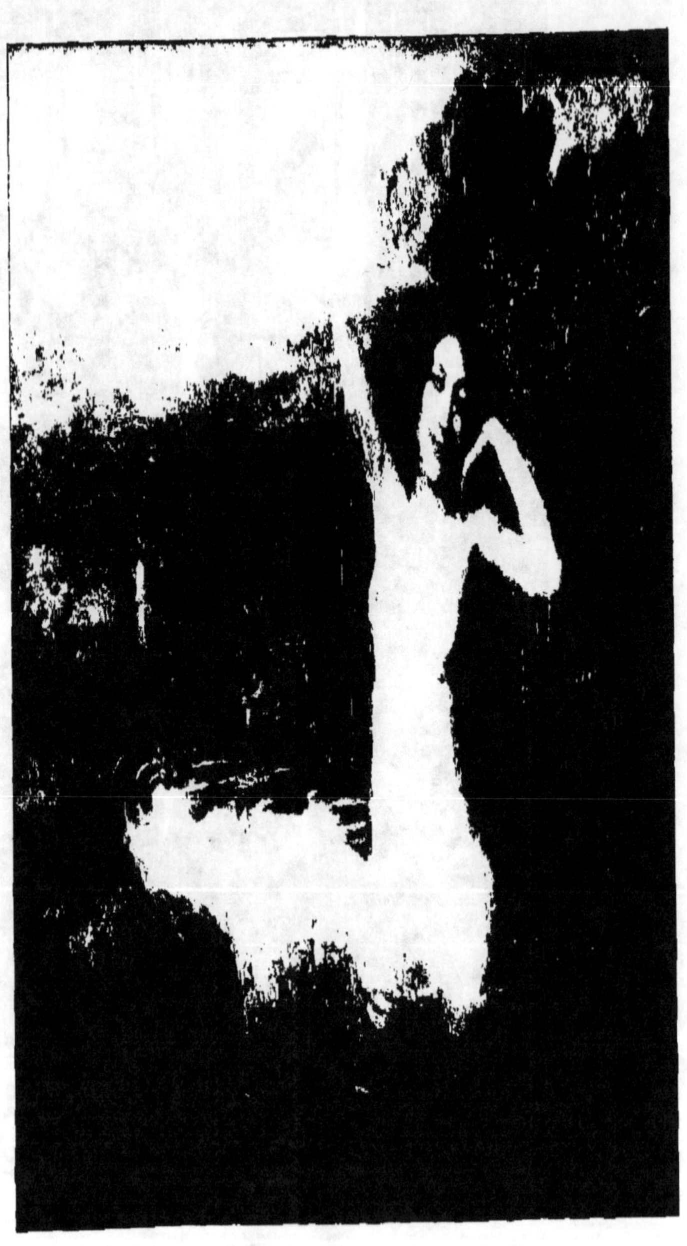

Моховъ (Л. Н.). Морганъ.

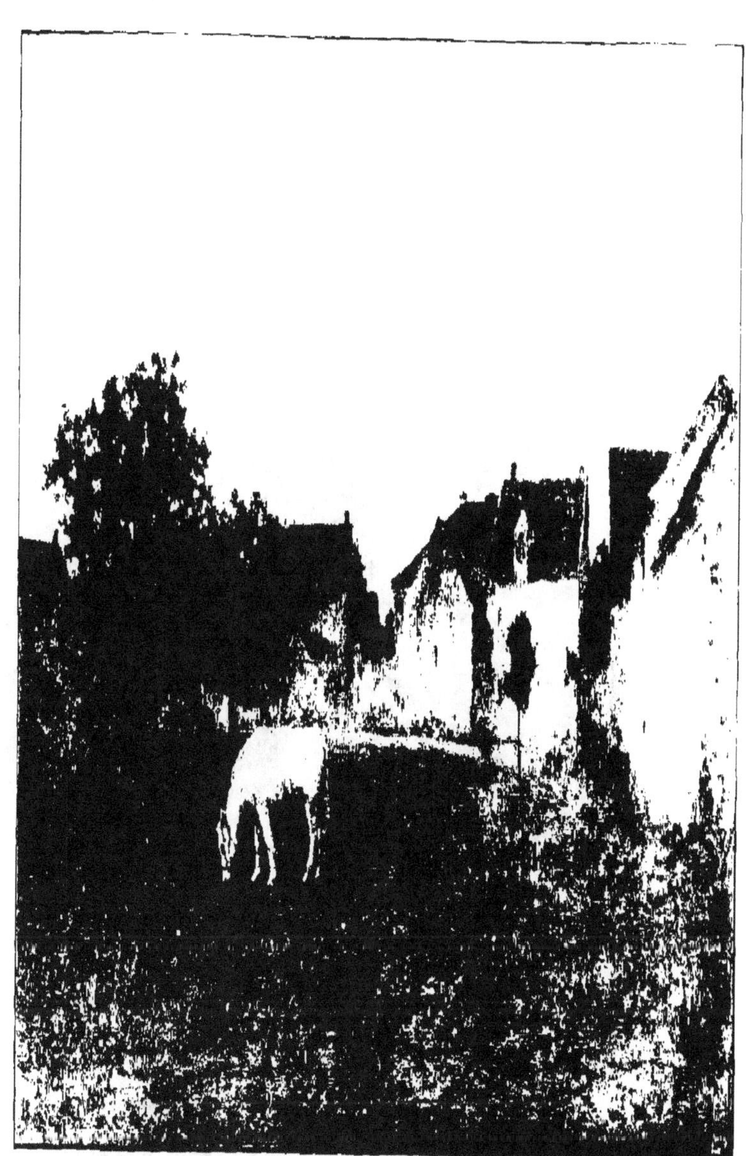

Millet, J.-F. Paysage — Landscape.

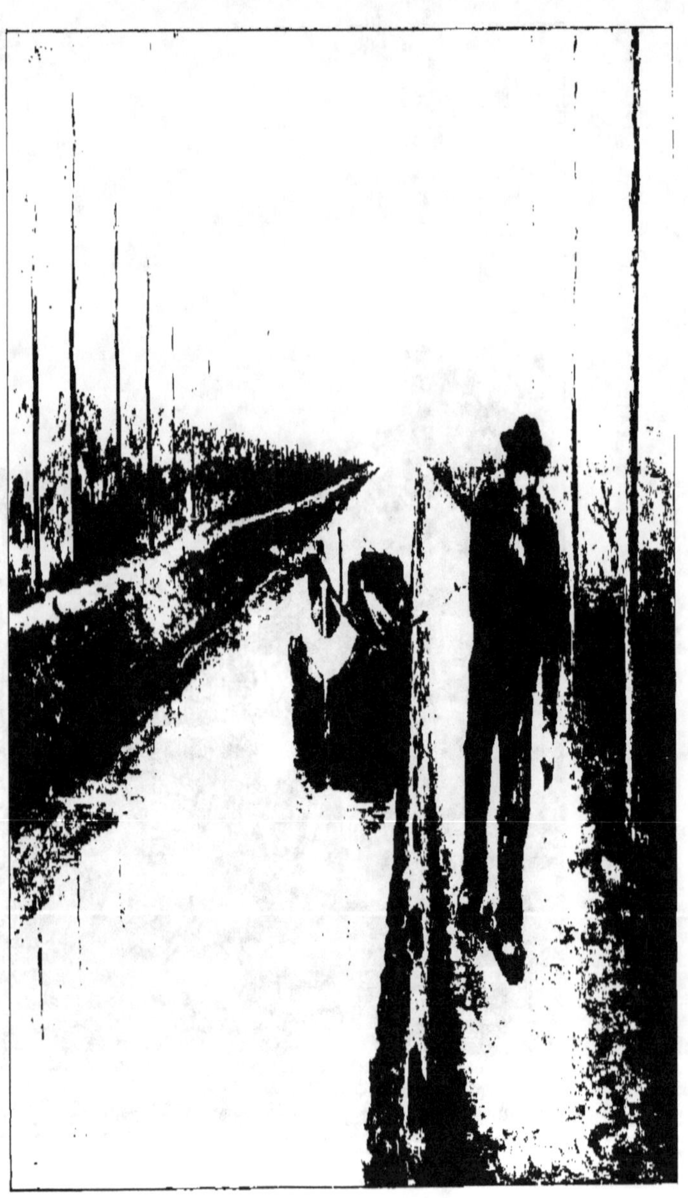

Presqu'île de C. Harur. — Touage.

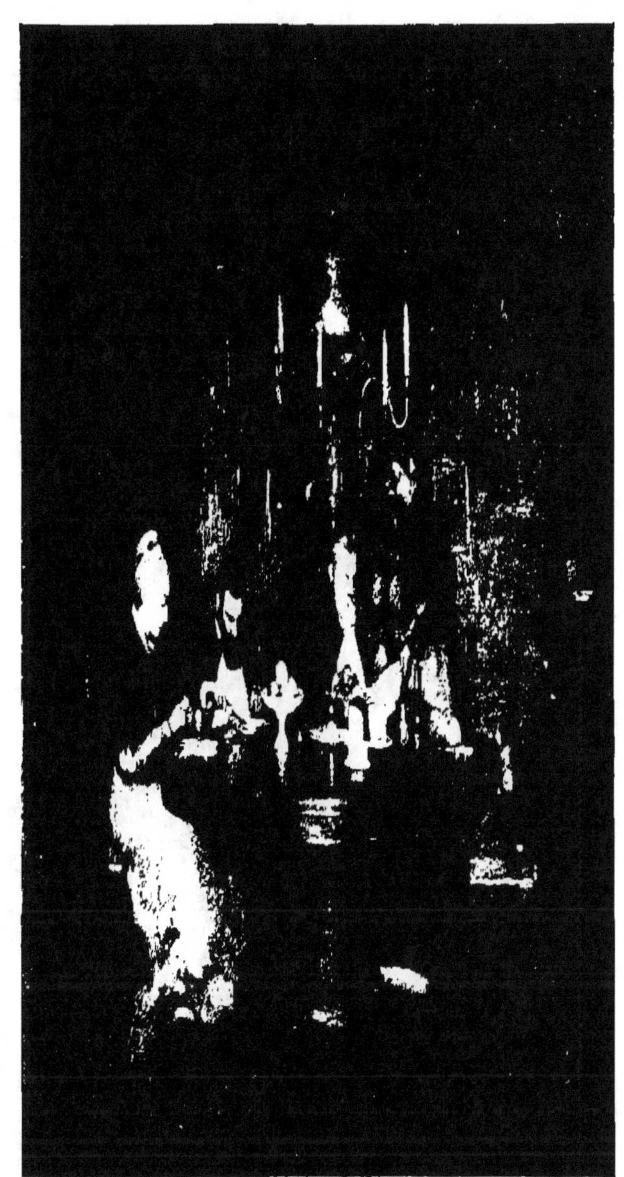

GRIVEAU (G.), Le déjeuner. — Lunch.

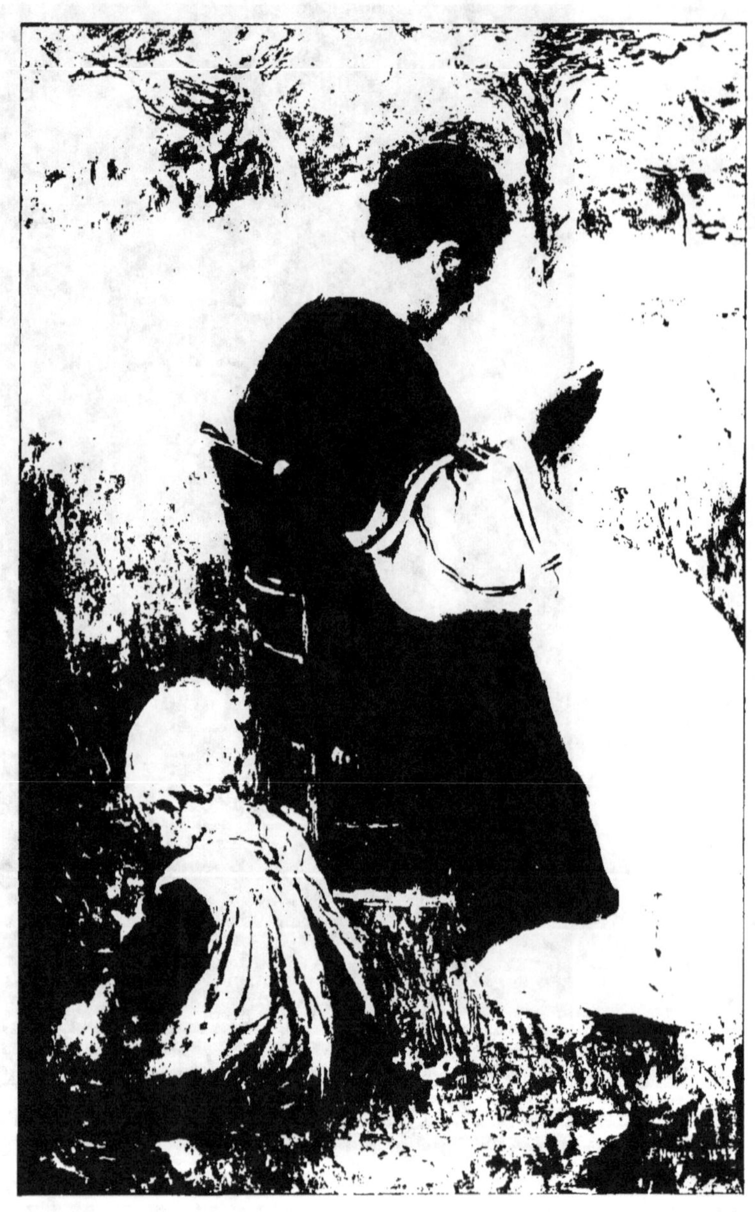

Nourse (M...). Patinès. — Maternité.

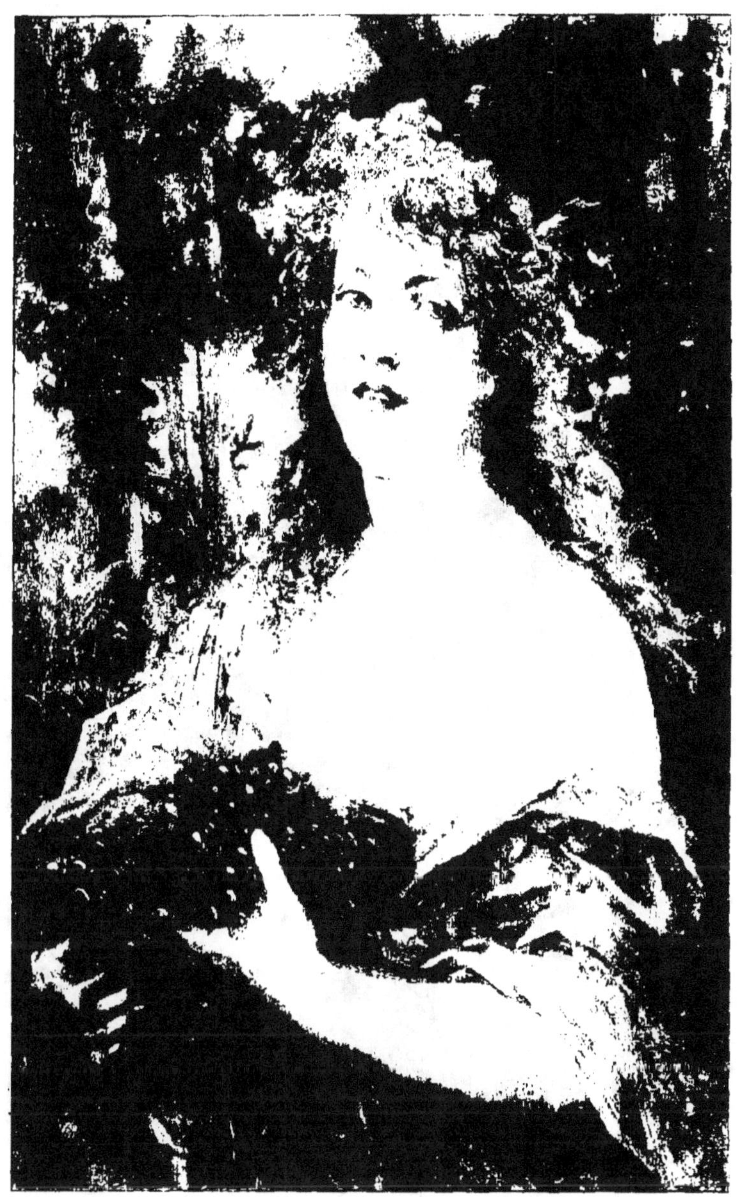

LENAIN L., *la charité.*

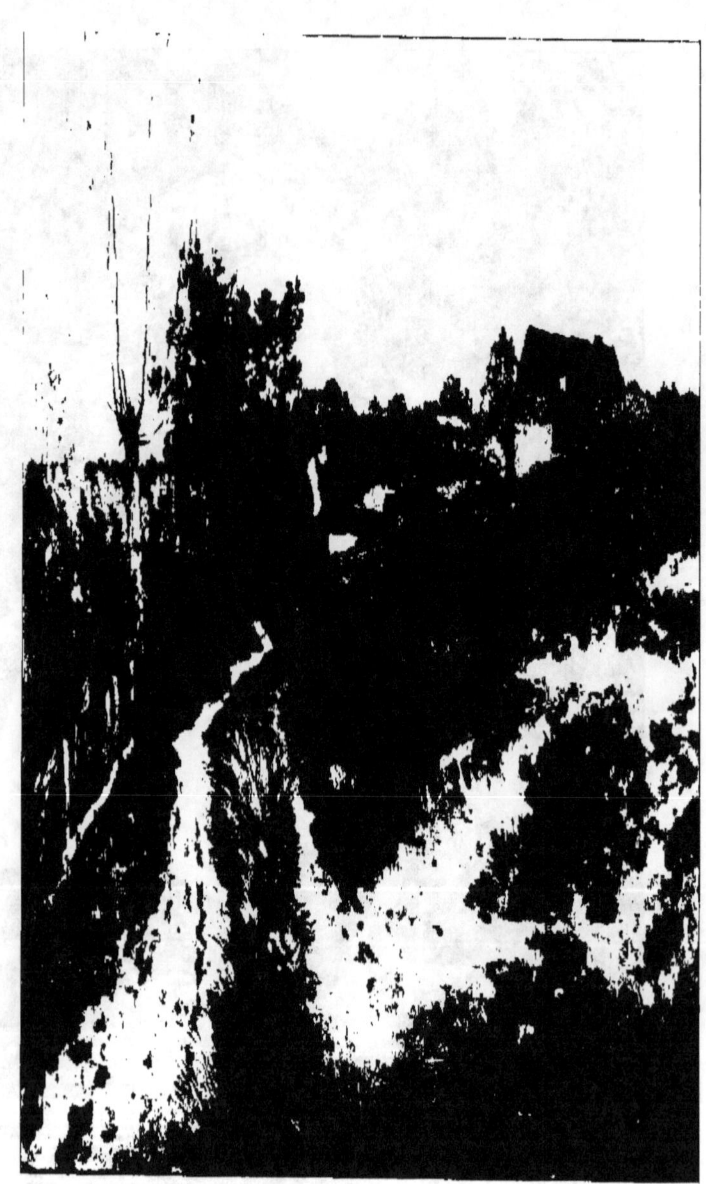

EVANS J. C... *Le sentier — The path.*

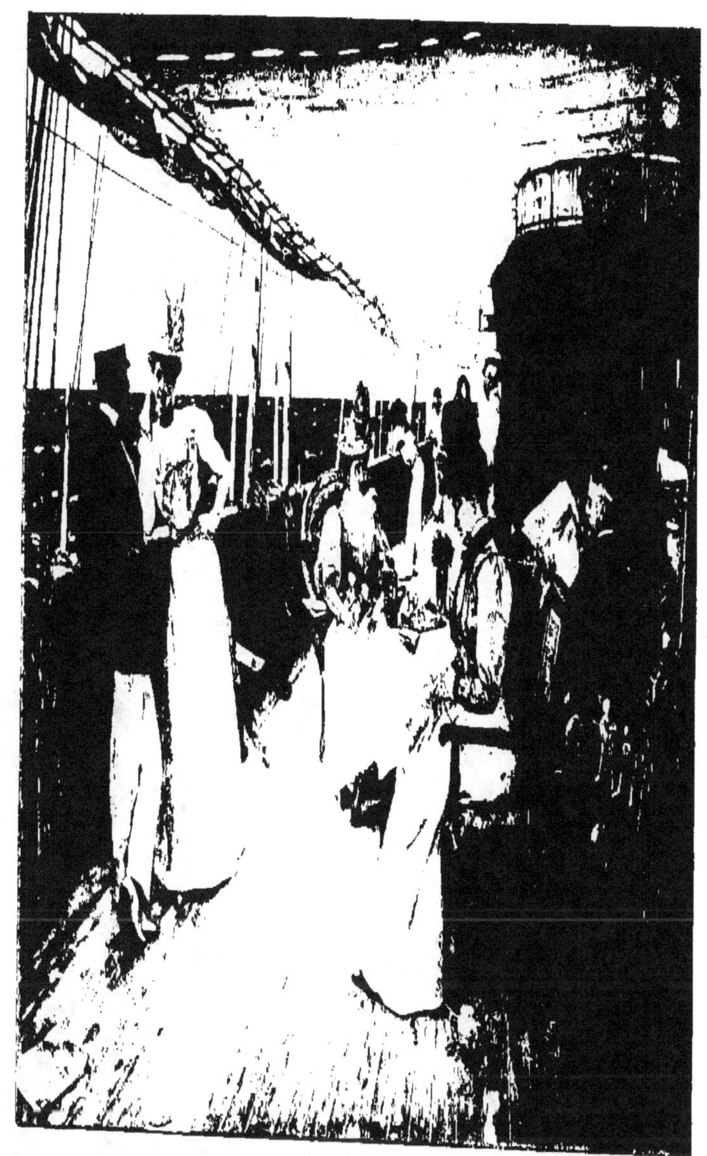

GUILLAUME II. Yachting dans l'Archipel.

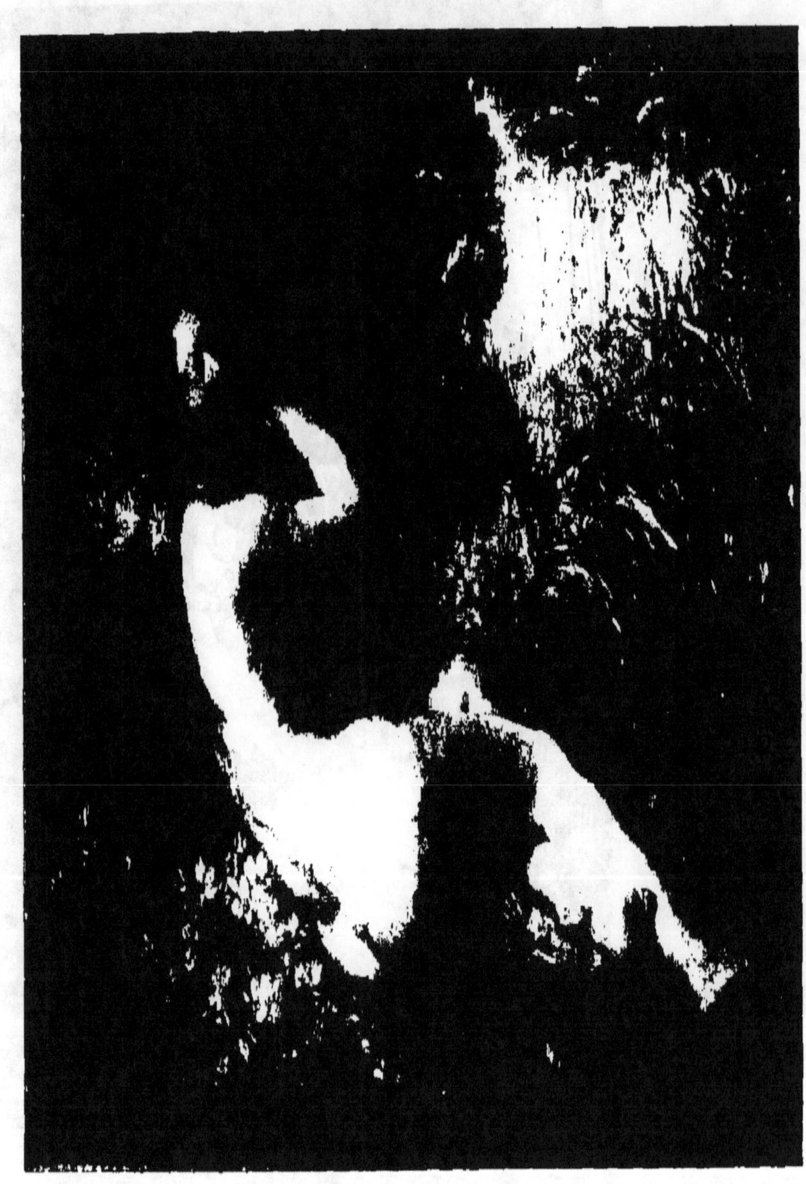

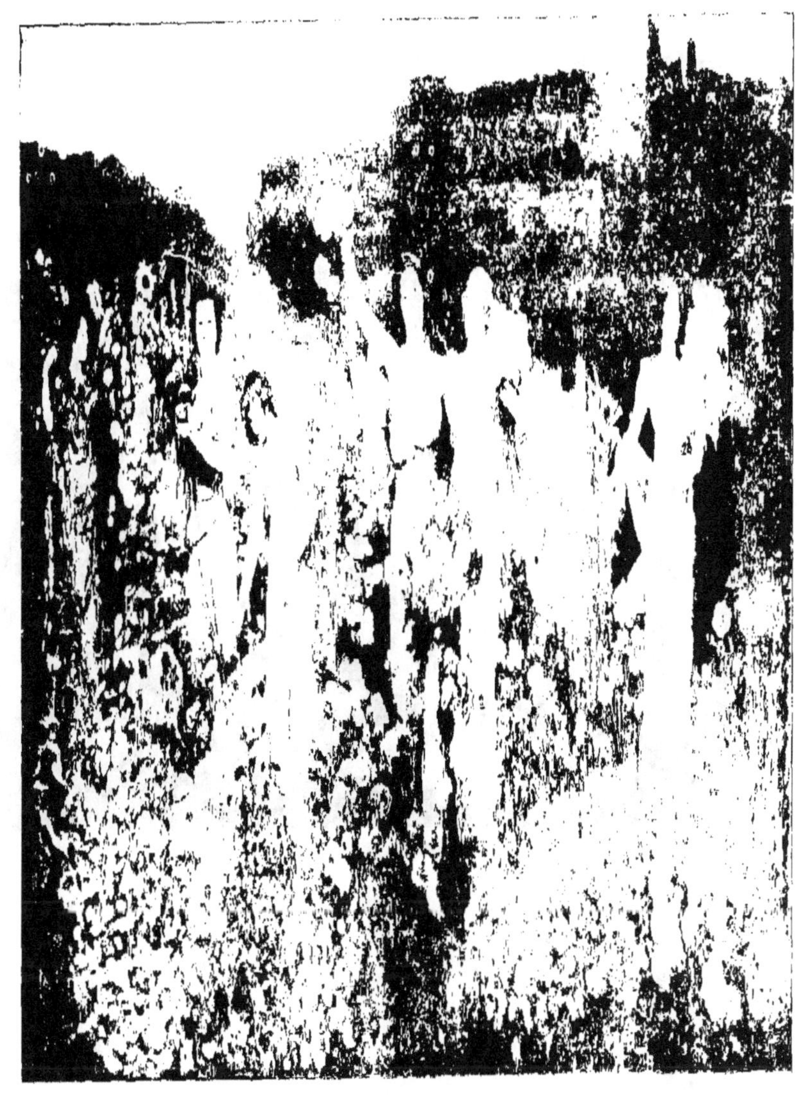

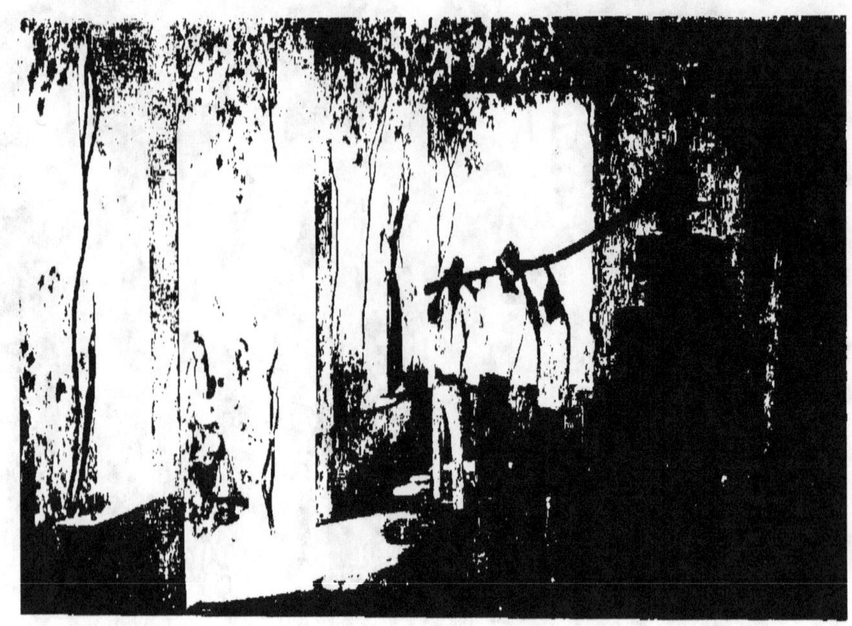

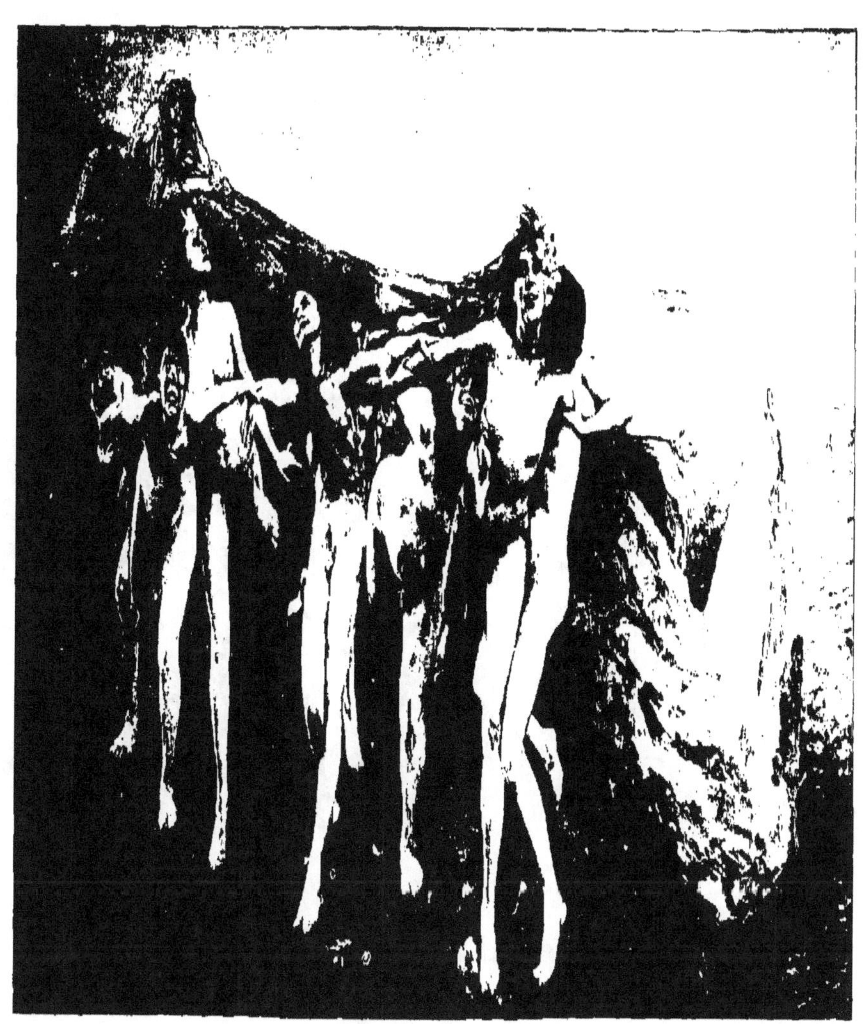

Louis Jouvet — Life.

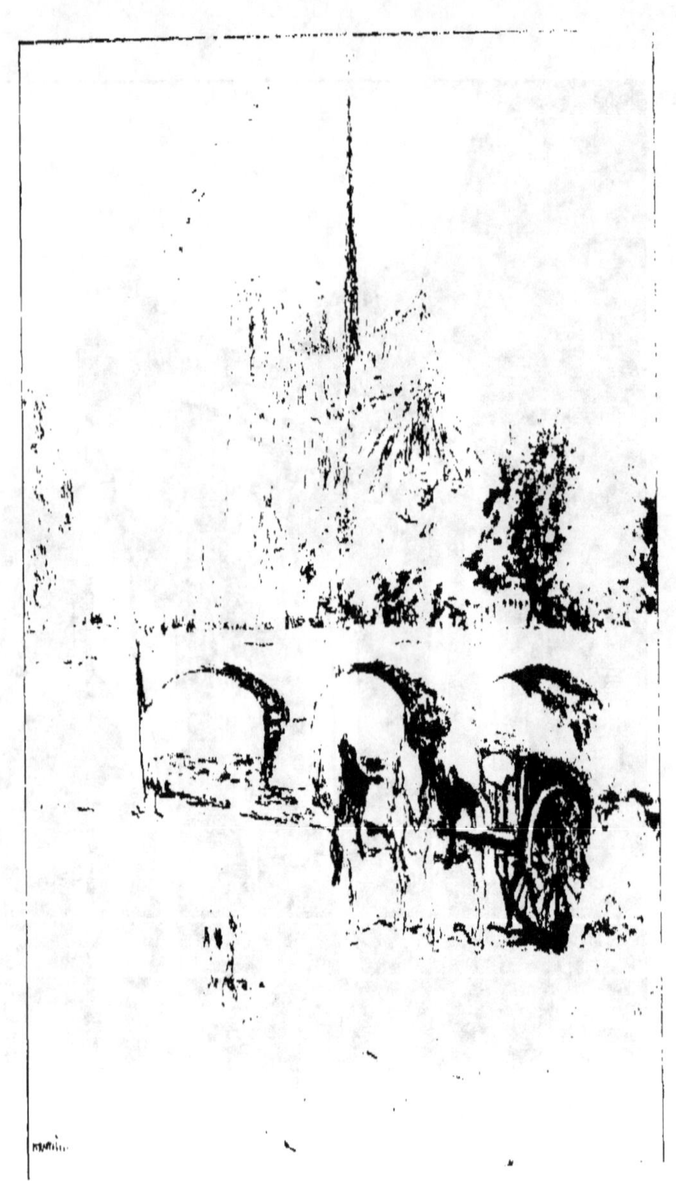

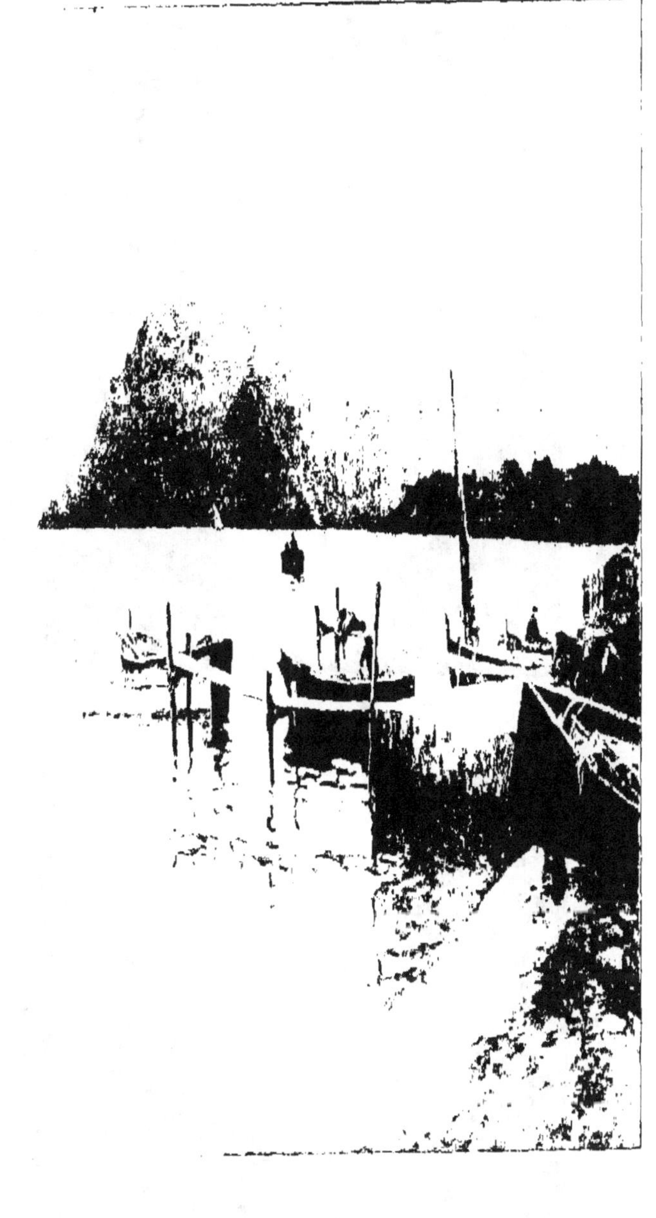

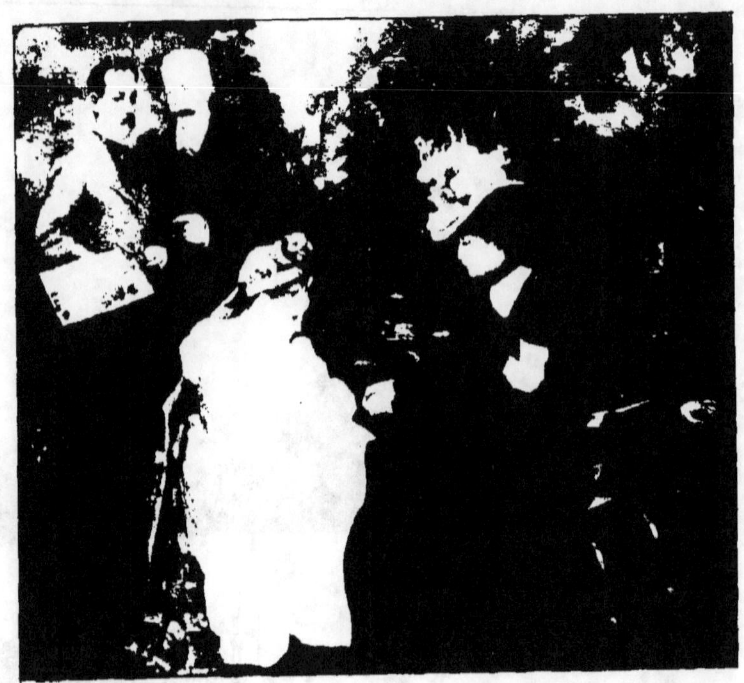

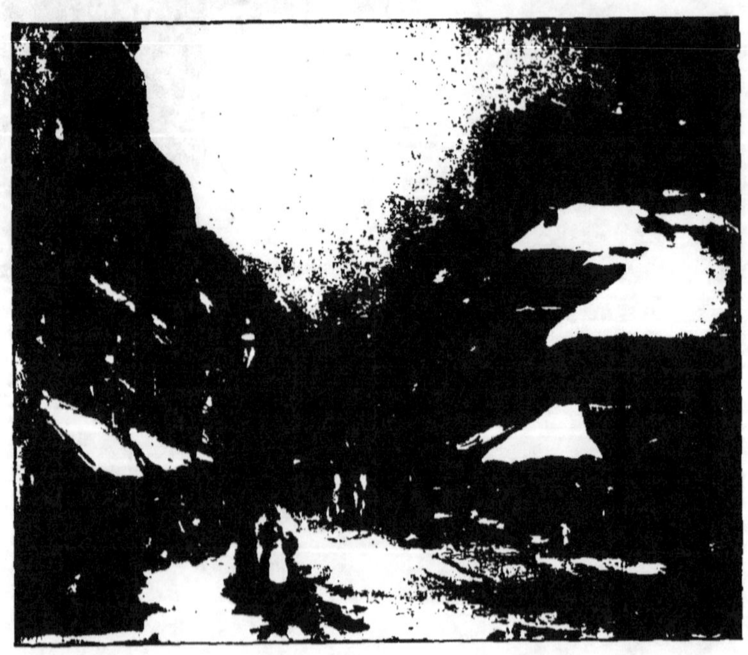

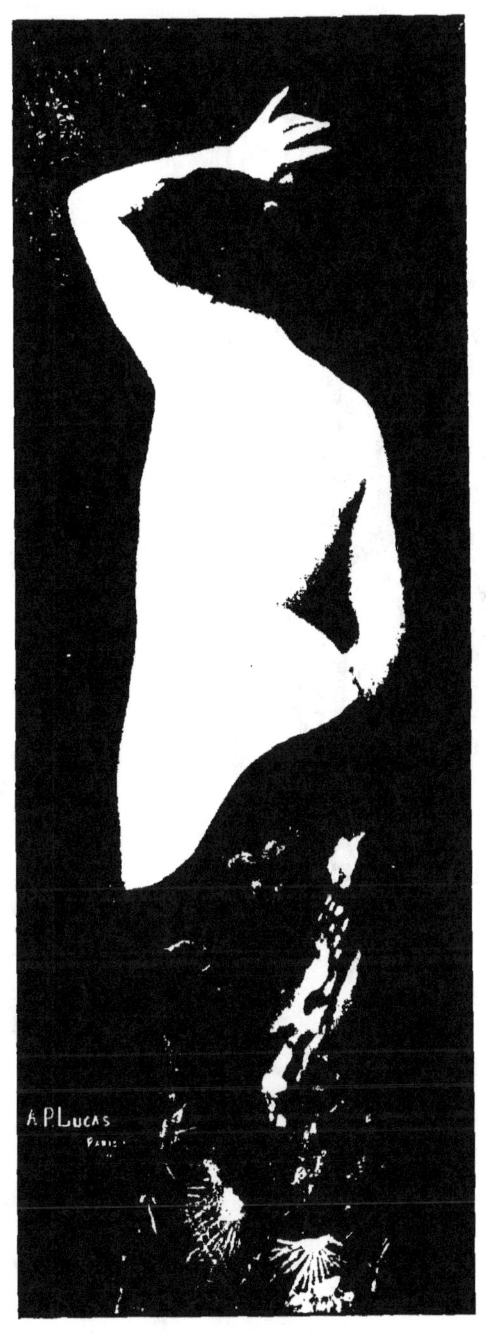

LUCAS A.-P. : *Fleur du Japon. — Flower of Japan.*

187

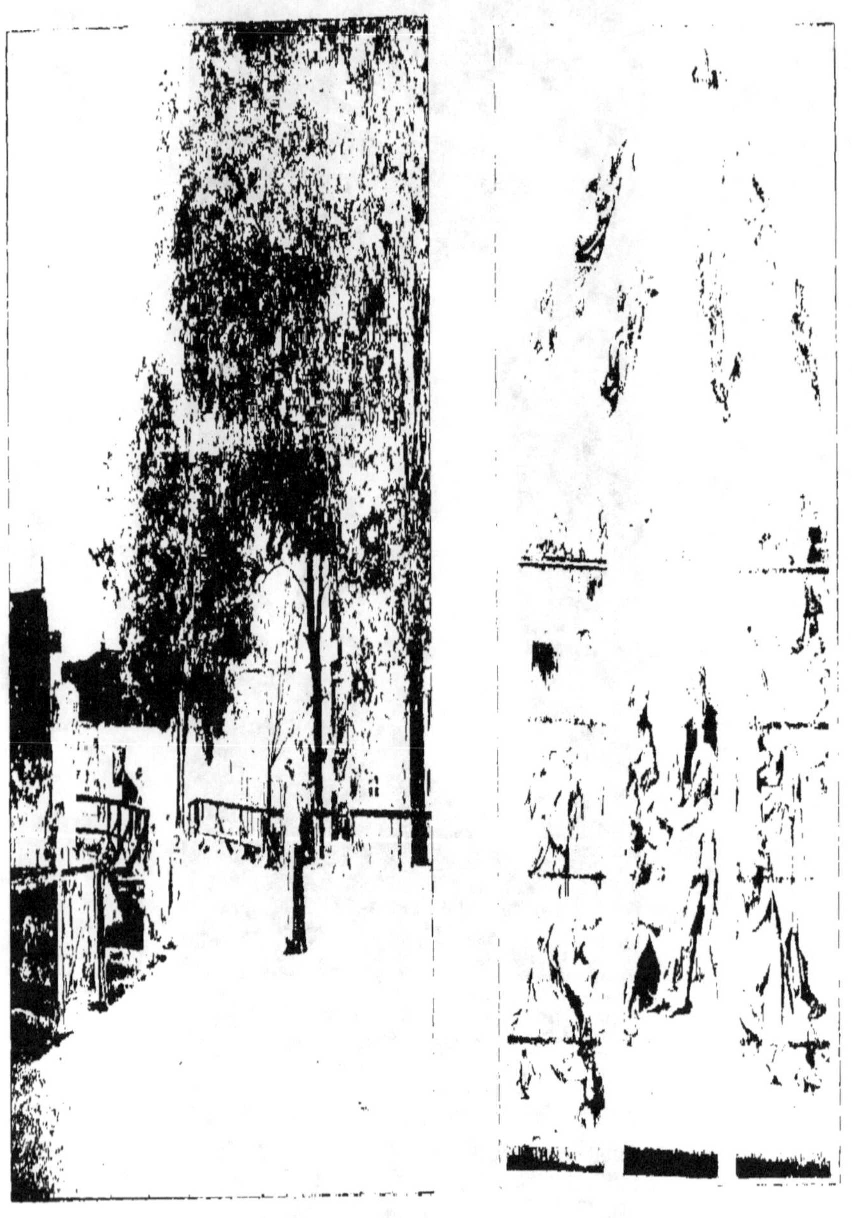

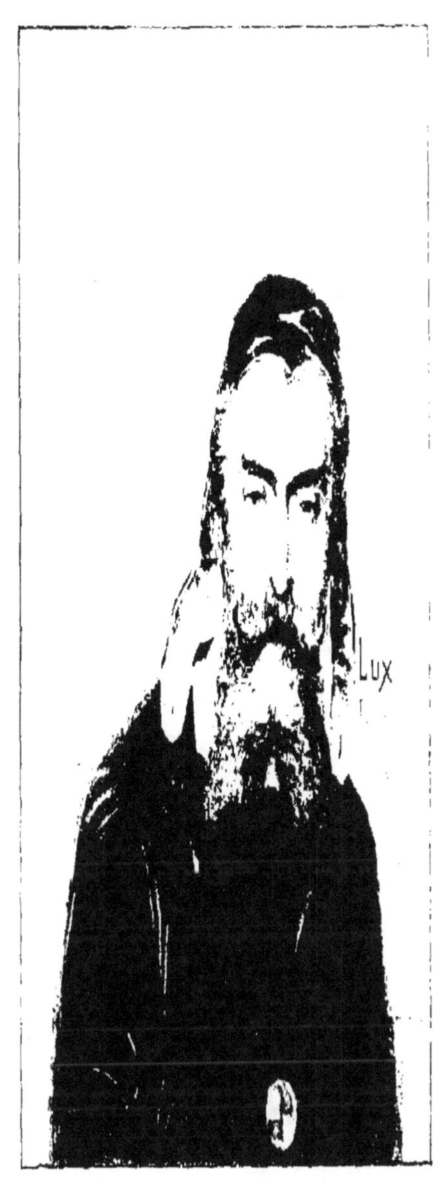

Lux

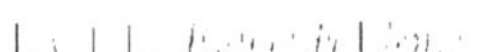

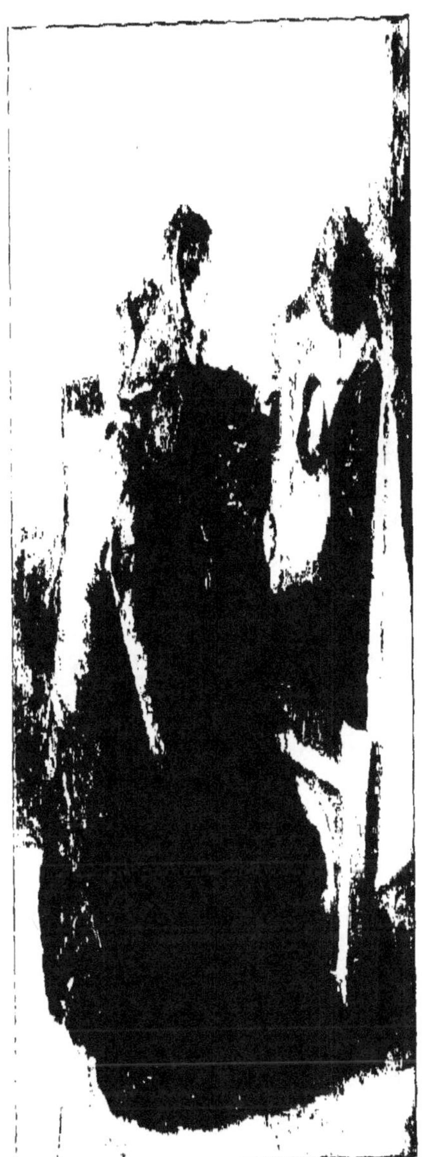

GRANDE P.; Statue du capitaine de Gaetano.

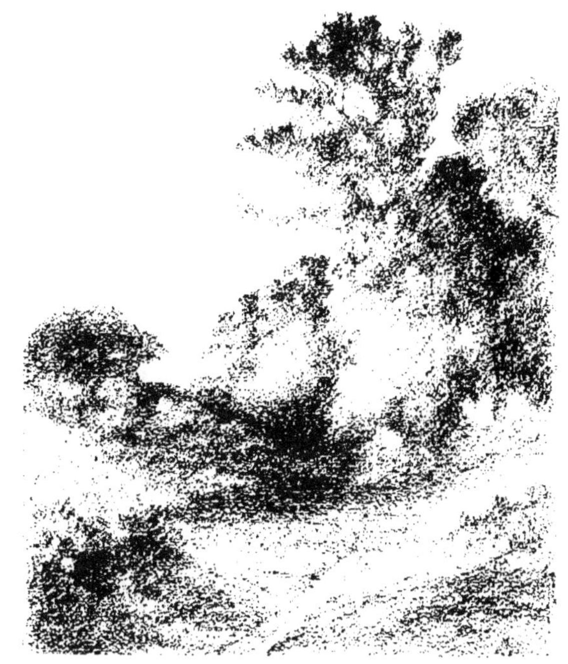

TABLE DES GRAVURES

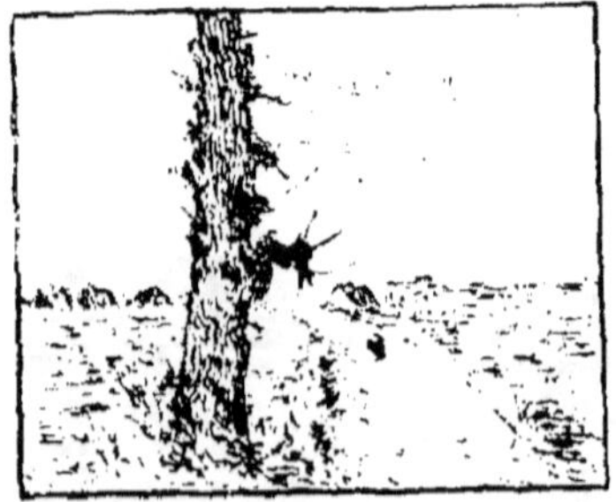

Ameublement • Bronzes d'Art • Éclairage Électrique

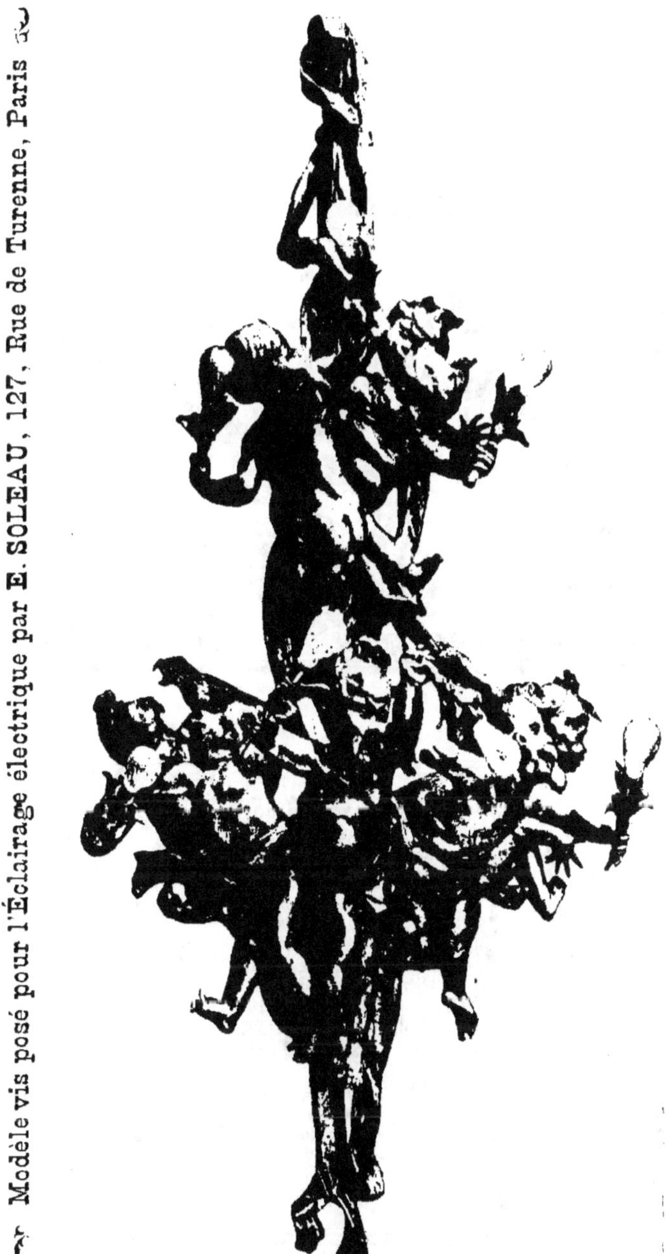

Modèle vis posé pour l'Éclairage électrique par E. SOLEAU, 127, Rue de Turenne, Paris

Éditeur exclusif de toutes les œuvres de Joseph Chéret appliquées au métal

Applique ENFANTS RIEURS, — Hauteur N° 1 0,70 — N° 2 0,36

SCULPTURE DE JOSEPH CHÉRET

Orfèvrerie.

CHRISTOFLE, O. ✳. ET Cⁱᵉ, 76, rue de Bondy, Paris.

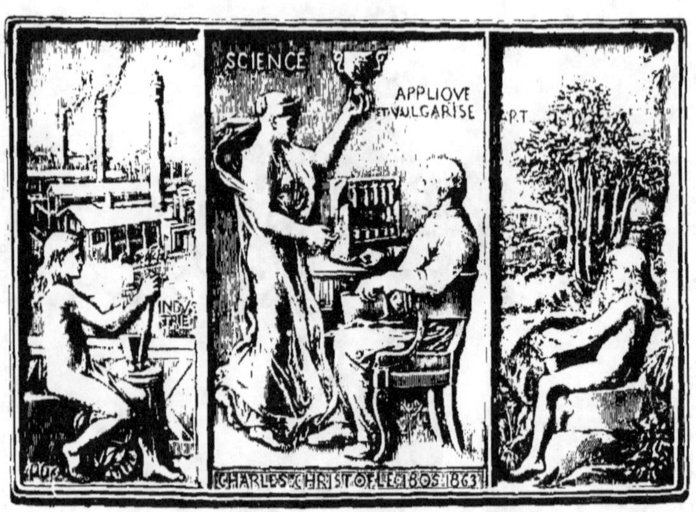

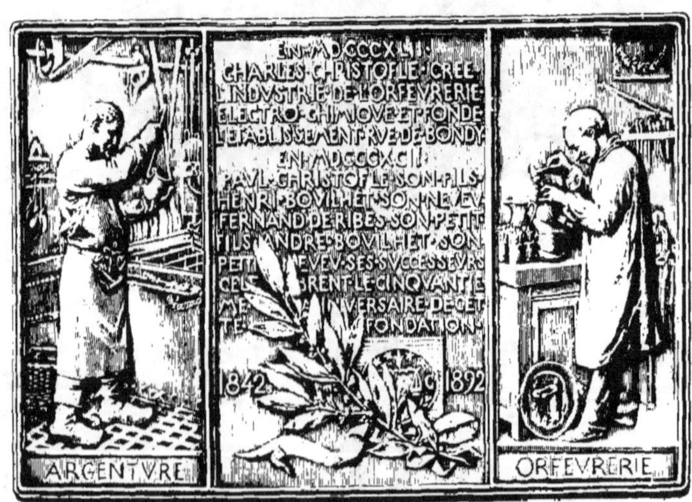

Plaquette commémorative du cinquantenaire de la Maison CHRISTOFLE.

Œuvre du maître graveur O. ROTY, O. ✳.

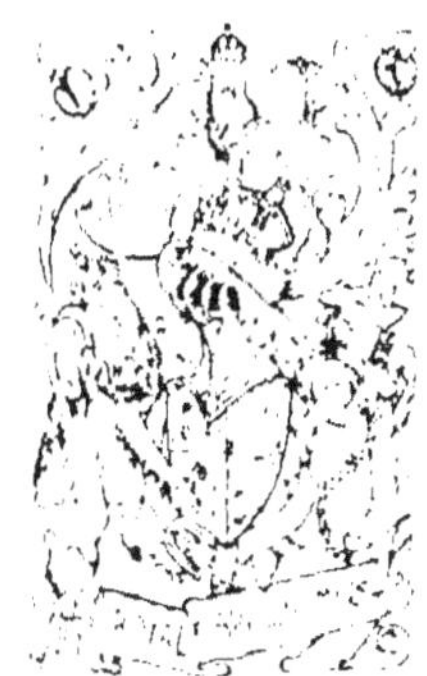

WARING & GILLOW·L^D·

LONDON LIVERPOOL MANCHESTER·

BOULEVARD HAUSSMANN
8, RUE GLUCK

PARIS

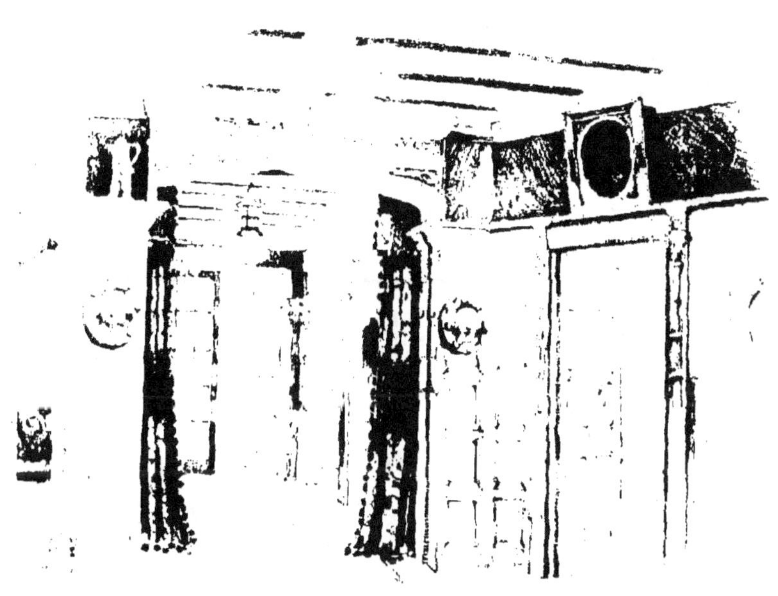

Le Fumoir, chez Messieurs Waring et Gillow. 8, rue Glück

DESSINÉ PAR MONSIEUR ANDREW HUSSELL

Ameublements et Décorations Artistiques

Installation Complète d'Électricité et d'Appareils Sanitaires

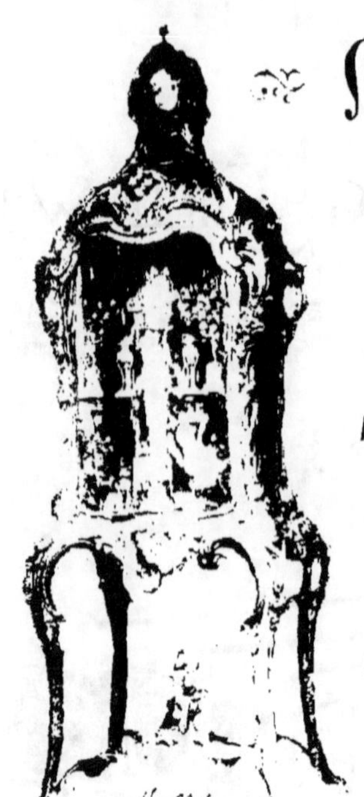

❧ MILLET ☙

Bronzes, Meubles
et Objets d'Art

APPAREILS D'ÉCLAIRAGE ARTISTIQUES

❦❦❦

MÉDAILLE D'OR EXPOSITION UNIVERSELLE 1900

❦❦❦

23, Boulevard Beaumarchais

PARIS

Téléphone 113-19

❧ SALVIATI & Cⁱᵉ ❧

16, Avenue de l'Opéra, PARIS

& VERRERIE DE VENISE

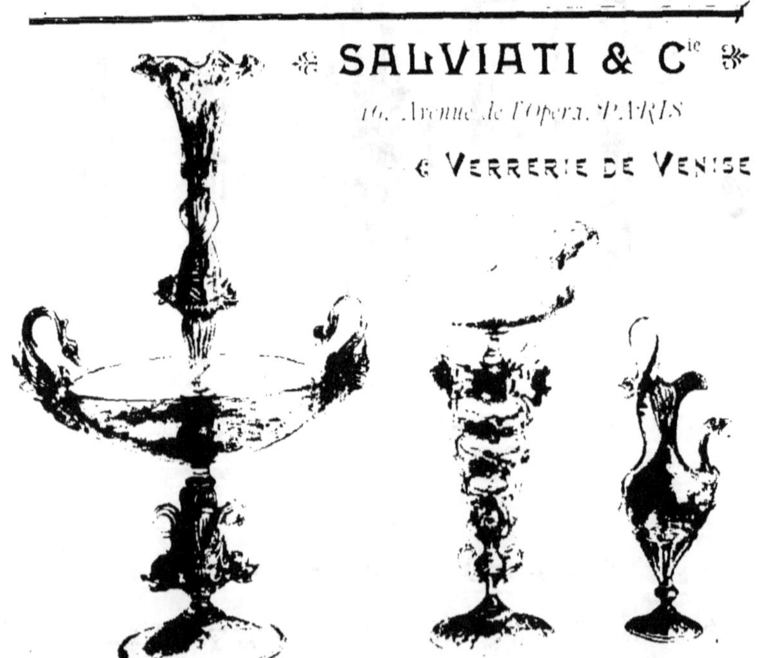

Céramique d'Art.

EMILE MULLER, O. ✳, à Ivry-Paris.

GRANDE TUILERIE D'IVRY fondée en 1854
IVRY-PORT PRÈS PARIS
LA PLUS VASTE USINE DU MONDE DE PRODUITS CÉRAMIQUES
POUR CONSTRUCTION INDUSTRIE ET PRODUCTIONS D'ART

GRÈS ÉMILE MULLER

EXÉCUTION EN GRÈS
DES ŒUVRES DE MAÎTRES
DE LA
STATUAIRE

SEULE TUILE
POUVANT PORTER
LES NOMS
MULLER
ET
IVRY

REVÊTEMENTS
D'ARCHITECTURE

SCULPTURE
DÉCORATIVE

GARANTIE
CONTRE
LA GELÉE

SALON
D'EXPOSITION
ET DE
VENTE 3, RUE HALÉVY

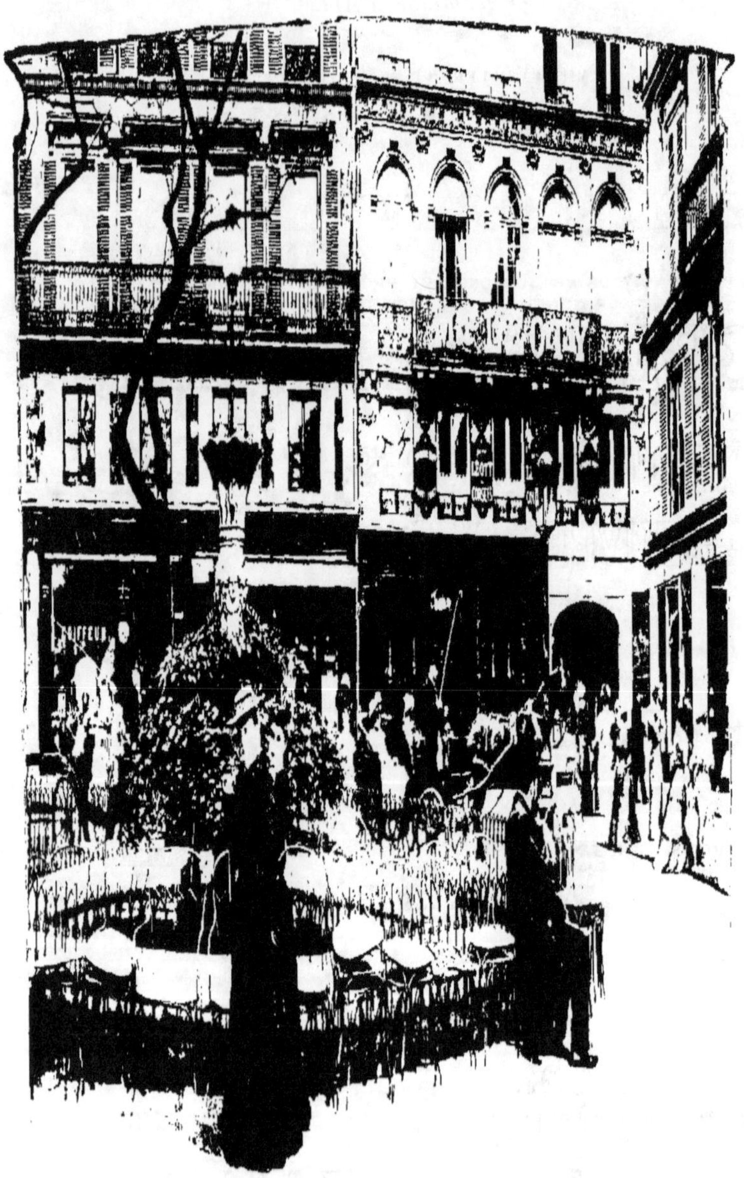

Les grandes élégantes, place de la Madeleine.

La Maison Lizoty, à Paris.

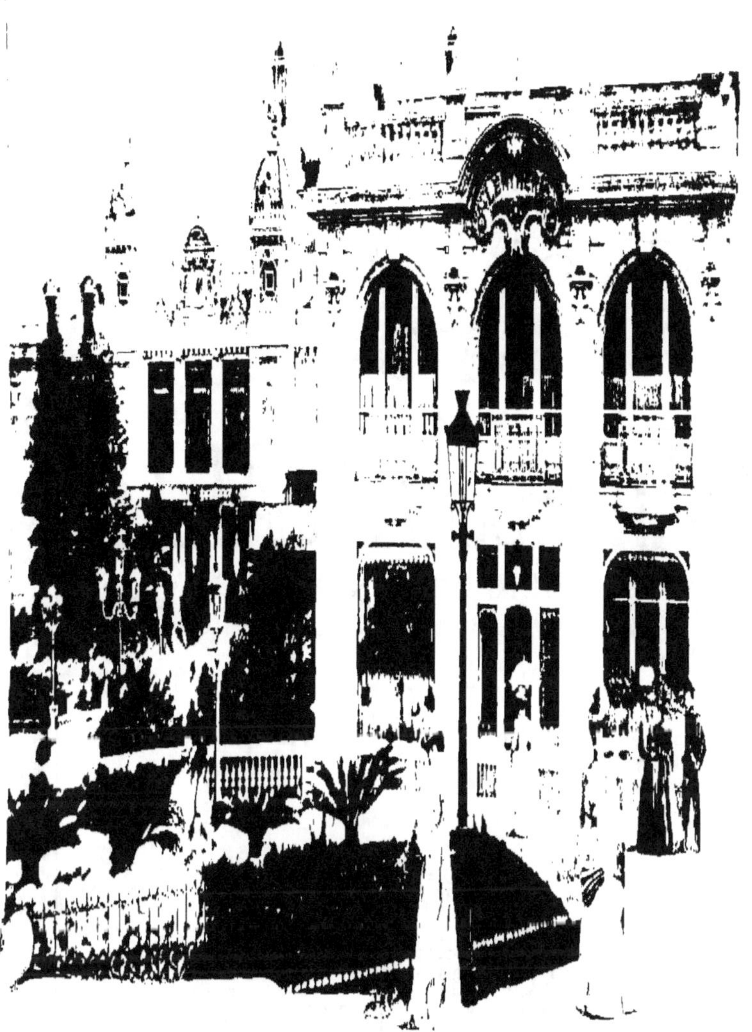

La Maison Lenthéric de Paris, à Monte Carlo.

MODES — PARFUMERIE — COIFFURE

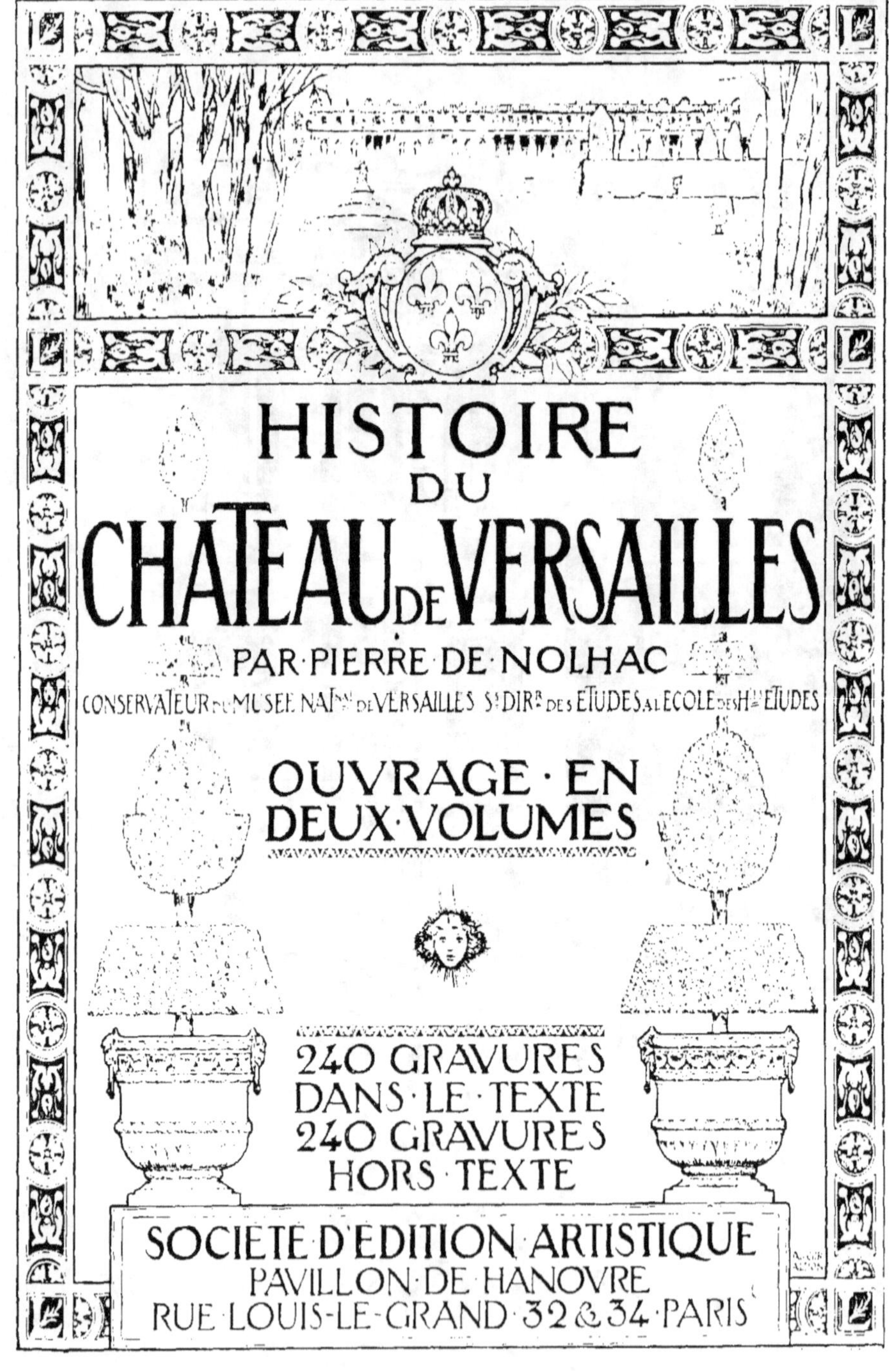

HISTOIRE DU CHÂTEAU DE VERSAILLES
PAR PIERRE DE NOLHAC
CONSERVATEUR DU MUSÉE NAT°ʰ DE VERSAILLES S DIRᴿ DES ÉTUDES A L'ÉCOLE DES Hᵗᵉ ÉTUDES
OUVRAGE · EN DEUX · VOLUMES
240 GRAVURES DANS · LE · TEXTE
240 GRAVURES HORS · TEXTE
SOCIÉTÉ D'ÉDITION ARTISTIQUE
PAVILLON · DE · HANOVRE
RUE · LOUIS-LE-GRAND · 32 & 34 · PARIS

SOCIÉTÉ GÉNÉRALE

POUR FAVORISER

LE DÉVELOPPEMENT DU COMMERCE ET DE L'INDUSTRIE EN FRANCE

SOCIÉTÉ ANONYME FONDÉE EN 1864

Capital : 120 millions

SIÈGE SOCIAL : Paris, 54 et 56, Rue de Provence, Paris

BUREAUX DE QUARTIER DANS PARIS :

A.	Rue N.-D.-des-Victoires, 48.		**V.**	Boulevard de Sébastopol, 114.
B.	Boulevard Malesherbes, 37.		**W.**	Rue de Flandre, 105.
C.	Rue de Turbigo, 38.		**X.**	Rue du Port-de-Bercy, 17.
D.	Rue du Bac, 13.		**Y.**	Rue Vieille-du-Temple, 124.
E.	Rue Saint-Honoré, 207.		**Z.**	Boulevard Barbès, 34.
F.	Rue des Archives, 19.		**AB.**	Carrefour de l'Odéon, 2.
G.	Boulevard Saint-Germain, 96.		**AC.**	Rue Lecourbe, 93.
H.	Boulevard Voltaire, 21.		**AD.**	Avenue des Ternes, 59.
I.	Boulevard Saint-Germain, 13.		**AE.**	Avenue d'Orléans, 5.
J.	Rue du Pont-Neuf, 16.		**AF.**	Rue Saint-Dominique, 106.
K.	Rue de Passy, 56.		**AG.**	Avenue Kléber, 45.
L.	Rue de Clichy, 72.		**AH.**	Boulevard Voltaire, 166.
M.	Boulevard Magenta, 60.		**AI.**	Rue Lafayette, 94.
N.	Faubourg-Saint-Honoré, 103.		**AJ.**	Avenue des Champs-Elysées, 91.
O.	Rue Saint-Antoine, 236.		**AK.**	Rue de Rennes, 150.
P.	Place de l'Opéra, 4 (English and American Office).		**AL.**	Avenue des Gobelins, 9.
			AM.	Boulevard Haussmann, 113.
R.	Rue du Louvre, 42.		**AN.**	Rue Réaumur, 112.
S.	Faubourg-Poissonnière, 11.		**AO.**	Rue Donizetti, 4 (16ᵉ arrondissement).
T.	Avenue de Villiers, 72.		**AP.**	Rue de Provence, 120.
U.	Carrefour de la Croix-Rouge, 2.		**AR.**	Boulevard Montmartre, 15.

BUREAUX DE BANLIEUE

Asnières, Aubervilliers, Boulogne-s-Seine, Charenton, Choisy-le-Roi, Clichy, Issy-les-Moulineaux, Neuilly-s-Seine, Nogent-s-Marne, Le Raincy, Saint-Denis, Sceaux, Sèvres, Vincennes.

**252 agences et bureaux en Province. — 1 agence à Londres.
Correspondants sur toutes les places de France et de l'Etranger.**

PRINCIPALES OPÉRATIONS DE LA SOCIÉTÉ

Dépôts de fonds à intérêts en compte ou à échéance fixe. — **Ordres de Bourse** (France et Étranger). — **Souscriptions sans frais.** — **Vente aux guichets de valeurs livrées immédiatement** (Obl. de Chemins de fer, Obl. à lots de la Ville de Paris et du Crédit Foncier, Bons à lots de l'Exposition de 1900. — **Bons Panama**, etc., etc.

Escompte et encaissement de Coupons. — Mise en règle de Titres. — Avances sur Titres. — Escompte et Encaissement d'Effets de Commerce. — Garde de Titres. — Garantie contre le remboursement au pair et les risques de non-vérification des Tirages. — Transports de fonds (France et Etranger). **— Billets de crédit circulaires. — Lettres de crédit. — Renseignements. — Assurances. — Services de correspondant**, etc., etc.

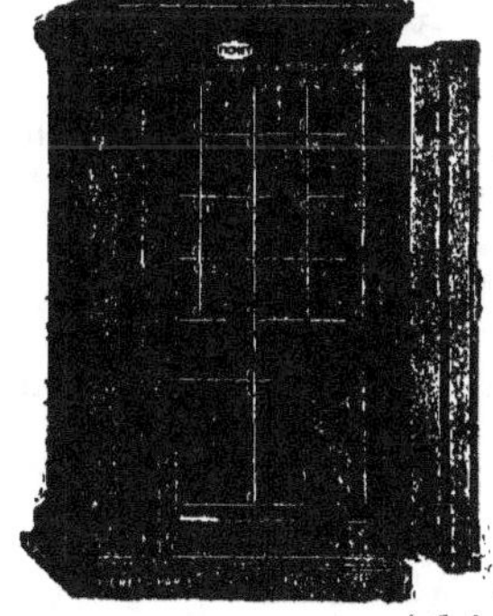

Location de compartiments de Coffres-forts

Au Siège central et dans plusieurs Agences, depuis **5** francs par mois; tarif décroissant en proportion de la durée et de la dimension.

Nota. — *Le Bureau* **AR** *est pourvu d'un service de location de Coffres-forts.*

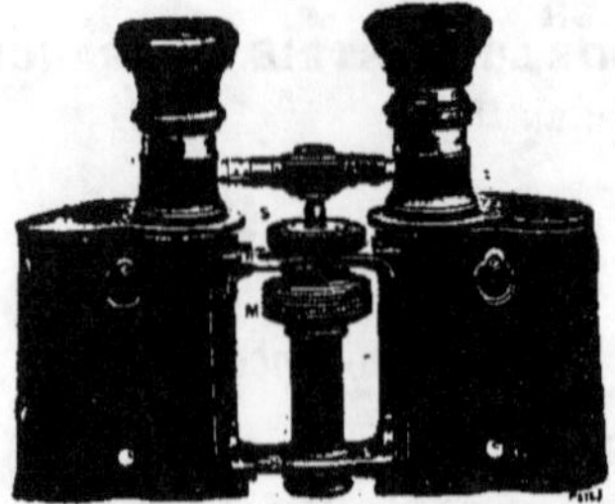

FABRIQUE D'INSTRUMENTS D'OPTIQUE FONDÉE EN 1854

Maison **CLERMONT, L. HUET**, Succr, 114, rue du Temple.-PARIS

JUMELLES POUR :

Théâtre, Musées, Campagne
Marine, etc.

JUMELLES « POCHETTE »

JUMELLES « STÉRÉOSCOPIQUES »

GRAND CHOIX DE VOITURES D'OCCASION

DES PREMIÈRES MARQUES, VENDUES AVEC GARANTIE

MAISON DE CONFIANCE SE RECOMMANDANT PAR SES PRIX MODÉRÉS

VENTE — ACHAT — ÉCHANGE

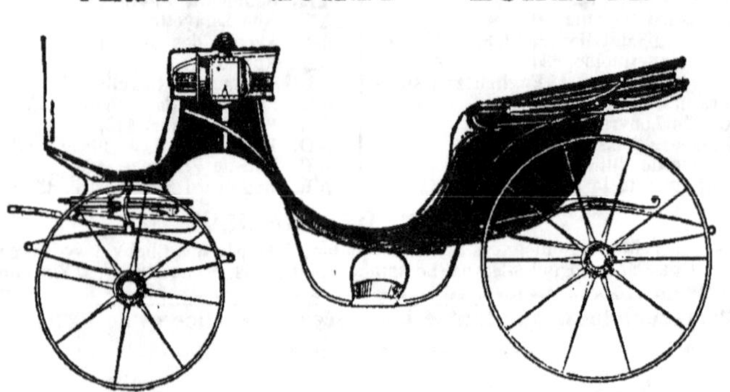

Achille VANVOOREN

Lauréat des Cours professionnels de Paris.

PARIS. — 33, Rue Marbeuf, 33. — PARIS

Vertige et Mal de Mer. — Beaucoup de voyageurs, les dames surtout, sont aux prises avec le vertige dès qu'ils sont en voiture ou en chemin de fer ; la chaleur ou l'humidité les fatigue ; dans les ascensions, le mal des montagnes les arrête et la plupart même des plus sceptiques parmi les plus robustes ont à compter avec le Mal de mer.

Ils trouveront tous dans la **PÉLAGINE** un préservatif et un remontant assurés.

La **PÉLAGINE** se trouve dans toutes les pharmacies et à Paris, 114, rue de Provence. Pour tous renseignements et notices, **E. FOURNIER**, 21, *Rue de St-Pétersbourg.*

CHAPELLERIE ANGLAISE

P. HARBULOT

AGENT DE LINCOLN, BENNETT & Cᵒ DE LONDRES

PARIS — 106, BOULEVARD SAINT-GERMAIN, 106 — PARIS

Fabrique de Toiles et Couleurs Extra-fines
HARDY-ALAN

(TÉLÉPHONE 702-51) 36, Rue du Cherche-Midi, PARIS (TÉLÉPHONE 702-51)

Toiles préparées pour la peinture à l'huile. — Absorbantes et demi-absorbantes, pour peinture à la détrempe. — Toiles spéciales pour pastel. — Toiles pour la décoration d'appartements et de monuments de 1m25 à 8m50 de large. — Marouflage sur murs et plafonds. — Toiles écrues pour peinture en imitation de tapisserie. — Couleurs extra-fines broyées à l'huile. — Couleurs au gluten pour peintures murales, pour l'aquarelle, la gouache et la tapisserie. — Couleurs broyées à l'huile pour la décoration artistique, le tube n° 10 : 60 centimes. — Articles pour décorateurs. — Vente et location de chevalets, mannequins, échelles. — Panneaux acajou jusqu'à 2 mètres. — Rentoilage et restauration de tableaux.

MATÉRIEL D'ATELIER & DE CAMPAGNE POUR ARTISTES
DORURE, ENCADREMENTS, CADRES ANCIENS EN BOIS SCULPTÉ
FABRIQUE ET ATELIERS à VANVES (Seine)

Migraines et Névralgies. — Existe-t-il rien de plus désagréable et en même temps de plus douloureux qu'un accès de migraine, de névralgie ou de rhumatisme, surtout en voyage, en soirée, au théâtre?

Un simple courant d'air, une marche précipitée, un refroidissement brusque en voyage surtout, viennent le réveiller, sinon l'occasionner.

Aussi est-il prudent de se munir de **CÉRÉBRINE** (Coca-Théine analgésique Pausodun) avec son flacon de poche.

Une seule dose (une gorgée) arrête presque instantanément l'accès le plus violent, comme toute courbature résultant de la fatigue, du surmenage ou du refroidissement.

On peut se procurer la **CÉRÉBRINE** dans toutes les pharmacies et à Paris, à la **Pharmacie du Printemps, 114,** *Rue de Provence.* Renseignements et notice, **21,** *rue de St-Pétersbourg.*

AU GOURMAND
CORCELLET
18, Avenue de l'Opéra, 18
MAISON FONDÉE AU PALAIS-ROYAL EN 1760

LE CAFÉ RÉPUTÉ
POUR SON EXCELLENTE QUALITÉ

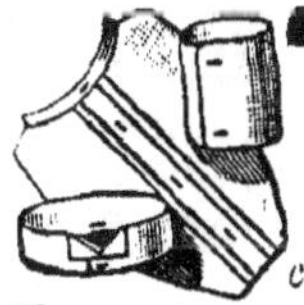

LINGE MONOPOLE
COLS, MANCHETTES ET PLASTRONS EN TOILE
AVEC INTÉRIEUR PARCHEMINÉ
coûtant moins cher que le blanchissage et supprimant l'usure.

HAUTE NOUVEAUTÉ D'UTILITÉ GÉNÉRALE
Manchettes de 2 fr. à 2 fr. 50 la douzaine ; Cols de 0 fr. 75 à 1 fr. 80 la douzaine ;
Plastrons de 1 fr. 50 à 5 fr. 25 la douzaine.

LE LINGE MONOPOLE EST TOUJOURS NEUF, ÉLÉGANT, SOLIDE ET ÉCONOMIQUE
IL EXISTE EN BLANC ET EN COULEURS
Tarif illustré et échantillon franco sur demande.

Maxime FAIVRET, Place du Théâtre-Français, 165, rue St-Honoré, Paris.
SUCCURSALE A LYON : 75, RUE DE L'HOTEL-DE-VILLE

COMPAGNIE DU SOLEIL

Société Anonyme française d'Assurances sur la Vie

Siège Social: Rue de Châteaudun, 44 — PARIS

Capital social: DOUZE MILLIONS

La Compagnie du SOLEIL *fait toutes les opérations qui reposent sur la durée de la Vie humaine telles que :*

ASSURANCES POUR LA VIE ENTIÈRE

Capital payable lors du décès de l'Assuré et à quelque époque qu'il arrive, soit à ses héritiers directs, soit à toute autre personne nominativement désignée par lui dans le contrat.

ASSURANCES MIXTES

Capital payable à l'Assuré après un certain nombre d'années ou immédiatement à ses héritiers en cas de prédécès.

RENTES VIAGÈRES — AUGMENTATION DU REVENU

Un capital de **10,000** francs (employé en une valeur de tout repos rapporte une rente de **325** francs.

Employé à la constitution d'une rente viagère, il rapporte à :

40 Ans une rente de.	**538** fr.
50 Ans une rente de.	**647** —
60 Ans une rente de.	**849** —
70 Ans une rente de.	**1,204** —
80 Ans une rente de.	**1,463** —
90 Ans une rente de.	**1,562** —

Les arrérages sont payés sur la simple présentation du titre, sans certificat de Vie, chez tous les Agents généraux de France et de l'étranger. — Sur la demande du Rentier ils sont payés à domicile et sans frais.

Assurances à Terme fixe. Assurances combinées. Assurances temporaires. Assurances de Capitaux différés. Rentes viagères immédiates. Rentes viagères différées.

ACHATS DE NUES PROPRIÉTÉS, D'USUFRUITS, etc.

Pour tous renseignements et tarifs s'adresser à Paris

44, RUE DE CHATEAUDUN, 44

et en Province dans toutes les Agences de la Compagnie.

Imprimerie Lahure

www.ingramcontent.com/pod-product-compliance
Lightning Source LLC
LaVergne TN
LVHW012005170726
843503LV00001B/237